JN409627

실무에서 통하는
C++ 특강

신우창 지음

배움터

저자소개

신우창

- 2003년에 서울대학교 대학원 컴퓨터공학과 박사학위를 취득하였으며, 이후 현재까지 서경대학교 컴퓨터과학과 교수로 재직중임.
- 주된 연구분야로 객체지향 프로그래밍, 웹 시스템개발, 소프트웨어공학 등이 있음.

실무에서 통하는 C++ 특강

초판인쇄 2018년 8월 27일
초판발행 2018년 9월 3일

지은이 신우창
펴낸이 김민수
펴낸곳 (도서출판)배움터 / **주소** 경기도 파주시 광인사길 143
출판사 등록일 2005년 1월 31일 / **신고번호** 제406-40600002510020050000003호
대표전화 (031)955-7990 / **팩스** (031)955-0768

책임편집 김민보 / **편집** 신성민, 손정희, 정수정 / **디자인** 유준범
마케팅 최복락, 최일연, 심수경, 차종필, 백수정, 최태웅, 김범용, 김민정
인쇄 연방인쇄 / **제본** 은정문화사

ISBN 978-89-89383-73-4 93000
정가 19,000원

- 이 도서의 국립중앙도서관 출판예정도서목록(CIP)은 서지정보유통지원시스템 홈페이지(http://seoji.nl.go.kr)와 국가자료공동목록시스템(http://www.nl.go.kr/kolisnet)에서 이용하실 수 있습니다. (CIP제어번호: 2018026270)

머리말

매 학기 첫 수업시간에 학생들에게 수업교재와 별도로 강의 자료를 출력해 올 것을 요청할 때마다 매번 미안하였습니다. 학생상담을 통하여 요즘 젊은이의 얇은 지갑 사정을 너무나 잘 알기 때문입니다. 그래서 강의 자료와 교재를 합친 도서를 출판하게 되었습니다.

매 페이지에 나오는 강의 자료는 15년 동안 강의를 하면서 수강생의 피드백(feedback)을 반영한, 현재에도 강단에서 사용하고 있는 자료입니다. 강의자료 하단에 상세한 설명을 덧붙여 별도의 교재가 필요 없도록 하였습니다. 한 가지 학습 주제에 대한 이론이 끝날 때마다 실습해볼 수 있도록 연습문제를 배치하였습니다. 평균적으로 이론수업 20분에 실습 10분 정도가 소요되도록 하였습니다. (학습 주제에 따라 시간이 일정하지는 않습니다.) 이 정도의 이론과 실습의 시간 배분이 수강생의 학습 집중력을 유지하는데 도움이 됩니다.

프로그래밍 첫 수업시간마다 제가 학생들에게 하는 이야기가 있습니다. ⍰여러분이 이 수업을 듣는 목적은 C++ 언어의 문법을 배우는 것이 아니라, C++로 프로그래밍을 하는 것입니다. 비유하자면 여러분은 영문소설을 작성해야 합니다. 이를 위하여 영어 문법 공부가 필요하지만, 이는 영문소설을 쓰기 위한 기본사항일 뿐입니다. 결국 영문소설을 쓰기 위해서는 영어 문법 공부와는 별도로 등장 캐릭터의 성격을 개발하고, 주요 스토리를 잘 구성할 수 있는 능력을 키워야 합니다.⍰ 소설을 잘 쓰는 능력이 바로 프로그래밍 스킬(skill)입니다. 프로그래밍 스킬은 특정 언어(C, C++, JAVA 등)의 문법을 잘 아는 것과는 무관합니다. 즉, 특정 언어에 대한 학습을 끝냈다고 해서 해당 언어로 프로그래밍을 잘하는 것은 아닙니다. 전문 프로그래머는 프로그래밍 스킬이 뛰어난 사람이며, 특정 언어에 구애받지 않습니다. 프로그래밍 언어는 프로그래밍 스킬을 발휘하기 위한 도구일 뿐이기 때문입니다. (물론 자신에 좀 더 잘 맞는 도구는 있습니다.)

프로그래밍 스킬을 쌓기 위해서는 프로그래밍을 많이 해보는 방법밖에 없습니다. 소설가 지망생이 소설을 많이 작성해보듯이 말입니다. 교재 내에 나오는 연습문제가 바로 짤막한 단편소설을 쓰는 연습이며, 마지막 게임 개발 프로젝트는 중편소설을 작성해보는 연습으로 비유할 수 있습니다. 이론 공부만으로 끝내지 말고 반드시 연습문제를 풀어보시기 바랍니다.

부디 이 책이 시중에 나와 있는 여러 C++ 프로그래밍 책 중의 한 권이 아니라 여러분에게 프로그래밍의 참 재미를 이끌어 낼 수 있는 계기가 되기를 빕니다.

2018년 8월

신우창 지음

학습 일정

본 교재는 IT 관련학과의 C++ 프로그래밍 강의를 보조하기 위하여 작성되었습니다. 본 교재를 활용하는 여러분의 상황에 따라 다음 두 가지 일정 중 하나로 학습할 것을 추천합니다.

첫 번째, 대학 수업시간에 활용하는 경우입니다. 일반적으로 대학 교과과정에서 C++ 과목은 C 과목의 후 순위 교과목으로 지정되는 경우가 많습니다. 아마 C++과목을 수강하는 대부분의 학생들은 C 과목을 수강하였을 것입니다. 본 교재의 앞부분(3~7장)은 C 프로그래밍 내용과 중복되는 부분이 상당히 많습니다. 따라서 이 부분은 가능한 한 빠른 학습 진행을 권장합니다. 이후, 객체지향의 기본이 되는 개념(8장)과 클래스(9장)에 대해서 학습한 후, 학기 프로젝트 내용을 공지하고 이를 학생들이 스스로 구축할 수 있도록 관련 내용(16~18장)을 학습하는 것이 좋습니다. 학기 프로젝트 내용 학습이 끝난 후, 다시 10장 이후의 수업을 진행합니다.

교재에 나오는 연습문제는 수동적으로 학습한 내용을 능동적으로 익히는 과정입니다. 수업 중에 바로 실습할 것을 권장합니다. 실습한 내용은 바로 당일 강사 이메일로 전송하여 성적평가에 반영합니다. 혹시 강의진도가 늦어질 경우에는 연습문제 일부를 과제로 돌려도 무방합니다. 강의 마지막 시간에는 팀별로 학기프로젝트를 발표하는 것을 권장합니다. 주차별 학습 진도의 예는 다음과 같습니다.

[표 1] 주차별 학습 진도 예(C선수과목)

주차	학습내용	비고
1주차(1st)	chapter. 1	
1주차(2nd)	chapter. 2	
2주차(1st)	chapter. 3	
2주차(2nd)	chapter. 3	

3주차(1st)	chapter. 4	
3주차(2nd)	chapter. 5 전반부	
4주차(1st)	chapter. 5 후반부	
4주차(2nd)	chapter. 6 전반부	
5주차(1st)	chapter. 6 후반부	
5주차(2nd)	chapter. 7	
6주차(1st)	chapter. 8	
6주차(2nd)	chapter. 9 전반부	
7주차(1st)	chapter. 9 중반부	
7주차(2nd)	chapter. 9 후반부	
8주차(1st)		중간고사
8주차(2nd)	chapter. 16	
9주차(1st)	chapter. 17 전반부	학기 프로젝트 팀조직
9주차(2nd)	chapter. 17 후반부	
10주차(1st)	chapter. 18	학기 프로젝트 공지
10주차(2nd)	chapter. 10	
11주차(1st)	chapter. 11 전반부	
11주차(2nd)	chapter. 11 후반부	
12주차(1st)	chapter. 12 전반부	
12주차(2nd)	chapter. 12 후반부	
13주차(1st)	chapter. 13	학기 프로젝트 중간 진도 보고서 제출?
13주차(2nd)	chapter. 14 전반부	
14주차(1st)	chapter. 14 후반부	
14주차(2nd)	chapter. 15 전반부	
15주차(1st)	chapter. 15 후반부	
15주차(2nd)		학기 프로젝트 최종 보고서 제출 및 발표

* 1주에 1.5시간 강의가 2회(1st, 2nd) 진행하는 것으로 예상
* 총 수업시간은 15주x3시간 = 45시간이며, 중간고사와 학기프로젝트 발표시간을 가짐

만일, 강의를 듣는 대다수 학생들이 C 프로그래밍 경험이 없는 경우에는 [표 1]에서 제시한 학습 진도를 수업 중에 모두 나가기가 어렵습니다. 이 경우에는 학기 프로젝트 관련 내용(16~18장)을 개인 자율학습(self-study) 할 것을 권합니다. 또한 상당수 연습문제를 수업 외의 과제로 할당합니다.

두 번째, 개인 자율학습(self-study)에 활용하는 경우입니다. 이 경우에는 교재의 목차 순서대로 학습을 진행하면 됩니다. 학습 진행 속도는 본인의 기본 프로그래밍 지식에 따라 달라질 수 있습니다. 그러나, C 프로그래밍 경험이 있는 대학생이라면 평균적으로 45시간x1.5배(강의 수강 때보다 1.5배 시간이 더 소요, 실습시간 포함) = 68시간 정도의 총 학습 시간이 소요될 것이라 예상됩니다. C 프로그래밍 경험이 없는 학생의 경우에는 45시간x2.2배 = 100시간 정도의 총 학습 시간이 예상됩니다. 하루 4시간씩 매일 학습할 경우 각각 17일, 25일 정도가 소요됩니다. 물론 이 학습 시간에는 프로젝트를 위한 시간은 포함되어 있지 않습니다. 이 (예상) 총 학습 시간에 따라 여러분의 학습 일정 계획을 세우세요. 교재 내용과 연습문제는 가능한 한 빨리 학습하고, 프로젝트 구현에 시간을 많이 투자할 것을 조언합니다.

차례

CHAPTER 05 Function & Preprocess

CHAPTER 06 Pointer & Array

CHAPTER 07 Structure

CHAPTER 16 Object Oriented Design

CHAPTER 17 Console Input · Output

CHAPTER 18 Game Development Project

Chapter

01

Visual C++ 개발 환경

1. Visual C++ 개발 환경

Chapter 1

Visual C++ 개발환경

C++ 프로그래밍에 대하여 배우기 전에, 먼저 C++ 프로그램을 개발하기 위한 도구인 Visual Studio(ver. Community 2017)을 살펴본다. 개발환경과 도구에 대하여 공부하고 익숙해지는 것은 프로그래머에게 굉장히 중요하다. 그 개발환경과 도구가 직업인으로서 당신이 몇 십년동안 함께할 작업공간과 도구가 되기 때문이다.

2장부터 시작되는 C++ 프로그래밍 학습에 있어서 중간 중간에 나오는 연습문제는 모두 1장에서 설명하는 개발도구를 사용한다.

Visual Studio는 윈도우 프로그램을 작성하는 대표적인 개발도구이다. 버전에 따라 환경과 기능이 조금씩 차이가 있지만, 기본 개념과 사용법에 있어서는 크게 다르지 않다.

자, 이제 당신의 작업공간과 도구에 대하여 살펴보도록 하자.

1.1 시작

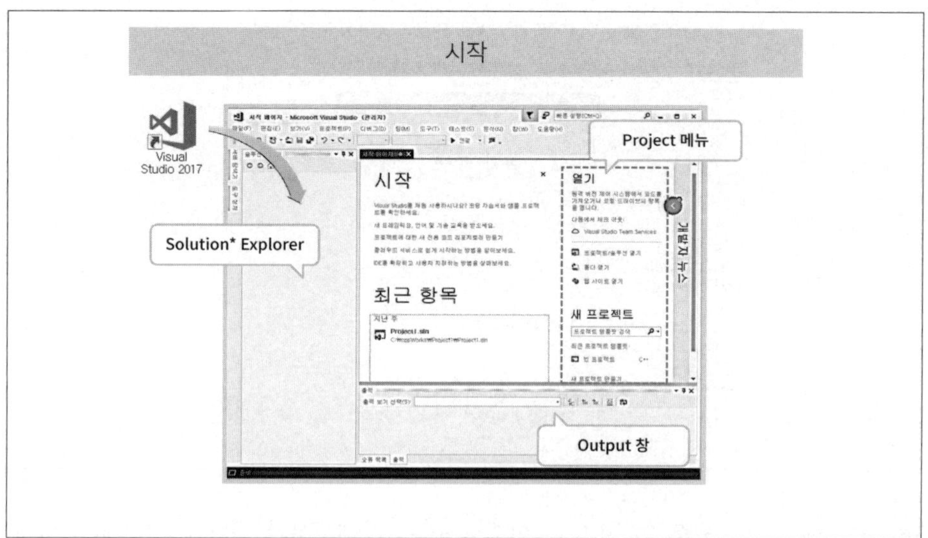

Microsoft Visual Studio® Community 2017은 Visual Studio 사이트에서 무료로 다운로드 가능하다. 설치 프로그램을 실행시키면 인터넷을 통하여 자동 설치된다. 설치된 Microsoft Visual Studio®을 실행시키면 첫 화면은 슬라이드와 같다. 기본적으로 상단에 메인메뉴와 툴바(toolbar)가 있고, 좌측에 솔루션탐색기(Solution Explorer)가 있다. 우측 상단창에 Project 관련 메뉴가 보이고, 우측 하단에 컴파일 상황 등의 메시지가 보이는 Output 창이 있다.

하나의 S/W 시스템을 구성하는데 여러 프로그램들이 필요할 수 있다. 또 하나의 프로그램을 개발하기 위해서는 여러 소스코드 파일과 리소스(resource) 파일이 필요하다. 이때, 하나의 프로그램을 개발하기 위한 것이 project이며, 이 프로젝트들의 집합을 solution이라 한다. 즉, 전체 S/W 시스템을 개발하기 위해 필요한 것이 solution이다. 개발하려는 S/W 시스템이 3개의 산출물(라이브러리 1개, 실행프로그램 2개)로 구성되어 있다면, 하나의 solution 내에 3개의 project를 생성하고, 각 project에서 산출물을 하나씩 개발한다.

본 교재의 연습문제와 같이 간단한 프로그램을 개발할 때에는 solution 내에 하나의 project만 생성한다.

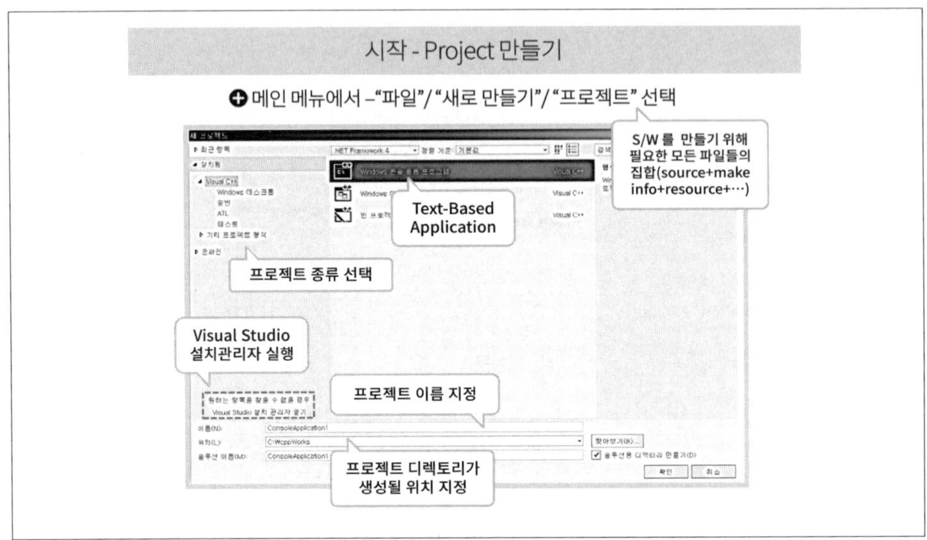

Visual Studio를 실행한 후, 처음 할 일은 project를 생성하는 것이다. 메인메뉴 "파일" / "새로 만들기"/ "프로젝트"를 선택하면 슬라이드에 보이는 바와 같이 "새 프로젝트 창"이 나타난다.

여기에서는 프로젝트에서 사용할 a) 개발언어를 선택하며, b) 산출물의 종류를 결정하고, c) 프로젝트 이름을 입력한다.

a) 개발언어: 왼쪽 창에서 "Visual C++" 선택
b) 산출물의 종류: "Windows 콘솔 응용 프로그램" 등 선택
c) 프로젝트 이름: 하단의 첫 번째 텍스트필드(text field)에 프로젝트 이름 입력

Solution을 별도로 지정하지 않는 경우, 입력된 프로젝트 이름과 동일한 이름의 solution이 자동 생성된다. (하단의 3번째 텍스트필드)

2번째 텍스트필드는 solution이 저장될 디렉토리를 지정한다. 여기에 지정된 디렉토리 내에 solution 이름으로 하위 디렉토리가 생성되며 관련 파일들이 저장된다.

1.2 DoNothing application 만들기

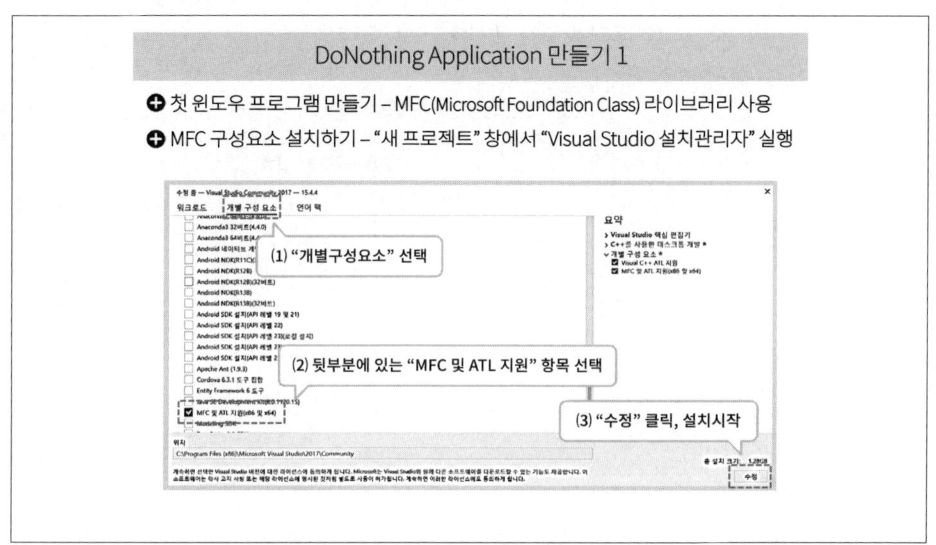

자 이제 가장 간단한 윈도우 프로그램을 만들어보자.

말 그대로 "아무 것도 하지 않는(Do-Nothing)" 프로그램을 작성하는 것이다. 프로젝트를 생성하기 전에 먼저 MFC(Microsoft Foundation Class) 라이브러리를 설치한다. MFC는 C++로 윈도우 프로그램을 개발하는데 도움을 주는 라이브러리로 별도로 설치하여야 한다. (Visual Studio의 여러 기능을 잠깐 맛보기 위한 용도로 MFC를 사용할 것이며, 이후 C++ 학습에 있어서 MFC는 사용되지 않는다)

1. 먼저 메인메뉴 "파일"/ "새로 만들기"/ "프로젝트"를 선택하여 "새 프로젝트 창"을 연다.
2. 그 다음, "새 프로젝트 창" 왼쪽 하단에 있는 "Visual Studio 설치관리자 열기"를 클릭하여 설치관리자를 실행한다.
3. "설치 관리자 화면"은 슬라이드에 보이는 바와 같다. 여기에서 "개별 구성요소"를 선택하고, 하단의 "MFC 및 ATL 지원" 항목을 체크한다. 마지막으로 "수정" 버튼을 눌러 MFC 설치를 시작한다.

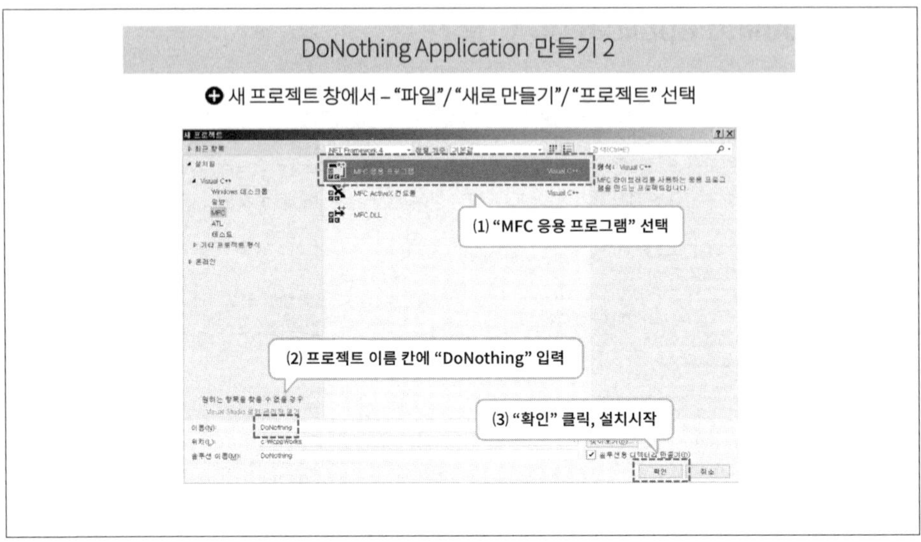

MFC를 설치하면 "새 프로젝트 창"에서 슬라이드와 같이, 산출물의 종류에서 "MFC 응용 프로그램"이 등록되어 있음을 볼 수 있다.

이제 DoNothing 프로젝트를 생성해 보자.

"새 프로젝트 창"에서 개발언어는 "Visual C++", 산출물의 종류는 "MFC 응용 프로그램", 프로젝트 이름으로 "DoNothing"을 입력한다. 이후 "확인" 버튼을 누르면, Visual Studio가 사용자의 선택에 따라 자동으로 소스코드를 생성한다.

"MFC 응용 프로그램" 선택은 프로그래머가 C++ 윈도우라이브러리인 MFC를 이용하여 윈도우 프로그램을 개발함을 의미한다.

"MFC 응용 프로그램" 개발을 위한 사용자 설정사항은 다음 슬라이드에 보인다.

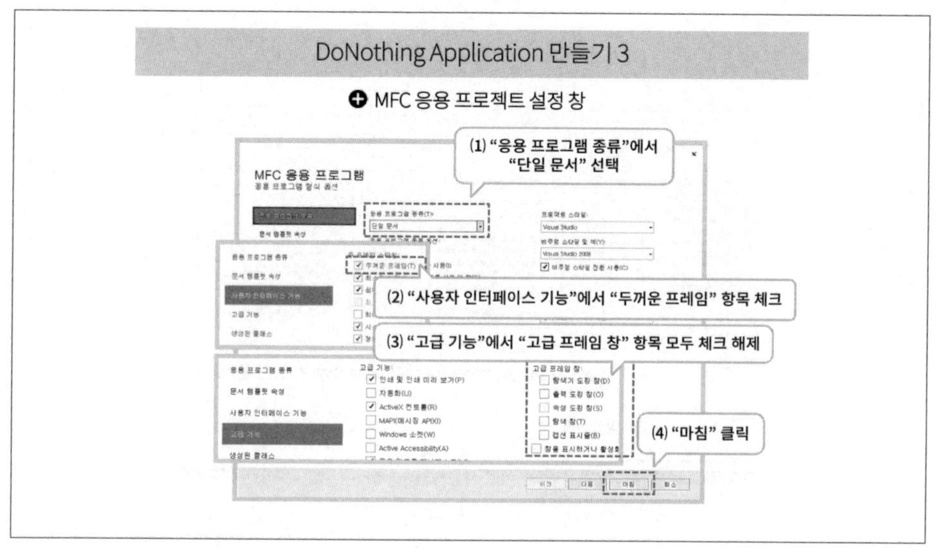

우리는 MFC 프로그래밍을 배우는 것이 아니라, Visual Studio C++ 사용법을 익히는 것이 주목적이다. 따라서 각 선택사항에 대한 자세한 사항은 생략한다.

실습을 위하여 다음과 같이 지정된 선택에 따라 진행한다.

1. 응용 프로그램 종류: "단일 문서" 선택
2. 사용자 인터페이스 기능: "두꺼운 프레임" 항목 체크
3. 고급기능: "고급 프레임 창"에 있는 항목 모두 체크 해제
4. "마침" 버튼 클릭

마지막 "마침" 버튼을 클릭하면 Visual Stduio는 사용자의 선택에 맞게 프로그램의 소스코드를 자동 생성한다. 물론 기본적인 뼈대(skeleton) 코드만 생성되며, 실제 고유한 기능은 프로그래머가 작성하여야 한다. 뼈대 코드뿐이지만 그대로 컴파일하여 실행 가능하다.

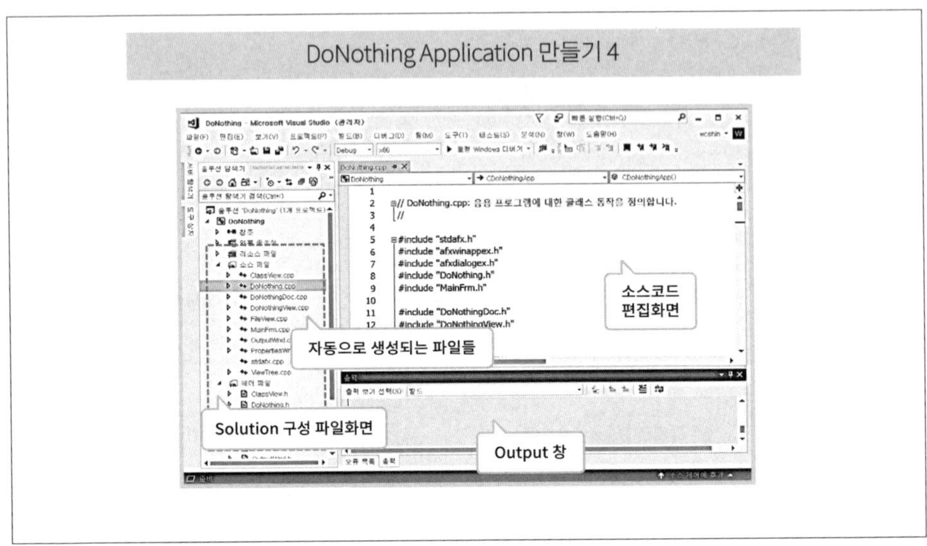

이 슬라이드는 Visual Studio가 뼈대코드를 생성한 이후의 화면을 보여준다. 왼쪽 솔루션 탐색기(Solution Explorer) 창에는 Solution 내에 있는 project("DoNothing")가 표시되고, 또한 project를 구성하고 있는 파일들(소스코드, 헤더파일, 이미지파일 등)을 보여준다. 특정 파일을 더블클릭하면 오른쪽 위에 있는 소스코드 편집화면에 해당 파일의 내용이 보인다.

기본적으로 소스코드 편집화면에는 C++ 문법에 따라 키워드 색깔을 다르게 보여주며, 문법이 틀릴 경우 빨간 밑줄이 칠해짐을 볼 수 있다. 편집화면에서의 폰트 종류와 크기 변경은 「1.5 프로젝트 및 환경 설정」에서 살펴본다.

개발자의 몇 번의 클릭만으로 Visual Studio는 훌륭하게 동작하는 윈도우 프로그램의 소스코드를 자동으로 생성한다. 생성된 파일들의 이름과 그 내용을 찬찬히 살펴보고, 윈도우 운영체제의 어떤 디렉토리에 이 파일들이 저장되어있는지 확인하기 바란다.

DoNothing Application 만들기 5

컴파일&실행

- 컴파일하기
  - "빌드" (of main menu) → "DoNothing 빌드"
- 실행하기
  - "디버그" (of main menu) → "디버그 시작" or "디버그하지 않고 시작"
  - Hotkey: F5 or ^F5

Visual Studio가 자동 생성한 윈도우 프로그램을 실행해 보자.

먼저 "빌드(Build)" 기능(Hotkey: F7)를 이용하여 소스코드를 컴파일하고, "실행하기" 기능(F5, ^F5)을 사용하여 컴파일된 프로그램을 실행한다. 일반적으로 컴파일되지 않은 상황에서 "실행하기" 기능을 수행하면 컴파일이 자동 진행되기 때문에 별도의 "빌드"를 하지 않고 "실행하기" 기능(F5, ^F5)를 바로 호출하는 경우가 많다. "디버그하지 않고 시작(Start Without Debugging)"의 단축키(hotkey)인 **^F5** 는 Ctrl 키를 누른 상태에서 F5를 누름을 의미한다. (^F5 = Control+F5)

DoNothing 프로그램을 실행하면 기본적인 윈도우 창이 하나 열린다. 윈도우 확대/축소/이동 등의 기능이 동작하며 메인메뉴와 툴바(toolbar) 기능도 갖춘 작지만 완전한 윈도우 프로그램임을 볼 수 있다.

TIP 메인메뉴를 통한 기능호출보다는 단축키(hotkey)를 외워 사용하는 것이 바람직하다. 교재에서 언급되는 단축키들은 모두 외우도록 하자.

EXERCISE 1-1 DoNothing application 만들기

Exercise 1-1. DoNothing Application 만들기

- 앞 슬라이드의 설명에 따라 DoNothing Application을 작성하시오
  - "실행하기" 에 대한 hotkey를 외울 것

제목 없음 - DoNothing
파일(F) 편집(E) 보기(V) 도움말(H)
준비 CAP NUM SCRL

[10분]

"DoNothing Application 만들기" 슬라이드들에 따라 프로그램을 작성해 보자.

가능하면 개발 절차와 내용을 외운 후, 슬라이드를 보지 않고 처음부터 끝까지 작성하도록 하자. "빌드"와 "실행하기" 단축키(Hotkey)를 외워 이를 활용하는 것도 잊지 말자.

생성된 소스코드파일과 실행파일이 어떤 디렉토리에 있는지도 확인해 보자.

1.3 DoSomething application 만들기

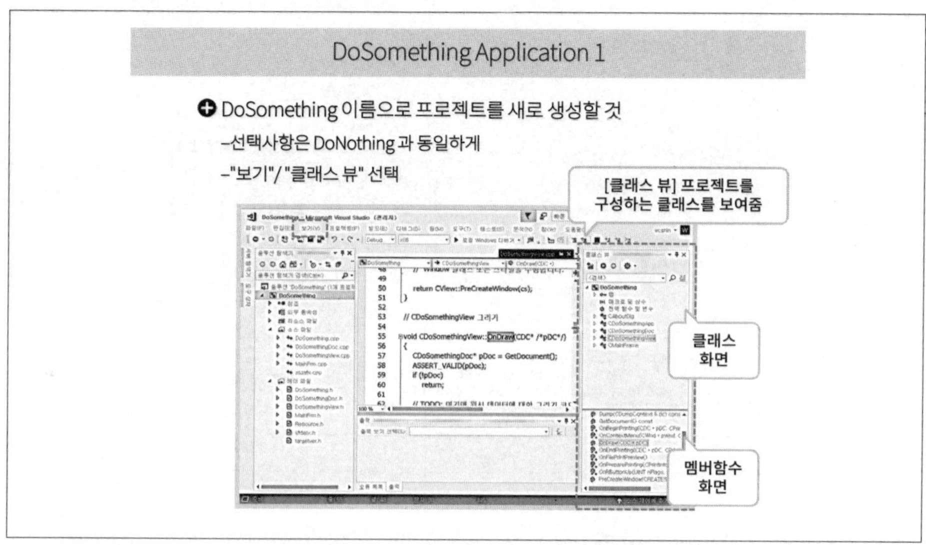

Visual Studio를 이용하여 몇 번의 마우스 클릭만으로 윈도우 프로그램을 생성해보았다. 그러나 Visual Studio는 뼈대(skeleton) 코드만 만들어주지, 개발자가 원하는 독자적 기능은 제공하지 못한다. 이는 전적으로 개발자의 몫이다.

이제 Visual Studio가 만들어준 뼈대 코드에 당신이 직접 기능을 추가해 보도록 하자.

"새 프로젝트 창"을 띄워 "DoSomething" 이름으로 프로젝트를 새로 생성하여 기본 뼈대코드를 만들자. 이후 슬라이드에 보이는 바와 같이 왼쪽 Solution Explorer 창에 여러 파일들이 새로 생성되었음을 볼 수 있다.

메인메뉴의 "보기" 메뉴에서 "클래스 뷰(class view)"를 선택하면, 슬라이드의 오른쪽 화면처럼 프로젝트 내에 생성된 클래스들을 볼 수 있다. 특정 클래스를 선택하면 하단에 해당 클래스가 가지고 있는 멤버변수와 멤버함수들을 볼 수 있다. (클래스, 멤버변수, 멤버함수에 대해서는 뒤에서 상세히 공부할 내용이다. 여기에서는 그냥 "이런 게 있구나" 정도 생각하고 넘어가자.)

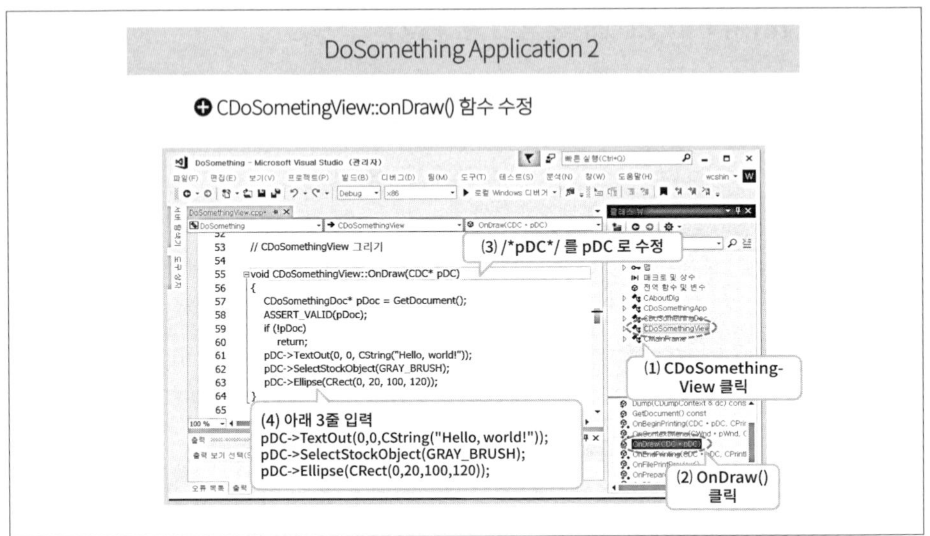

"클래스 뷰"에서 **CDoSomethingView**를 클릭해 보자. 그러면 하단에 여러 멤버함수들이 보일 것이다. 이 멤버함수들 중에 **OnDraw()** 함수를 선택(더블클릭)하면, 소스코드 편집창에 **OnDraw()** 함수 코드가 보이는데, 여기에 여러분이 직접 기능을 추가해 보자.

먼저, **OnDraw(CDC* /* pDC */)**로 되어 있는 부분에서 주석을 제거하여 **OnDraw(CDC* pDC)**로 수정한다. 그 다음으로 함수 하단(if-문장 다음)에 슬라이드에 보이는 명령문 **3**개를 입력한다. **C++**는 **C**와 마찬가지로 대소문자를 구분하기 때문에 여러분은 정확하게 입력하여야 한다.

CDoSomethingView::OnDraw() 함수의 기능을 간략히 설명하자면, 이 함수는 윈도우화면을 대표하는 객체인 **CDoSomethingView**의 멤버함수이며, **DoSomething** 프로그램이 실행되어 윈도우 창이 화면에 보일 때 윈도우 내의 화면을 그려주는 기능을 수행한다. 즉, 여러분이 입력한 명령문 **3**개가 윈도우 화면 내에 그림을 그린다.

다시 얘기하지만, 우리는 **Visual Studio**를 이용하여 윈도우 프로그램 작성법을 배우고자 하는 것이 아니다. **Visual Studio** 환경에 익숙해지는 것이 목적이다. 따라서 코드의 내용이 어떻게 동작하는지 상세히 공부하기보다는 **Visual Studio**를 다루는 방법과 절차에 집중하도록 하자.

소스코드 편집화면에서는 여러 가지 유용한 단축키(Hotkey)를 사용할 수 있다. 많이 이용되는 단축키에 대하여 이 슬라이드에 나열하였다.

Shift 키를 누른 채 마우스나 화살 키를 이용하여 블록지정을 할 수 있다. (이외 alt 키를 누른 채 마우스를 이동(drag)하면 세로 블록을 지정할 수도 있다.)

블록을 지정한 채 **^c(control+c)**로 블록을 복사하거나 **^x(control+x)**로 블록을 잘라내기 할 수 있으며, **^v**를 이용하여 복사되거나 잘라내기 된 블록을 현재 커서 위치에 삽입할 수 있다.

^Home, **^End**, **^LeftArrow**, **^RightArrow** 키들도 모두 유용한 키들이니 반드시 사용해보도록 하자.

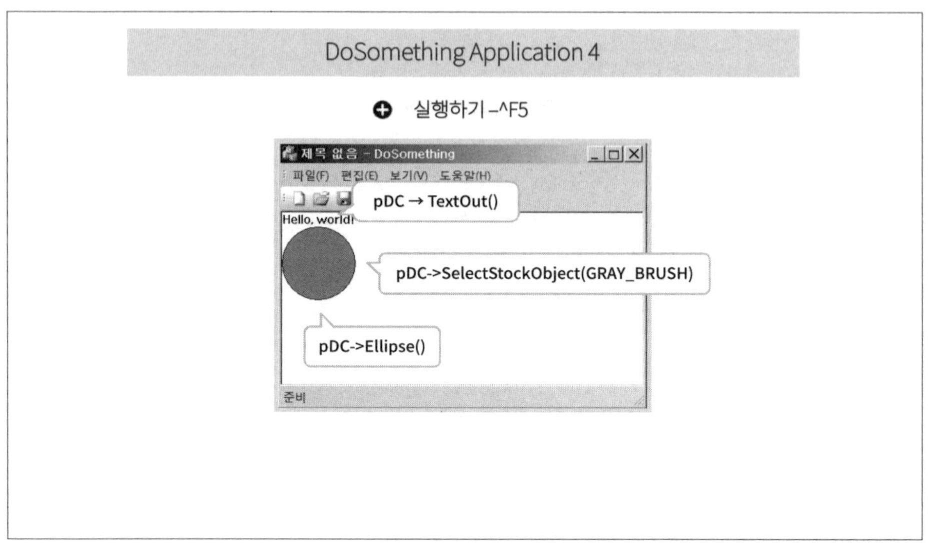

CDoSomethingView::OnDraw() 함수의 수정이 완료되었으며, 실행을 시켜보자(^F5).

슬라이드와 같이 윈도우 프로그램이 실행되었는가?

제대로 작성되었다면 슬라이드와 같이 윈도우가 하나 열리며, 윈도우 화면에는 "'Hello, world!" 문자열과 함께 회색의 원이 그려질 것이다. 윈도우를 이용하거나 크기를 변경하여도 문자열과 회색 원은 그대로 변함이 없다. OnDraw() 함수 내에 새로 작성된 명령문들 중에서 첫 번째 명령문인 pDC->TextOut() 함수가 윈도우 화면에 문자열("Hello, world!")를 출력한다. 두 번째 명령문인 pDC->SelectStockObject() 함수는 앞으로 그릴 원의 내부 색상을 회색으로 지정하며, 세 번째 명령문인 pDC->Ellipse() 함수는 지정된 색으로 가로 200 pixel, 세로 200 pixel의 원을 출력한다.

만일 제대로 작성되지 않았다면 오른쪽 하단 Output 창에 에러메시지가 출력된다. 각 에러메시지를 마우스로 더블 클릭하면 에러가 발생한 소스코드 위치로 커서가 이동하게 되는데, 여러분은 에러메시지를 찬찬히 살펴보고, 이에 따라 적절히 문제를 해결하여야 한다. 절대 에러메시지가 영어라고 그냥 넘어가지 말자.

> **TIP** 에러 발생 시 에러메시지를 꼼꼼히 읽어보자. 에러메시지를 읽고 원인을 파악하여 해결하는 것이 프로그래밍을 잘하게 되는 비법 중 하나이다.

DoSomething Application 5

(1) What is GRAY_BRUSH ?
다른 색깔의 Brush는?

[Browser] 기능을 사용
GRAY_BRUSH를 선택한 후(double click) F12 키를 누름 ("goto Definition")

(2) What is Ellipse( ) ?

[Help] 기능을 사용
Ellipse를 선택한 후 (double click) F1을 누름

코딩(coding)을 하는데 있어서 꼭 필요한 기능 두 가지를 소개한다. 하나는 프로그램 내에 사용된 변수나 함수가 어디에서 선언된 것인지 확인하는 "정의로 이동: goto-definition"(F12) 기능이고, 또 하나는 클래스나 함수가 어떤 기능을 하는지 확인하는 "도움말:help"(F1) 기능이다.

OnDraw() 함수 내 추가 작성된 명령문들 중에 GRAY_BRUSH가 있다. 이것이 어디에서 어떤 값으로 정의되었을까? 이 질문에 답하기 위하여 여러분이 GRAY_BRUSH를 더블클릭하여 선택한 후 F12를 눌러보자. 이제 질문에 답할 수 있는가? 이렇게 goto-definition 기능은 코딩 중에 식별자의 기능과 정체를 알고자 할 때 아주 편리하다.

pDC->Ellipse() 함수 내의 인자로 CRect 객체를 사용하였다. 만일 Ellipse 함수의 인자로 다른 것을 넘길 수 는 없을까? (참고로 C++에서는 이름은 같지만 인자가 다른 함수를 여러 개 정의할 수 있다.) 이때 Ellipse를 더블클릭으로 선택한 후 F1을 눌러보자. Ellipse 함수에 대한 여러 가지 도움말을 볼 수 있을 것이다.

EXERCISE 1-2 DoSomething application 만들기

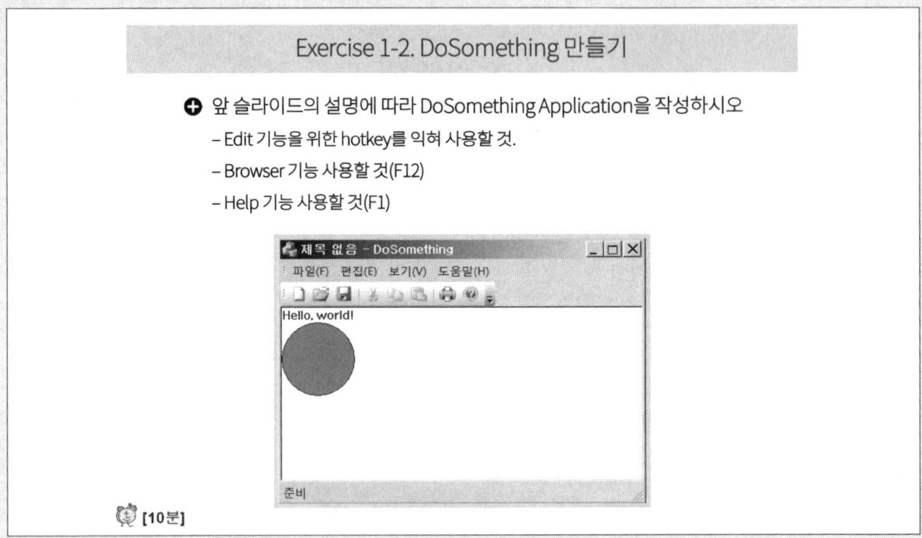

이전 "DoSomething Application" 슬라이드들에 따라 프로그램을 작성해 보자.

가능하면 개발 절차와 내용을 외운 후, 슬라이드를 보지 않고 처음부터 끝까지 작성하도록 하자. (단, CDoSomethingView::OnDraw() 함수 수정은 슬라이드를 보고 작성해도 무방하다.)

소스코드 편집을 위한 단축키들과 goto-definition(F12) 기능, help(F1) 기능도 사용해 보자.

1.4 디버깅

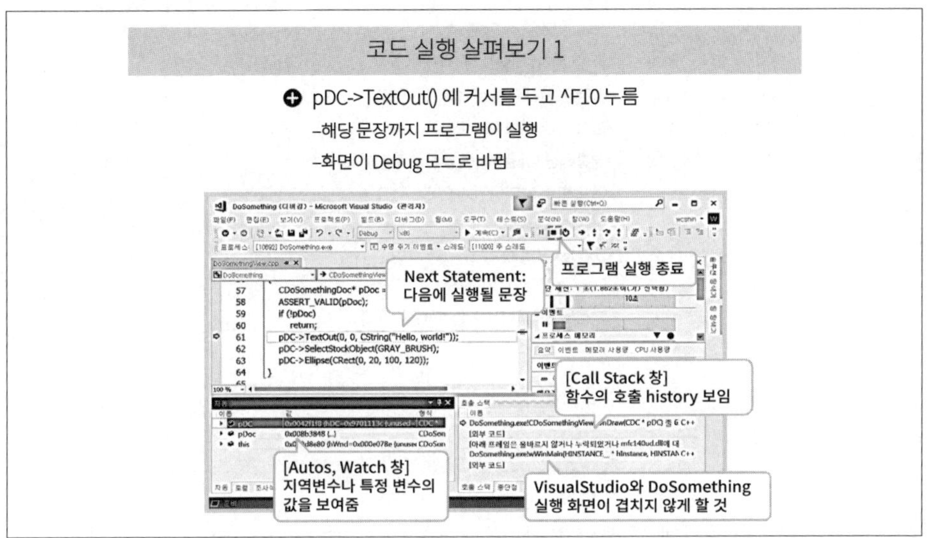

프로그래밍 실력이 중수이상 되기 전까지는 실제 코드를 작성하는 시간보다 디버깅에 걸리는 시간이 더 많이 소요된다. 그만큼 프로그램 디버깅을 얼마나 잘하는지 여부에 따라 프로그래머의 실력이 결정된다고도 볼 수 있다.

기본적인 디버깅 방법은 **Break-Step-Watch** 방식이다. 문제 발생이 예상되는 지점까지 프로그램을 실행하여 멈춘 후(Break), 소스코드에 나오는 명령문을 하나씩 실행해 가면서(Step), 제어흐름과 각 변수의 값들을 확인(Watch)하는 것이다.

소스코드에서 **break**될 위치를 **breakpoint**라고 하는데, F9로 토글(toggle) 방식으로 이를 설정 및 해제한다. **breakpoint**가 설정되면 해당 줄 앞부분에 빨간 원 아이콘이 보인다.

F5(디버그모드 실행)로 **DoSomething** 프로그램을 실행하면 실행 도중 **breakpoint**가 설정된 명령문에서 멈추게 된다. 이후, F10(step-over), F11(step-into)로 한 명령문씩 실행한다. 한 명령문씩 실행하는 도중 변수 값은 자동**(Autos)**/로컬**(Locals)** 창에서 살펴볼 수 있는데, 개발자가 특별히 보고자 원하는 변수나 수식 값이 있다면 이를 조사식**(Watch)** 창에 등록하여 볼 수 있다.

코드 실행 살펴보기 2

- 디버그 모드시 단축키
  - 한 줄(문장)씩 실행하기 (F10)
  - 지정된 문장까지 실행하기 (^F10)
  - 한 step씩 실행하기 (F11)
    - 문장이 함수호출이라면 함수 안으로 들어감
  - 현재 함수 빠져나가기 (shift+F11)
  - 실행하기 (^F5),
    - Debug모드로 실행(F5)
  - Debug 끝내기 (shift+F5)
  - 지정된 문장에 Breakpoint걸기 (F9)

이 슬라이드는 디버깅에 관련된 단축키(hotkey)를 정의한 것이다. 외워서 실전에 많이 사용하길 바란다.

F10(step-over)과 F11(step-into)의 차이점을 얘기하면, 현재 실행될 명령문(실행라인)에 함수 호출이 있을 경우에, F10은 함수를 완전히 실행해 버리는 반면, F11은 호출된 함수 안으로 디버깅 과정이 이어진다.

1.5 프로젝트 및 환경 설정

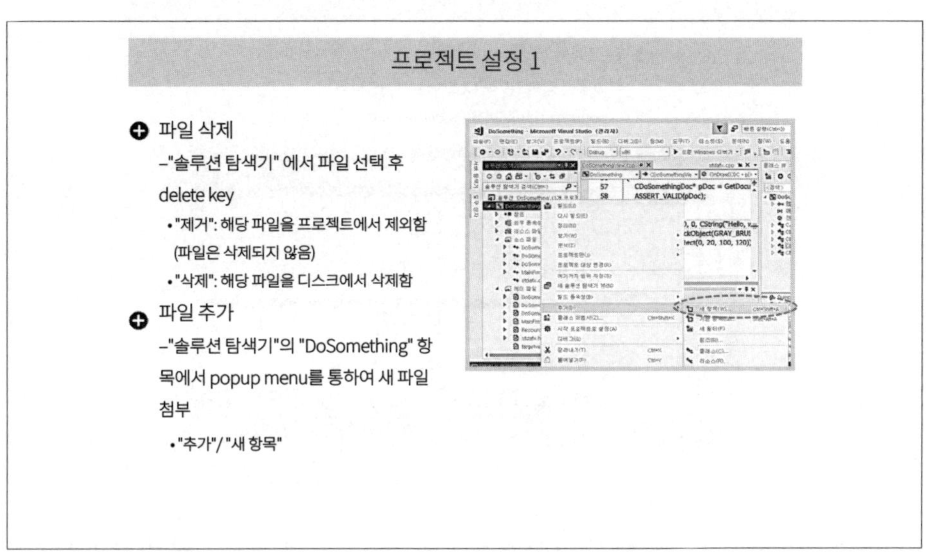

전체 S/W 시스템을 개발하기 위한 Solution 내에 각 산출물(output)을 생성하기 위한 Project가 있음을 얘기하였다. 여기에서는 하나의 프로그램 생성을 목적으로 하는 Project 환경 설정에 대하여 살펴본다.

Project를 구성하는 파일들에 대하여 개발자가 생성/수정/삭제할 수 있어야하며, 컴파일이나 기타 개발관련 환경에 대하여 개발자가 설정할 수 있어야한다.

Solution expolorer 화면에서 특정 파일을 선택한 후 "delete key"를 누름으로써 해당 파일을 프로젝트에서 제외할 수 있다. 파일제거 팝업 화면에서 "삭제" 버튼을 선택하면 해당 파일을 프로젝트에서 제외함과 동시에 하드디스크에서 삭제한다. "제거" 버튼을 선택하면 프로젝트에서 제외만 하며 파일이 삭제되진 않는다.

슬라이드에 보이듯, Project 항목("DoSomething")에서 팝업메뉴를 띄워 "추가"/ "새 항목"을 선택하여 새로운 파일을 프로젝트에 생성하거나 또는 "기존 항목"을 선택하여 외부 파일을 프로젝트에 포함시킬 수 있다.

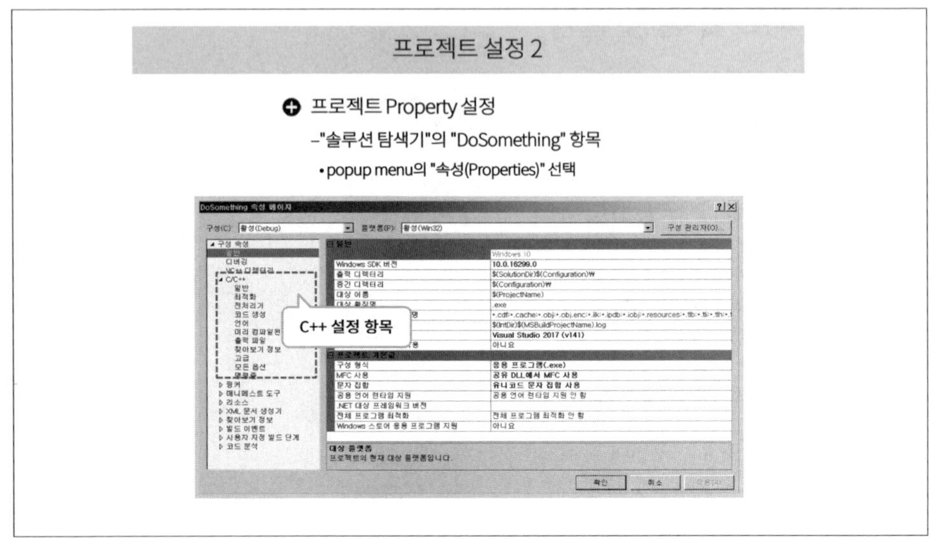

이 슬라이드에서는 Project에서 산출물(output)을 생성하는데 필요한 여러 정보들을 설정하는 방법을 보여준다.

Solution Explorer에서 마우스 팝업메뉴를 통해서나 또는 메인메뉴의 "프로젝트(Project)"/ "속성(Properties)" 항목을 통하여 "프로젝트 속성 창"에 접근할 수 있다.

"프로젝트 속성 창"에서 개발자는 주로 산출물의 일반적인 유형("General"), 컴파일 관련항목("C/C++"), 라이브러리 관련항목("Linker")에 원하는 산출물 생성 환경을 설정한다.

산출물의 일반적인 유형("일반")에서는 산출물이 실행프로그램인지 라이브러리인지 여부, MFC 사용 여부, 문자 집합 등을 설정한다.

컴파일 관련항목("C/C++")에서는 디버깅 정보 생성여부, 프리컴파일드 헤더(precompiled header)를 사용할지 여부(이 부분은 뒤에 또 다시 언급된다), 코드 최적화 수준, 에러메시지 수준, 컴파일러 옵션 등을 설정한다.

라이브러리 관련항목("Linker")에서는 라이브러리의 위치, 개인 라이브러리 지정, 디버깅 정보 생성여부, 힙/스택 메모리 크기 등을 설정한다.

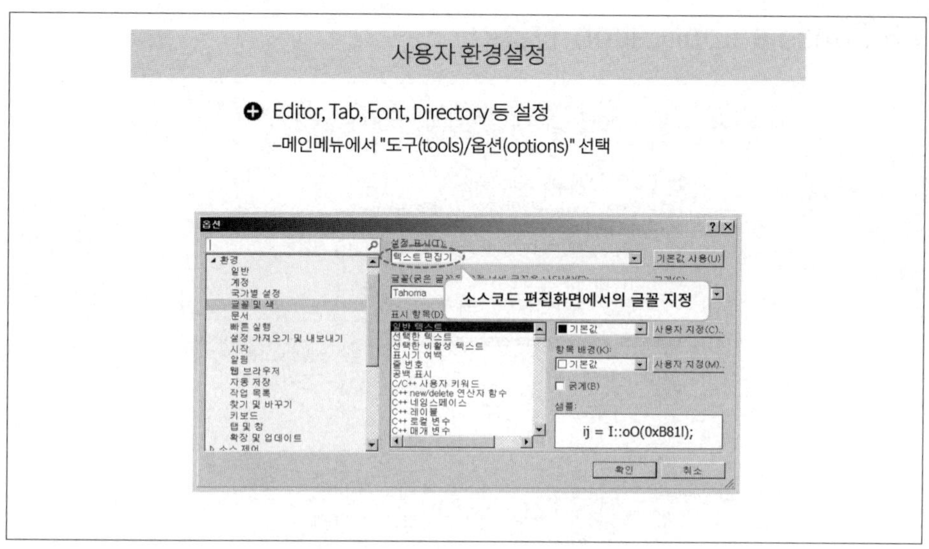

소스코드 편집 창에서 프로그램을 작성할 때 글꼴의 모양과 크기는 개발자의 기호에 따라 변경가능하다. 메인메뉴에서 “도구(tools)”/ “옵션(options)”을 선택하면 옵션 창이 보인다. 이 창에서 “환경”/ “글꼴 및 색”을 선택하면 슬라이드에 보이는 화면이 나타난다.

여러분이 자신의 환경에 맞도록 글꼴의 모양이나 크기를 선택해 보도록 하자.

소스코드를 작성할 때 들여쓰기(indentation)은 반드시 사용해야 될 관례이다. 들여쓰기는 보통 tab 문자로 하는데, tab 문자 하나당 공백문자(space character) 몇 칸으로 지정할 것인지도 옵션 창에서 설정할 수 있다. (“텍스트편집기/C&C++/탭”)

1.6 Console application 만들기

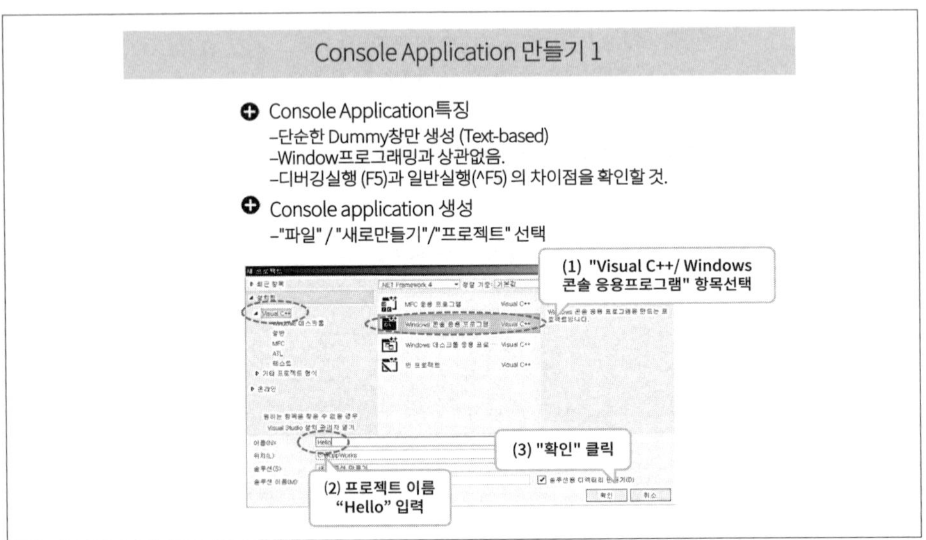

DoNothing application과 DoSomething application은 C++ 언어를 이용하여 윈도우 프로그램을 작성한 예이다. Visual Studio 의 기능을 살펴보기 위하여 간단한 윈도우 프로그램을 만들어 보았지만, 본 교재의 원래 목적인 C++ 언어 학습을 위해서는 윈도우 프로그램 개발은 적합하지 않다. C++ 언어 자체보다도 오히려 윈도우 프로그래밍 관련 학습에 시간이 너무 빼앗길 수 있기 때문이다.

이후 본 교재에서는 C++ 연습문제 풀이에 있어서 콘솔(console) application 형태로 실습을 진행할 것이다. 콘솔 application이란 command 창에서 동작하는 프로그램이다.

자, 콘솔 application "Hello" 프로젝트를 만들어보자. "새 프로젝트 창"에서 "Windows 콘솔 응용 프로그램"을 선택하고, 프로젝트 이름으로 "Hello"를 입력하자. 마지막으로 "확인" 버튼을 누르자.

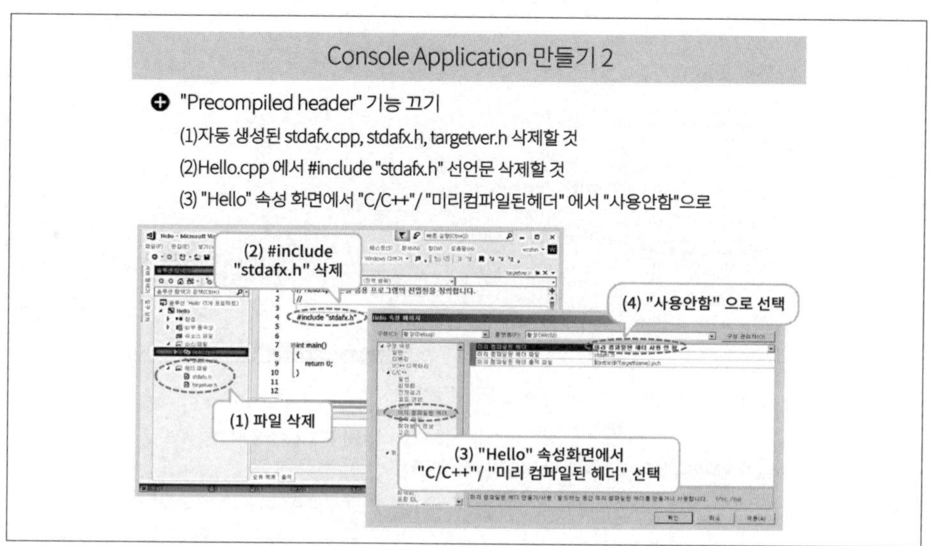

Visual Studio C++가 자동 생성한 프로젝트는 기본적으로 "미리 컴파일된 헤더(precompiled header)" 기능을 사용한다. 이 기능은 C++에서 사용되는 헤더파일들을 미리 컴파일해 두고, 이를 이용하여 프로그램 빌드 시간을 단축하기 위한 것이다.

순수 C++ 언어 학습을 위하여 이 기능을 끄도록 하자. 끄는 순서는 슬라이드에 보이듯 다음 3가지 절차에 따른다.

(1) "미리 컴파일된 헤더" 관련 파일(stdafx.cpp, stdafx.h, targetver.h) 삭제
(2) Hello.cpp에서 #include "stdafx.h" 선언문 삭제
(3) 프로젝트 속성 창에서 "C/C++"/ "미리컴파일된헤더"에서 "미리컴파일된헤더" 항목을 "사용안함"으로 지정

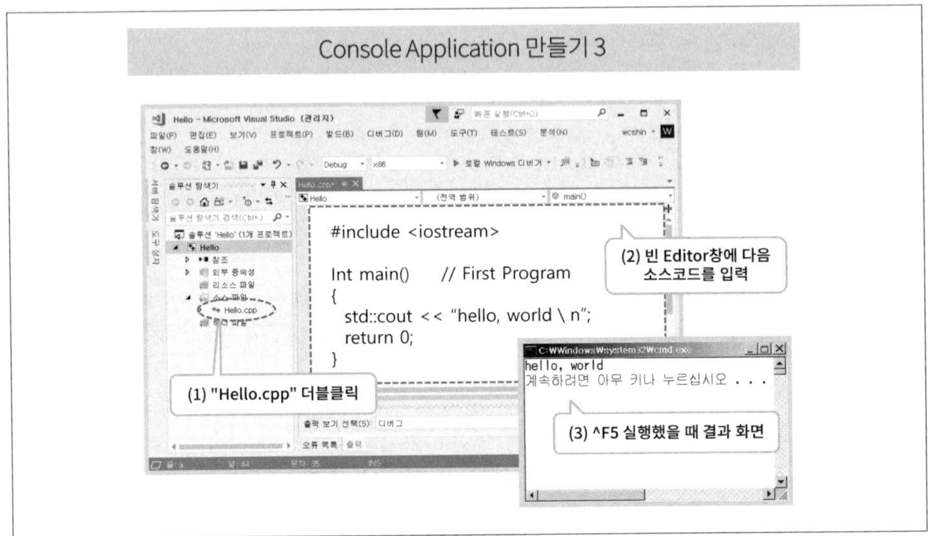

Visual Studio에서 "Hello" 프로젝트를 생성한 후, 코드를 작성해 보자.

먼저, Solution explorer에서 "Hello.cpp"를 더블클릭하여 소스코드 편집창을 열자. 기존의 내용을 모두 지우고, 슬라이드에 보이듯 코드를 작성해 보자(대소문자를 정확하게 입력하자). 작성이 끝나면, ^F5 단축키를 이용하여 컴파일과 함께 실행을 시켜본다.

슬라이드 오른쪽 하단에 보이듯, command 창이 뜨면서 "hello, world" 문자열이 출력된다면 잘 작성된 것이다. 만일 출력창(output)에 여러 에러메시지가 뜨면서 실행되지 않는다면, 에러메시지를 하나씩 읽어가며 해결하도록 하자.

EXERCISE 1-3 Console Application

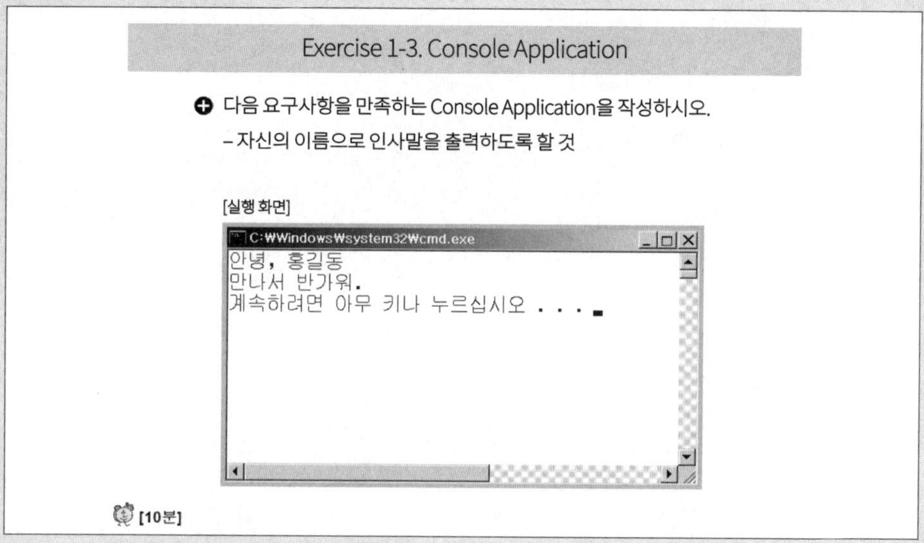

앞에서 살펴 본 "Hello" 프로젝트처럼 command창에 "안녕, ??? 만나서 반가워." 문장을 출력하는 콘솔 application을 작성해 보자. 프로젝트를 새로 생성하고, "미리컴파일된 헤더" 기능 끄는 것을 잊지 말자.

Chapter

02

C++ 소개

2.1 기본 개념

2.2 C++ 프로그램 개발 단계

2.3 C++ 맛보기

2. C++ 소개

Chapter 2

C++ 소개

이 장에서는 C++ 프로그래밍에 관련된 기본 개념들을 살펴보고, C++ 프로그래밍 언어를 사용하여 실행 프로그램(.exe)을 개발하는 절차에 대하여 소개한다. 또한 간단한 C++ 프로그램 예를 살펴보고, 이를 응용하여 C++ 프로그래밍 실습을 경험한다.

자, 이제 재미있는 C++ 프로그래밍의 세계로 들어가 보자.

2.1 기본 개념

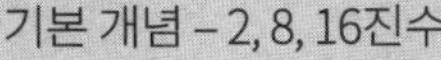

- $1997 = 1*10^3 + 9*10^2 + 9*10^1 + 7*10^0$
- $1997 = (11111001100)_2$
  $= (3\ 7\ 1\ 4)_8$
  $= (7\ C\ C)_{16}$

19_{10}을 2진수로

```
2) 19
2)  9  —1
2)  4  —1
2)  2  —0
    1  —0
```

10011_2을 10진수로

```
1  0  0  1  1
|  |  |  |  |
```

$2^4 + 0 + 0 + 2^1 + 2^0 = 19$

컴퓨터는 기본적으로 **0/1**만 저장하고, 처리할 수 있는 기계이다. 즉, 모든 정보(숫자, 문자, 그림, 소리 등)를 **0/1**로 표현하고, **0/1**의 계산을 수행하며, **0/1**을 저장한다.

0/1로 이루어진 숫자체계가 바로 **2**진법이고, 이에 따른 숫자가 **2**진수이다. 그러나, 사람이 **2**진수를 그대로 사용하기에는 너무 길다. **2**진수 **111011110101100**을 **1**초 내로 외울 수 있는 사람?

이렇게 사람이 직접 사용하기에는 불편하기 때문에 **2**진수의 **4**자리(0000~1111)가 **16**진수의 **1**자리(0~F)가 됨에 착안하여 컴퓨터에서 사용되는 숫자를 **16**진수로 표현하는 것이 일반적이다. 앞의 **111011110101100** 은 (뒤에서부터) 네 자리씩 끊으면 **0111 0111 1010 1100**이 되며, 이를 **16**진수로 표현하면 **77AC** 가 된다.

10진수를 **2**진수로 변환하는 방법은 해당 수를 **2**로 계속 나누면서 남는 나머지들을 역순으로 작성하면 된다. 슬라이드에 있는 것처럼 **19**를 계속 **2**로 나누어 남는 나머지들을 역순으로 기록하면 **10011**이 된다.

기본 개념 – bit, byte, word

- bit : 0/1을 표현하는 최소 정보 단위
- byte: 한 문자를 표현하는 최소 단위 (8bits)
- word: 특정 컴퓨터가 처리하는 정보단위
  –XT(8086) : 16 bits, IBM 386 (80386) : 32 bits
- 1 byte: 256가지의 bit 패턴을 가질 수 있다
  – (0 ~ 255 의 숫자) or (256가지의 기호로 지정)
- ASCII 코드
  –미국 ANSI에서 제정한 문자 표준 코드
  –(0100 0001)2 = 4116 = 6510 = 'A' , *'1' is not 1*

0/1을 표현하는 최소 단위가 bit이다. bit가 8가 모여 1 byte가 되며, byte가 여러 개 모여 컴퓨터가 처리하는 정보단위인 word가 된다.

1 byte가 8 bit로 구성되므로, 총 256가지(00000000~11111111)의 bit 패턴을 가진다. 각 bit 패턴마다 문자(영문자, 숫자 등)를 맵핑(mapping)한 것이 코드체계이며 대표적으로 ASCII 코드와 한글 완성형코드(KSC-5601, EUC-KR), 유니코드 등이 있다.

여기에서 중요한 것은 문자가 컴퓨터 내부적으로 2진수라는 사실이다. 즉, 'A'는 bit 패턴 01000001이며 숫자로 해석하면 65가 되며, '1'은 bit 패턴으로 00110001이며 숫자로는 49이다. 따라서 수식 'A' - '1'은 수학적으로는 의미가 없으나, 컴퓨터 프로그래밍 세계에서는 유효하다. (결과 값은 65-49이 계산되어 16이 된다.)

컴퓨터 용량이 커짐에 따라 byte, word와 같은 기본 단위에 K(ilo), M(ega), G(iga), T(era) 크기 단위가 많이 사용된다.

- 1 K(ilo) = 2^{10} = 1024 Bytes
- 1 M(ega) = 2^{20} = 1K × 1K ≒ 1,000,000 Bytes (백만)
- 1 G(iga) = 2^{30} = 1M × 1K ≒ 1,000,000,000 Bytes (십억)
- 1 T(era) = 2^{40} = 1G × 1K ≒ 1,000,000,000,000 Bytes (일조)

기본 개념 – bit 연산

- AND ('&'): 두 개가 참(1) 일 때 참
  –예) 0101 & 0011 = 0001
- OR ('|') : 둘 중 하나라도 참일 때 참
  –예) 0101 | 0011 = 0111
- NOT ('~') : 거짓이면 참, 참이면 거짓
  –예) ~ 0101 = 1010
- XOR ('^') : 두 개의 값이 서로 다를 때 참
  –예) 0101 ^ 0011 = 0110

컴퓨터가 모든 정보를 2진수로 표현한다고 설명하였다. 2진수로 표현된 정보에 대하여 컴퓨터가 수행하는 연산은 기본적으로 산술연산(+, -, ×, ÷)과 비트연산(and, or, not, xor, shift)이다.

비트연산의 경우 not 연산의 경우에는 한 개의 피연산자(operand)를 가지고, and/ or/ xor 연산은 두 개의 피연산자(operand)를 가진다.

not 연산은 피연산자의 모든 bit들을 0은 1로, 1은 0으로 바꾼다. C/C++ 언어에서는 0은 거짓(false), 1은 참(true)으로 간주하므로 not 연산은 피연산자의 각 비트를 참은 거짓으로, 거짓은 참으로 변경하는 것으로 볼 수 있다.

and 연산은 두 피연산자의 동일한 자리에 있는 두 비트들이 모두 1일 때만 해당 자리의 결과 값이 1이며, 그 외에는 0이 된다. 슬라이드에서 두 피연산자(0101, 0011)의 맨 마지막 자리만 둘 다 1이므로 결과 값의 맨 마지막 자리만 1이며 나머지 자리는 0인 0001이 된다.

or 연산은 두 피연산자의 동일한 자리에 있는 두 비트들 중에서 하나라도 1이면 해당 자리의 결과 값이 1이며, 그 외에는 0이 된다.

xor 연산은 두 피연산자의 동일한 자리에 있는 두 비트들의 값이 서로 다를 경우에만 해당 자리의 결과 값이 1이며, 그 외에는 0이 된다.

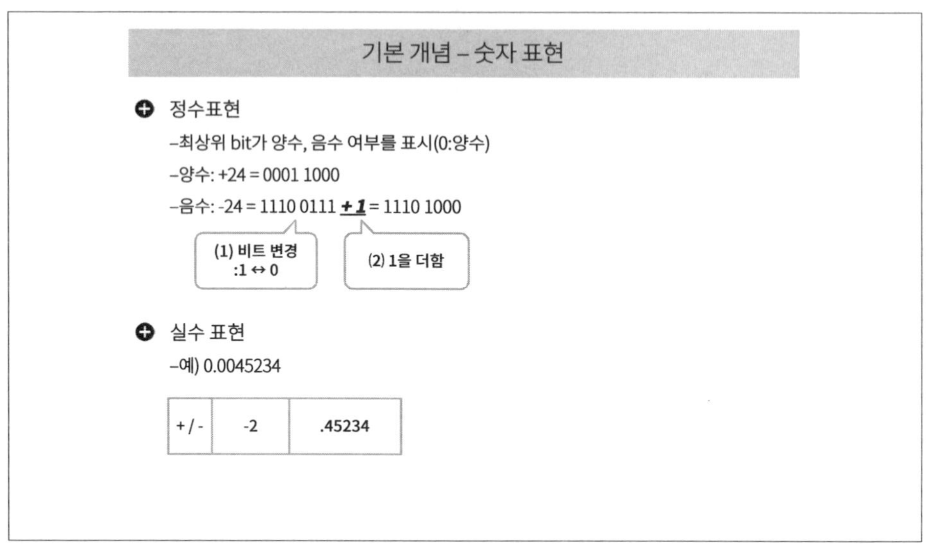

컴퓨터에서는 일반적으로 음수를 표현하는데 2의 보수(2's complement)를 사용한다. 2의 보수를 구하는 방법은, 이진수에서 각 비트들을 0은 1로, 1은 0으로 변경한 결과 값에서 1을 더하면 된다. 슬라이드에 보이는 것과 같이 양수 24(비트패턴: 00011000)의 2의 보수를 구하려면 각 비트들을 변경한 값 11100111에서 1을 더하면 최종 값으로 11101000이 된다. 이 비트패턴이 24의 2의 보수이며, -24를 표현하는 비트패턴이다.

정수(int) 자료형의 크기가 2bytes인 컴퓨터에서 최대의 양수는 16진수로 7FFF(01111111 11111111)이다. 이 값에서 +1을 하면 그 값은 얼마일까? 정답은 .... 각자 생각해보자.

실수의 경우에는 일반적으로 소수점의 위치를 고정하지 않고 그 위치를 나타내는 수를 따로 적어놓는 부동소수점 방식을 사용한다. 이 방식에서는 최상위 비트가 부호(양수/음수)를 나타내고, 유효숫자를 나타내는 가수부(mantissa)와 소수점의 위치를 표현하는 지수부(exponent)로 구성된다. 즉, 정수 2와 실수 2의 비트패턴은 전혀 다르다.

프로그래머 입장에서는 부동소수점 방식의 구조를 완전히 암기할 필요는 없지만, 부호, 가수부, 지수부로 구성된다는 정도는 기억할 필요가 있다.

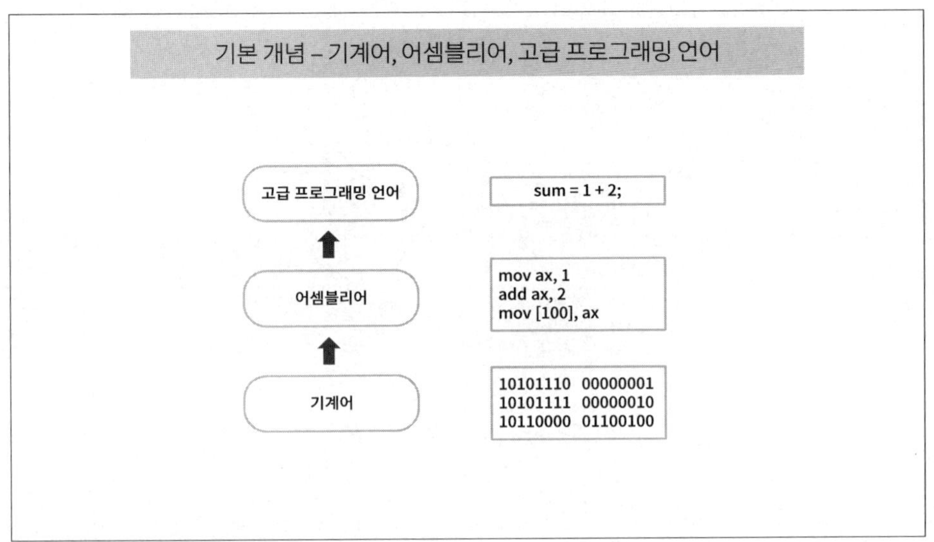

컴퓨터(CPU)가 알아들을 수 있는 언어는 **0/1**로 구성된 기계어(native code)이다. 초기 프로그래머들은 이 기계어로 프로그램을 직접 작성하였으나, 복잡성으로 인하여 좀 더 이해하기 쉬운 어셈블리어가 개발되었다. 그러나 어셈블리어 역시 프로그램 로직을 구성하거나, 큰 프로그램을 작성하기 어려운 측면이 있어 C, C++, JAVA와 같은 고급 프로그래밍 언어가 개발되어 사용되고 있다.

기계어나 어셈블리어는 컴퓨터를 좀 더 직접적으로 제어할 수 있으며 속도가 빠른 장점이 있는 반면, 큰 프로그램을 작성하기 어렵고 유지보수하기 어려운 단점이 있다. 따라서 UNIX를 비롯한 대부분의 운영체제 프로그램이나 응용프로그램들이 고급 프로그래밍 언어로 개발되며, 빠른 수행 속도가 필요하거나 하드웨어를 직접 제어하는 부분에서만 어셈블리어가 활용된다.

반면, 고급 프로그래밍 언어로 작성된 프로그램을 실행하기 위해서는 컴파일과정을 거쳐 실행파일을 생성하여야한다. 이 실행파일은 CPU가 이해할 수 있는 기계어이다. 즉, 컴파일과정은 어떻게 보면 프로그래밍언어의 역사를 역으로 거슬러 가는 것으로 볼 수 있다.

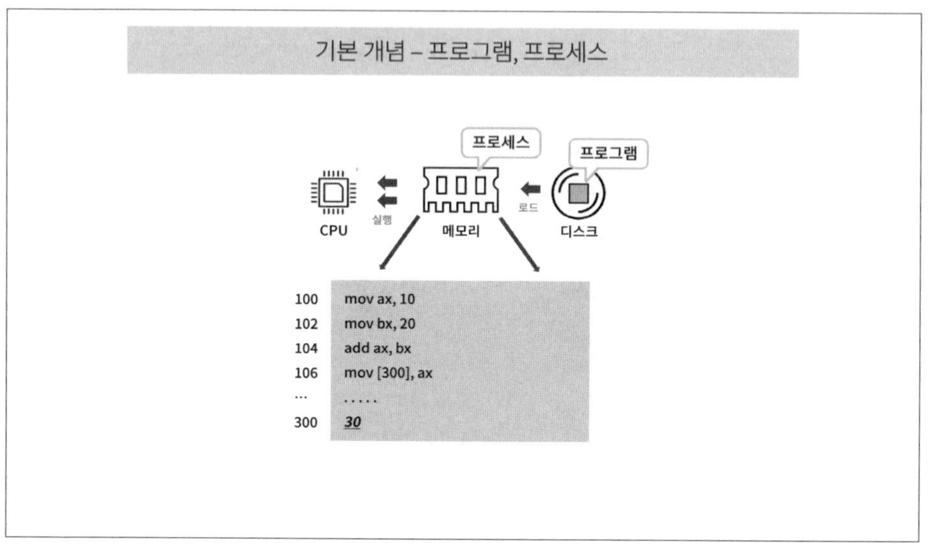

컴파일과정을 거쳐 생성된 실행파일은 하드디스크와 같은 보조기억장치에 저장되어 있다. 이를 실행하면 실행파일의 코드가 주기억장치에 로드(load)된 후 명령어 한 줄씩 차례대로 CPU로 전송되어 실행된다. 이러한 방식을 폰노이만 구조(von Neumann architecture)라고 하는데 오늘날 사용하고 있는 대부분의 컴퓨터의 기본 구조이다.

메모리에 로드되어 실행 중인 프로그램을 프로세스(process)라고 말한다. 메모장 프로그램이 하드디스크에 저장되어 있는 것은 하나지만, 이 프로그램을 실행하여 3개의 파일을 따로 편집하고 있다면 프로세스는 3개이다.

프로그래머로서 기억해야할 점은 다음과 같다.

1) 프로그램이 실행될 때에는 항상 주기억장치에 로드된 후 실행
2) 주기억장치에 로드된 프로그램은 code + data + stack (+ heap) 영역으로 구성
3) 프로세스 내에 있는 모든 내용물(code, data, stack)은 메모리주소를 가짐

2.2 C++ 프로그램 개발 단계

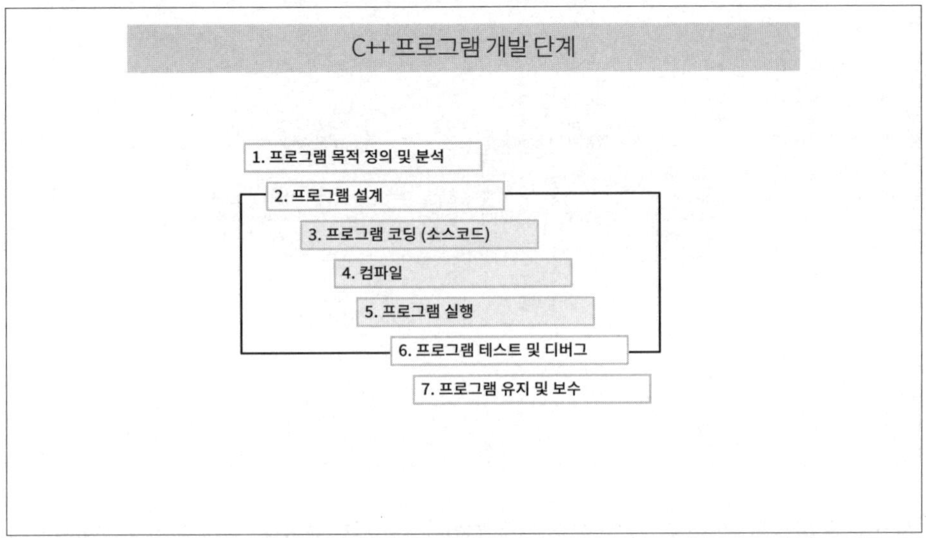

이 슬라이드는 폭포수 모형(waterfall model)이라고 불리는, s/w를 개발하는 일반적인 단계를 보여준다.

폭포수 모형을 포함한 s/w 개발 관련 기술들은 소프트웨어 공학 분야에서 다루는 내용이며, 본 강의에서는 2단계 일부와 3단계, 4단계, 5단계, 6단계 일부를 다룬다. (슬라이드에서 빨간 사각형 내부)

프로그래밍언어를 배우는 학생들은 초기에 3/4/5단계에 초점을 맞추어 공부하게 되는데, 프로그래밍을 잘하려면 6단계의 경험을 많이 쌓아야 한다. 테스트와 디버깅 실력이 쌓이면 자연스럽게 중수 프로그래머 수준으로 올라온다.

프로그래밍 실력을 향상시켜 일명 고수 수준이 되기 위해서는 1단계와 2단계가 더욱 중요해진다. 건물을 만들 때 3/4/5/6단계는 직접 현장에서 건설하는 작업이라면 1/2단계는 건물의 목적과 용도를 정의하고, 이에 대한 설계도를 만드는 작업에 비유할 수 있다.

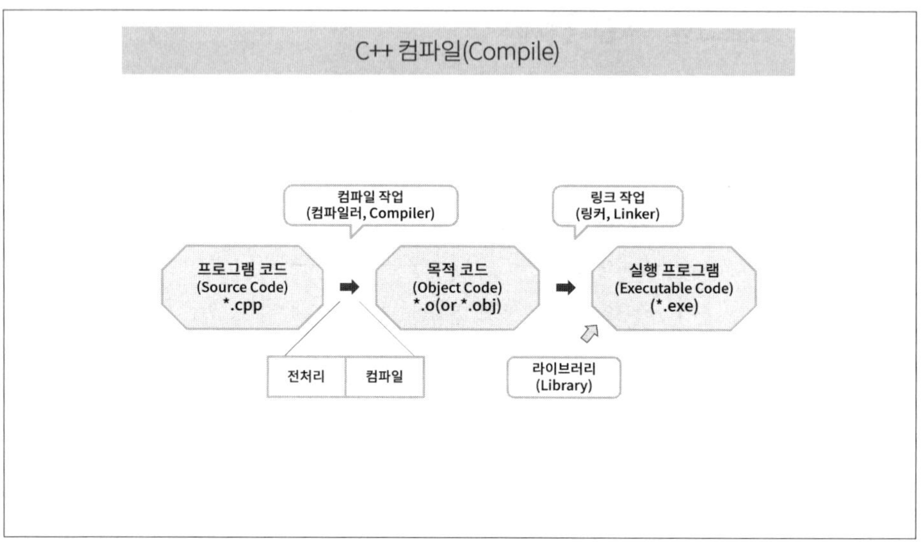

개발자가 작성한 소스코드(source code)를 CPU가 이해할 수 있는 기계어로 번역하는 작업이 컴파일(compile)이다. 우리가 실습하는 프로그램인 Visual Studio C++ 역시 컴파일러 프로그램이다.

실행 프로그램을 생성하는 단계를 좀 더 살펴보면 프로그램 소스코드를 목적코드(object code; 불완전한 기계어코드)로 변환하는 컴파일 작업과 여러 개의 목적 코드들을 합쳐서 실행 프로그램을 생성하는 링크(link)작업으로 구분된다. (일반적으로는 링크 작업까지 포함하여 컴파일 작업이라고 말하기도 한다.)

C/C++ 언어는 목적코드를 생성하는 컴파일 작업을 수행하기 전에 전처리(preprocessing) 작업을 수행한다. 전처리 작업에 대해서는 다음 슬라이드에서 설명한다.

일반적으로 하나의 실행 프로그램을 생성하기 위하여, 여러 개의 소스코드 파일을 작성한다. 작성된 각 소스코드 파일은 따로 컴파일되어 같은 파일이름의 목적코드 파일을 생성한다. 생성된 여러 개의 목적코드 파일들과 필요한 라이브러리 코드들을 묶는 링크 작업을 거쳐 하나의 실행 프로그램이 생성된다.

N개의 소스코드 파일(.cpp/.h) → N개의 목적코드 파일(.obj) → 1개의 실행파일(.exe)

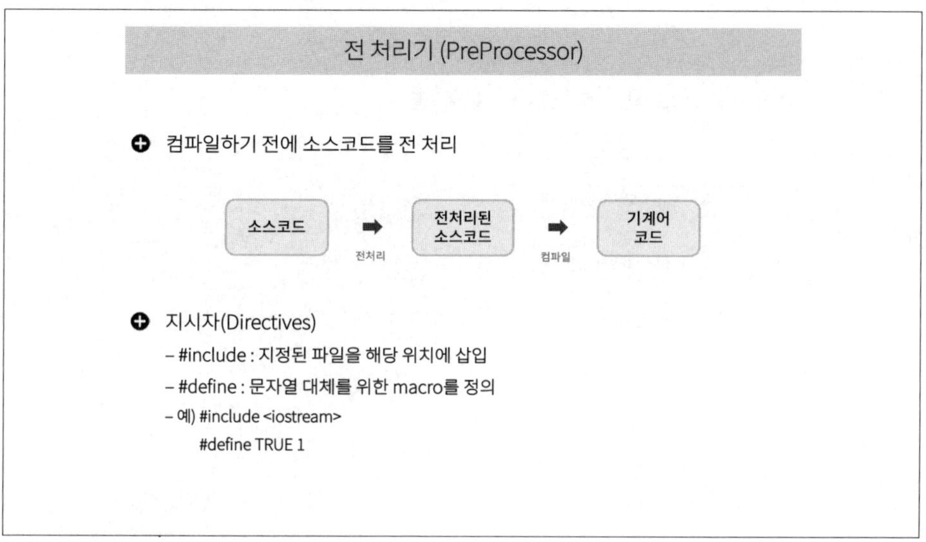

소스코드를 목적코드로 변환하는 컴파일 작업 중에서 C/C++ 언어는 전처리(preprocessing) 과정을 거친다.

전처리 과정은 소스코드 내에 작성된 지시자(directive)를 수행하는 작업이다. 대표적인 지시자로 **#include**와 **#define**이 있다.

#include 지시자는 다음에 지정된 파일을 소스코드 파일 내의 해당 위치에 그대로(말 그대로 '그대로'이다) 삽입한다.

#define 지시자는 문자열 대체를 위한 매크로 기능을 수행하는데 사용된다.

전처리 과정에 대한 내용은 뒤에서 좀 더 상세히 살펴볼 것이다.

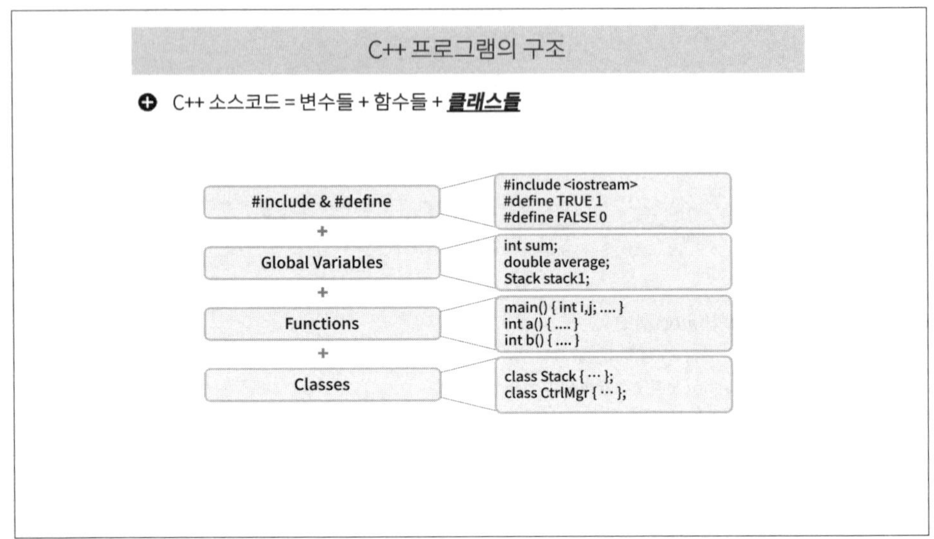

C++ 프로그램은 문법적으로 지시자(directives), 전역변수(global variables), 함수(functions) 그리고 클래스(classes)로 구성된다.

객체지향적 프로그래밍 관점에서는 전역변수와 (전역)함수는 바람직한 요소가 아니다. 오히려 이를 철저히 배제하는 것이 바람직하며, 이를 문법적으로 강제한 언어가 JAVA 언어이다. C++에서 전역변수와 (전역)함수를 지원하는 것은 C 언어와의 호환성을 위해서이다.

이러한 관점에서 보면 C++ 프로그램은 지시자와 클래스로 구성된다. (그렇게 생각하는 것이 객체지향적 관점에서 바람직하다.)

결국 C++ 프로그램을 작성하는 것은 a) 어떤 클래스가 필요한지 찾아내고, b) 각 클래스를 작성하는 것이다.

2.3 C++ 맛보기

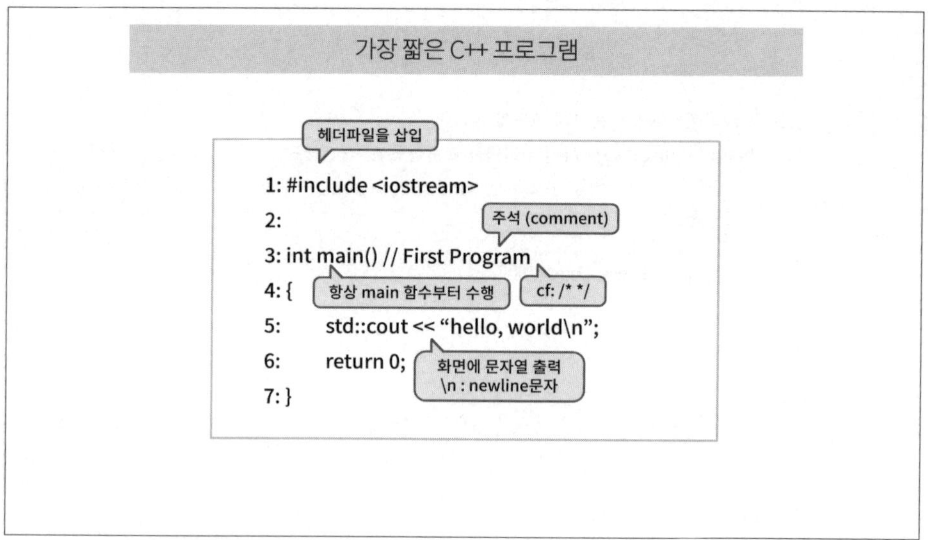

슬라이드 내용은 "hello, world"를 화면에 출력하는 가장 짧은 C++ 프로그램이다.

#include 지시자, main() 함수, return 문장과 같이 많은 부분에서 C언어와 유사한 모습을 볼 수 있다. 1번 라인은, "iostream" 파일을 찾아서 그 내용을 삽입하라는 지시문이다. (iostream파일은 컴파일러의 표준 헤더(header) 디렉토리에 있다.)

2번 라인에서처럼 빈 줄은 줄나눔('\n') 문자를 의미하는데 이렇게 눈에 보이지 않은 탭 문자('\t'), 빈칸 문자(' '), 줄나눔('\n') 문자들을 통칭하여 화이트 스페이스(white space)문자라고 한다. 화이트 스페이스 문자는 C++ 컴파일러에게는 아무 의미가 없다. 즉, 줄나눔이 있던지 없던지, 들여쓰기가 되어있던 없던지는 컴파일러에게는 상관이 없으며, 오로지 개발자가 소스코드를 이해하는 데에만 영향을 끼친다.

C 함수와 같이 모든 C++ 프로그램의 시작은 main() 함수이며, 전체 실행프로그램에서 반드시 하나가 존재하여야 한다. 문자열을 화면에 출력하는 문장은 5번 라인의 "std::out <<"인데, 이는 기본적으로 암기하기 바란다.

EXERCISE 2-1 첫 C++ 프로그램

Exercise 2-1. 첫 C++ 프로그램

- 앞 슬라이드에 나오는 소스코드를 수정하여
"hello, world\n" 대신 자신의 이름을 출력하도록 작성하라.

[실행 예]

```
My name is Woochang, Shin.
```

[10분]

프로그래밍 실습을 위한 내용은 1장 Visual C++ 개발환경에 기술되어 있으며, 필요한 경우에는 1장을 먼저 학습하도록 한다.

첫 프로그램 실습은 앞 슬라이드에 나오는 내용을 조금 수정하는 것이다. 이때 가능하면 앞 슬라이드의 프로그램 내용을 암기 및 이해한 후, 이를 보지 않고 작성을 시작하는 것이 중요하다. 그냥 보며 타이핑(typing)하는 것과 기존에 있는 프로그램을 보긴 하지만 이를 이해한 후 보지 않고 코딩(coding)하는 것은 완전히 다른 학습효과를 보인다.

왼쪽 하단에 있는 시간은 실습에 소요되는 예상 시간이다. 이 시간에는 앞 슬라이드 프로그램 내용을 이해하는 시간까지 포함된다.

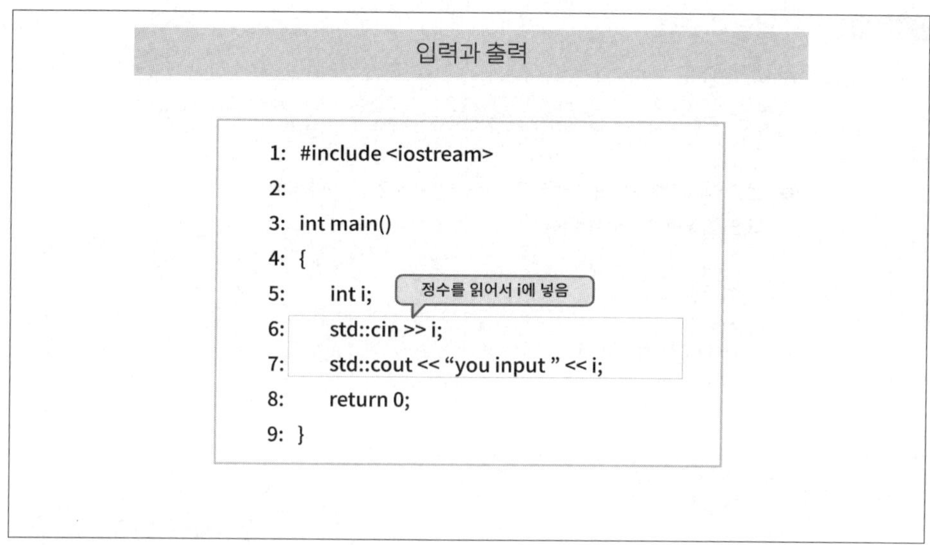

앞에서 문자열을 화면에 출력하는 명령문이 “std::cout <<”임을 살펴보았다.

7번 라인의 명령문을 해석하면 『std::out 객체에게 “you input”이라는 문자열을 전송하는 연산자 <<를 수행하라』는 것이다. 또한 7번 라인에서 보이는 바와 같이 연산자 <<는 연속으로 적용 가능 하다. 즉, “you input” 문자열을 화면에 출력하고, 이어서 변수 i에 저장된 값을 화면에 출력한다.

6번 라인은 콘솔(console) 화면을 통하여 사용자의 입력을 받는 명령문이다. 이를 해석하면 『std::cin 객체로부터 정수 값을 읽어서 변수 i에 전송하는 연산자 >>를 수행하라』는 것이다. 사용자 입력을 받는 연산자 >> 역시 연속적으로 사용가능 하다. 예로 정수 두 개를 변수 i와 j에 입력받으려면 “std::cin >> i >> j;”와 같이 작성하면 된다.

콘솔 화면의 입력과 출력 기능을 제공하는 연산자 >>와 연산자 <<는 독립적인 것이 아니며, 각기 std::cin 객체와 std::out 객체에 종속되어 있는 연산자이다. 즉, 콘솔 화면의 입력과 출력 기능을 제공하는 것은 std::cin 객체와 std::cout 객체에 붙어있는 >>, << 연산자이다.

결국 6번 라인의 명령문을 객체지향적으로 해석하면 『정수 값을 읽어 변수 i에 저장하라는 요청 메시지(>>)를 std::in 객체에게 보내라』가 된다.

std::in 객체와 std::out 객체는 표준 라이브러리에 구현되어 있으며, 이에 대한 선언은 iostream 파일에 있다.

EXERCISE 2-2 입력과 출력

Exercise 2-2. 입력과 출력

- 앞 슬라이드에 보이는 소스코드를 수정하여 두 정수(x,y)를 읽어서 그 합을 출력하도록 작성하라.

[실행 예]

```
Input 2 integers: 3 5
The Sum is 8.
```

[5분]

연습문제 2-1을 조금 수정함으로써 작성가능하다.

정수형 변수 두 개를 선언하고, **std::in** 객체로부터 사용자의 입력을 받는 연산자 »를 두 번 연속으로 사용하면 된다.

합을 출력할 때, 입력 값을 저장한 두 변수의 합을 구하여 새로운 변수에 저장한 후 이를 출력할 수도 있으며, 또는 "**std::cout «**" 명령문 내에서 합을 구하는 수식(예: (a+b))을 직접 작성하여 출력할 수도 있다.

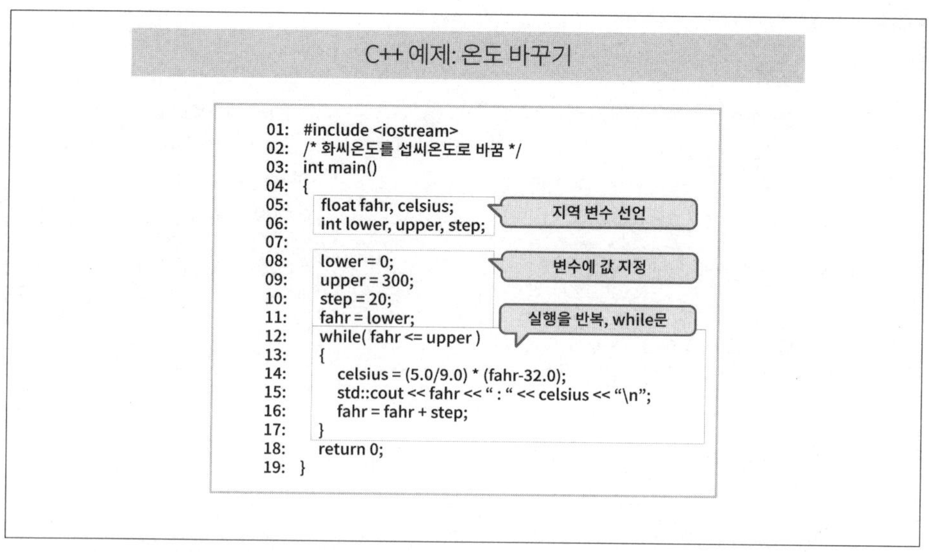

조금 더 복잡한 C++ 프로그램 예제이다. 이 프로그램은 화씨온도 0도에서 300도까지 20도 간격으로 섭씨온도로 변환한다. 소스코드를 분석해보면 5~6 라인에 지역(local) 변수를 선언하고, 8~11 라인에서 변수에 값을 지정하며, 12~17 라인에서 순환문(loop)을 통하여 반복적으로 화씨온도를 섭씨온도로 변환하여 화면에 출력한다.

이 예제에서 볼 수 있듯이 C 언어의 명령문(변수선언, 값지정문, 순환문)들이 C++ 언어에서 그대로 사용된다. 본 교재의 3장에서 7장까지의 내용은 C++ 명령문의 기본 문법(syntax)에 대해 설명하고 있는데, 이 내용은 일부를 제외하고 대부분 C 언어에도 그대로 적용된다.

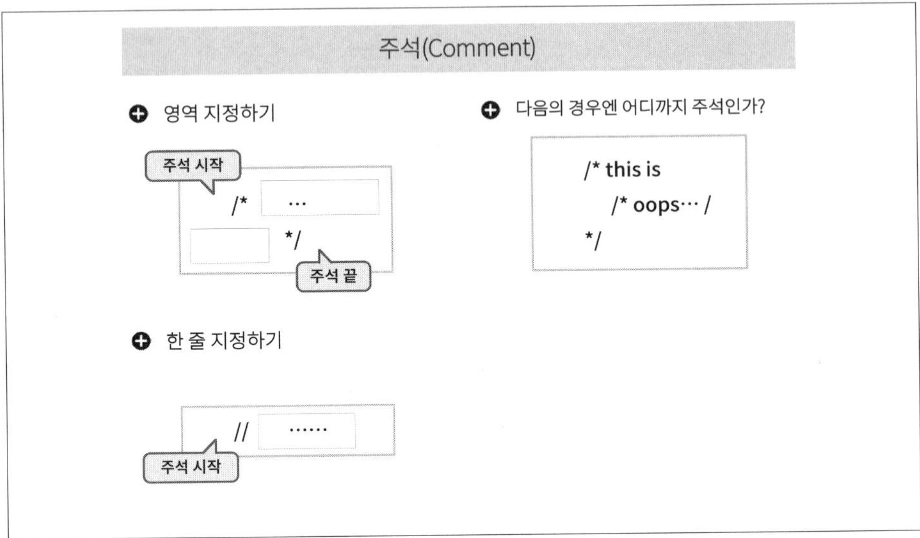

주석(comment) 달기는 프로그램을 작성하는데 중요한 기능 중의 하나이다. 프로그래머가 스스로 자신의 생각을 정리하며, 소스코드를 좀 더 읽기 쉽게 만들어 주며, 버그를 찾는데 도움을 준다.

C언어에서 사용된 주석달기 방식(/* 주석문장 */)은 C++ 언어에서도 그대로 사용가능하다. 또한 C++ 언어에서는 한 줄 주석달기 방식도 사용가능하다. 이 방식은 문장 중에 더블 슬래시(//)가 있으면, 이 이후의 문자열은 해당 줄 끝까지 주석으로 간주된다.

간략한 주석달기에는 더블슬래시(//) 방식이 편리한 반면, 여러 줄에 걸친 긴 주석에 대해서는 영역을 지정하는 스타슬래시(/* */) 방식이 유용하다.

슬라이드 오른쪽 나오는 내용의 경우, 스타슬래시의 시작부분(/*)이 발견되면 끝부분(*/)이 발견될 때까지의 문자열은 주석으로 간주되어 생략(skip)된다. 따라서 3줄 전체가 모두 주석문장이 된다.

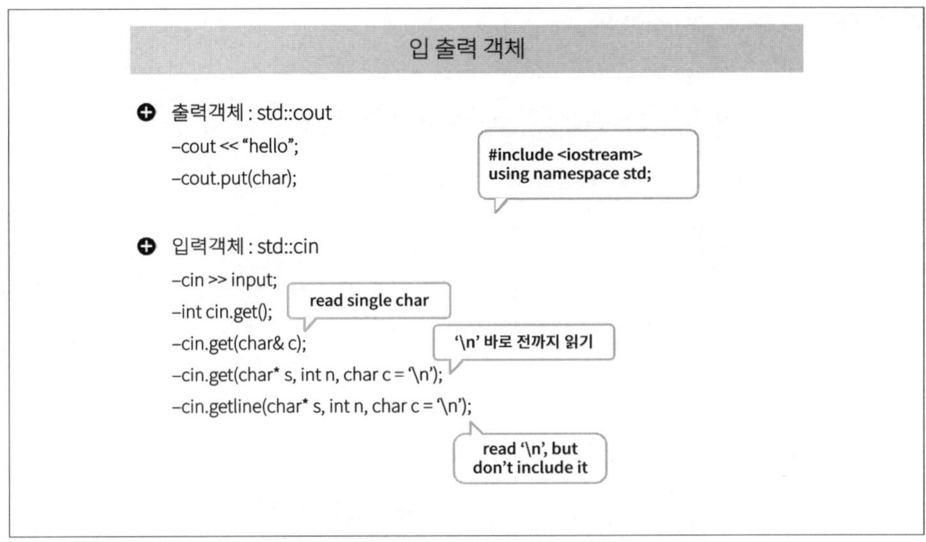

입출력을 하기 위하여 **std::cin** 객체와 **std::cout** 객체가 사용됨을 앞의 예제에서 보았다. 영역해결(scope resolution) 연산자인 **::**는 **cin/ cout** 객체가 어디에 소속되어 있는지 지정하는 역할을 한다. 즉, **cin/ cout** 객체는 **std**에 소속된 객체이다.

여기에서 **std**는 이름공간(namespace)이다. 이름공간은, 큰 프로그램을 작성할 때 여러 소스파일 내에 선언된 변수이름이나 객체이름들이 서로 겹치는 경우를 해결하기 위한 방법이다. 운영체제가 수많은 파일들을 관리할 때 디렉토리를 이용하여 분류하여 관리하는 것과 유사한 개념이다.

cin/ cout 객체를 사용할 때마다 **std**를 붙인다면 다소 불편할 수 있다. 이를 해결하기 위한 것이 '**using namespace std;**' 문장이다. 이 문장을 소스파일 앞부분에 선언하면, 선언한 이후부터 사용되는 변수나 객체들은 현재 영역(scope) 내에 선언된 것인지 먼저 확인한 후 여기에 없을 경우, **std** 내에 선언된 것인지 다시 확인하게 된다.

cin/ cout 객체의 입력 연산자(**>>**)와 출력 연산자(**<<**)에 대해서는 앞의 예제에서 보았다. 이들 연산자 외에도 **cin/ cout** 객체는 몇 가지 입출력 함수를 제공한다. **cout.put()** 함수는 문자 하나를 화면에 출력한다. **cin.get()** 함수는 인자의 개수와 종류에 따라 그 기능이 결정된다. 각 함수를 직접 사용해 봄으로써 그 기능을 숙지하는 것이 필요하다.

EXERCISE 2-3 cin & cout 사용하기

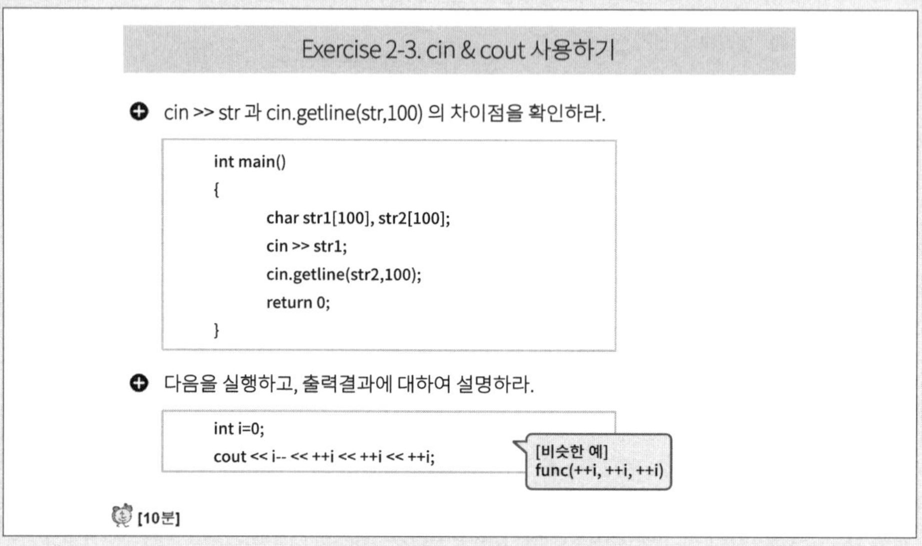

입력연산자 >>를 이용하여 문자열을 입력받을 때와 **cin.getline()** 함수를 이용하여 문자열을 입력받을 때의 차이점을 직접 실습함으로써 경험한다. 힌트는 입력받는 문자열 중에 공백문자(white space)가 있을 때 두 입력방식에서 차이가 생긴다. 확인해보자.

두 번째 실습은 문법적인 것 보다는 증감연산자(++, --)의 부작용(side effect)에 관한 것이다. 실제 코드를 작성하여 실행시켜 보기 전에 출력결과를 미리 예상해본 후, 실행한 출력 값과 비교해보자. 예상대로 출력되었는가?

이 예처럼 증감연산자같이 변수의 값을 변경시키는 연산자를 한 문장 내에서 동일한 변수에 대하여 두 개 이상 사용하는 것은 극히 피해야한다. 결과 값이 운영체제와 컴파일러에 따라 달라질 수 있기 때문이다.

Chapter 03

Variable, Operator, Expression

3. Variable, Operator, Expression

Chapter 3

Variable, Operator, Expression

C, C++, JAVA와 같은 절차언어(procedural language)에서는 정보를 저장하는 변수(variable)가 필수적이다. 이 장에서는 변수를 선언하는 방법과, 변수의 종류를 지정하는 자료형(data type)에 대하여 살펴본다. 변수가 저장하고 있는 정보를 바꿀 수 있는 것에 반하여 상수(또는 상수형의 변수)의 값은 변경할 수 없다.

변수가 정보를 담고 있다면, 이 정보를 가공하는 것이 바로 연산자이다. C++의 연산자는 C 언어의 연산자와 대부분 호환이 되지만, C 언어에서 지원하지 않는 몇 가지 연산자에 대해서는 자세히 알아본다.

변수/상수와 연산자가 모여 수식(expression)을 구성한다. 수식은 기본적으로 모두 문장(statement)이 될 수 있으나, 이 둘은 기본적으로 ';' 유무로 구분된다.

만약 여러분이 C 언어에 익숙하다면 3장에서 7장까지는 C++ 언어의 고유한 특징에 대한 것만 살펴보고, 8장으로 빨리 넘어가도록 하자.

3.1 변수

변수 (Variable) 1

- 지정된 자료형(data type)의 정보를 보관하는 *기억장소*
- 모든 변수들은 사용되기 전에 선언해야 함
  예) *int i, j, k ; double sum ; i = 1;*

*data type
: 데이터의 정보 형태

- 기본적인 자료형들
  –정수형
  • [signed] char, short, int, long
  • unsigned char, short, int, long
  –부동 소수점(실수형)
  • float, double, long double

컴퓨터 프로그램은 여러 가지 정보들을 가지고 여러 작업을 수행한다. 프로그램이 가질 수 있는 정보들은 다양한 수준과 형태(가계부프로그램의 '수입·지출정보', 고객관리프로그램의 '고객정보')로 되어있지만, 그 정보를 잘게 나누다 보면 기본적인 숫자와 문자로 구성됨을 알 수 있다. (물론 더욱 세분화한다면 bit까지 나눌 수 있다)

프로그램에서 정보의 유형을 자료형(data type)이라고 말하며, 프로그래밍 언어가 기본적으로 지원하는 자료형을 기본 자료형(primitive type)이라고 말한다. 프로그래머는 기본 자료형을 가지고 프로그램이 다루는 정보를 표현하는 자료형을 새로 만들 수 있으며, 이를 사용자 정의 자료형(user-defined data type)이라고 한다.

자료형에 따라 정보를 저장하는 메모리 공간에 이름을 붙인 것이 변수이다. 즉, 변수는 이름과 특정 자료형을 가지며, 메모리 공간(주소)과 메모리에 저장된 값(value)을 가진다.

int value = 10;	이름	value
	자료형	int
	메모리공간(주소)	실행 시 결정됨
	값	10(초기값, 변경가능)

변수 (Variable) 2

2byte: -32768~32767
4byte: -2E9~2E9

- 자료형(data type) 크기
  - 정해져 있지 않음 (기계와 OS마다 다름)
    - limit.h, float.h 참조
  - 개발 프로그램의 동작 환경에서의 각 자료형 크기를 알아둘 필요가 있음.
  - 단 자료형 간의 크기순서는 정해져 있음

1 ≡ sizeof(char) ≤ sizeof(short) ≤ sizeof(int) ≤ sizeof(long)
sizeof(float) ≤ sizeof(double) ≤ sizeof(long double)
sizeof(I) ≡ sizeof(signed I) ≡ sizeof(unsigned I)

signed/ unsigned는 char, short, int, long 자료형 앞에 붙어서, 음수가 표현 가능한지(signed-생략가능) 또는 양수만 표현할지(unsigned) 여부를 결정합니다. 예로 (signed) short 자료형(크기가 2bytes로 가정)을 가지는 변수는 -32768~32767의 값을 가질 수 있지만, unsigned short 자료형을 가지는 변수는 0~65535 값을 가질 수 있다.

C++ 언어에서 int 는 0, 1, 2, 3, ...과 같은 정수를 표현하는 자료형이다. 그러나 컴퓨터의 메모리 용량은 한계가 있기 때문에 수학에서 정의하는 무한 정수를 표현할 순 없다. 이러한 한계로 인하여 int는 무한 정수 집합의 일부분만을 나타낸다.

각 자료형이 표현할 수 있는 숫자의 범위는 해당 자료형을 표현하는데 이용되는 메모리 크기에 따라 결정된다. C++ 언어의 각 기본 자료형의 메모리 크기는 정해져 있지 않으며, 기계, 운영체제, 컴파일러에 따라 다르다. (limit.h, float.h 참조)

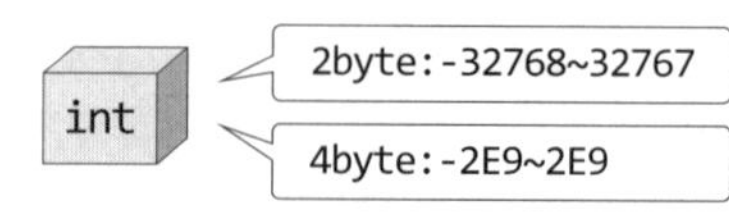

그러나 어떤 환경이든지 float보다는 double의 자료형 메모리가 큰 것은 보장되어 있다. 즉, 자료형들 간의 상대적 크기 순서는 정해져 있다. sizeof(자료형)/ sizeof(변수)는 해당 (변수의) 자료형의 메모리 크기를 알려준다. sizeof(int) 값은 시스템에 따라 2 또는 4(bytes)이다.

EXERCISE 3-1 자료형 크기 알아내기

Exercise 3-1. 자료형 크기 알아내기

- 현재 시스템의 각 자료형의 크기를 출력하는 프로그램을 작성하라.
  –sizeof() 이용
  –char, short, int, long, float, double, long double

[실행 예]

```
Primitive Data Type Size is ...

    char(1), short(2), int(4), long(4)
    float(4), double(4), long double(4)
```

* sizeof : data type이나, 변수의 byte크기를 알려주는 연산자

[10분]

프로그램 개발 환경에서 각 자료형 크기를 알기 위하여, 슬라이드의 실행 예와 같이 출력하는 프로그램을 작성한다(시스템에 따라 숫자는 다를 수 있음).

이와 별도로 **sizeof(int)** 값과 **sizeof(unsigned int)** 값이 동일함을 확인한다. (즉, unsigned 한정사는 자료형 크기에 영향을 주지 않는다.)

이 슬라이드는 변수를 구성하는 4가지 요소(이름, 자료형, 메모리 공간, 값) 중에서, 이름을 정할 때 지켜야할 규칙을 보여준다.

이름은 영문자, 숫자, '_' (under bar)로 구성되며, 첫 문자는 영문자나 '_' 문자여야 한다. 또한 C 언어와 같이 C++ 언어 역시 대소문자 구분(case sensitive)하기 때문에 이에 유념하여야 한다.

변수이름은 의미 있고 일관성 있게 정해야한다. kkk와 같이 의미를 파악하기 어려운 이름보다는 NumberOfCustomers와 같이 의미가 표현되는 이름을 붙이는 것이 바람직하다. (물론 for 순환문을 돌리기 위한 지역변수로 i, j, k를 이용하는 것은 무방하다.)

변수(Variable) 이름 2

- 키워드는 변수의 이름으로 사용될 수 없음

auto	double	int	struct
break	else	long	switch
case	enum	register	typedef
char	extern	return	union
const	float	short	unsigned
continue	for	signed	void
default	goto	sizeof	volatile
do	if	static	while
asm	catch	class	delete
friend	inline	new	operator
private	protected	public	template
try	this	virtual	

변수이름 규칙에 따른다고 해서 무조건 변수이름으로 사용할 수 있는 것은 아니다. C++ 언어에 미리 정의된 키워드들은 변수이름으로 사용될 수 없다. 슬라이드에는 C++에서 일반적으로 사용되는 47개의 키워드들을 보인다. (실제 ANSI C++에서 정의된 키워드는 더욱 많다)

C++ 프로그래밍 언어를 배우는 것은 영어와 같은 인간 언어를 배우는 것보다 훨씬 쉽다. 외어야하는 기본 단어는 위 47개밖에 되지 않는다(관련 라이브러리 클래스/함수를 포함하더라도, 그 수는 영어 단어들보다는 훨씬 적다). 언어를 구성하는 기본 문법 역시 영어보다 훨씬 간단하고 규칙적이다. C++ 프로그래머가 되는데 어려운 점은 단어나 문법을 외워야 하는데 있지 않고, 언어를 배워 이를 활용하여 좋은 작품을 만드는 능력을 갖추는데 있다. 영문 소설을 쓴다고 할 때, 영어를 배우는 것과 좋은 소설을 쓰는 것은 별개의 문제이다.

여러분은 C++ 프로그래머로서 좋은 프로그램을 작성해야 된다. C++ 언어에 대한 학습(단어+문법)이 최종목표가 아니다. 교재를 통한 C++ 학습은 가능하면 2~3주 내로 빨리 진행하고, 무조건 프로그래밍을 많이 해보는 것이 프로그래밍 실력을 향상시키는 지름길이다.

이 슬라이드에는 변수 규칙을 지킨 유효한 변수이름과 변수 규칙에 어긋난 변수이름의 예를 보여준다.

잘못된 변수이름에 대한 이유를 다음 표에서 보여준다.

변수이름	잘못된 이유
012	이름 첫 문자로 숫자를 사용할 수 없다.
a fool	변수이름에 공백문자(' ')를 사용할 수 없다.
$sys	변수이름에 '$' 문자를 사용할 수 없다.
3var	이름 첫 문자로 숫자를 사용할 수 없다.
pay.due	변수이름에 '.' 문자가 사용될 수 없다. 단, 멤버변수를 의미하는 '.'은 사용가능하다.
foo~bar	변수이름에 '~' 문자를 사용할 수 없다.
.name	이름 첫 문자로 '.' 문자를 사용할 수 없다.
class	class는 C++ 언어의 키워드이다.

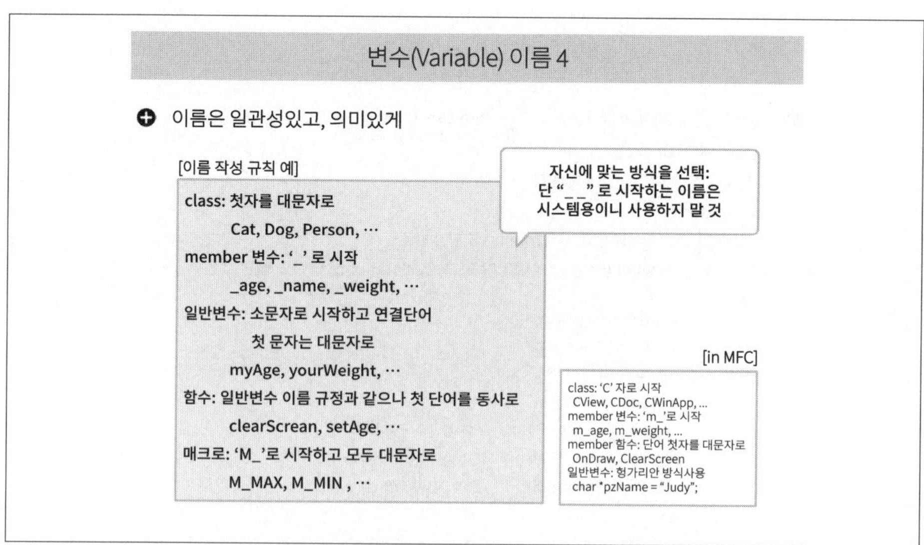

변수이름, 함수이름, 클래스이름, 매크로이름 등을 식별자(identifier)라고 한다. 식별자를 작성할 때에는 일관성 있고, 의미 있게 정하여야한다. 일관성 있게 식별자를 작성하기 위해서는 이름 작성 규칙을 정하는 것이 좋다. 슬라이드에는 일반적인 이름 작성 규칙 예를 보여준다.

C++ 프로그래머는 자신에 맞는 이름 작성 규칙을 만들어야 한다. 작성하기 편해야 하고 또한 이해하기 편해야 한다. 자신만의 이름 작성 규칙과 별도로, 팀 단위로 공동 개발 작업을 수행할 때는 공동 이름 작성 규칙을 먼저 만들고 개발 멤버들이 모두 이를 준수하여야 한다.

TIP C++ 프로그래머로서 작성하기 편하고, 이해하기 편한 이름 작성 규칙을 만들고 이를 지키자.

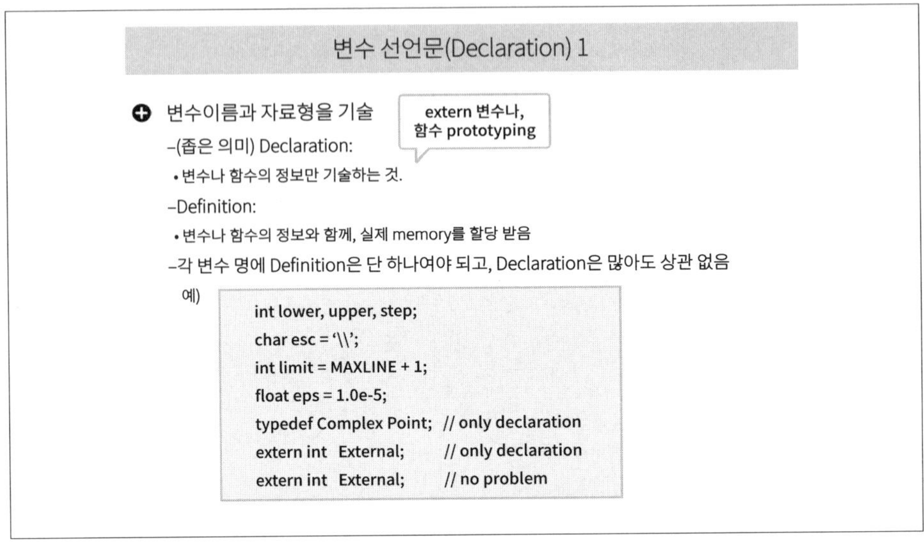

이 슬라이드는 C++ 선언문으로 변수를 선언(declaration)하는 예를 보여준다.

'int value;'와 같이 변수를 선언하는 문장에는 두 가지 의미가 있다. 하나는 변수 value는 int 자료형이라는 정보를 컴파일러에게 알려주는 것이고, 둘째는 이 변수를 생성하라는 것이다. 컴파일러에게 변수에 대한 정보를 넘겨주는 것을 (좁은 의미의) 변수 선언이라고 말하고, 이 정보에 따른 변수를 생성하는 것을 변수 정의(definition)이라고 말한다.

컴파일러에게 정보를 넘겨주는 선언 기능은 여러 번 있어도 상관이 없으나, 변수를 생성하는 정의 기능은 단 한번만 있어야 한다. (두 번 이상의 경우 중복이 되기 때문이다.)

일반적으로 C++ 선언문에는 선언기능과 정의기능 둘 다 포함되어 있다. 따라서 같은 선언문을 중복하여 선언할 수는 없다. (int i; int i; // error)

외부 파일에 정의된 변수에 대한 정보를 컴파일러에 알려주기 위해서는 정의기능을 배제하고 선언기능만 사용하여야한다. 이때 이용되는 것이 'extern' 키워드이다. 이는 선언되는 변수에 대한 자료형 정보만 컴파일러에 알려주는 기능만 한다.(새로 변수를 생성하지 않는다.) 이와 같이 선언기능만 있는 경우에는 두 번 이상 중복되어도 무방하다.(슬라이드 예에서 'extern int External;' 두 번 선언되어도 문제가 발생하지 않는다.)

함수의 경우에도 함수 몸체(body; { })가 있는 경우, 함수 정의기능을 포함하는 것이고, 몸체가 없이 함수 헤더(header)만 있는 경우에는 선언기능만 있는 것으로 중복가능하다.

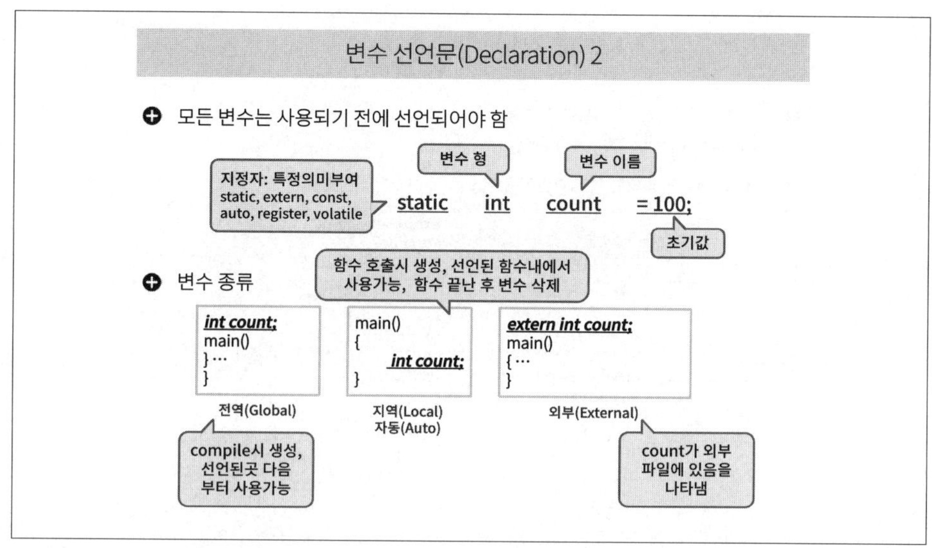

변수 자료형 앞에는 특정 의미를 부여하는 지정자(specifier)를 사용할 수 있다. 각 지정자의 의미는 다음 표와 같다.

지정자	의미
static	(지역변수) 메모리공간을 계속 유지 (전역변수) 같은 파일 내에서만 사용가능 (멤버변수) 클래스용 변수
extern	해당 변수가 외부에 있음(정의기능을 배제하고 선언기능만)
const	해당 변수는 초기 값 부여한 후, 값을 변경할 수 없음
auto	실행 시가 아닌 컴파일 시에 자료형을 결정(C++11)
register	변수를 메모리가 아닌 레지스터에 저장하도록 컴파일러에게 요청
volatile	변수에 대하여 컴파일러의 최적화(optimization) 규칙을 적용하지 않을 것을 요청

변수는 선언된 위치에 따라 전역변수, 지역변수, (클래스의) 멤버변수로 구분된다. 이 구분에 따라 변수의 생명주기(언제 생성되고, 언제 삭제되는지)가 결정된다.

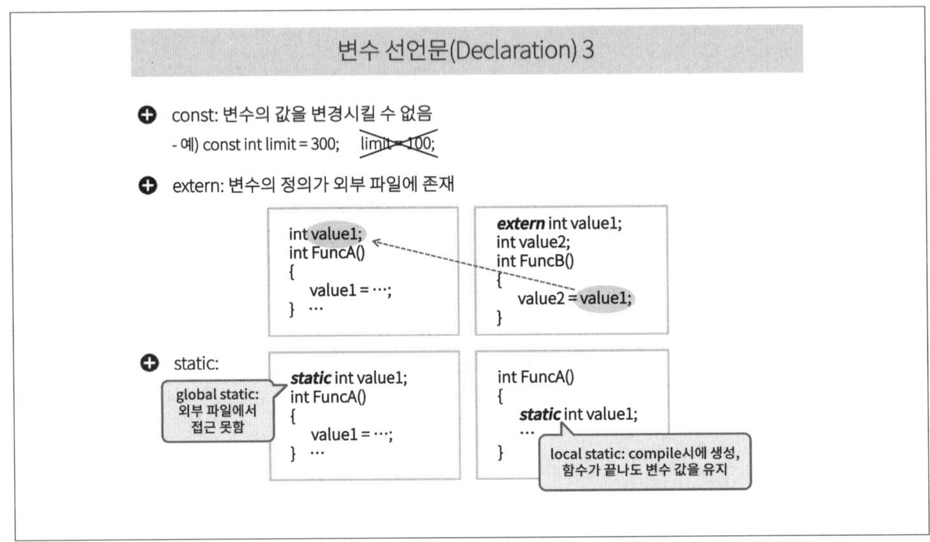

앞 슬라이드에서 변수 자료형 앞에 붙일 수 있는 지정자에 대하여 간략히 설명하였다.

여기에서는 지정자들 중에서 많이 사용되는 const, extern, static에 대하여 좀 더 자세히 설명한다.

const 가 붙은 변수는 선언될 때 초기 값이 부여된 이후로는 이 값을 변경할 수 없다. 즉, 이 변수는 값을 변경할 수 없는 상수(constant)로 간주된다. 원주율인 PI 값을 'const double PI = 3.141592;' 으로 선언하고, 프로그램 수식에서 PI 값을 사용할 수 있다.

extern 지정자는 변수에 관련된 정보만 컴파일러에게 전달하고 정의기능은 배제하는 것이다. 컴파일러는 extern으로 선언된 변수에 대하여 외부 목적파일(object file)에 존재하는 것으로 간주하고, 컴파일을 진행한다. 예로 슬라이드 중간 화면 오른쪽 코드부분에 사용된 value1은 외부에 존재하는 int 형 변수임을 컴파일러에게 알려주며, value1의 값을 가져오기 위한 메모리 주소 값은 비워두었다가 링크(link)단계에서 결정한다.

static 지정자는 변수가 지역변수, 전역변수, (클래스의) 멤버변수이냐에 따라 그 사용의미가 달라진다. 일반적으로 지역변수는 선언된 함수 블록({ })에 진입할 때 생성되고, 빠져나올 때 소멸된다. 그러나 static 지역변수는 전역변수와 같이 컴파일 시에 생성되고, 함수 블록({ }) 진입·퇴출과는 상관없이 메모리공간이 유지된다. static 전역변수는 접근제한에 관한 것으로 선언된 파일 내부에서만 해당 변수에 접근 가능하도록 한다.

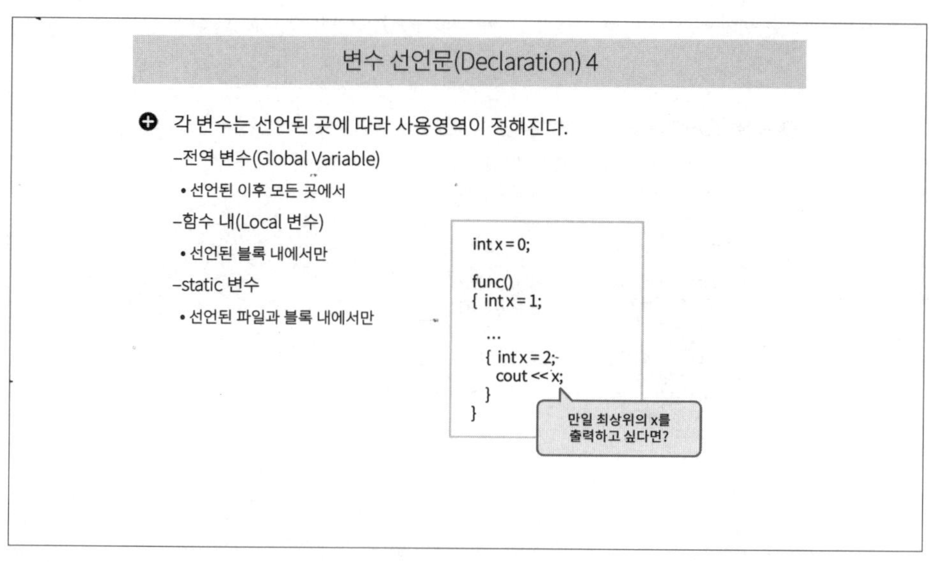

변수의 생명주기(언제 생성되고, 언제 삭제되는지)는 프로그래머로서 기본적으로 알고 있어야 한다.

전역변수는 컴파일 시에 생성된다(실행 프로그램 파일 내에 변수영역이 설정된다). 즉, 프로그램을 실행시키면 해당 변수에 대한 메모리 공간이 결정된 후, main() 함수가 실행된다. 이후, 프로그램이 종료될 때까지 해당 변수의 메모리 공간은 계속 유효하다.

이에 비하여 지역변수는 변수선언문이 포함된 블록({ })으로 실행 흐름이 진입할 때 메모리(스택메모리)에 생성되며, 블록에서 빠져나올 때 소멸된다.

슬라이드에 보이는 바와 같이 전역으로 선언된 x가 있고, 지역으로 선언된 두 개의 x가 있을 경우, 각각의 x는 모두 별 개다. 전역 x는 항상 메모리를 유지하는 반면, 지역의 두 개 x는 해당 블록으로 실행 흐름이 진입할 때 일시적으로 스택메모리에 생성된다. 코드에서 cout에 사용된 x는 가장 가까운데 선언된 지역 x ('int x=2')이므로 2가 출력된다.

가장 안쪽 블록에서는, 내부에 선언된 지역변수 x로 인하여 전역변수 x와 func() 처음에 선언된 지역변수 x에 접근할 수 없다. 이때 전역변수 x에 접근을 가능하도록 하는 것이 scope resolution 연산자('::')이다.(첫 번째 지역변수 x로는 여전히 접근불가하다.)

변수 선언문(Declaration) 5

- 지역(Local) 변수 선언 위치
  - -명령문들 사이에 지역변수를 선언할 수 있음.
  - -cf. C에서는 명령문들이 나오기 전에 모두 선언해야 됨.

```
int main ()
{
    char name[100];
    cout << "Name?" ;
    cin >> name;
    int age;
    cout << "Age?";
    cin >> age;
    cout << "Hi!" << name << ", Next year you will be"
        << (age+1);
    return 0;
}
```

명령문들 사이에
지역변수 age 선언

C++ 언어는 C 언어와 달리 실행 문장들 사이에 지역변수를 선언할 수 있다. 예로 슬라이드에 보이는 소스코드에서 'int age;'와 같이 입·출력 문장들 사이에 새로운 지역변수를 선언하여 사용할 수 있다. (지역변수는 선언된 이후부터 유효하다.)

for 순환문에서 많이 사용되는 변수 i를 해당 for 문장 내에서만 사용할 용도라면 다음과 같이 선언하여 사용한다. 이때 변수 i는 for 문장을 빠져나갈 때 소멸된다.

```
int sum=0;
for( int i=0; i < 100 ; ++i )
   sum += values[i];
```

EXERCISE 3-2 변수 영역 확인하기

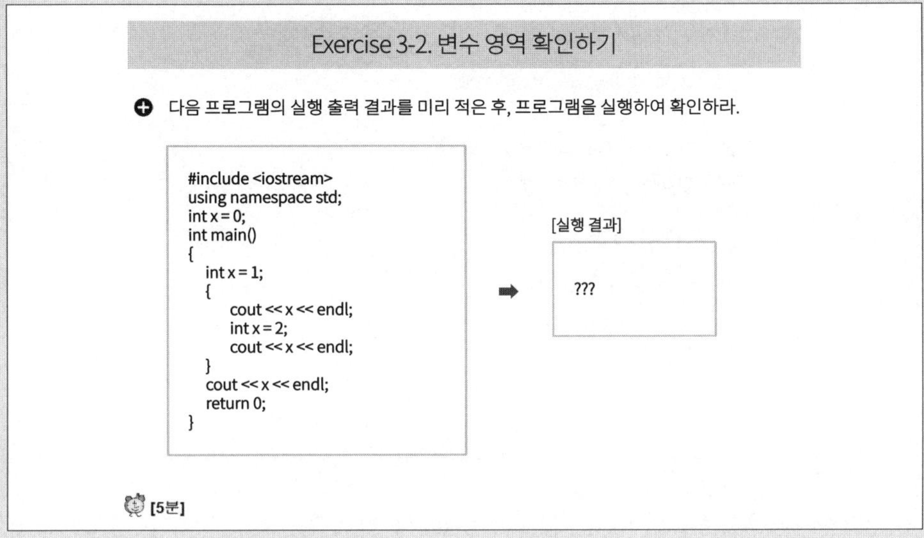

같은 이름으로 다른 종류의 변수들이 선언될 경우 각 변수의 사용영역을 확인하는 실습문제이다. 출력되는 3개의 정수 값을 미리 예측해보고, 슬라이드에 보이는 코드를 작성하여 직접 실행해보자.

소스코드에 보이는 endl은 출력스트림 객체(cout)에 줄바꿈문자('\n')를 출력하는 함수이며, namespace std 내에 선언되어 있다.

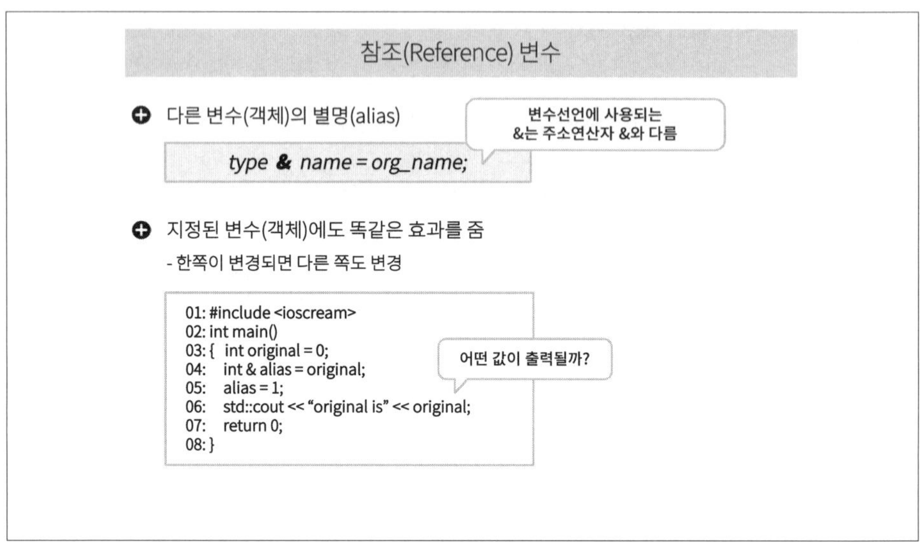

참조(reference) 변수는 C 언어에는 없으며, C++에서 새로 추가된 기능이다. 참조변수 선언은 변수를 새로 생성하는 것이 아니라, 기존 변수에 대한 일종의 별명(alias)을 만드는 것이다. 위 슬라이드에 보이는 소스코드에는 두 개의 변수 선언이 있다. 하나는 `original` 이고, 또 하나는 `alias`이다. `alias`는 참조변수로서 `original` 변수의 다른 이름이다. 즉, 실제 메모리 공간을 할당받는 변수는 `original` 하나이고, 이 변수에 접근하는 이름이 `original`외에 `alias`로도 가능하다.

5번 줄에서 `alias` 변수에 1을 대입하면, 자연스럽게 `original`의 값도 1이 된다. `alias`와 `original`은 하나의 변수(메모리 공간)에 대한 다른 이름이기 때문이다. 즉, `alias`가 바로 `original`이다.

사용 예	'&' 의미
`int a; int *b = &a;`	주소값 연산자로 사용된 '&' b는 변수 a의 주소값을 가짐
`int a; int &b = a;`	참조변수 선언에 사용된 '&' b는 변수 a와 동일한 변수로 간주

EXERCISE 3-3 참조 변수로 swap() 구현

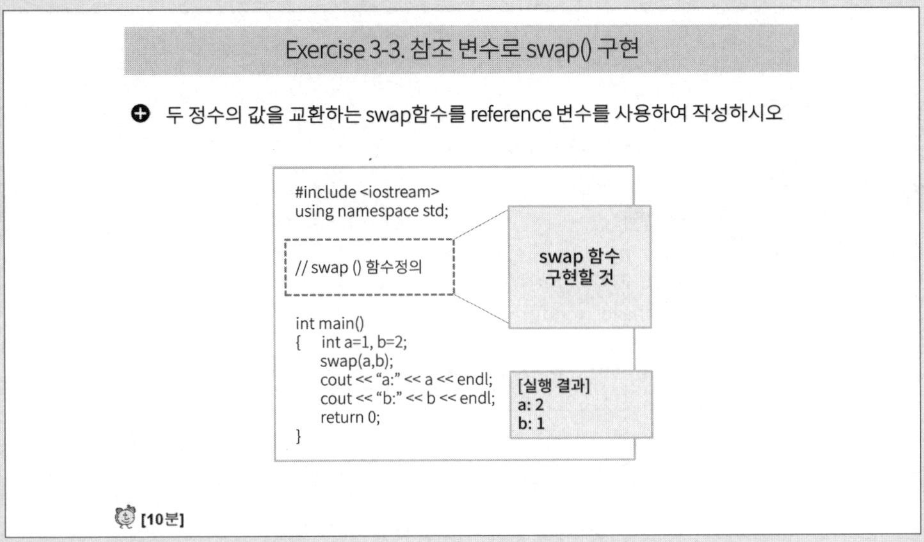

함수의 인자를 참조 변수로 받는 것에 대한 실습이다. 아래 코드의 8번 줄에서 setValue() 함수를 통하여 count 변수가 인자로 넘어간다. setValue() 함수 정의에서 count는 참조변수 a로 넘어오게 되는데, 참조변수의 정의에 따라 a 는 count의 또 다른 별명이며, count 변수 자체이다. setValue() 내에서 a의 값을 변경하면, count 값도 동시에 바뀌게 된다. 주의할 점은 9번 줄에서처럼 참조변수로 선언된 인자 자리에는 상수 값이 들어갈 수 없다.

```
01:  void setValue(int &a, int value)
02:  {
03:      a = value;
04:  }
05:  int main()
06:  {
07:      int count = 100;
08:      setValue( count, 200 );
09:      setValue( 100, 200 );    // ERROR
10:  }
```

3.2 상수

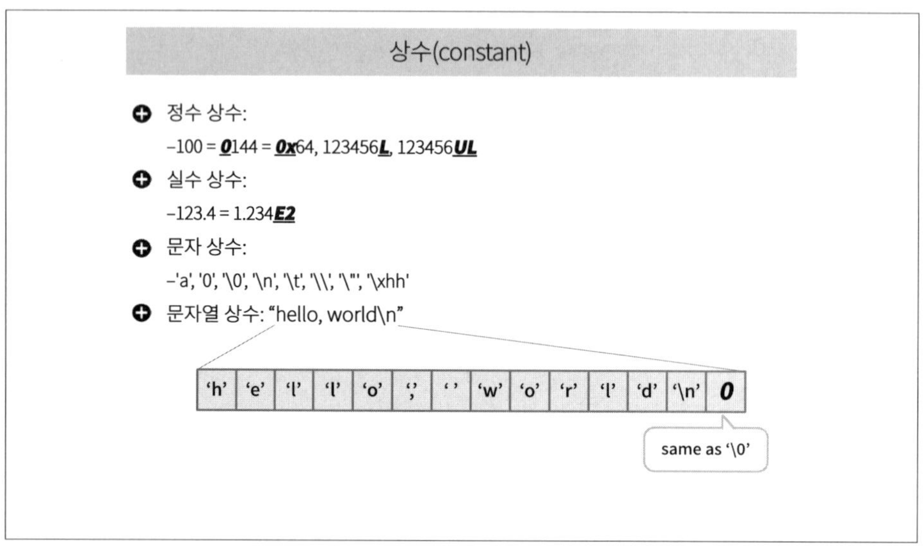

상수(constant)는 프로그램 내에서 바뀌지 않는 고정된 값을 의미하며, 각 자료형마다 상수의 표기형태가 다르다. 상수는 24, 'A', "Hello", 3.14와 같이 직접 정보를 표현하는 리터럴(literal) 상수와 변수와 같은 형태인 const 상수(변수), 그리고 열거형(enumeration) 상수가 있다. 또한, 전처리기의 #define 지시자를 이용하여 매크로(macro) 상수를 정의할 수 있다.

이 슬라이드에는 여러 가지 자료형의 리터럴(literal) 상수를 보여준다.

정수 상수의 경우 접두사를 붙여 진법을 표현할 수 있다. 숫자 앞에 '0'을 붙이면 8진수를 의미하며, '0x'를 붙이면 16진수임을 표현한다. 또한 접미사를 붙여 자료형을 명확하게 표시할 수 있다. 즉, 숫자 뒤에 'L'/ 'l'을 붙임으로써 long 자료형임을 나타내고, 'U'/ 'u'를 붙임으로써 unsigned 자료형임을 기술한다.

실수상수는 123.4와 같이 소수점이 들어있는 숫자이다. 주의할점은 123.4와 같은 실수 상수의 기본자료형은 double이다. 123.4f와 같이 숫자 뒤에 'F'/ 'f'를 붙이면 float 자료형임을 뜻한다. 문자열은 문자들의 배열(array)로 표현되며 마지막에 널(null) 문자로 끝난다. (널 문자는 해당 문자열의 길이에 포함되지 않는다.)

문자 상수(Constant)

newline	NL(LF)	'\n'
horizontal tab	HT	'\t'
vertical tab	VT	'\v'
backspace	BS	'\b'
form feed	FF	'\f'
alert	BEL	'\a'
backslash	\	'\\'
question mark	?	'\?'
single quote	'	'\"
double quote	"	'\"'
integer 0	NUL	'\0'
octal number	000	'\0*00*'
hex number	hhh	'\x*hhh*'

'A', 'B', 'C' 와 같이 작은따옴표로 문자 상수를 표현한다. 특수 문자의 경우 '\' 문자를 앞에 붙여 특수 문자의 의미를 나타낸다. '\\', '\'', '\"' 는 각기 \, ', " 문자 자체를 의미하며, '\n', '\t', '\b', '\0' 는 각기 줄바꿈, 탭, 백스페이스, 널(null) 문자를 나타낸다.

주의할 점은 문자 상수로 표현가능한 문자는 ASCII 코드체계에 나오는 문자이다. 한글의 경우에는 1글자라 하더라도 C/C++ 프로그램 내에서는 한 문자로 취급되지 않는다. 즉, 「가」의 경우 C/C++ 프로그램 내에서 '가'로 표현할 수 없으며, 쌍따옴표를 이용하여 "가"와 같이 문자열로 표현하여야 한다. 즉 "가"는 3 bytes의 메모리 공간을 차지하는 문자열이다. (글자표현 2bytes + 널문자 1byte)

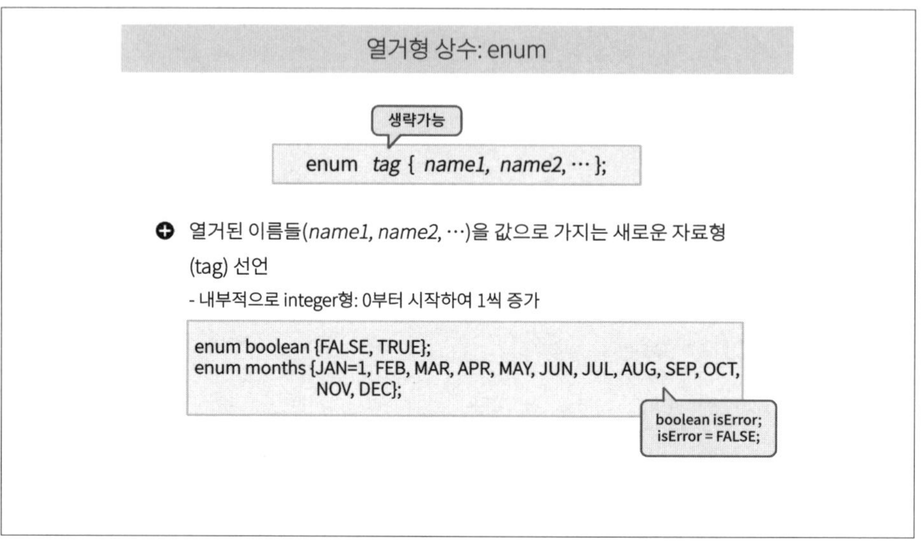

프로그램을 작성할 때 소스코드 내에 특정 숫자를 사용하는 경우가 있다. 아래 코드에서 cmd 값에 따라 사용자 등록(cmd: 0)/ 수정(cmd: 1)/ 삭제(cmd: 2) 기능이 동작한다.

```
switch( cmd )
{
   case 0: registerUser(); break;     // 새 사용자 등록
   case 1: modifyUser(); break;       // 사용자 정보 변경
   case 2: deleteUserID(); break;     // 사용자 삭제
}
```

이렇게 개발자가 특정 의미를 부여하여 그대로 사용하는 숫자를 매직넘버(magic number)라고 하는데, 매직넘버는 프로그램의 이해도 측면에서 좋지 않다. 매직넘버는 const 상수나, 매크로 상수, 열거형 상수를 이용하여 없애는 것이 좋다.

```
enum CmdType { CMD_REGISTER, CMD_MODIFY, CMD_DELETE } cmd;
switch( cmd )
{
   case CMD_REGISTER: registerUser(); break;
   case CMD_MODIFY: modifyUser(); break;
   case CMD_DELETE : deleteUserID(); break;
}
```

이름 붙여진 상수: const

- 값을 변경 시킬 수 없음
  - 값을 변경할 수 없는 **변수**로 생각할 수도 있음
- 처음 정의할 때 초기값을 부여

[예 1]
```
const int a = 1;             // constant integer
a = 2;                       // error
```

[예2]
```
const char* str = “asdf”;    // pointer to constant char.
str[3] = ‘a’;                // error
str = “ghjk”;                // no problem
```

[예3]
```
char* const str = “asdf”;    // constant pointer to char.
str[3] = ‘a’;                // no problem
str = “ghjk”;                // error
```

const 상수(변수)는 변수 선언의 형태이지만, 초기 값 지정이후 값을 변경할 수 없기 때문에 실제적으로 상수의 역할을 수행한다.

[예 1]은 초기 값이 1인 const 상수 a를 선언한 모습을 보여준다. 다음 명령문 ‘a = 2;’은 컴파일 시에 에러를 발생시킨다. a의 값은 변경될 수 없기 때문이다.

[예 2]와 [예 3]은 const 위치에 따라 해석이 달라지는 모습을 보인다. [예 2]의 ‘const char *str = “asdf”;’ 선언에서 const 는 char를 꾸민다. 즉, str은 포인터(메모리 주소값을 가지는 변수)인데, 이 포인터가 가리키는 메모리 공간에 들어있는 것이, 값을 바꿀 수 없는(const) 문자이다. 이에 비해 [예 3]의 ‘char * const str = “asdf”;’ 선언에서 const는 str을 꾸민다. 즉, str은 문자를 가리키는 포인터인데, 이 포인터 값을 변경할 수 없는 const이다.

결론적으로 [예 2]에서는 str이 가리키는 문자열 “asdf”의 내용을 바꿀 수 없으며, [예 3]에서는 str의 값(주소 값)을 바꿀 수 없다.

const vs. #define

- #define
  - -preprocessor 에 의해 처리
  - -C++ 문장이 아님
  - -단순 문자열 교체만 수행
- const
  - -compiler 에 의해 처리
  - -자료형(type) 검사

What is result?

```
01: #define NUM1  2+2
02: const int NUM2 = 2+2;

03: int main()
04: {
05:     int A = NUM1 * 2 ;
06:     int B = NUM2 * 2;
07:     cout << "A:" << A << endl;
08:     cout << "B:" << B << endl;
09:     return 0;
10: }
```

#define은 const 상수와 같이 이름 있는 상수를 정의할 수 있다. 그러나 이 두 가지는 동작하는 방식이 다르다. #define은 전처리기에 의하여 문자열 대체가 이루어지며, 자료형 검사는 하지 않는 반면, const 상수는 컴파일러에 의하여 자료형 검사가 이루어진다.

슬라이드에 보이는 소스코드의 5번 줄에서 NUM1은 전처리기에 의하여 "2+2" 문자열로 치환된다. 따라서 치환된 결과문장은 'int A= 2+2 * 2;'이다. 연산자 우선순위에 의하여 변수 A에 들어가는 값은 6이다.

소스코드의 6번 줄에서 NUM2 는 4의 값을 가지므로(수식 2+2이 계산되어 초기 값으로 4가 지정된다), B의 값은 4*2 즉 8이 된다.

위의 예를 보듯이 매크로 상수를 사용할 때는 치환되는 문자열 수식에서 ( )를 사용하는 것이 장려된다. 즉 소스코드 1번 줄의 매크로 정의보다는 "#define NUM1 (2+2)'라고 정의하는 것이 바람직하다.

EXERCISE 3-4 #define, enum, const

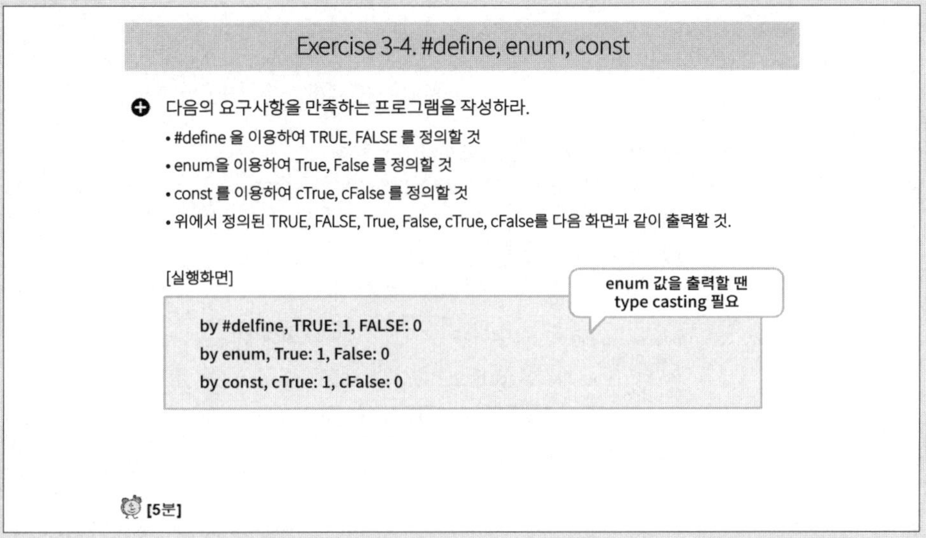

이름 있는 상수를 정의하는 방법으로 const 상수, 열거형(enum) 상수, #define 매크로 상수에 대하여 살펴보았다. 여기에서는 이들 상수 정의 방법들을 실습한다.

enum의 경우 열거 값들(True, False)이 내부적으로 정수로 표현되며, 이들을 숫자화 할 때에는 명시적 자료형변환(type casting)이 필요하다.

3.3 연산자

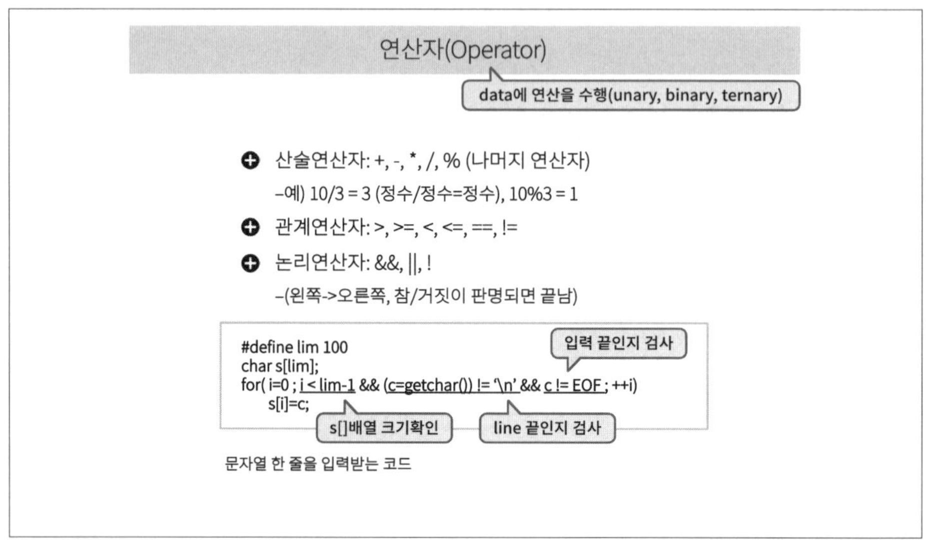

연산자는 피연산자(operand) 수에 따라 삼항(ternary), 이항(binary), 일항(unary) 연산자로 나눌 수 있다. 피연산자를 두 개 가지는 이항 연산자로는 대표적으로 산술연산자, 관계연산자, 논리연산자(&&, ||) 등이 있다. 양수, 음수를 표현하는 부호연산자(+, -)와 증감연산자(++, --), 부정연산자(!) 등이 일항 연산자이다. 삼항 연산자로 대표적인 것으로 조건적 수식인 (? :) 연산자가 있다.

산술연산자와 나머지연산자(%)로 이루어진 수식의 결과 값은 피연산자의 자료형에 따라 달라진다. 일반적으로 두 개의 피연산자들의 자료형이 다를 경우 좀 더 큰 자료형으로 피연산자 값들이 변경된 후 수식계산이 이루어진다. 이에 대한 규칙은 뒤에서 학습한다.

C/C++에서 논리 값 false는 0이며, 숫자 0은 false로 간주된다. 이에 비해 논리 값 true는 숫자 1이며, 숫자 0이 아닌 모든 수(1 포함)는 true로 간주된다.

수식	결과 값
operand1 && operand2	둘 다 true일 때 결과 값 true, 이외에는 결과 값 false
operand1 || operand2	둘 중 하나라도 true일 때, 전체 결과 값은 true
!(operand1)	operand1의 반대 값(true <=> false)

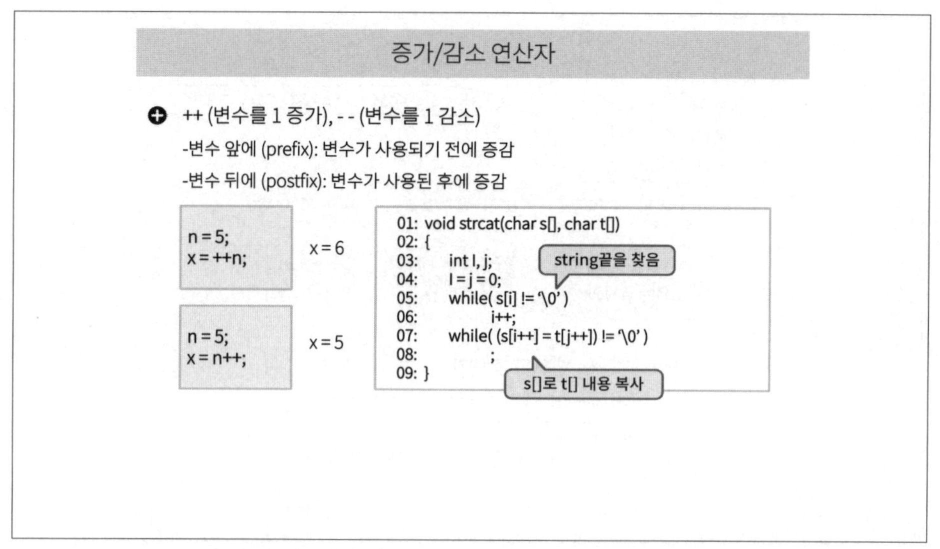

증가/감소 연산자는 일항(unary) 연산자로 변수의 값을 1 증가/감소시킨다. 증감 연산자가 변수 앞에 붙은 경우에는 변수 값을 먼저 증감시킨 후, 다른 수식을 계산한다. 변수 뒤에 붙은 경우에는 현재 변수 값이 수식 계산에 사용되고 이후에 변수 값이 증감된다.

슬라이드의 왼쪽 위의 소스코드에서 n의 값이 먼저 증가된 후, 그 값이 x에 지정되므로 x의 값은 6이 된다. 이에 비하여 밑의 소스코드에서는 n의 값을 먼저 x에 지정된 후 n의 값이 증가되므로, x의 값은 5이다.

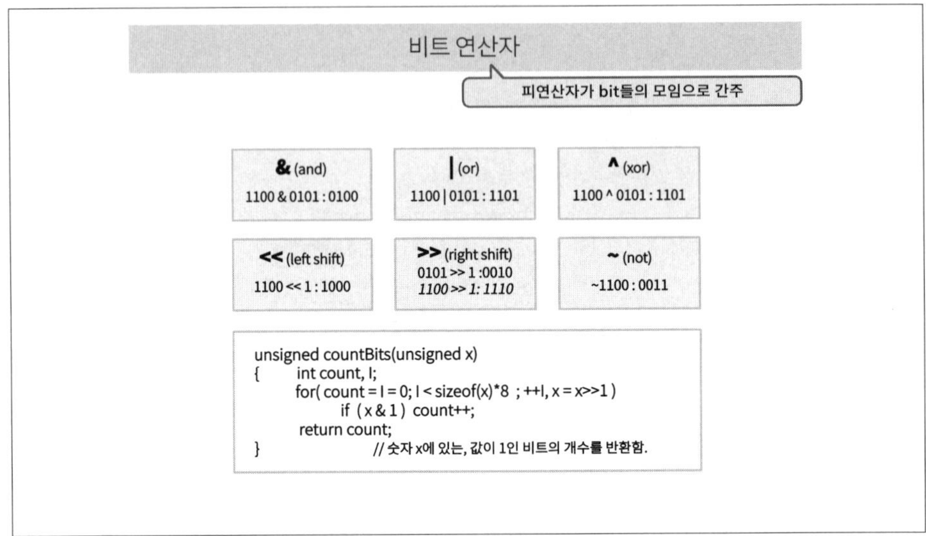

피연산자를 정수가 아닌 비트들의 모임으로 간주하는 연산자가 비트 연산자이다. 비트 연산자는 ~ 연산자를 제외하고는 모두 이항 연산자이다.

비트 연산자의 계산 원리는 「2장 기본개념-bit 연산」에서 설명한 바와 같다.

비트를 왼쪽/오른쪽으로 이동하는 shift 연산자(<<, >>)로 비트들을 이동한 후, 새로 채워지는 자리의 비트는 기본적으로 0이다. 즉 0110을 왼쪽으로 한자리 shift하면 1100이 되고, 오른쪽으로 한자리 shift하면 0011이 된다. 그러나 오른쪽 shift할 때 최상위 비트(MSB)가 1일 때는 새로운 자리는 1로 채워진다. 이는 최상위 비트가 1이라는 것은 해당 숫자가 음수임을 의미하는데, 음수를 그대로 유지하기 위하여 이동 후 비워지는 자리를 1로 채운다. 예로 1100을 오른쪽으로 한자리 shift하면 1110이 된다.

슬라이드 하단의 소스코드는 입력된 정수 x를 2진수로 표현할 때 값이 1인 비트들의 개수를 반환하는 함수이다. 비트 shift 연산자와 비트 and 연산자가 사용됨을 알 수 있다.

EXERCISE 3-5 나머지 연산자

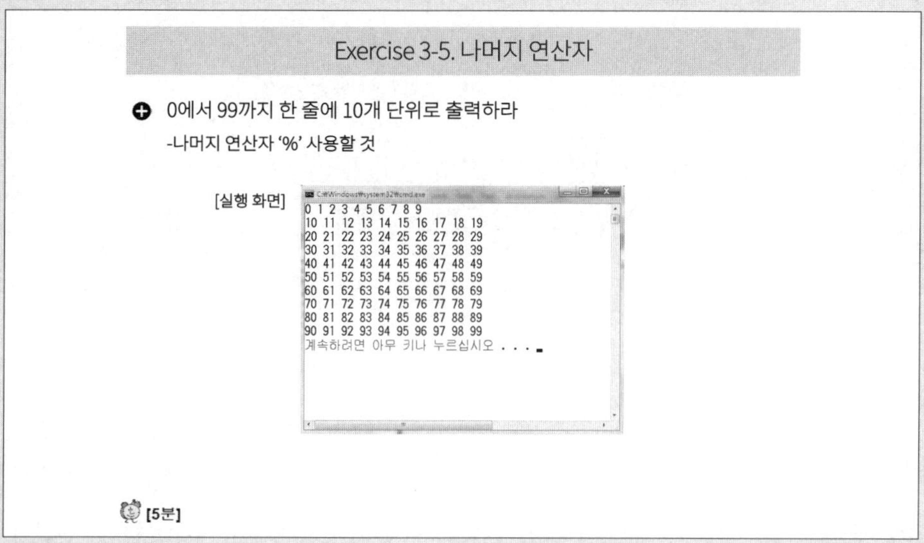

for 순환문(또는 while 순환문)을 사용하여 0에서 99까지 값을 출력한다. 이때 끝자리가 9일 때 줄바꿈을 하여 실행결과가 슬라이드에 보이는 바와 같이 되도록 프로그램을 작성한다. 나머지 연산자 '%를 이용하여, 끝자리가 9인지 여부를 쉽게 확인할 수 있다.

for 순환문에 관해서는 4장에서 자세히 설명한다. 아래 코드는 for 순환문을 이용하여 0에서 99까지 출력하는 코드이다. for 순환문에 대한 지식이 부족한 학생은 아래 코드를 참조하자.

```
for( int i =0 ; i < 100 ; ++i )
   cout << i << " ";
```

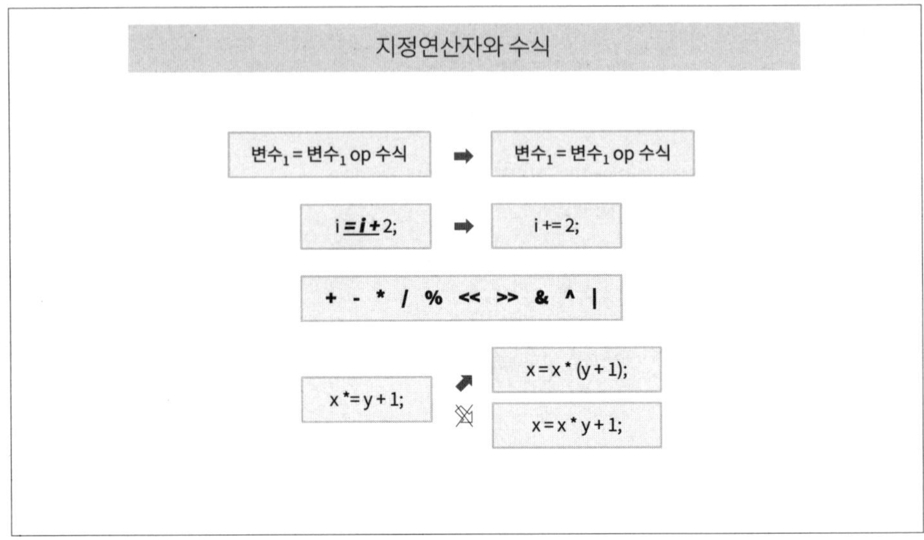

수학에서는 기호 '='는 두 값이 같음을 의미하는 반면, C/C++에서 사용하는 '=' 연산자는 변수에 값을 대입하는 기능을 한다. 일반적으로 '**left = right;**' 형태로 사용되는데, 이때 **left**에는 변수이름이 들어가고, **right**에는 수식이 들어간다. 그 의미는 **left** 쪽에 있는 변수에 **right** 쪽에 있는 수식 값이 대입된다. **left** 쪽에 있는 것을 L-value라고 하며, **right** 쪽에 있는 값을 R-value라고 한다. L-value는 기술된 변수의 주소 값이며, R-value는 수식 계산 값이다. 'a = b;' 문장에서 L-value는 변수 a의 주소 값이며, R-value는 변수 b에 저장되어 있는 숫자 값이다.

'a = a+1;'의 경우 **right** 쪽에 있는 'a+1' 수식이 처음 계산되고(a값이 10이라고 가정하면, 수식 값은 11이 된다), 이 계산된 값은 **left** 쪽에 있는 변수 a에 지정된다. 결론적으로 변수 a에 들어있는 값을 1 증가하게 된다. 'a = a+1;'와 같이 기존의 변수 값에 연산을 수행한 후, 계산된 값이 다시 원래 변수에 대입하는 형태의 경우 'a += 1;'와 같이 축약할 수 있다. 슬라이드 가운데 보이는 연산자들은 모두 이런 형태로 축약이 가능하다.

comma 연산자와 수식

- 하나의 수식에서 여러 개의 계산을 수행하는 경우에 사용
- 왼쪽에서 오른쪽으로 계산
- 계산 결과의 형과 값은 가장 오른쪽 피연산자의 형과 값을 가짐

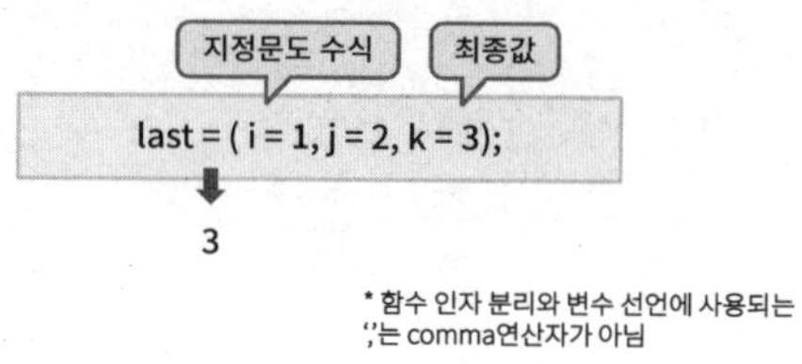

C/C++에서 콤마(',')도 연산자로 사용된다. 콤마연산자는 여러 개의 수식을 차례대로 나열하고, 나열된 수식들을 왼쪽에서 오른쪽으로 계산을 수행한다.

```
( expr1, expr2, expr3 )
```

위 예와 같이 콤마연산자에 의하여 expr1, expr2, expr3 수식들이 나열된 경우, 나열된 순서대로 차례대로 수식 값이 계산되며, 전체 수식의 값은 가장 나중에 나열된 expr3의 값이 된다.

슬라이드에 보이는 바와 같이 대입문도 수식으로서 수식 값을 가진다. 대입문의 수식 값은 L-value에 대입되는 R-value의 값이다. 예로 'i=1' 의 수식 값은 1이 된다.

Scope Resolution 연산자

- 범위 밖의 변수를 접근하기 위해 사용

```
::name;
```

```
01: int x=0;

02: func()
03: {  int x=1;
       ...
04:    {  int x=2;
05:       cout << x;
06:       cout << ::x;
07:    }
08: }
```

지역변수로 인하여 전역변수의 이름을 사용하지 못하는 경우가 있다. 슬라이드에 보이는 소스코드의 블록 내에서는 지역변수 x가 선언되어 있어서 전역변수 x에 접근할 수 없다. 컴파일러가 변수를 찾을 때 가장 가까운 데서부터 찾기 때문이다.

5번 줄 'cout << x;'에 사용된 x는 4번 줄에 선언된 지역변수 x이다. 이때 x를 지역변수가 아니고, 1번 줄에 선언된 전역변수 x를 사용하려면 어떡해야 할까? 그냥 변수 이름을 쓰는 것이 아니라 영역해결(scope resolution) 연산자인 '::'을 변수 앞에 붙인다. 즉, 6번 줄 'cout << ::x;'와 같이 작성하면 지역변수와 상관없이 전역변수 x에 접근할 수 없다.

EXERCISE 3-6 연산자

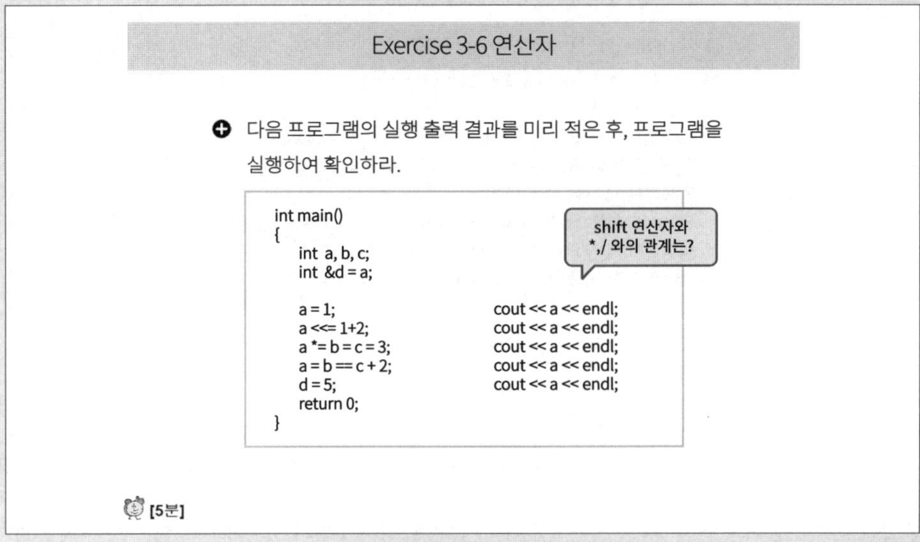

참조변수와 함께 여러 연산자의 기능들에 대하여 실습한다. 출력되는 5개의 숫자를 미리 예상하여 적은 후, 프로그램을 실행하여 결과 값을 확인해 보자.

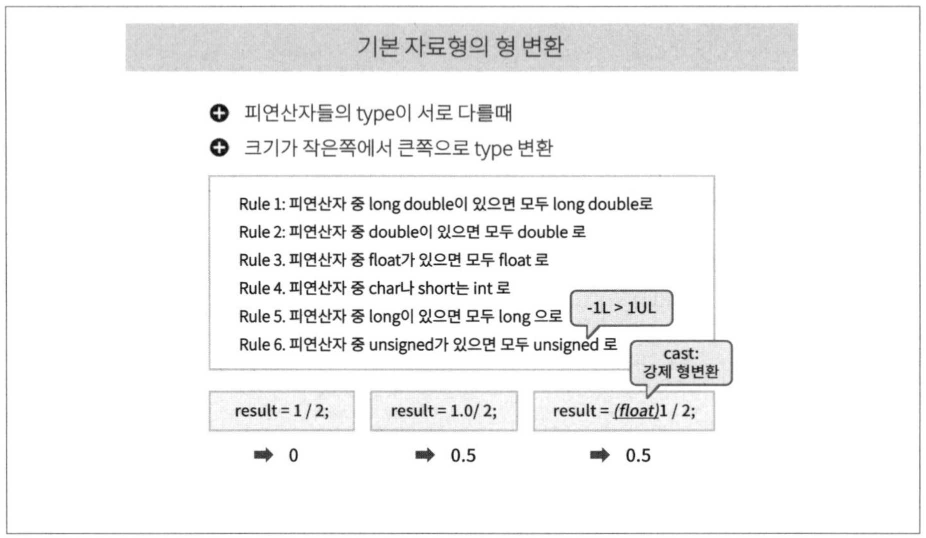

수학에서는 정수나 실수나 덧셈기호('+')는 동일하다. 그러나 컴퓨터에서는 정수덧셈과 실수덧셈의 기계어 명령어가 다르다. 즉 '1+1' 수식에 사용되는 덧셈은 정수덧셈 명령어가 사용되고, '1.2+2.3' 수식에 사용되는 덧셈은 실수덧셈 명령어가 사용된다. (다른 사칙연산 뺄셈, 나눗셈, 곱셈도 동일하다.)

만일 '1+2.3'과 같이 정수와 실수를 더하는 수식에 대하여 컴퓨터가 어떻게 처리할까? 결론적으로 말해서 크기가 작은 피연산자(정수; int)가 크기가 더 큰 피연산자(실수; double)의 자료형으로 변환된 후, 실수덧셈 명령어가 수행된다. 즉, 정수 1이 실수 1.0으로 변환되어 '1.0+2.3'에 대한 실수덧셈 명령어가 수행되는 것이다.

이항 연산자가 수행될 때 피연산자의 자료형이 서로 다를 경우 적용되는 기본 규칙은 슬라이드에 Rule1 ~ Rule6로 정리되어 있다. Rule 4와 Rule 6에 대하여 특히 유의하도록 하자.

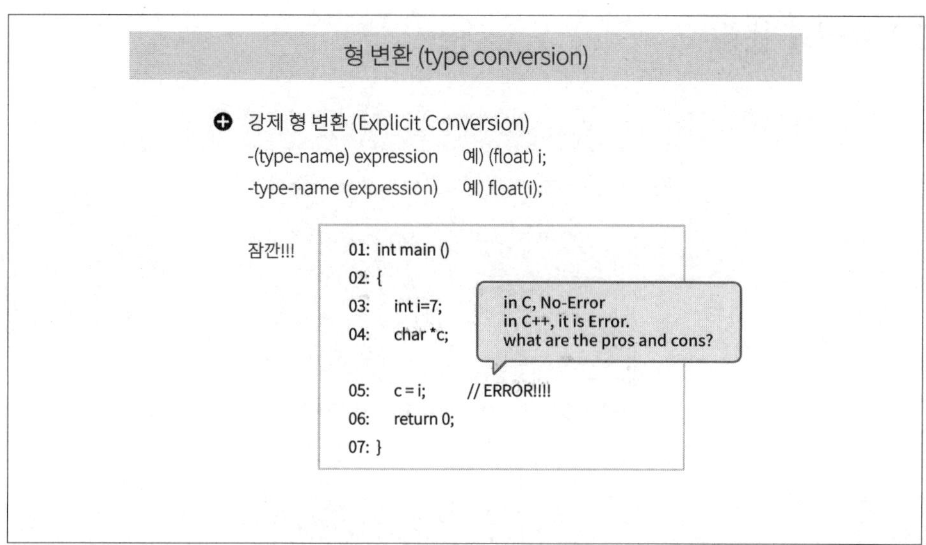

이항 연산자에서 피연산자들의 자료형이 서로 다를 경우, 한쪽 자료형이 변환된다고 얘기하였다. 이때의 변환은 내부적 자료형 변환(implicit type conversion)이라고 말한다.

이에 비하여 프로그래머의 의도 하에 강제적으로 자료형 변환을 지정할 수 있다. 이것을 강제 자료형 변환(explicit type conversion)이라고 말한다. 예로 수식 '1/2'는 정수 간의 나눗셈이라 수식 계산 값도 정수가 되어 0이 된다. 피연산자인 1과 2, 둘 중에서 한쪽이 실수라면 앞 슬라이드의 수식변환 규칙에 따라 수식 계산 값도 실수가 된다.

수식 '1/2'에서 1을 실수로 바꿔보자. 아래에 1을 실수로 바꾸는 몇 가지 방법을 나열하였다.

(1) 리터럴 상수표현을 실수로 바꾸자 : 1.0 / 2
(2) 실수기호를 붙이자: 1f / 2
(3) 강제 자료형 변환을 하자: (float) 1 / 2 또는 float(1) / 2

피연산자가 변수일 경우에는 위 세 가지 방법 중에서 강제 자료형 변환을 사용하여야 한다.

3.4 수식과 문장

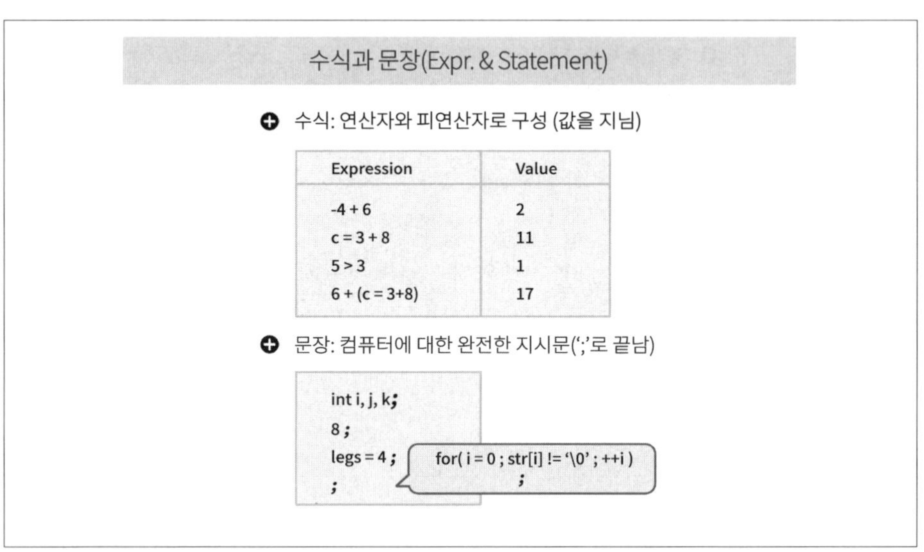

연산자와 피연산자가 모여 수식(expression)을 구성한다. 수식은 기본적으로 계산을 수행하여 계산 값(value)을 가진다. 슬라이드에 보이는 바와 같이 사칙연산 수식뿐만 아니라 대입연산자 수식, 비교 수식 등 모든 연산자가 수식을 이룬다.

이에 비하여 문장(statement)은 컴퓨터에 대한 완전한 지시문이다. 수식과 문장은 서로 다르다. 결정적인 차이점은 문장은 ';'로 끝난다는 점이다. 모든 수식은 문장이 될 수 있다. 수식 뒤에 ';'만 붙이면 된다. 심지어 ';' 자체만으로도 문장이 될 수 있으며, 많이 사용되기까지 한다(';'을 널문장이라고 말한다).

복합문(Compound Statement)

- 두 개 이상의 문장으로 구성
- { } 로 싸여지며, Block으로 불림

```
01: int i = 100, l = 200;
02: int HighFunction()
03: {
04:     int i=10, j=20, k=30;
05:     {
06:         int i=1, j=2;
07:         dummy = i + j + k + l;
08:     }
09: }
```

값이 얼마?

단일 문장을 사용할 수 있는 곳이라면 어느 곳이든지 복합문을 사용할 수 있다. 복합문(또는 블록)은 열기 중괄호({)로 시작하고, 닫기 중괄호(})로 끝난다(닫는 중괄호 뒤에 ';'를 붙이지 않는다.).

복합문 내에서 선언된 지역변수는 해당 복합문 내에서만 유효하다. 예로 슬라이드 소스코드 6번 줄에 선언된 `i`, `j`는 선언 이후, 해당 복합문 끝까지인 06~08줄 내에서만 유효하다.

> **TIP** 들여쓰기(indentation) 규칙을 지켜서, 열기 중괄호({)와 닫기 중괄호(}) 짝을 잘 맞추자. 효율적인 코드보다 보기 좋은 코드가 더욱 훌륭한 코드이다.

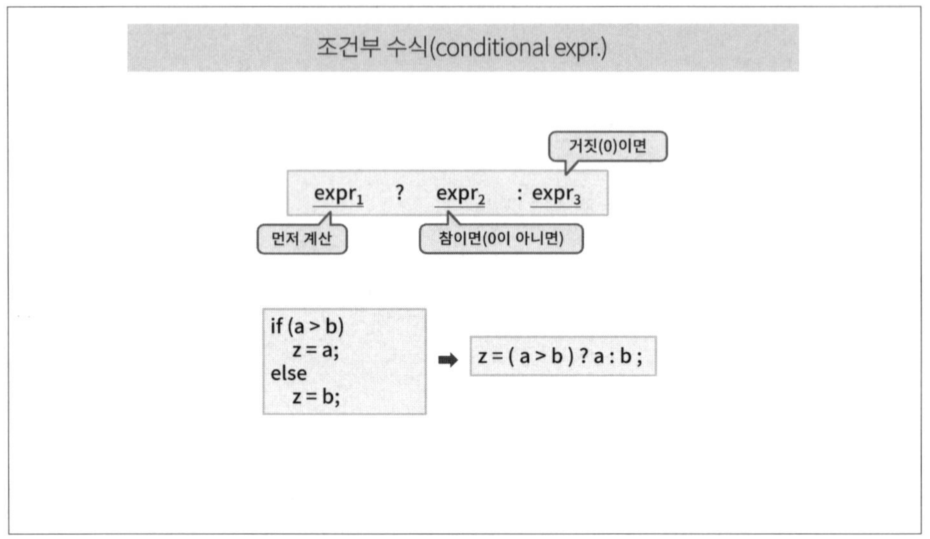

조건부 수식은 특정 조건(변수나 수식의 값)에 따라 전체 수식의 값이 결정된다. 슬라이드에 보이는 바와 같이 expr1 값이 true(not 0)이면 전체 수식 값이 expr2가 되고, expr1 값이 false(or 0)이면 전체 수식 값은 expr3 가 된다.

아래 예와 같이 a와 b 중 큰 값을 z에 대입하는 경우, 왼쪽과 같이 if 문장으로 작성할 수도 있지만, 오른쪽처럼 조건부 수식 문장으로 작성할 수도 있다.

소스코드가 더욱 간단하고, 명확하고, 보기 좋다면 if 문장보다는 조건부 수식문장으로 작성하는 것이 좋다.

EXERCISE 3-7 조건부 수식

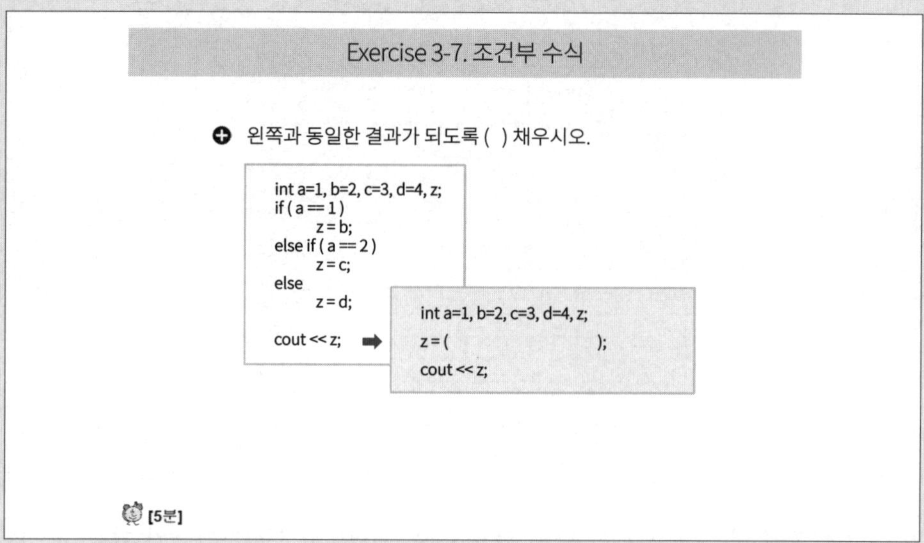

조건부 수식은 다양한 용도로 응용될 수 있다. 본 실습문제는 이중 조건부 수식에 대한 실습이다. 즉, 조건이 두 가지(a값이 1인지 아닌지, a값이 2인지 아닌지)이며 각 조건에 따라 z에 대입되는 값이 결정된다.

조건부 수식을 적절히 사용하면 소스코드가 간략해지고, 이해하기 좋아진다. 조건부 수식사용에 익숙해지도록 하자.

연산자 우선순위와 계산 순서

연산자	연산순서
::	오른쪽으로
() [] -> .	오른쪽으로
! ~ ++ -- + - * & (type) sizeof new delete delete []	왼쪽으로
* / %	오른쪽으로
+ -	오른쪽으로
<< >>	오른쪽으로
< <= > >=	오른쪽으로
== !=	오른쪽으로
&	오른쪽으로
^	오른쪽으로
|	오른쪽으로
&&	오른쪽으로
||	오른쪽으로
? :	왼쪽으로
= += -= *= /= %= &= ^= |= <<= >>=	왼쪽으로
,	오른쪽으로

unary

표에서 위쪽에 있는 연산자의 우선순위가 높다. 영역해결 연산자인 ::가 가장 높으며, 그 다음으로 (), [ ], ->, . 연산자이다.

이러한 연산자 우선순위는 달달 외울 필요는 없지만, 어느 정도 이해할 정도는 되어야 한다. (초보자는 일단 외우자)

주의할 점으로 비교연산자들(〈, 〉, 〈=, 〉=, ==, !=)의 우선순위가 비트연산자(&, ^, |)들의 우선순위보다 더욱 높다는 점이다. (다음 슬라이드 참조)

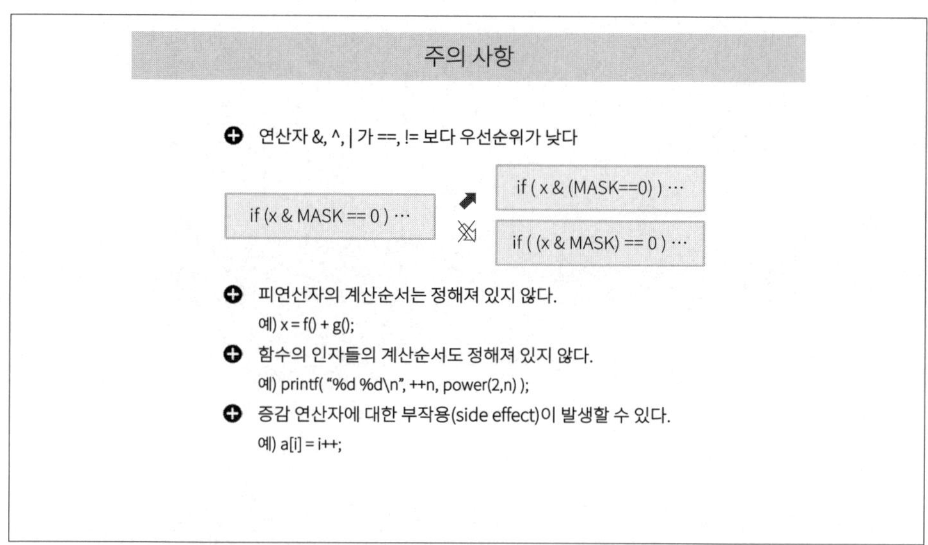

연산자 우선순위와 관련해서 주의 사항들에 대하여 살펴본다.

첫 번째, 비트연산자가 비교연산자보다 우선순위가 낮다. 슬라이드에 보이는 예와 같이 개발자의 의도와 달리 연산자가 적용될 수 있으므로, 개발자가 연산자 우선순위에 대하여 확신하지 못하는 경우에는 괄호연산자를 사용하여 연산자 적용순서를 지정하는 것이 좋다.

두 번째, 피연산자의 계산 순서는 정해져 있지 않다. 예로 'x = f() + g();' 코드에서 f() 함수가 먼저 호출될지, g() 함수가 먼저 호출될지는 컴파일러에 따라 달라진다. 함수 호출 순서에 따라 프로그램 동작이 달라질 수 있는 경우에는 위와 같이 작성해서는 안 된다.

비슷한 예로 함수의 실 인자(real argument)들에 대한 계산 순서도 정해져 있지 않다. 'printf("%d %d\n", ++n, power(2,n));' 와 같이 ++n과 power(2,n) 중 어느 것이 먼저 계산되는지에 따라서 프로그램 출력 값이 달라지는 코드는 개발자가 절대 피해야한다.

위의 코드는 다음과 같이 작성하는 것이 바람직하다. (++n을 먼저 계산한다면)

```
++n;
printf("%d %d\n", n, power(2,n));
```

Chapter

04

Control Flow

4.1 제어흐름이란?

4.2 조건문

4.3 순환문

4. Control Flow

Chapter 4

Control Flow

앞 장에서 C++언어의 변수와 상수 그리고, 연산자들이 모여 수식(expression)과 문장(statement)을 이루는 것에 대해 살펴보았다. 많은 문장들이 모여 하나의 프로그램을 구성하게 된다. 프로그램을 실행하게 되면 해당 프로그램을 구성하는 문장들이 나름대로의 규칙에 따라 차례대로 실행된다. 이때 실행되는 문장들의 순서를 정하는것이 제어흐름(control flow)이라고 한다.

이 장에서는 C++언어의 기본적인 제어흐름(control flow)에 대하여 배운다. C, C++, JAVA, PASCAL 등과 같은 절차적 언어는 제어흐름 방식이 대동소이하다. 즉, 한 언어의 제어흐름에 익숙해지면 다른 언어의 제어흐름에 대해서도 쉽게 익힐 수 있다.

4.1 제어흐름이란?

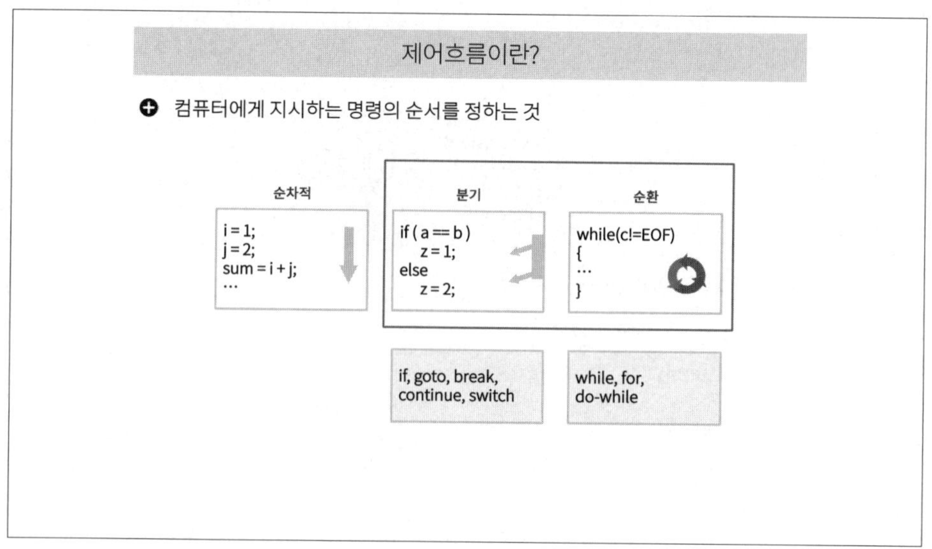

C++ 언어의 기본적인 제어흐름은 크게 3가지로 구분된다.

먼저, 첫째는 순차적(sequential) 제어흐름이다. 이는 가장 기본적인 제어흐름으로, 소스 코드에 작성된 명령문(execution statement)들이 나열된 순서에 따라 위에서부터 차례대로 실행된다. 앞의 명령문 실행이 완료된 이후에야 그 다음 명령문이 실행된다.

둘째는 분기(branch) 제어흐름이다. 이는 순차적 제어흐름과 달리 다음 실행될 명령문의 위치가 나열 순서와 상관없이 특정 위치로 분기된다. 분기에 대한 조건이 붙는 것을 조건적 분기(conditional branch)라고 하고, 조건 없이 분기하는 것을 무조건적 분기(unconditional branch)라고 말한다. 조건적 분기 문장으로 **if**, **switch** 등이 있으며, 무조건적 분기 문장으로 **goto**, **break**, **continue** 등이 있다.

셋째는 특정 조건을 만족하는 동안 명령문들을 반복적으로 수행하는 순환(loop) 제어흐름이다. 이 제어흐름을 만드는 문장으로 **while**, **for**, **do-while** 문장들이 있다.

4.2 조건문

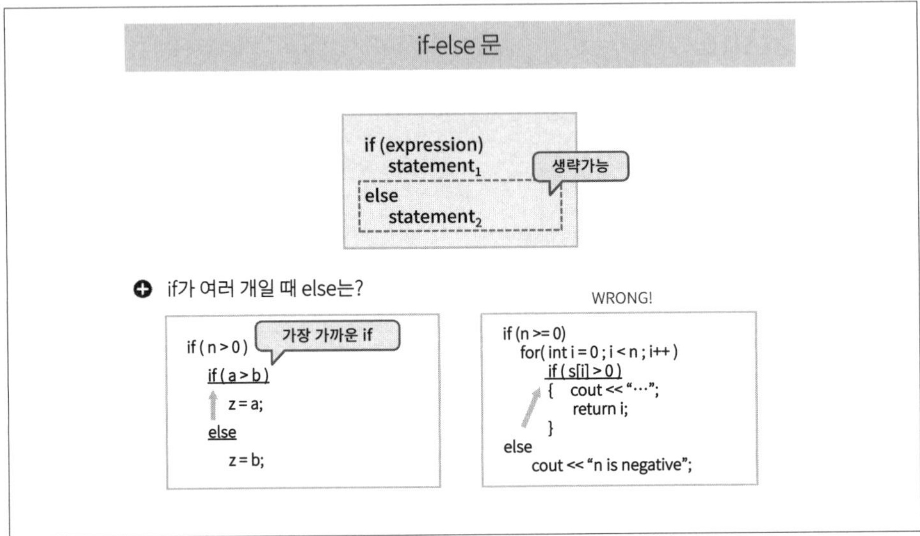

조건적 분기의 대표적인 문장은 if-else 문이다. 슬라이드에 보이는 바와 같이 if 문장 안의 expression이 true(0이 아닌 값)이면 statement1이 실행되고, false(0)이면 statement2가 실행된다.

if-else 문장에서 주의할 점은 이중으로 선언된 if 구문에서 else가 어디에 연결되는가 하는 점이다. 기본적으로 else 문장은 가장 가까운데 선언된 if 구문에 연결이 된다. 즉, 슬라이드 하단 왼쪽에 있는 예와 같이 else 문장은 가장 가까운 'if (a > b)'에 연결된다. 당연한 듯 보이지만, 슬라이드 하단 오른쪽에 있는 예와 같이 else 문장이 프로그래머의 의도(들여쓰기로 판단컨대 'if (n >= 0)'에 연결)와는 달리 for 문장 안에 있는 'if (s[i] > 0)' 문장에 연결될 수 있다. 프로그래머의 의도대로 하려면 다음과 같이 작성한다.

```
if ( n >= 0 )
{
  for( ... ) ...
} else
  cout << "n is negative";
```

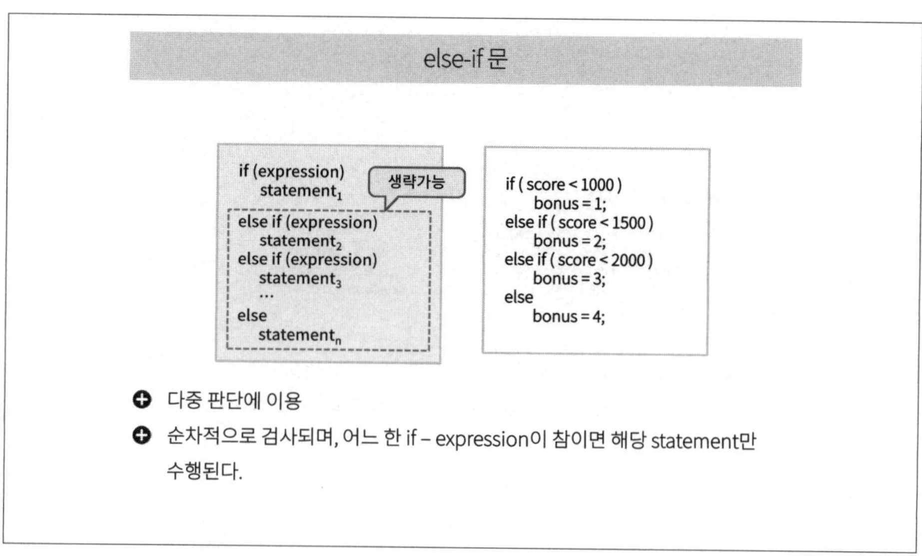

if 문장에서 else-if 구문을 사용하여 추가적인 조건을 달 수 있다. else-if 구문은 여러 번 반복 선언하거나 또는 생략 가능하며, else 부분은 생략 가능하다.

else-if 구문의 경우 위에서부터 차례대로 조건들이 검사되며 어느 한군데의 조건이 true가 되면 해당 문장들이 수행되고, 나머지 else-if와 else는 모두 생략된다. 즉, 특정 else-if의 조건이 검사된다는 것은 그 위에 있는 조건들이 모두 만족되지 않음을 의미한다. 예로 슬라이드 오른쪽 코드에서 'else if (score < 1500)'의 조건이 검사될 때는 위의 조건 'if (score < 1000)'이 false임을 의미한다. 결론적으로 bonus 값이 2가 되었다면 score 값이 1000 이상이고, 1500 미만(1000 <= score < 1500)임을 의미한다.

switch 문

```
switch ( expression )
{
    case const-expr : statements
    case const-expr : statements
    default : statements
}
```

```
int a=1, b=2, c=3, d=4, z;

switch ( a )
{
    case 1 : z=b; break;
    case 2 : z=c; break;
    default : z=d;
}
```

- 다중 결정, 수식값에 따른 분기
- 순서대로 값 비교, 해당 되는 case의 문장을 수행 (break 만날 때까지)

특정 변수의 값에 따라 분기를 할 때에는 switch 문장을 사용하는 것이 보기 깔끔하다. 주의할 점은 슬라이드에 보이는 const-expr은 컴파일 시에 계산 가능한 수식이나 값이어야 한다. 또한 else-if 구문과 같이 위에서부터 차례대로 값이 비교되며 값이 일치하는 case 구문이 발견되면 해당 문장들이 실행된다. 실행 문장들 마지막에 break 문장이 있다면 switch 문장을 빠져나오지만, break 문장이 발견되지 않으며, 그 다음 case 구문의 값과 상관없이 문장들이 연속되어 실행된다.

case 구문에 일치하는 값들이 없다면 default 구문에 있는 문장들이 실행된다. default 구문은 생략가능하다.

TIP if-else 문장과 switch 문장이 너무 길면 코드에 나쁜 냄새(smell)가 나는 것이다. 문장 중 일부를 별도 함수로 빼든지 또는 규칙을 찾아내어 순환문으로 변경하도록 하자.

EXERCISE 4-1 switch문 사용하기

Exercise 4-1. switch문 사용하기

- 입력된 문자들 중 'a'/'A', 'b'/'B' 나 다른 문자들의 개수를 count하는 프로그램을 작성하시오

[실행 예]

```
I am a boy, I like a Bird

a or A 's count: 3
b or B 's count: 2
other char count: 20
```

[10분]

사용자로부터 문자들을 입력받아, **a/A, b/B** 문자 개수를 헤아리는 프로그램이다. 반복문과 함께 분기문(switch 문장)을 적절히 사용하자. 사용자가 입력하는 문자를 하나씩 읽어 들이는 코드는 다음과 같다.

```
int ch;
while( (ch=cin.get()) != '\n' )
{
   ...
}
```

4.3 순환문

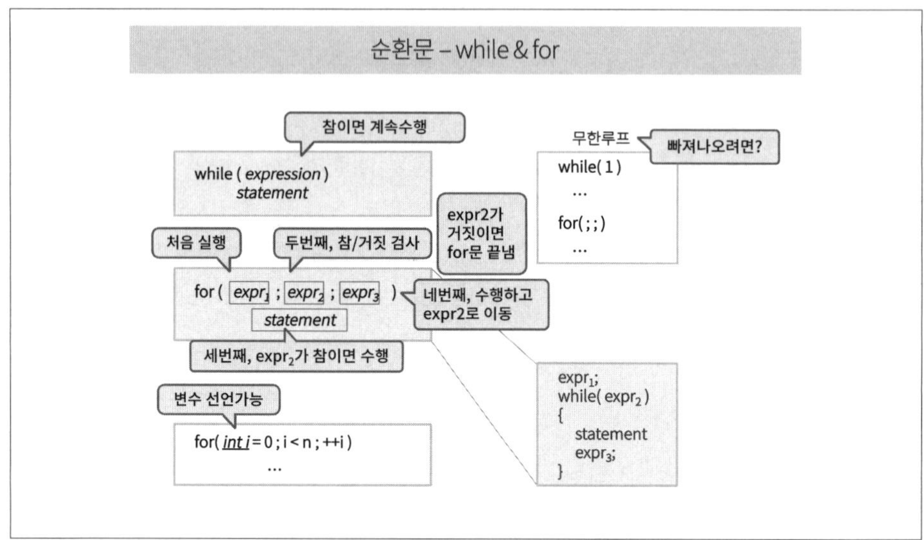

C++ 언어의 대표적인 순환문으로 while 문장과 for 문장이 있다. while 문장은 조건 수식이 true 인 동안 반복하여 아래 문장이 실행된다.

for 문장은 슬라이드에 보이는 바와 같이 초기화부분(expr1), 종료조건검사부분(expr2), 조건변수 증감부분(expr3)과 실행문장(statement)으로 구성된다. 실행순서는

(a) 초기화부분(expr1)이 실행되고, (b) 종료조건검사부분(expr2)이 실행된다. 조건검사에서 true가 되면 (c) 실행문장(statement)이 실행되고, (d) 조건변수 증감부분(expr3)이 실행된다. 이후 (b)-(d) 구간이 반복된다. (b) 조건검사에서 그 값이 false이면 for 문장을 빠져나온다. 또한 실행문장 중에 break 명령문을 만나면 역시 for 문장을 빠져나온다. (c) 실행문장 중에 continue 명령문을 만나면 남은 명령문들은 모두 생략되고, 즉시 조건변수 증감부분 (expr3)으로 분기한다.

슬라이드 하단에 보이는 바와 같이 for 문장 내에 지역 변수를 선언할 수 있다. 이때 선언된 지역변수는 해당 for 문장 내에서는 유효하며, for 문장을 빠져나오면 생명주기가 끝난다.

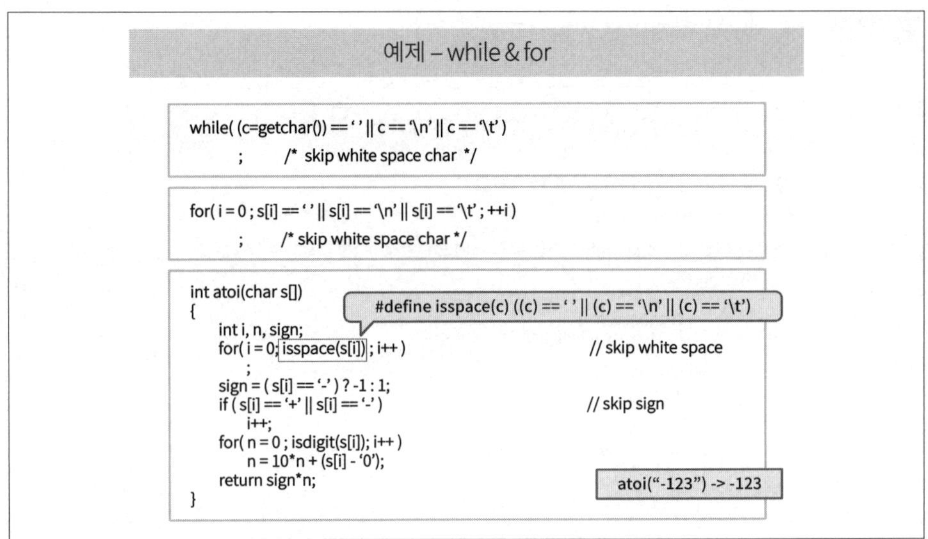

슬라이드에는 while 문장과 for 문장으로 작성된 몇 가지 예를 보인다.

첫 번째 예는 사용자가 입력하는 문자들 중에서 white space 문자(' ', '\n', '\t')를 생략하는 코드를 보여준다.

두 번째 예는 문자 배열 s[ ]에 저장된 문자들 중에서 앞부분의 white space 문자들을 생략하는 코드를 보여준다. for 문장을 빠져나오면 s[i]는 white space 문자가 아닌 첫 번째 문자를 가리킨다.

세 번째 예는 문자 배열 s[ ]을 입력받아 정수로 변환하는 atoi() 함수를 구현한 코드를 보여준다. isspace()와 isdigit()는 해당 문자가 white space 문자인지 또는 숫자문자('0'~'9')인지를 검사하는 매크로 함수이다. 참고로 atoi() 함수는 표준 C 함수 중 하나이다.

EXERCISE 4-2 정수를 문자열로 변환하기

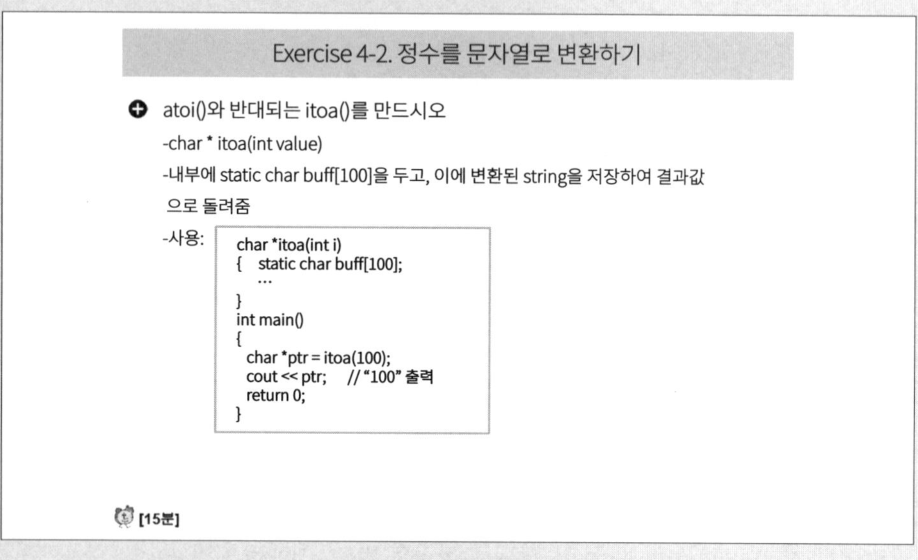

앞에서 문자열을 정수로 변환하는 atoi() 함수 구현 예를 살펴보았다. 여기에서는 그 반대 기능의 itoa() 함수를 구현해보자. 슬라이드에 보이는 바와 같이 itoa() 함수는 정수(예: 123)를 입력받아 문자열(예: "123")로 변환한다. 변환된 문자열은 itoa() 내부에 있는 char buff[100]에 저장되며, itoa() 함수는 buff 주소 값을 반환한다. itoa()가 반환된 후에도 buff 에 저장된 문자열이 유효하게 만들기 위하여 buff는 static으로 선언된다.

힌트를 주자면 입력된 정수의 아랫자리부터 하나씩 문자로 변환하여 buff[]에 저장한 다음, 최종적으로 buff에 저장된 문자열을 역순으로 바꾸면 된다. 예로 123을 입력받으면 가장 아랫자리부터 3, 2, 1 순으로 차례대로 문자 '3', '2', '1'로 변환하여 buff에 저장한다. 변환이 끝나면 buff에는 "321"이 저장되어 있을 것이다. 이를 역순으로 바꾸면 "123"이 된다.

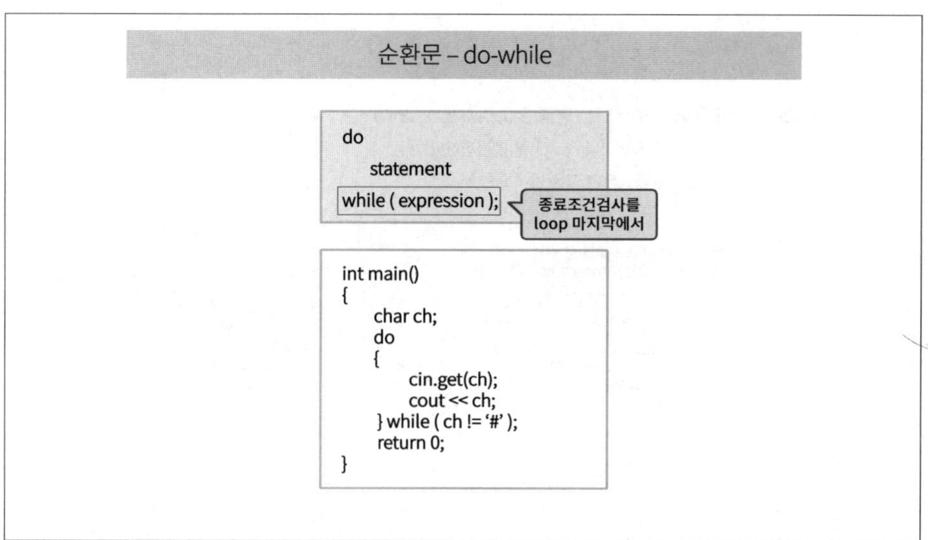

while 문장의 변형으로 do-while 문장이 있다. while 문장과는 달리 do-while 문장은 실행문장을 최소 한 번 이상 실행한 이후, 종료조건을 검사한다는 점이다.

슬라이드에서와 같이 종료조건 검사 전에 변수 ch에 사용자 입력을 받는 문장이 실행된다. 동일한 기능을 while 문장으로 작성하면 아래와 같다.

```
int main()
{
   char ch=' ';
   while( ch != '#' )
   {
      cin.get(ch);
      cout << ch;
   }
   return 0;
}
```

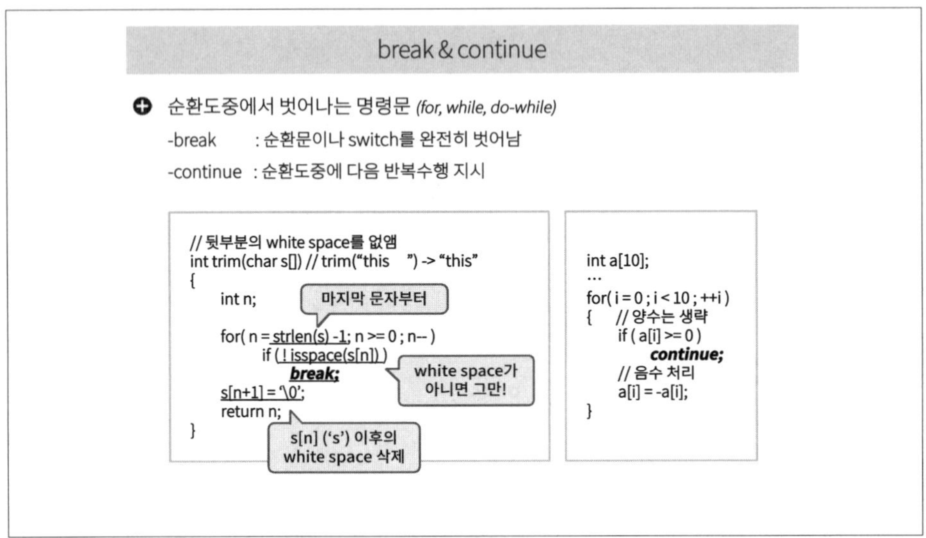

무조건적 분기 문장으로 break, continue가 있다고 앞에서 소개하였다.

break는 일반적으로 순환문이나 switch 문장 내에서 사용되며, break 문장이 실행되면 이를 포함하고 있는 가장 안쪽의 순환문이나 switch 문장을 빠져나온다.

이에 비해 continue는 순환문장 내에서 사용되며, continue 문장이 실행되면 while, do-while 순환문의 경우 종료조건 검사부분으로 무조건 분기한다. for 순환문의 경우에는 조건변수 증감부분으로 분기하여 실행한 후, 종료조건을 검사하게 된다.

슬라이드 하단에 보이는 예는 break, continue를 사용하는 모습을 보여준다.

왼쪽은 입력 문자열에서 뒷부분의 white space 문자를 없애는 기능을 수행하는 trim() 함수를 구현한 예이며, 오른쪽은 정수형 배열 a에 저장되어 있는 숫자들 중에서 음수인 것만 모두 양수로 바꾸는 코드 예이다.

break와 continue는 순환문의 실행을 제어하는 아주 편리한 도구이므로 익숙해지도록 하자.

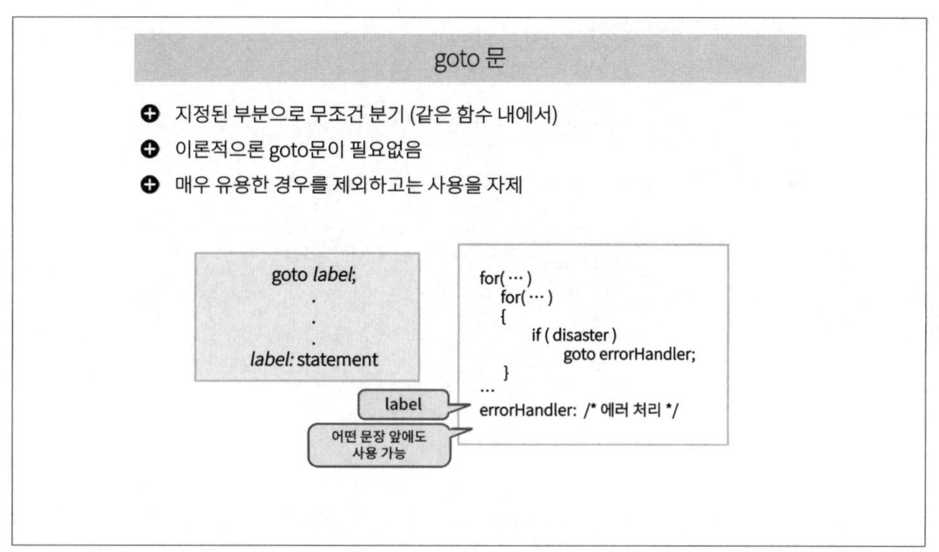

지정된 부분으로 무조건 분기하는 것이 **goto** 명령문이다. 일반적으로 **goto** 문장은 에러 처리 코드를 함수 뒤쪽에 작성하고, 함수 실행 도중에 에러 발견 시 뒷부분의 에러 처리 코드로 분기할 때와 같은 경우 자주 이용되었다.

그러나 객체지향적 관점에서는 에러 발견 시 **Exception** 객체를 만들어 던지고(throw), 에러 처리하는 곳에서 이를 받는(catch) 방식으로 구현하는 것이 바람직하다. 이에 대한 자세한 설명은 13장에서 소개된다.

결론적으로 **goto** 명령문 사용은 구조적 프로그래밍 방식에서나 객체지향적 프로그래밍 방식에서 권장하지 않는다. 프로그래머가 판단컨대 **goto** 명령문으로 얻을 수 있는 이점이 너무나 명확할 때 외에는 사용하지 않는 것이 좋다.

EXERCISE 4-3 이중 순환문 작성하기

Exercise 4-3. 이중 순환문 작성하기

- 다음과 같이 화면에 출력하는 프로그램을 작성하라. (use nested-for)

[실행 예]

```
ABCDE
BCDE
CDE
DE
E
```

[10분]

제어 흐름에서 많이 사용되는 기법 중에 하나가 이중 순환문(nested for)이다. 이는 이차원적인 반복이 필요할 때 사용하는 것으로 본 연습문제에서 요구하는 기능을 구현하는데 적합하다. 즉, ABCDE처럼 1줄 출력은 일차원 순환문으로 구현할 수 있는 반면 이런 1줄 출력이 여러 줄에 걸쳐 이루어져야 되므로 이차원 순환문이 필요하다.

이중 순환문을 사용하여 여러 줄에 걸쳐 "ABCDE"를 출력하는 코드는 다음과 같다. 이 코드를 일부 수정함으로써 연습문제에서 원하는 기능을 수행하는 코드를 작성할 수 있다.

```
for(int i=0 ; i < 5 ; ++i )
{
   for(int j=0 ; j < 5 ; ++j )
      cout << char('A'+j) ;
   cout << endl;
}
```

Chapter

05

Function & Preprocess

5.1 함수란?

5.2 함수 오버로드

5.3 인라인 함수

5.4 외부 함수

5.5 헤더 파일

5.6 전처리(preprocess)

5.7 C와의 연결

5. Function & Preprocess

Chapter 5

Function & Preprocess

이 장에서는 프로그램을 작성하는데 꼭 필요한 함수에 대하여 알아본다. 또한 C/C++ 언어의 특징인 전처리(preprocess) 작업에 대하여 살펴본다.

3장의 학습을 통하여 원하는 명령문장을 작성할 수 있다면, 4장의 학습을 통하여 각 명령문장들을 조합하고, 배열하여 컴퓨터로 하여금 개발자가 원하는 기능을 수행하도록 프로그램을 작성할 수 있다. 그러나 프로그램의 규모가 조금 더 커진다면 프로그램의 기능과 동작을 명령문장 단위가 아니라 좀 더 큰 단위(서브시스템, 모듈, 함수, 클래스 등)로 나누어 개발하여야 한다.

5장에서 배울 함수개념은 프로그램의 기능을 세분화할 수 있는 가장 기본적인 도구이다.

5.1 함수란?

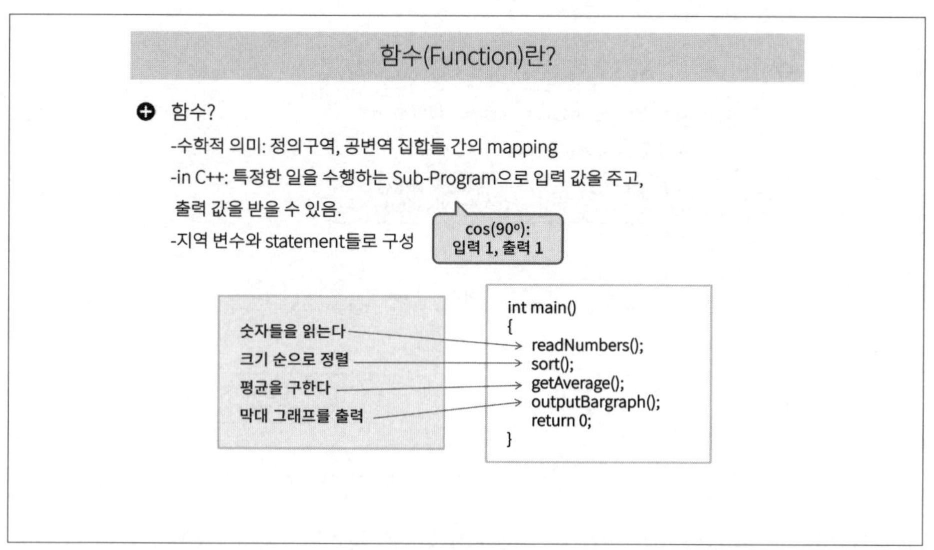

함수(function)은 수학적으로 정의구역(domain) 집합과 공변역(range) 집합 간의 대응관계(mapping)를 의미하지만, C++ 언어에서는 특정한 일을 수행하는 서브(sub) 프로그램으로 입력 값을 넣고, 출력 값을 받을 수 있다.

함수는 기본적으로 특정한 한 가지 기능을 수행하도록 하여야 한다.

슬라이드에 보이는 바와 같이 숫자들을 입력받아 평균값을 구하고, 막대그래프를 출력하는 프로그램을 작성할 때, 전체 작업을 기능과 단계별로 세분화할 필요가 있다. 단계별로 세분화하면 (a) 숫자 값을 입력받고, (b) 입력 받은 숫자들을 크기순으로 정렬하며, (c) 숫자들의 평균값을 구한 후, (d) 막대그래프를 출력한다.

이렇게 세분화된 단계별로 기능을 수행하는 함수-**readNumbers()**, **sort()**, **getAverage()**, **outputBargraph()**-를 먼저 사용하고(use), 이 후에 이들 함수를 구현(implement)한다.

TIP 필요한 기능을 제공하는 함수가 있다고 생각하고 먼저 사용하라. 사용된 함수에 대한 구현은 이후의 일이다. (First USE, later IMPLEMENT)

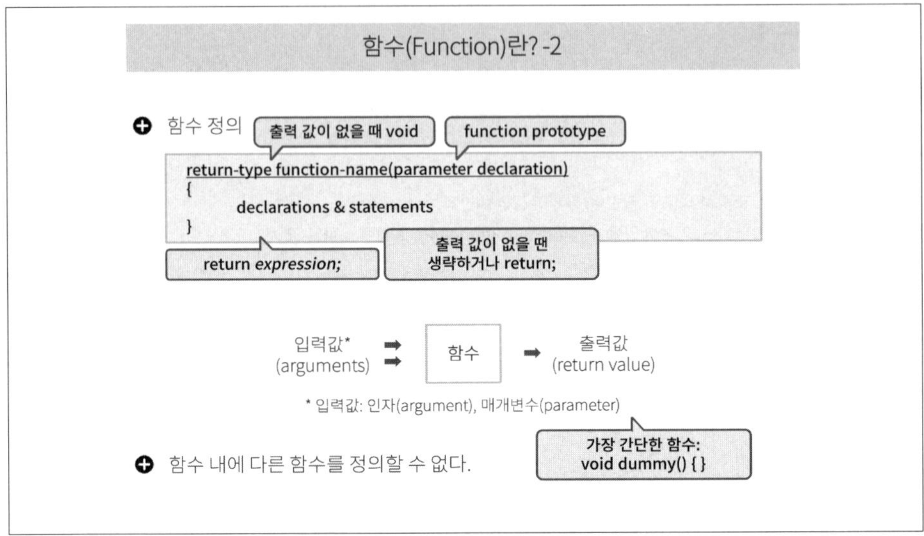

함수는 함수 프로토타입과 함수 구현체(body)로 구성된다. 함수 프로토타입은 함수 반환 자료형, 함수이름, 함수 매개변수 선언으로 되어있으며, 함수 구현체는 중괄호 ({ })로 표현된다.

함수 프로토타입은 컴파일러에게 함수에 대한 정보를 주는 것으로 여러 번 반복하여 선언되어도 문제없다. 그러나 함수 구현체는 함수 구현에 대한 정의(definition)이기 때문에 전체 프로그램에서 단 하나만 존재하여야한다.

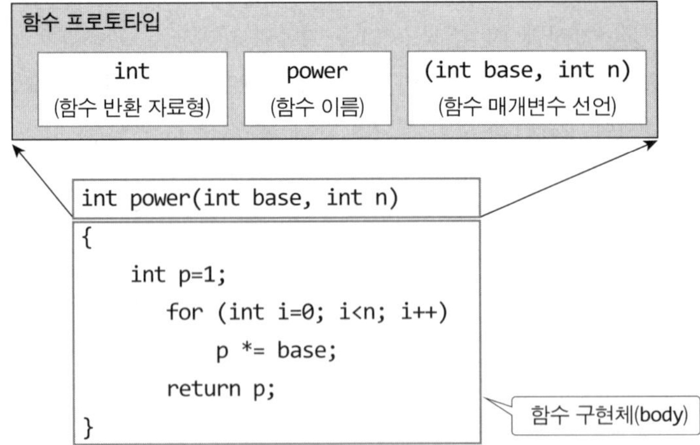

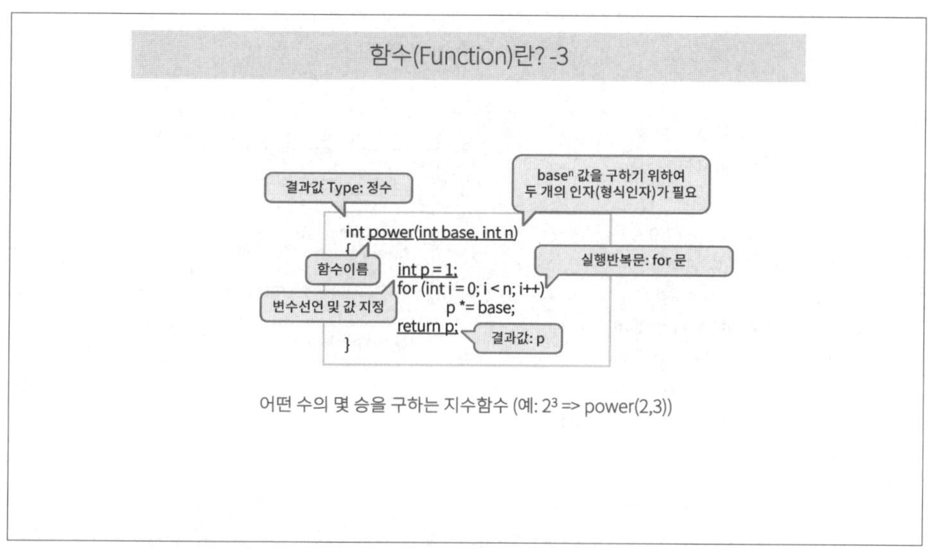

슬라이드에 보이는 바와 같이 함수 반환 자료형이 int이면, 함수 구현체 내에 반환 명령문 return p;에 의하여 반환되는 p는 int 자료형이어야 한다. 함수 반환 값이 필요 없을 경우, 이를 표현하기 위한 자료형은 void이다. 즉 함수 반환 자료형이 void로 되어 있다면, 그 함수는 반환 값이 없음을 의미한다.

함수 매개 변수 선언에 나타나는 인자를 형식 인자(formal parameter/argument)라고 말하며, 실제 함수 호출 시에 입력 값으로 사용되는 인자를 실 인자(real argument)라고 말한다. 즉, 슬라이드에 보이는 base, n은 형식 인자이며, 외부에서 'int value = power(2,3);' 형태로 power() 함수를 호출할 때 인자로 넘어가는 2, 3은 실 인자이다.

형식 인자 선언이 레퍼런스 자료형으로 선언되어 있지 않다면, 형식 인자와 실 인자는 서로 별개이며 단지 변수 값이 그대로 복사될 뿐이다. 따라서 함수 내의 형식 인자 값이 아무리 변경되어도 실 인자에는 아무 영향을 미치지 못한다.

return 문장은 함수 내의 어떤 위치에서도 사용할 수 있다. return 문장을 실행하게 되면 즉시 현재 함수에서 벗어나게 된다.

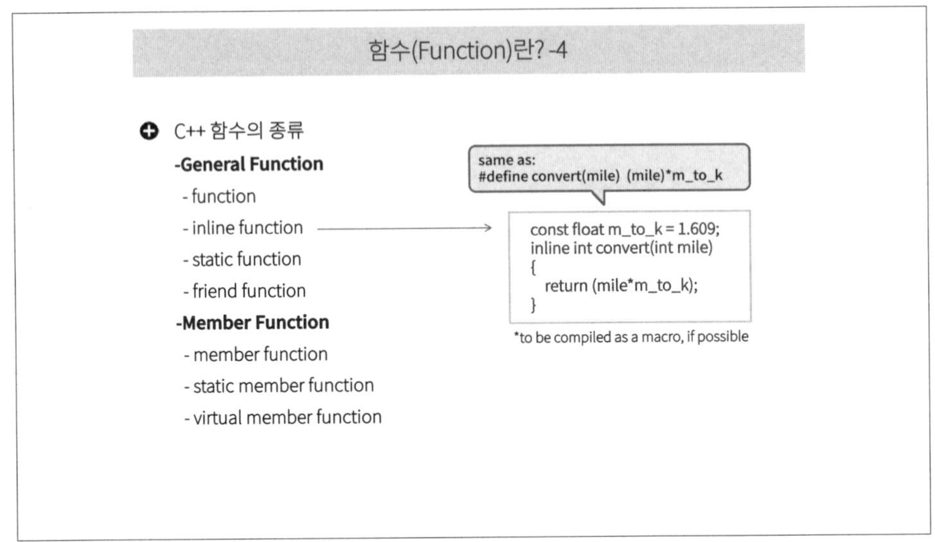

C++에는 여러 가지 종류의 함수들이 있다. C 언어의 함수처럼 독자적으로 존재하고 사용되는 일반 함수와 클래스 내에 선언되어 객체와 함께 사용되는 멤버(member) 함수로 크게 구분할 수 있다.

일반함수에는, 매크로 함수와 같이 함수 호출이 아니라 함수 코드 전체가 삽입되는 형태인 `inline` 함수, 선언된 파일 내에서만 접근 가능한 `static` 함수, 타 객체의 `private` 데이터를 사용할 수 있는 `friend` 함수와 같이 사용목적이 특별한 함수들이 포함된다.

멤버함수는 일반 멤버함수, 객체용이 아닌 클래스용으로 사용되는 `static` 멤버함수, 다형성(polymorphism)을 지원하는 `virtual` 멤버함수로 세분화 할 수 있다.

객체지향적인 관점에서 본다면 클래스 밖에 선언되고 사용되는 일반함수는 바람직한 모습이 아니다. 가능하면 클래스 내에서 선언되고 사용되는 멤버함수를 작성하여 이용하는 것이 좋다. (main() 함수는 어쩔 수 없지만...)

클래스와 멤버함수에 대한 것은 8장과 9장에서 다룬다.

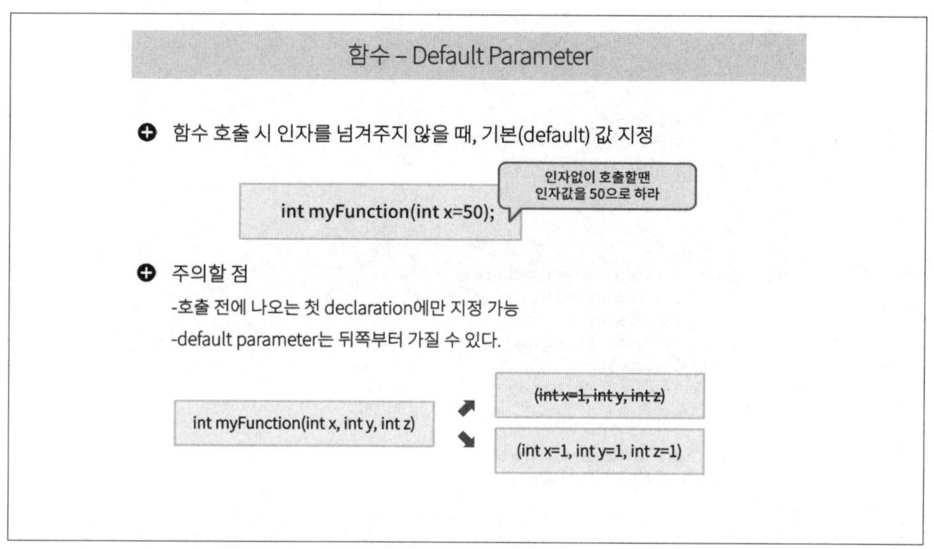

일반함수이던, 멤버함수이던지 간에 모든 함수의 형식 인자에는 기본(default) 값을 지정할 수 있다. 함수를 호출할 때 실 인자(real argument)를 넘겨주면, 실 인자 값이 형식인자 변수에 지정된다. 그러나 함수 호출 시 실 인자를 넘겨주지 않으면, 지정된 기본 값이 형식 인자 변수에 지정된다. 예로 슬라이드에 보이는 myFunction() 함수를 호출할 때 'myFunction(30);' 형태로 실 인자로 30을 지정하면, 이 값이 형식 인자 x에 복사된다. 그러나 'myFunction();' 형태로 실 인자를 생략하면 기본 값으로 지정된 50이 형식 인자 x에 복사된다.

함수인자 기본(default) 값을 지정할 때에는 두 가지를 주의해야한다. 먼저, 컴파일러 입장에서 첫 번째 보이는 함수 프로토타입에만 기본 값이 선언되어야한다. 즉 아래와 같이 함수 프로토타입을 두 번 선언해도 상관은 없지만, 두 번째 함수 프로토타입에는 기본값을 지정해서는 안된다.

```
int myFunction(int x=50);
int myFunction(int x);
```

두 번째는 함수 인자가 여러 개일 때는 기본 값은 뒤쪽 형식 인자부터 지정할 수 있다. 슬라이드 하단에 보이는 바와 같이 'int x'에 기본 값을 주려면 y, z 기본 값이 지정되어 있어야한다.

함수 – Default Parameter 예

```
01: #include <iostream>
02: int AreaCube(int length, int width=25, int height=1);
03: int main()
04: {
05:     int length = 100;
06:     int width = 50;
07:     int height = 2;
08:     int area = AreaCube(length, width, height);
09:     std::cout << “First area equals: ” << area << “\n”;
10:     area = AreaCube(length, width);
11:     std::cout << “Second area equals: ” << area << “\n ”;
12:     area = AreaCube(length);
13:     std::cout << “Third time area equals: ” << area << “\n ”;
14:     return 0;
15: }
16: int AreaCube(int length, int width, int height)
17: {    return (length*width*height);
18: }
```

```
[output]
First : 10000
Second : 5000
Third : 2500
```

함수 형식 인자(formal parameter) 기본 값 지정 예제이다. AreaCube() 함수 프로토타입이 2번 줄에 선언되어 있으며, 함수 정의는 16-18 줄에 있다. 이때 인자 width, height 에 대한 기본 값 지정은 컴파일러 입장에서 처음 만나게 되는 2번 줄에 지정해 주어야한다. (16번 줄에 기본 값 지정해서는 안 된다.)

기본 값 지정은 width, height에만 되어 있으므로, AreaCube() 함수를 호출할 때는 최소한 1개(length) 이상의 실 인자를 지정하여야 한다. 8번 줄의 함수 호출에서 length:100, width:50, height:2 값이 계산되어 총 부피 값으로 10,000이 반환된다. 10번 줄의 함수 호출에서 length:100, width:50, height:1 값이 계산되어 총 부피 값으로 5,000이 반환되며, 12번 줄의 함수 호출에서 length:100, width:25, height:1 값이 계산되어 2,500이 반환된다.

EXERCISE 5-1 함수 만들기

Exercise 5-1. 함수 만들기

- 두 값을 더하는 int Plus(int a, int b)와 빼는 int Minus(int a, int b)를 작성하고, 사용자로부터 두 수를 입력 받아 Plus, Minus 값을 두 함수를 이용하여 계산한 후, 다음과 같이 출력하라

[실행 예]

```
Input 2 Numbers: 3 5

    3 + 5 = 8
    3 - 5 = -2
```

[10분]

main() 함수 외의 함수를 작성해보는 연습문제이다. 두 정수 a, b 값을 사용자로부터 입력받은 후 Plus() 함수와 Minus() 함수를 이용하여 두 수의 덧셈과 뺄셈 값을 구하고 그 결과 값을 화면에 출력한다.

주의할 점은 함수는 한 가지 기능에만 충실한 것이 좋다. Plus(), Minus() 함수는 덧셈, 뺄셈 연산만 수행하고, 그 결과 값을 반환하기만 하면 된다. 위 실행 예에 보이는 '3+5=8'과 같은 출력은 하지 않는다. 즉, 위 실행 예에 보이는 문자열들은 모두 main() 함수에서 출력하도록 하자.

5.2 함수 오버로드

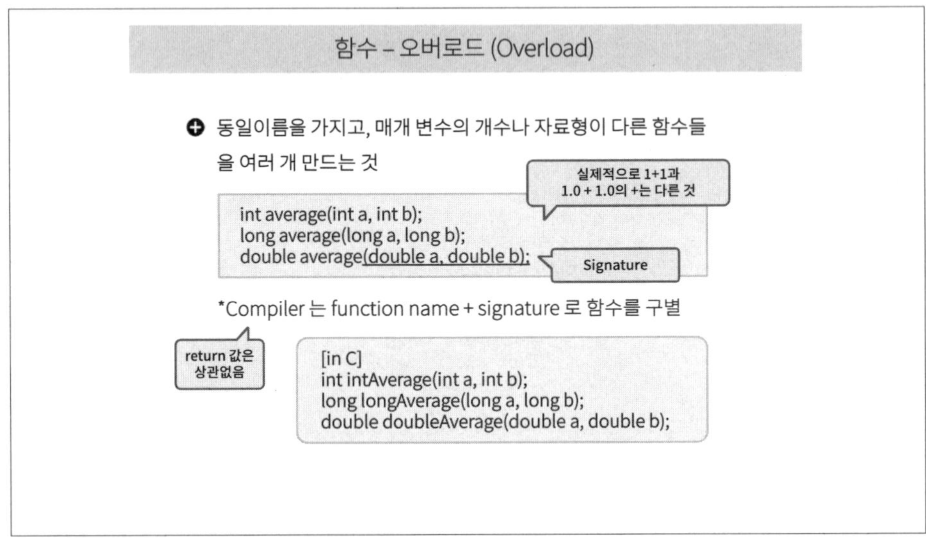

수학적으로 두 수식 '1+1', '1.2+2.3'에 사용되는 +는 모두 동일한 의미와 기능을 가진다. 그러나 컴퓨터에서는 정수 덧셈과 실수 덧셈은 동작방식이 다르기 때문에 기계어 자체가 다르다. 즉, '+'라는 이름으로 정수 덧셈 연산자, 실수 덧셈 연산자 두 개가 존재하는 것이다. 이렇게 이름(symbol; '+')은 같지만 실체(entity; 기계어)가 여러 개인 것을 오버로드(overload)라고 말한다.

오버로드에는 함수 오버로드와 연산자 오버로드가 있다. 앞에 예와 같이 '+'가 대표적인 연산자 오버로드이다. 이에 대한 자세한 내용은 뒷장에서 살펴보도록 한다.

함수 오버로드는, 함수이름이 동일하면서 형식 인자가 서로 다른 함수를 여러 개 정의하여 사용할 수 있는 것이다. 슬라이드에서 보이는 바와 같이 average라는 이름의 함수가 3개 선언되어 있다. 이름은 같지만, 인자들의 종류가 첫 함수는 int, 두 번째 함수는 long, 세 번째 함수는 double로 서로 다르다. 컴파일러는 함수이름과 인자종류에 따라 실제 함수를 결정하기 때문에, average() 함수 호출 때 실 인자의 자료형을 확인하여 세 개의 average() 함수 중에서 하나를 결정하게 된다.

함수 – 오버로드 (Overload) -2

```
01: int called(int i)
02: {      cout << " you pass integer\n ";
03: }
04: long called(long i)
05: {      cout << " you pass long integer\n ";
06: }
07: int main()
08: {
09:      called(1);
10:      called(1L);
11:      return 0;
12: }
```

함수 오버로드에 대한 예를 보인다. 슬라이드에 **called()** 함수가 두 개 선언되어 있다. **9**번 줄에서 호출되는 **called(1)** 함수는 실 인자가 **1**이므로 자료형으로는 **int**이다. 따라서 **1**번 줄에 정의된 **called(int i)** 함수가 호출된다. **10**번 줄에서 호출되는 **called(1L)** 함수는 실 인자가 **1L**(long 자료형의 1)이므로 **4**번 줄에 정의된 **called(long i)**가 호출된다.

컴파일러 입장에서 **9**번 줄과 **10**번 줄 호출에서 인자의 자료형에 따라 어떤 **called()** 함수가 호출되는지 충분히 구분할 수 있다.

만일 컴파일러가 구분할 수 없는 경우라면 컴파일러 에러가 발생하게 된다.

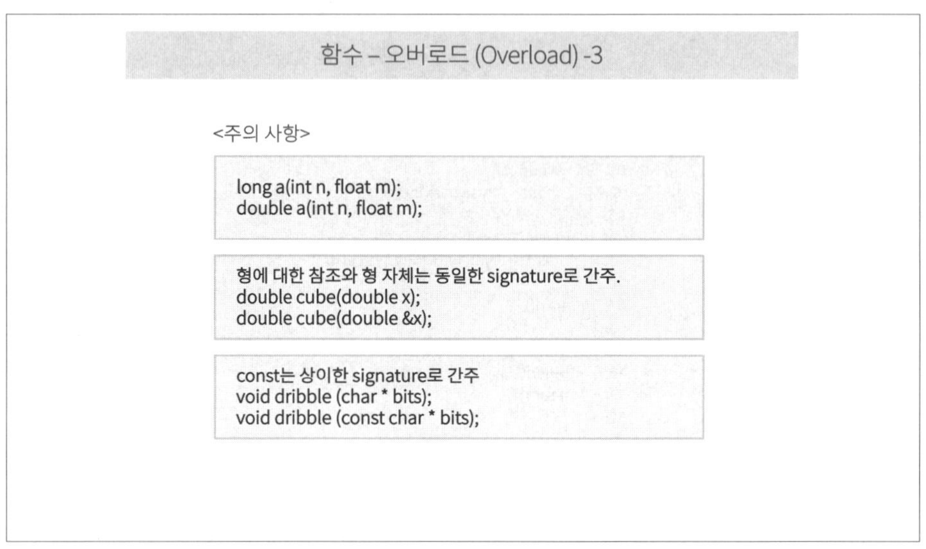

함수 오버로드 선언에 대한 주의사항이다.

먼저, 컴파일러가 함수를 구분할 때 함수이름과 인자종류만 이용하고, 반환 자료형은 사용하지 않는다. 슬라이드의 첫 번째 예에서 두 개의 a() 함수가 함수이름과 인자종류가 동일하며, 반환 자료형만 long과 double로 다르다. 이 경우 'a(1, 2.2);'와 같이 함수 호출되었을 때 컴파일러가 어떤 함수를 호출하여야 하는지 구분할 수가 없다. 따라서 이와 같은 함수 오버로드 선언은 잘못된 것이다.

두 번째, 인자 자료형 선언에 있어서 일반 자료형 선언과 자료형 참조 선언은 동일한 것으로 간주한다. 슬라이드의 두 번째 예에서 cube() 함수의 형식 인자가 하나는 double이고, 또 하나는 double &이다. 이 경우 'cube(value);'와 같이 함수 호출되었을 때 이 역시 컴파일러가 어떤 cube() 함수를 호출하여야 하는지 구분할 수 없다. 따라서 이와 같은 선언도 잘못된 것이다.

세 번째는 const가 붙은 것과 붙지 않은 것은 서로 다른 signature 로 간주된다. 따라서 슬라이드의 세 번째 예에서 보이는 dribble() 함수 오버로드 선언은 별 문제 없다.

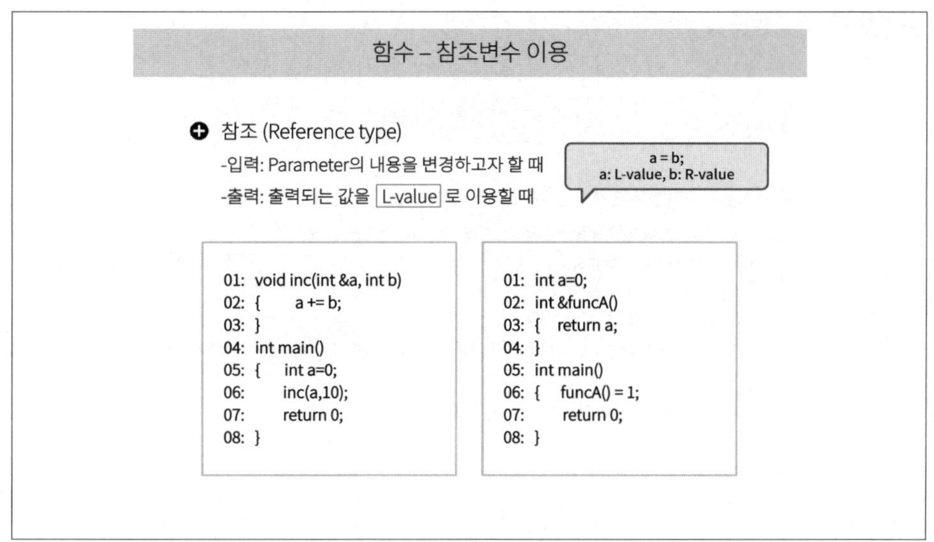

함수의 입력(인자)과 출력(반환)으로 참조변수를 사용하는 예를 보인다.

일반적으로 함수의 실 인자(real argument) 변수 값을 변경하고자 할 때 형식 인자(formal parameter) 자료형을 참조형으로 선언한다. 슬라이드 하단 왼쪽 예에서 보이는 바와 같이 1번 줄에 inc() 함수의 형식 인자 a가 참조형으로 선언되어 있다. 6번 줄에서 inc() 함수를 호출할 때 사용된 실 인자 a는 1번 줄에 있는 형식 인자 a에 참조형으로 넘어가기 때문에 동일한 변수로 간주된다. 따라서 2번 줄에 있는 'a+=b;' 명령문에 의하여 형식 인자 a의 값이 b 값 즉, 10만큼 증가하게 되면 6번 줄의 실 인자 a의 값도 똑같이 10만큼 증가하게 된다. 결론적으로 6번 줄에 있는 변수 a값이 10이 된다.

함수의 출력 자료형으로도 참조형을 사용할 수 있다. 이때는 반환되는 것이 변수 값이 아니라 변수 자체가 된다. (함수 출력 자료형이 참조형이면 'return 변수;' 형태로 변수가 반환 되어야 한다.) 슬라이드 하단 오른쪽의 예에서 6번 줄을 보자. funcA() 가 지정문장에서 왼쪽에 사용되었다. 즉, L-value로 사용된 것이고, 이는 변수입장에서는 변수 주소를 의미한다. 'funcA() = 1;' 명령문에서 func() 가 반환하는 것은 a 변수 자체이다. (절대 변수 값이 아님에 유의하자) 즉, 앞의 명령문은 'a = 1;'과 동일한 기능을 수행한다.

EXERCISE 5-2 함수 오버로드하기

Exercise 5-2. 함수 오버로드하기

- 다음 요구사항을 만족하는 프로그램을 작성하라.
  - -변수 a 값을 delta 만큼 증가/감소 시키는 inc, dec 함수를 작성하라.
    - void inc(int &a, int delta);
    - void dec(int &a, int delta);
    - delta는 default값으로 1을 지정할 것
  - -inc, dec 함수가 int, long, double 각 자료형을 모두 지원하도록 overload하여 작성하라.
    - 각 자료형 별로 inc/dec 함수 작성 → 총 6개의 함수 작성

[10분]

이 연습문제에서는 함수 오버로드, 인자 기본 값, 참조형 인자에 대한 사용법을 배운다.

int, **long**, **double** 자료형 별로 **inc()** 함수 3개, **dec()** 함수 3개를 선언하고, 구현한다. 구현된 함수 6개를 다음 **main()** 함수처럼 사용해 보자.

```
int main() {
  int int_value = 10;
  long long_value = 10;
  double double_value = 10;
  inc(int_value);    cout << int_value << endl;     // output: 11
  inc(long_value);   cout << long_value << endl;    // output: 11
  inc(double_value); cout << double_value << endl;  // output: 11
  dec(int_value);    cout << int_value << endl;     // output: 10
  dec(long_value);   cout << long_value << endl;    // output: 10
  dec(double_value); cout << double_value << endl; // output: 10
  return 0;
}
```

5.3 인라인 함수

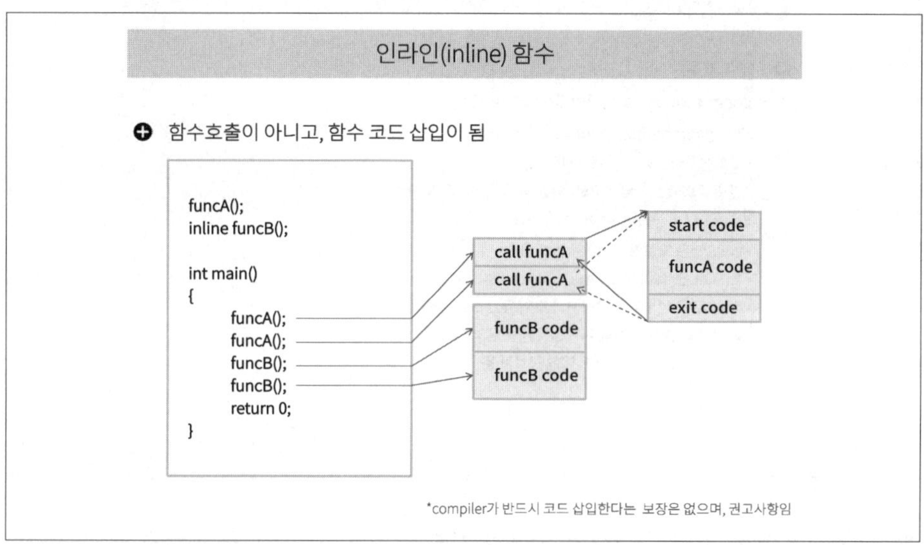

개발자가 함수를 작성하고 이를 호출하여 사용한다면 호출을 10번 하든지 100번 하든지 함수 호출 수와 상관없이 실행되는 함수 코드는 전체 프로그램에서 1개만 존재한다.

함수를 호출하면 해당 함수 코드로 점프(jump)하여, 함수 코드가 실행되고, 함수 호출 다음 명령문장으로 다시 복귀된다.

이에 비하여 인라인 함수는 컴파일러가 함수가 호출되는 위치마다 해당 함수 코드를 삽입한다. 즉, 함수 호출이 10번 발생하면 동일한 함수 코드가 10번 삽입된다.

인라인 함수를 사용하면 함수 호출 수에 따라 코드 삽입이 발생하기 때문에 실행 프로그램 크기가 더욱 커지는 단점이 있다. 그러나 함수 호출을 준비하는 작업이 필요 없어지므로 실행속도가 더 빨라지는 장점이 있다.

인라인 함수 선언 방법은 간단하다. 함수 선언 시 가장 앞에 키워드 inline을 지정하면 된다.

인라인(inline) 함수 -2

- 생각할 점

-#define, inline 함수, 일반함수의 장단점

-코드삽입(#define, inline) vs. 함수호출

- 코드삽입이 s/w 크기 증가시킴
- 함수 호출과정이 없으므로 빠름 (속도가 중요할 때 사용)

-#define vs. inline 함수

- #define은 자료형 검사기능이 없음
- #define은 flexibility가 높음
- #define은 내부에 사용되는 변수에 대한 보호가 안됨
- inline은 일반함수처럼 자료형 검사를 엄격히 함
- inline은 내부사용 변수에 대한 보호가 됨

#define을 이용한 매크로 함수와 인라인 함수 그리고, 일반 함수는 비슷한 기능 구현에 사용될 수 있다. 예로 두 정수 a, b 중 최대 값을 반환하는 getMax(int a, int b)는 다음과 같이 세 가지 방법으로 각기 정의할 수 있다.

```
#define getMax(a, b) ( ((a)>(b)) ? (a) : (b) )        // 매크로 함수 정의
inline int getMax(int a, int b) { return (a>b) ? a : b ; }  // 인라인 함수 정의
int getMax(int a, int b) { return (a>b) ? a : b ; } // 일반 함수 정의
```

프로그래머는 특정 기능을 수행하는 함수를 구현할 때 위 3가지 중에 어떤 형태로 구현할지 결정하여야한다. 특별한 이유가 없을 경우에는 일반 함수로 정의하는 것이 가장 무난하며, 속도가 아주 중요한 경우 매크로 함수나 인라인 함수 형태로 구현한다. 유연성(flexibility) 측면에서는 매크로 함수 형태가 유리하며, 엄격한 자료형 검사 및 지역 변수 보호에 있어서는 인라인 함수 형태가 유리하다.

인라인(inline) 함수 -3

```
const double pi = 3.14159;

#define M_AREA(r) ((r)*(r)*pi)
inline double area(int r) { return r*r*pi; }

int main()
{
      int pi=0;
      cout << M_AREA(1) << endl;
      cout << area(1) << endl;
      return 0;
}
```

이 슬라이드는 원의 면적을 구하는 함수를 매크로 함수-M_AREA()-와 인라인 함수 -area()- 형태로 구현한 예를 보인다.

둘 다 기능도 동일하며 출력되는 결과 값도 동일하다. 또한 두 가지 형태 모두 함수 호출 위치에 함수 코드가 삽입되기 때문에 속도 측면에서 유리한 반면, 프로그램 크기 측면에서는 불리하다.

두 방식의 차이점은 M_AREA() 함수는 인자의 자료형에 상관없는 사용할 수 있는 반면 area() 함수는 int 인자의 경우에만 사용가능하다.

5.4 외부 함수

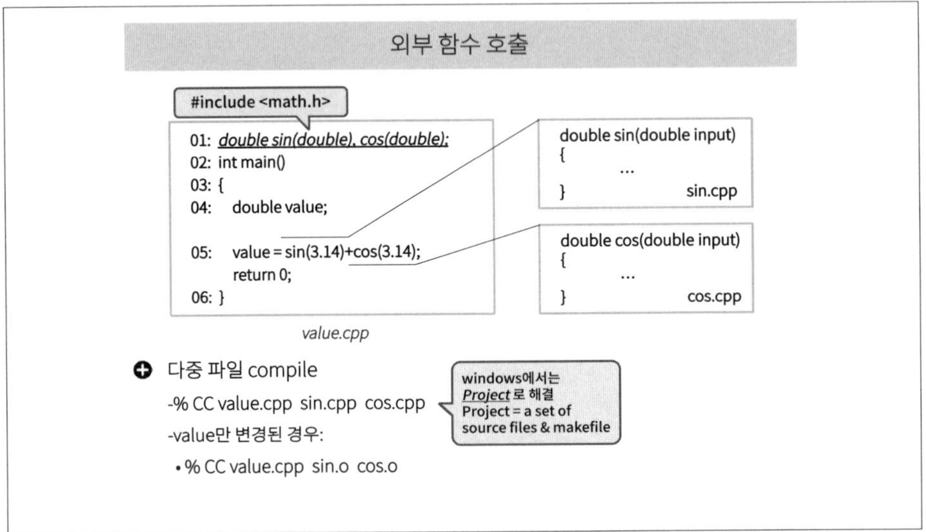

C++ 언어에서 컴파일러는 한 순간에 하나의 소스코드 파일만 컴파일 한다. 컴파일러가 슬라이드에 보이는 value.cpp를 컴파일 한다고 가정해보자. 컴파일러는 1번 줄에서 "아! 어디엔가 sin(), cos() 함수가 있구나"라는 생각할 것이다. 5번 줄에서 sin(), cos() 함수가 호출될 때에도 컴파일러는 이 함수가 어디에 어떤 구현체로 있는지 모른다. 단지 입력 인자와 출력 자료형이 double인 sin(), cos() 함수가 어딘가에 있다는 사실만 알고 있을 따름이다. 따라서 함수 호출 코드부분에서 실제 함수 위치 주소 칸은 비워둔다. 이 부분을 채워 연결하는 것이 바로 링크(link) 작업이다.

1번 줄에 sin(), cos() 함수에 대한 선언이 없다면, 컴파일러는 5번 줄에서 sin(), cos() 함수 호출을 보고 당황할 것이다. "응? 이건 뭐지? 처음 보는 이름이네.". 예전 C 언어에서는 미리 선언되지 않더라도, 함수 호출로 보이는 녀석이 발견되면 컴파일러가 int를 반환하고, 실 인자(real argument) 자료형의 입력을 받는 함수로 자동 간주하지만, C++는 더욱 엄격하여 사용되기 전에 미리 선언하여야 한다.

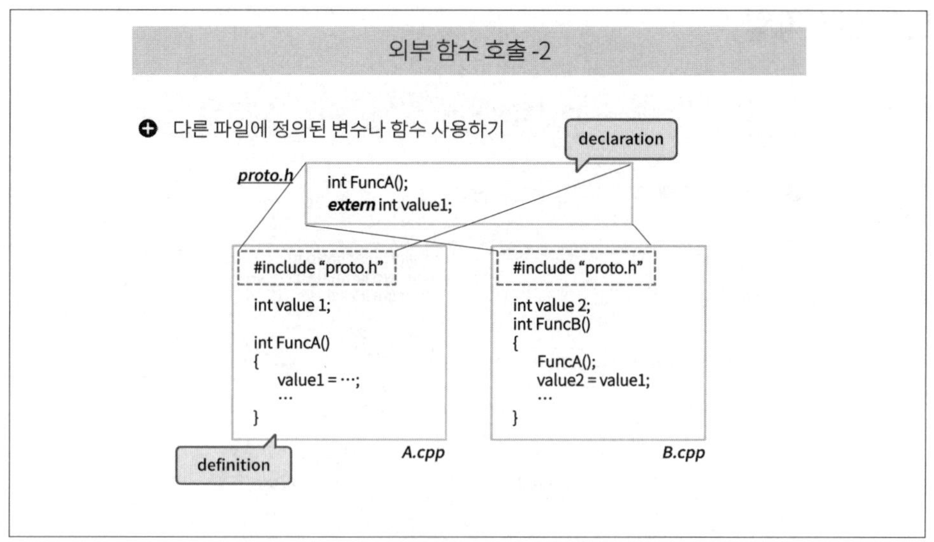

앞에서 함수를 사용하기 위해서는 미리 선언하여야 한다고 언급하였다. 슬라이드에 보이는 바와 같이 B.cpp에서 외부 개체인 FuncA() 함수와 value1 변수를 사용하였다. 이때 함수 FuncA()와 변수 value1에 대한 정보를 B.cpp를 컴파일하는 컴파일러에게 주기 위해서 B.cpp 파일 앞부분에 'int FuncA(); extern int value1;' 선언문을 작성해야한다.

만일 B.cpp에서 100여개의 외부 함수를 사용한다면 이에 대한 함수선언을 모두 프로그래머가 B.cpp 앞부분에 선언해주어야 한다. 생각만 해도 끔찍하지 않은가? 걱정하지 말자 이에 대한 해결책이 있으며, 이것이 바로 헤더파일(header file)의 존재이유이다.

결론적으로, 파일 간에 공유될 수 있는 함수나 외부변수에 대한 정보는 헤더파일에 작성해두고, 이 공유정보가 필요한 소스파일에서는 단지 #include 지시자로 해당 헤더파일을 불러오기만 하면 된다.

예로 A.cpp 와 B.cpp 간에 공유될 함수와 외부변수는 FuncA()와 value1 이다. 이에 대한 선언 'int FuncA(); extern int value1;'을 헤더파일 proto.h에 저장한다. 이후 A.cpp는 선언(declaration)과 정의(definition)이 서로 일치하는지 확인의 목적으로 #include "proto.h" 지시문으로 파일을 삽입하고, B.cpp는 FuncA(), value1을 사용하기 위하여 #include "proto.h" 지시문으로 파일을 삽입한다.

proto.h 파일은 관련된 소스파일 A.cpp의 작성자가 작성 및 관리의 책임을 진다.

5.5 헤더 파일

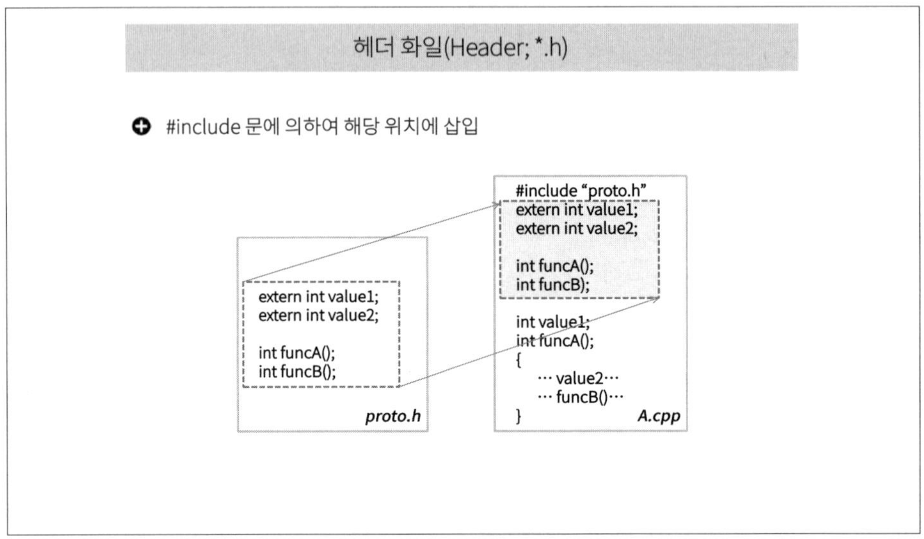

소스파일 간에 공유할 함수와 변수에 대한 선언을 헤더파일에 기술하고, 외부 함수 사용을 원하는 소스코드에서 #include 지시문을 이용하여 해당 함수가 선언된 헤더파일을 삽입한다.

#include 지시문에 의하여 헤더파일을 삽입하면, 지시문이 선언된 위치에 헤더파일 내용이 그대로 작성된 것으로 간주된다. 예로 슬라이드에서 A.cpp의 #include "proto.h" 지시문을 전처리기(preprocessor)가 실행하면, proto.h에 있는 4줄의 내용이 그대로 A.cpp 상단에 삽입된다.

한 헤더파일이 여러 소스파일에 중복 삽입될 수 있기 때문에, 헤더파일 내에서는 변수나 함수의 정의(definition)는 포함하지 않는다. 일반적으로 함수 프로토타입, extern 변수 선언, #define 문장 등이 헤더파일에 기술된다.

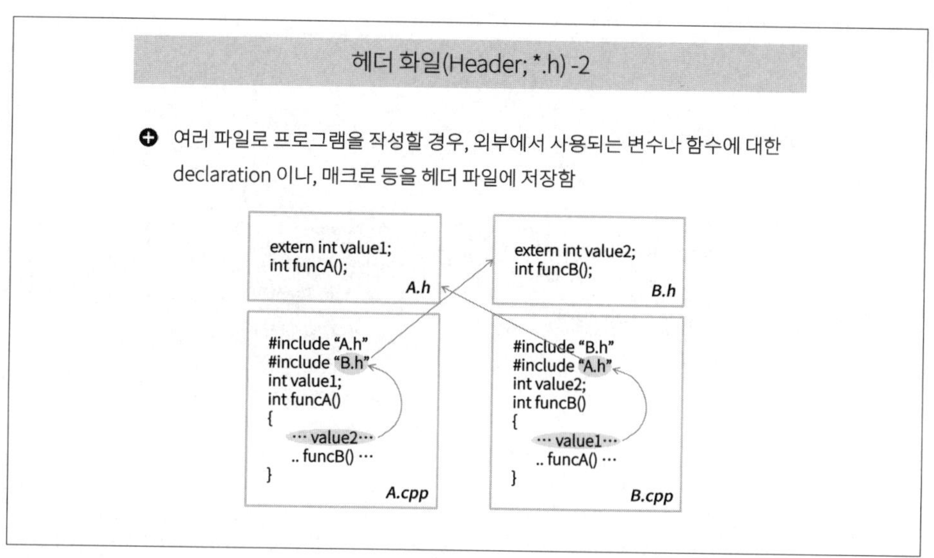

헤더파일 하나에 여러 소스파일에 정의된 함수들에 대한 선언들을 복합적으로 포함할 수도 있지만, 일반적으로 소스파일(.cpp) 하나당 헤더파일(.h) 하나를 작성하여 해당 소스파일 내에 작성된 함수나 변수에 대한 정보를 기술한다.

슬라이드에 보이는 바와 같이 A.cpp 내에 선언된 value1과 funcA() 함수에 대한 선언을 동일한 이름의 헤더파일 A.h에 작성한다. 또한 B.cpp 내에 선언된 value2와 funcB() 함수에 대한 선언을 헤더파일 B.h에 작성한다.

만일 A.cpp 내에서 B.cpp에 정의된 value2/ funcB()를 사용하고자 원한다면 이에 대한 정보를 담고 있는 B.h를 삽입한다. (#include "B.h" in A.cpp)

똑같이 B.cpp 내에서 A.cpp에 정의된 value1/ funcA()를 사용하고자한다면 B.cpp 상단에 '#include "A.h"' 지시문을 작성하면 된다.

헤더파일은 클래스 개발에서 더욱 중요해진다. 헤더파일 작성과 사용에 익숙해지자.

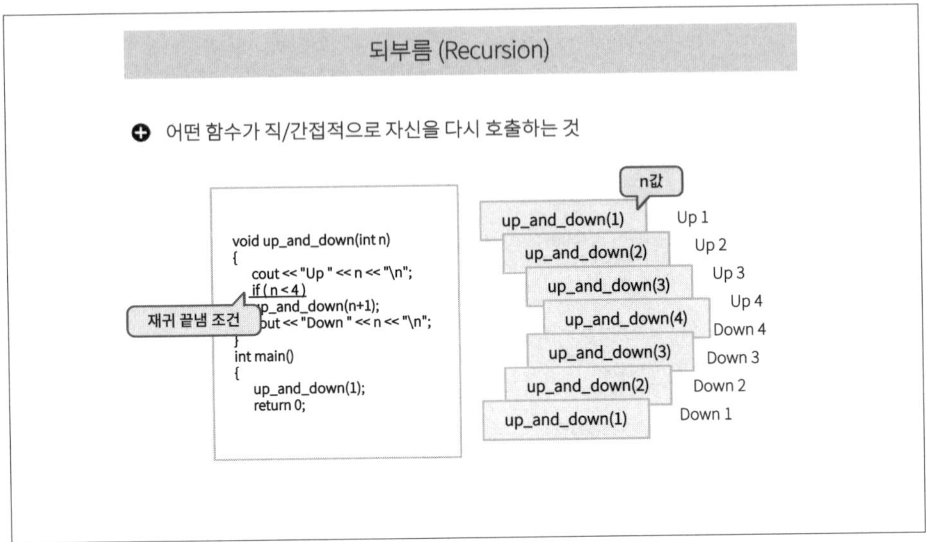

함수 내에서 다른 함수를 호출할 수 있으므로, 어떤 경우에는 직·간접적으로 함수가 자기 자신을 호출하는 경우도 생길 수 있다. 이런 현상을 되부름(recursion; 재귀)이라고 말한다.

함수의 전체 값을 계산하기 위하여 각 부분들을 계산해야 되는데, 각 부분들의 계산 방식이 전체 값을 계산하는 방식과 동일할 때 되부름 기법이 자주 사용된다.

아래 그림은 작은 정삼각형들이 동일한 형태로 구성되어 더 큰 정삼각형을 이루는 시에르핀스키 삼각형이다. 이 정삼각형을 4등분하면 각 모서리에 있는 작은 정삼각형은 전체 정삼각형과 동일한 모습이다. 이런 형태의 계산이 필요할 때 되부름 기법이 사용된다.

되부름 기법에서 주의할 점은 끝냄 조건이다. 언제 되부름(재귀)이 끝날지 여부를 확실하게 지정하여야 한다.

되부름 기법을 사용할 때는 스택 메모리 크기에 유의하여야한다. 되부름 될 때마다 함수 내의 지역변수가 스택 메모리에 새로 생성된다. 따라서 되부름 깊이(depth)가 너무 깊어지면 스택 메모리 부족으로 프로그램이 종료될 수 있다.

EXERCISE 5-3 되부름 (Recursion)

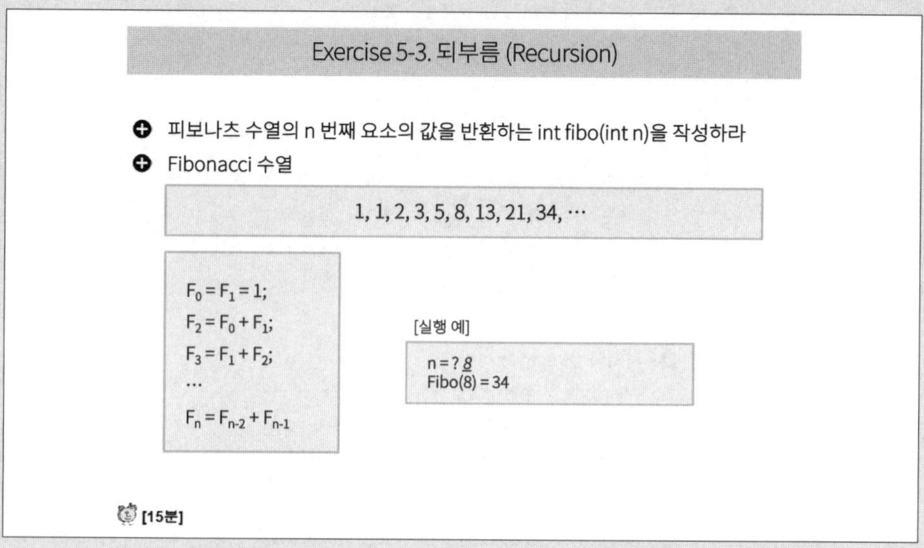
Exercise 5-3. 되부름 (Recursion)

- 피보나츠 수열의 n 번째 요소의 값을 반환하는 int fibo(int n)을 작성하라
- Fibonacci 수열

1, 1, 2, 3, 5, 8, 13, 21, 34, …

$F_0 = F_1 = 1;$
$F_2 = F_0 + F_1;$
$F_3 = F_1 + F_2;$
…
$F_n = F_{n-2} + F_{n-1}$

[실행 예]

```
n = ? 8
Fibo(8) = 34
```

[15분]

수학에서 n번째 요소 값이 n-1번째 요소 값과 n-2번째 요소 값을 더한 값인 수열이 피보나츠 수열이다. 수식으로 F(n) = F(n-1) + F(n-2) 가 된다. 이런 형태의 계산에 되부름 (재귀) 기법이 유용하다.

되부름 기법에서 종료조건 검사가 중요하다고 했다. fibo(int n) 함수 내에서 종료조건은 n이 1이거나 0일 때이다. 즉 " if (n < 2) return 1; " 문장으로 되부름 종료가 되며, fibo(0) 또는 fibo(1) 이 1을 반환하도록 할 수 있다.

5.6 전처리(preprocess)

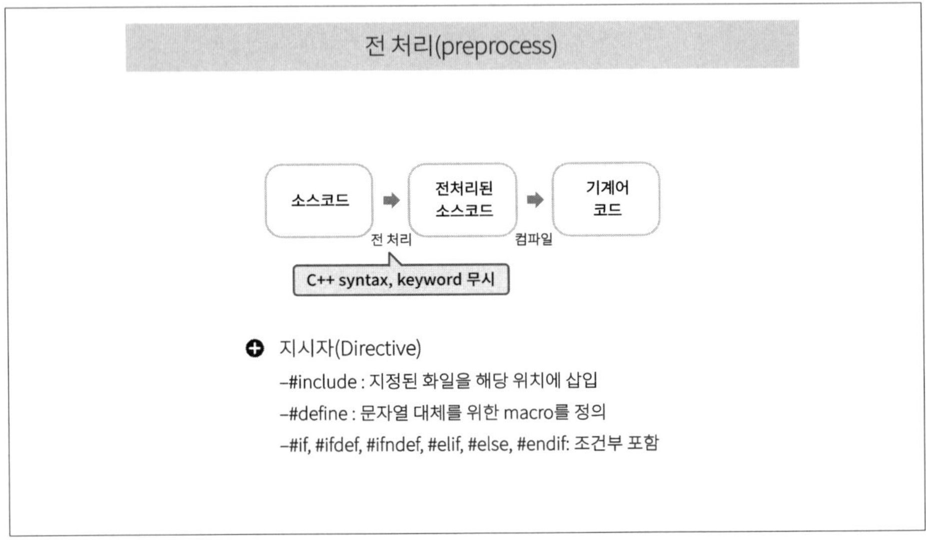

C/C++ 언어는 다른 프로그래밍 언어와 달리 전처리(preprocessing) 작업을 수행한다.

전처리 작업을 지시하는 것을 지시자(directive) 라고 말하는데, 대표적으로 **#include**, **#define**, **#if** 지시자들이 있다.

#include는 지정된 헤더파일의 내용을 **#include** 지시자 위치에 삽입하라는 것이다.

#define는 문자열 대체를 위한 매크로나 매크로 함수를 정의할 때 사용되며, **#if** 지시자는 컴파일 환경에 따라 소스코드 내용을 변경하고자 원할 때 사용된다.

전처리작업을 위한 지시자들이 CPU에서 동작하는 기계어를 생성하지는 않지만, 이를 제대로 이해하지 않고서는 C/C++ 언어로 프로그램을 개발할 수 없을 만큼 중요하다고 말할 수 있다.

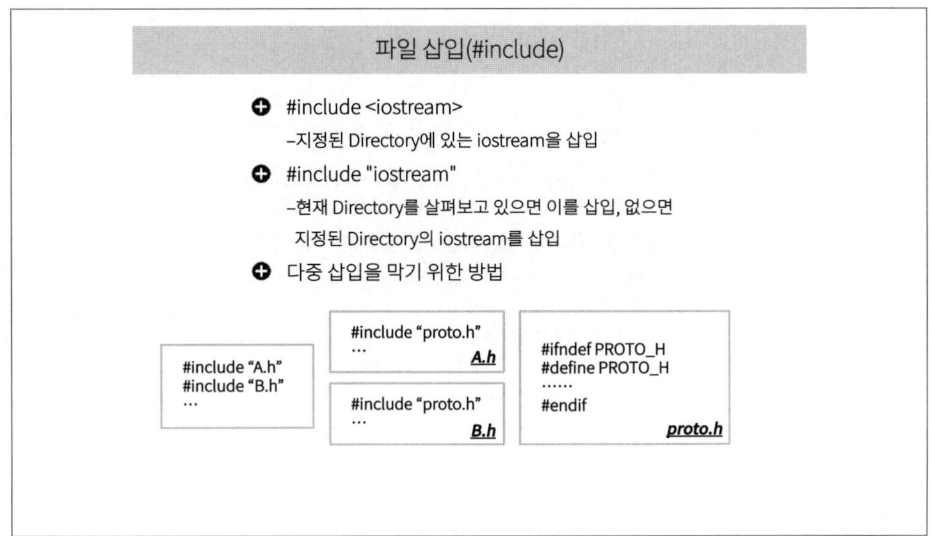

#include 지시자는 뒤에 헤더파일 이름이 기술되며, 전처리기는 기술된 헤더파일을 해당 위치에 삽입한다.

헤더파일 이름을 기술하는 방식으로 **<filename>**로 기술하거나 **"filename"**로 기술할 수 있다. 화살표를 이용한 방식(**<filename>**)은 지정된 헤더파일의 위치가 컴파일러의 기본 헤더파일 디렉토리(예: "C:₩Program Files (x86)₩Microsoft Visual Studio 10.0₩VC₩include")에 있음을 의미한다.

쌍따옴표를 이용한 방식(**"filename"**)은 지정된 헤더파일이 컴파일 되는 시점에서의 현재 디렉토리(일반적으로 Visual Studio가 생성한 프로젝트이름의 디렉토리)에 있음을 의미한다. 결론적으로, 내가 만든 헤더파일이면 **"filename"**으로, C++ 언어의 표준 헤더파일이면 **<filename>**으로 작성하면 된다.

#include 지시자로 헤더파일을 삽입하다보면 삽입이 중복되는 경우가 발생할 수 있다. 예로 슬라이드 하단 왼쪽 파일에서 A.h와 B.h를 불러온다. A.h와 B.h 모두 proto.h의 내용을 가지고 있기 때문에 결론적으로 가장 왼쪽 파일에는 proto.h의 내용이 두 번 들어가게 된다. 이를 해결하기 위한 방안으로 각 헤더파일마다 **#ifndef** ... **#define** ... **#endif** 구문을 사용하여 중복 삽입을 막을 수 있다.

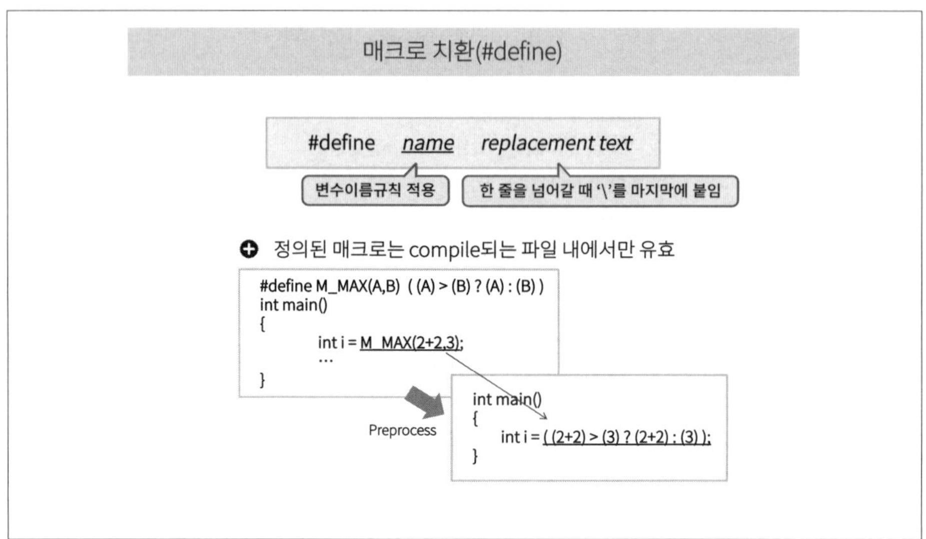

#define 지시자는 문자열 대체를 위한 매크로나 매크로 함수를 정의한다. 단순 매크로 정의는 "**#define macro_name macro_string**" 형태로, 소스코드 중에 **macro_name**이 발견되면 전처리기가 모두 **macro_string**으로 문자열을 교체한다.

슬라이드에 보이는 바와 같이, 매크로 함수는 인자를 받아 이를 사용한 수식문장으로 작성한다. 예로 M_MAX는 인자 두 개를 받아서 두 값 중 큰 값을 반환하는 매크로 함수이다. 그러나 실제로는 일반함수와 같이 함수 호출이 발생하는 것이 아니라, 하단 오른쪽에 보이는 바와 같이 인자들과 함께 매크로 치환이 일어나서, 정의된 수식으로 교체된다.

#define으로 정의된 매크로나 매크로 함수는 선언된 파일 내에서만 유효하다. 즉, 전처리기도 컴파일러와 동일하게 소스 파일에 대하여 하나씩 처리하기 때문에, 다른 파일에 선언된 매크로에 대해서는 전처리기가 알 수 없다. (물론 #include 지시자에 의하여 삽입되는 파일에 선언된 매크로는 유효하다.)

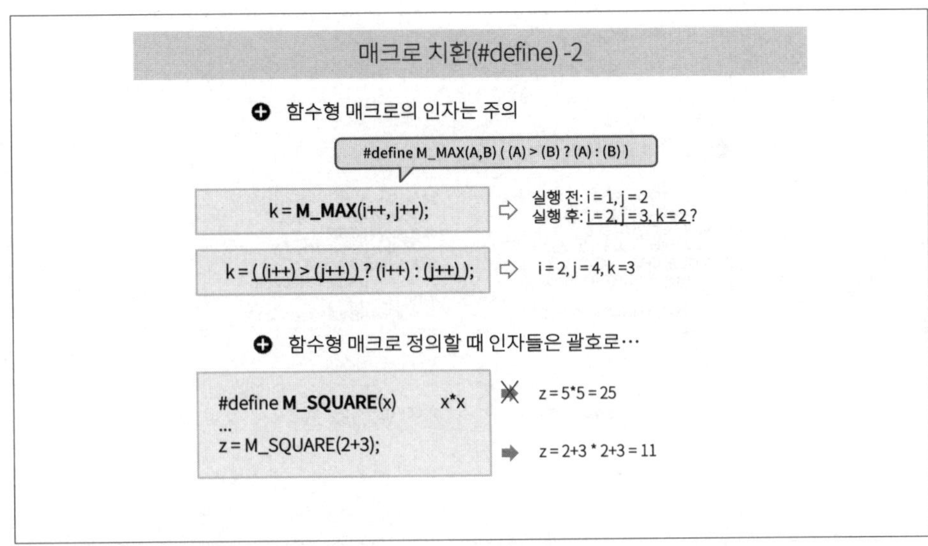

매크로 함수는 일반 함수와 달리 자료형 검사를 수행하지 않으며, 단순히 문자열 치환만 이루어지기 때문에 주의하여야한다.

첫 번째 예와 같이 M_MAX(i++, j++) 같이 호출하였을 때, 일반함수 호출이 아니라 매크로 치환으로 코드가 변형되기 때문에 개발자가 생각하지 않은 결과가 발생할 수 있다. 일반 함수의 경우에는 실행 후 i와 j 값이 1씩 증가하지만, 매크로 함수의 경우 i++, j++ 구문이 그대로 치환되어 반복되기 때문에, j 값이 2가 증가하는 결과가 발생한다.

슬라이드 하단의 예와 같이 "#define M_SQUARE(x) x*x" 매크로 함수 정의에서 인자인 x에 대한 괄호가 없다. 이 경우 M_SQUARE(2+3) 과 같이 x에 대응하는 부분이 단순 변수가 아닌 수식이라면 매크로 치환의 결과 값이 예상과 다르게 11이 된다.

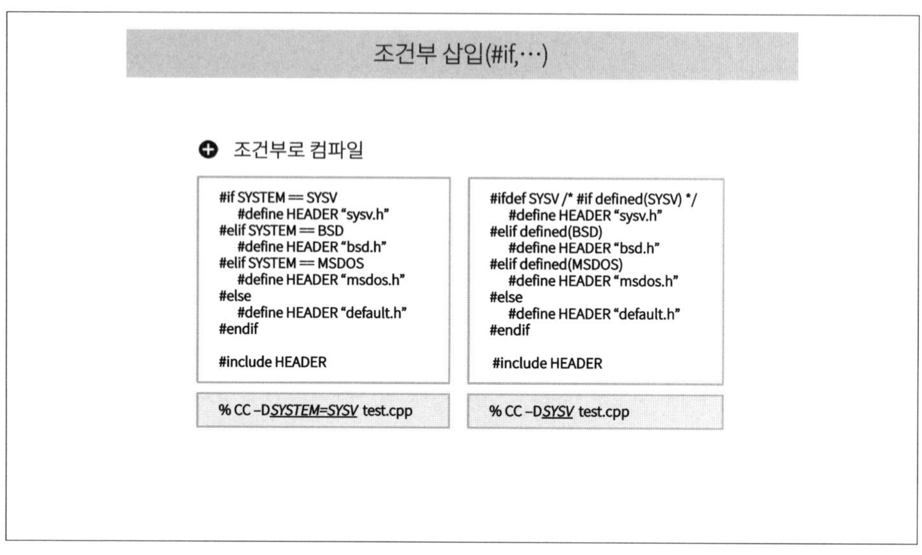

C/C++ 언어로 작성된 프로그램은 컴퓨터 H/W와 운영체제에 따라서 소스코드의 일부가 변형되거나 컴파일러 옵션이 바뀔 필요가 있다. 이때 **#if** 지시자가 유용하다.

#if 지시자에 관련된 것으로 **#elif**, **#else**, **#endif** 지시자들이 있다. 이들을 사용한 기본 형태는 다음과 같다.

```
#if   조건수식1
      ...
#elif 조건수식2
      ...
#else
      ...
#endif
```

슬라이드에 보이는 것은 운영체제의 종류에 따라 삽입될 HEADER 파일의 이름을 바꾸는 것이다. 왼쪽이나 오른쪽과 같은 방식으로 선언하여 사용될 수 있다.

하단의 컴파일 옵션에 지정된 "-DSYSTEM=SYSV"는 "#define SYSTEM SYSV"와 같은 효과가 있으며, "-DSYSV"는 "#define SYSV"와 같은 효과가 있다.

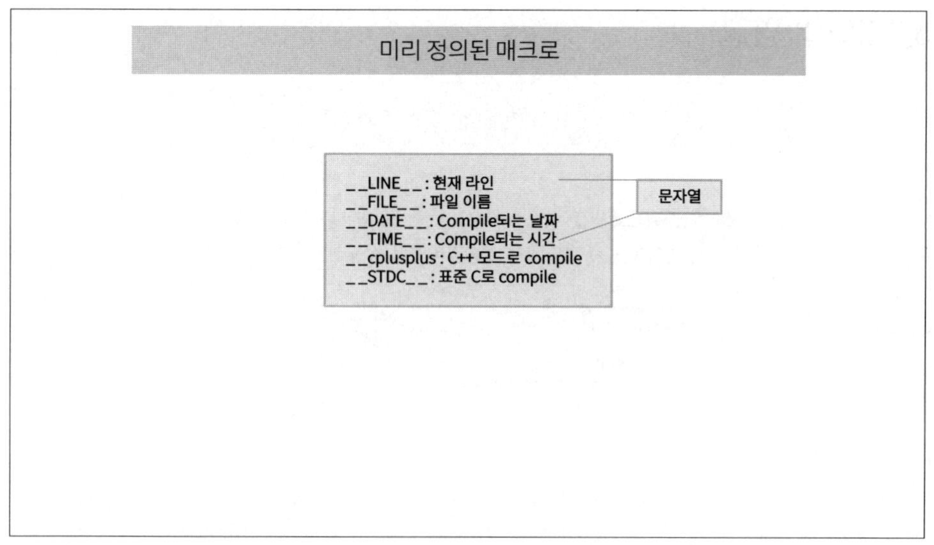

미리 정의된 매크로들이 있다. 이들 매크로들은 특히 디버깅 용도나 소스 관리 용도로 많이 사용된다. 예로 에러가 발견된 부분에서 __FILE__과 __LINE__을 사용하여 어떤 파일의 몇 번째 줄에서 문제가 발생했는지를 에러 메시지로 생성하여 출력할 수 있다.

5.7 C와의 연결

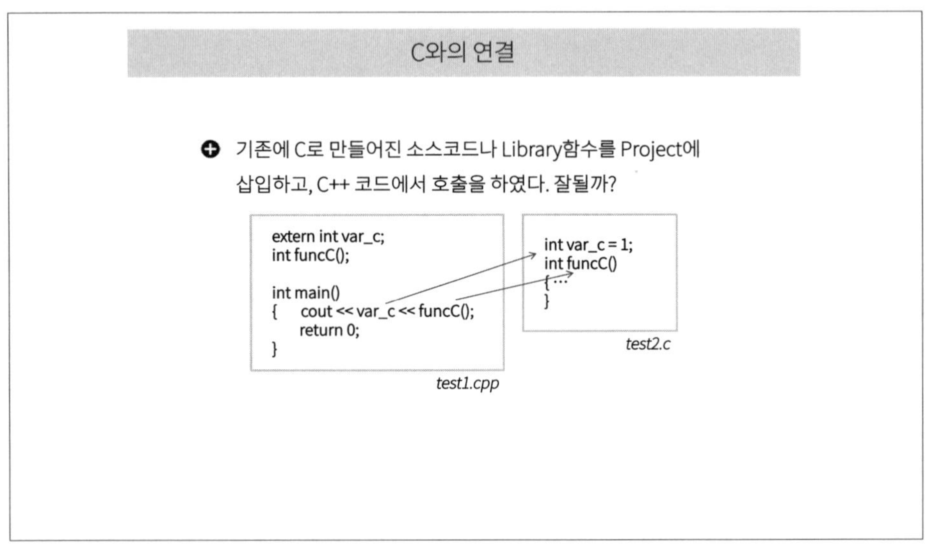

C++ 언어는 기본적으로 C 언어와의 호환성을 어느 정도 가지고 있다. 즉, C로 작성된 함수나 변수를 사용할 수 있다.

예로 슬라이드에 보이는 바와 같이 test1.cpp 내에서 var_c나 funcC()를 접근하려한다. 어떻게 해야 할까? 단순히 test1.cpp 내에 "extern int var_c; int funcC();"와 같이 선언하고 사용하면 되는가?

결론적으로는 위와 같이 해서는 연결이 되지 않는다. test1.cpp를 컴파일 할 때는 별 문제가 없지만, 링킹 작업을 할 때 test1.cpp에서 사용된 var_c, funcC()를 찾을 수 없다는 에러가 발생한다.

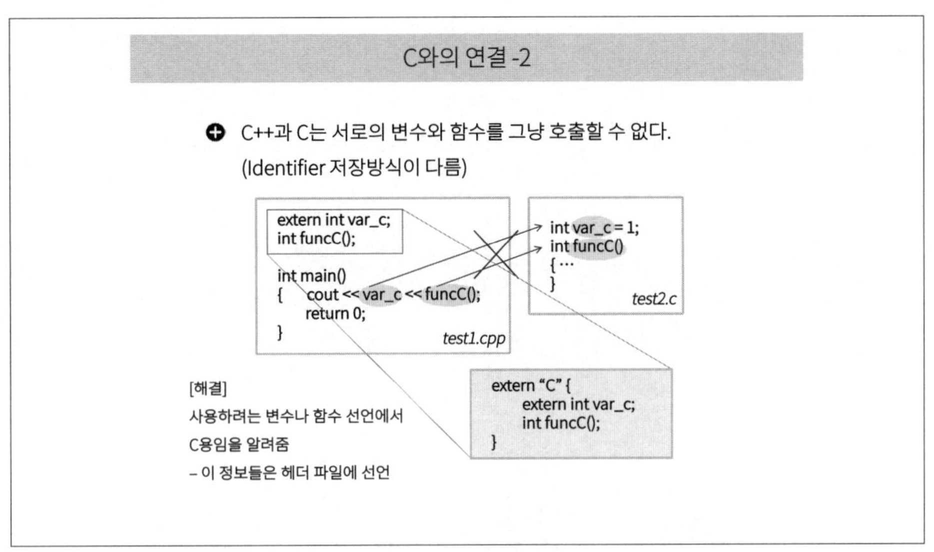

앞에서 C 언어로 정의된 변수와 함수를 C++ 언어에서 접근할 때 문제가 발생함을 설명하였다. 그 원인은 C++ 언어와 C 언어는 변수이름이나 함수이름과 같은 식별자(identifier)를 목적(object) 코드에 저장할 때 저장방식이 다르다. 즉 C 언어의 var_c와 C++ 언어의 var_c는 서로 다른 이름이다.

해결방안은 접근하려는 변수나 함수가 C 언어 형태임을 선언하는 것이다. 그 방법은 슬라이드의 하단에 보이는 바와 같이 extern "C" { } 구문을 사용한다.

Chapter

{ 06 }

Pointer & Array

6. Pointer & Array

Chapter 6

Pointer & Array

C/C++ 언어의 최대 강점이자 단점이 바로 포인터(pointer)이다. 포인터를 사용함으로써 직접적으로 메모리를 활용하고 다룰 수 있는 파워가 프로그래머에게 주어지는 반면, 포인터를 잘못 사용함으로써 코드가 복잡해지고, 잡기 어려운 버그가 발생할 수 있다. 이 장에서는 포인터에 대한 기본 개념부터 시작하여 이차원, 다차원 포인터에 대해서 살펴본다.

배열(array)은 변수들의 집합으로 볼 수 있으나, 내부적으로 포인터와 밀접한 관련이 있다. 배열 이름이 바로 포인터이며, 배열 요소 접근을 위한 주소 계산이 바로 포인터 연산으로 이루어진다. 이 둘의 밀접한 관계에 대해서도 이장에서 자세히 살펴보자.

6.1 배열

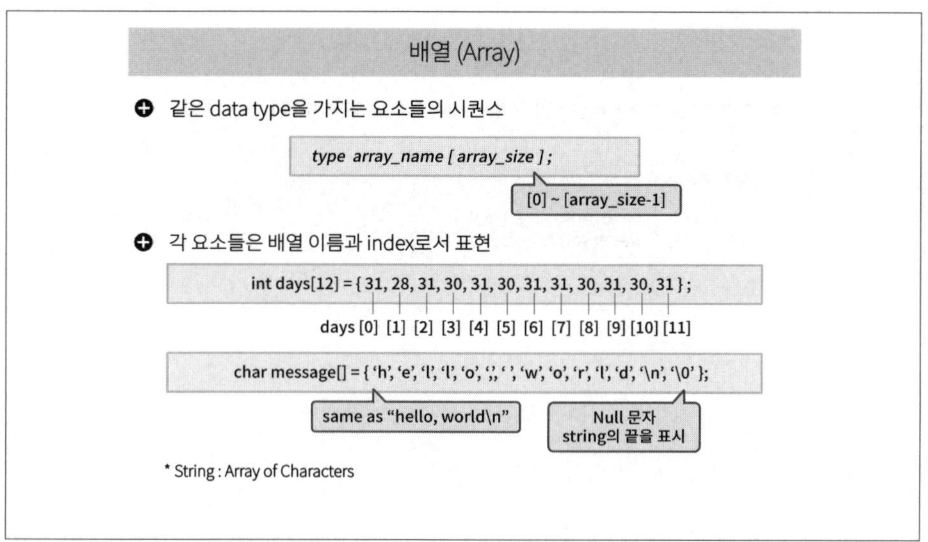

배열(array)은 동일한 자료형 요소(element)들의 시퀀스(sequence)이다. int 자료형 요소들의 배열, double 자료형 요소들의 배열 등과 같이 한 배열 내의 모든 요소들의 자료형은 동일하다. 또한 배열은 모든 요소들이 0 ~ array_size-1 내의 순서를 가지는 시퀀스이다. 요소들의 순서를 셀 때에는 항상 0부터(zero-base) 센다. 따라서 100개의 요소를 가지는 배열은 각 요소의 순번이 0~99 사이가 된다.

12개의 int 자료형 배열을 선언하기 위해서는 "int days[12];"라고 기술한다. 실수 값 100개를 저장하는 double 자료형 배열을 선언하기 위해서는 "double values[100];"이라 작성한다.

1~12월 각 달의 날 수를 int days[12]에 초기 값으로 지정하려면 슬라이드에 보이는 바와 같이 int days[12] = {31, 28, ... }이라 작성한다. zero-base인 점을 감안하면 days[0] 에 1월의 날수 31일, days[1]에 2월의 날수 28일 등이 들어간다.

기본적으로 C/C++ 언어에서 「문자열은 NULL(0)로 끝나는, 문자들의 배열」이다. (array of characters terminated by zero)

EXERCISE 6-1 배열 사용하기

Exercise 6-1. 배열 사용하기

- 숫자 5개를 정수형 배열에 입력 받고, 거꾸로 화면에 출력하라.

[실행 예]

```
5 Numbers ? 1 2 3 4 5
Reversed numbers: 5 4 3 2 1
```

[10분]

배열의 기본적인 사용법을 익히기 위한 연습문제이다. 5개의 요소를 가지는 int 자료형 배열을 선언하고, 사용자로부터 5개의 정수를 입력받아 배열에 저장한 후, 거꾸로 화면에 출력한다. 입력과 출력은 for 순환문을 사용하자.

배열은 가장 기본적이고 많이 사용되는 자료구조(data structure)이다. 배열에 익숙해져야 프로그래밍이 쉬워진다. 배열 선언하는 방법과 for 순환문으로 각 요소를 접근하는 방법에 익숙해져야 한다.

6.2 포인터란?

어떻게 하지?

- 주소록 프로그램을 만들어야 한다. 당연히 등록되는 사람수는 시간이 갈수록 늘어난다. 이때 프로그램에서 정보를 저장할 변수를 어떻게 만드나?
  - –해법1: 저장할 변수를 Array로 충분히(한 10000개쯤?) 잡는다.
  - –해법2: Array로 100개 정도만 만들고, 나머지는 외부파일에 보관해서 필요할 때마다 읽는다.
  - –해법3: *그렇게 많은 정보들이 아니므로, 등록된 사람 수만큼 변수(배열)를 생성한다.*

pointer 이용

포인터에 대해 공부하기 전에, 언제 포인터가 필요한지에 대하여 생각해 보자.

슬라이드에 설명된 바와 같이 프로그램에 저장할 정보의 개수가 미리 정해져 있지 않은 경우를 생각해 보자(사실 대부분이 그렇다). 이때 생각해 볼 수 있는 일반적인 방법으로 세 가지 해법1, 해법2, 해법3을 소개하고 있다.

해법1은 너무 메모리 낭비가 심하다. 일반인들은 10,000명의 주소록 공간이 필요하지는 않을 것이다.

해법2는 100개 이전과 100개 이후의 정보저장 방식이 다르므로, 구현이 복잡해지고, 성능이 떨어지는 단점이 있다.

해법3은 가장 적절한 방법이지만, 일반 배열의 크기를 정하는 것은 실행 시가 아니라 컴파일 시이다. 결국 등록된 사람 수에 맞춰 배열 크기를 결정하는 것은 어렵다. 이를 해결하기 위한 방법이 포인터를 이용한 동적 메모리 할당이다.

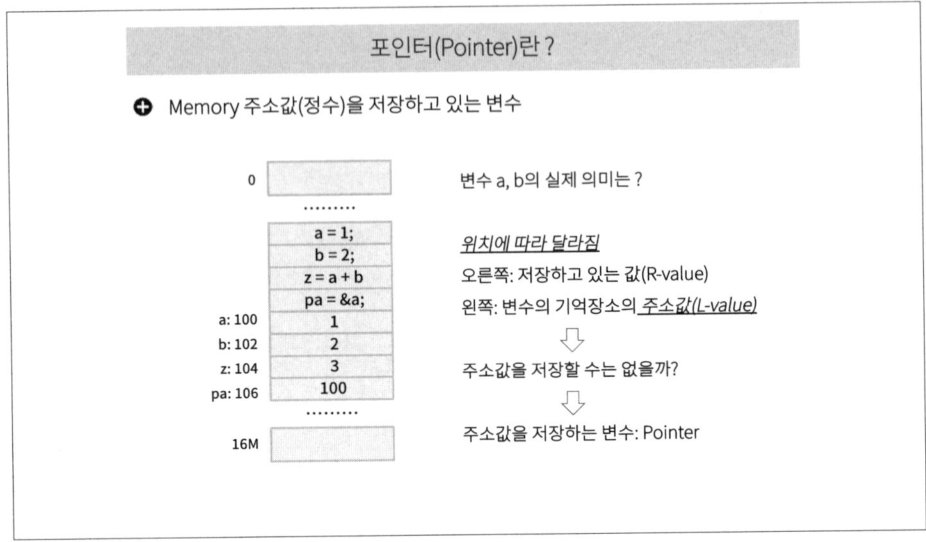

C/C++ 언어에서 초보자들이 가장 어려워하는 부분이 포인터이다. 일단 포인터 정의를 외우자. 포인터는 「메모리 주소 값을 저장하고 있는 변수」이다. 메모리 주소 값이 정수로 표현되기 때문에 결국 포인터는 양수(unsigned int) 값을 가지는 변수로 생각해도 된다.

대입문에서 변수의 의미는 변수의 위치에 따라 달라진다. 대입연산자(=) 왼쪽에 변수가 위치하면 L-value라고 하여 변수 기억장소의 주소 값을 의미하며, 오른쪽에 변수가 위치하면 R-value라고 하여 해당 변수가 저장하고 있는 값을 의미한다. 이때 L-value인 메모리 주소 값을 저장하는 변수가 바로 포인터이다.

슬라이드에서 사용된 변수 pa에 대한 선언문을 예상해 보자. 슬라이드의 'pa = &a;' 문장에서 &a는 변수 a의 메모리 주소 값을 나타낸다. 슬라이드에 변수 a의 메모리 주소 값이 100번지이므로 앞의 문장은 결론적으로 'pa=100;' 과 동일한 의미가 된다. 이때 변수 pa는 숫자 100을 가지게 되는데 이는 메모리 주소 값 100번지를 의미하며 100번지에는 정수 값(변수 a값)이 저장되어 있다. 따라서 변수 pa의 선언은 'int *pa;'가 된다. (즉, pa가 가지고 있는 메모리 주소 위치에는 정수(int) 값이 저장되어있다는 의미이다.)

주소 값은 0번지부터 메모리 크기까지 양의 정수로 표현된다. 0번지는 특수한 의미(NULL)로서, 아무것도 가리키지 않는다는 의미로도 사용된다.

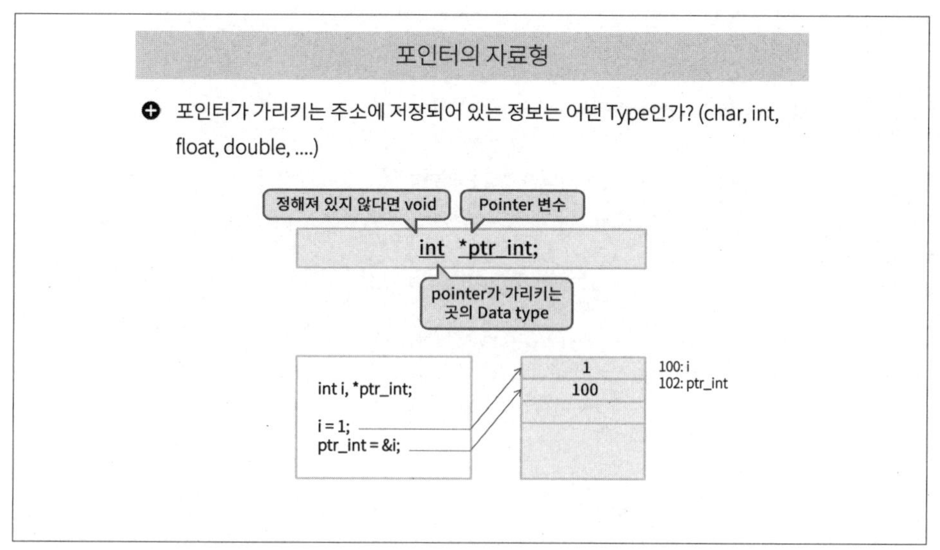

포인터가 메모리 주소 값을 가지는 변수라고 설명하였다. 이때 해당 메모리 주소 위치에 저장된 값의 자료형에 따라 char 포인터(char *), int 포인터(int *), double 포인터(double *) 등으로 분류할 수 있다.

만일 포인터가 가지는 메모리 주소 값이 불특정 자료형의 위치를 가리킨다면 이때 키워드 void를 사용한다. 즉 'void *v_ptr;'이라고 선언하면 이는 v_ptr이 메모리 주소 값을 가지지만, 해당 메모리 주소에 저장된 값의 자료형은 정해져 있지 않음을 의미한다.

```
01:  int i;
02:  void *v_ptr = &i;      // no problem
03:  int *i_ptr = v_ptr;    // error!
```

위 코드에서 2번 줄은, 변수 i의 메모리 주소 값이 void형 포인터 v_ptr에 저장되는 것으로 문법적으로 아무 문제가 없다. 그러나 3번 줄은 v_ptr에 저장된 주소 값이 i_ptr에 대입되는 것으로 별 문제 없어 보이지만, 불특정 자료형(void)의 주소 값을 특정 자료형(int) 주소 값으로 바꾸는 것이기 때문에 에러("cannot convert from 'void *' to 'int *'")가 발생한다.

이는 다음과 같이 명시적 자료형 변환을 해야 한다.

```
03:  int *i_ptr = (int *)v_ptr;
```

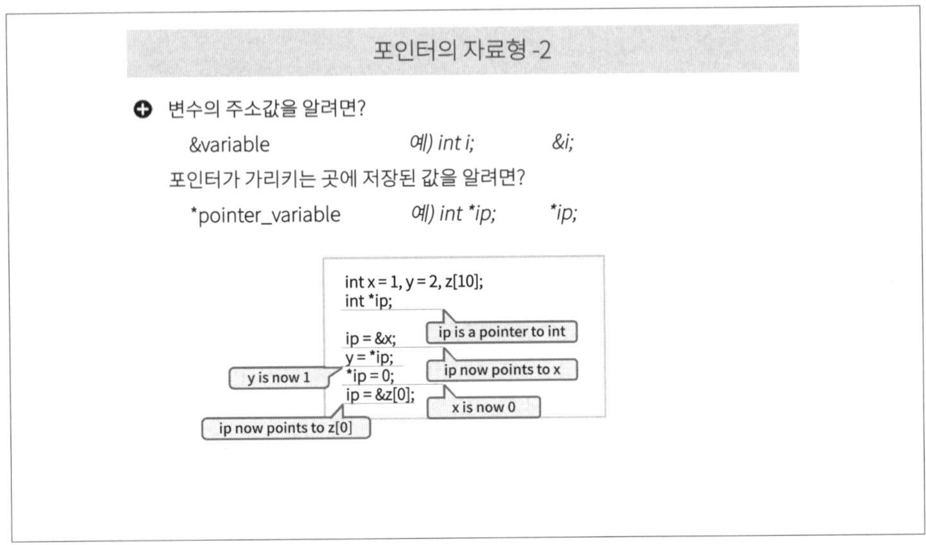

포인터의 기본적 연산자로 &, *가 있다. 주소연산자 &는 변수 앞에 붙는 단항 연산자로 해당 변수의 메모리 주소 값을 반환한다. "int i=0; cout << &i; "에 의해 변수 i의 주소 값을 확인할 수 있다.

역참조(dereference) 연산자(또는 인디렉션 연산자) *는 포인터변수 앞에 붙어서 해당 포인터의 메모리 주소에 저장된 값을 반환한다. 주소 연산자 &와 역참조 연산자 *는 역(reverse) 관계에 있다. 즉, &는 변수에서 메모리 주소 값을 찾아내고, *는 해당 포인터가 가지는 메모리 주소에 저장된 값을 찾아낸다.

예로 "int i=12; int *ptr = &i; cout << *ptr;"에서 변수 i가 메모리 1000번지에 있다면, 포인터 ptr의 값은 수식 '&i'에 의하여 1000이 된다. 역으로 '*ptr'은 1000번지에 저장된 값을 의미하므로 i에 저장된 값 12이다. 즉, 최종적으로 "cout << *ptr;"을 실행하면 '12'가 화면에 출력된다.

메모리 주소 2000번지에 저장된 정수 값을 출력하려면 다음과 같이 작성한다. (운영체제의 메모리 보호기능 때문에 실제로는 실행 중 에러가 발생한다.)

```
int *ptr = (int *)2000;
cout << *ptr;
```

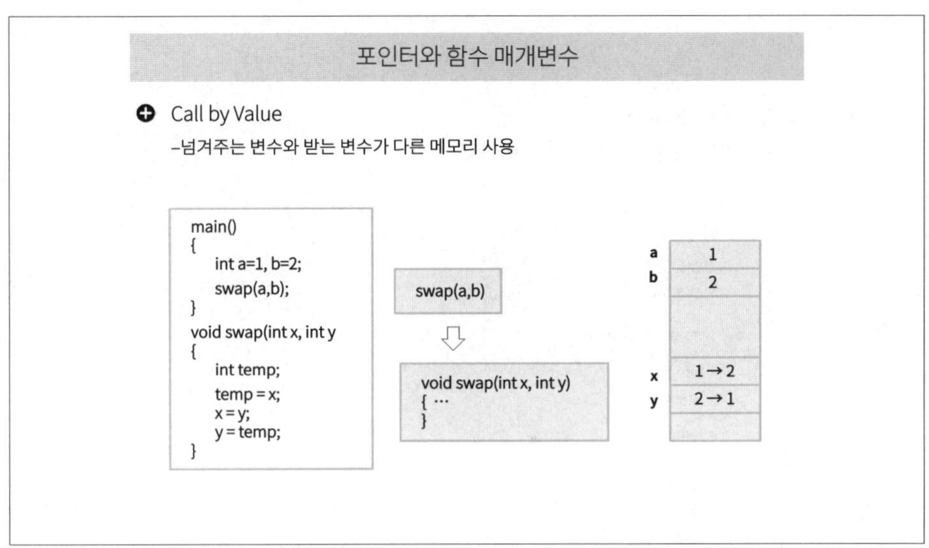

함수선언에 사용된 변수를 형식인자(formal argument)라고 하고, 함수 호출 때 사용되는 인자를 실인자(real argument)라고 말한다. 슬라이드 예에서 x, y가 형식인자이며, a, b가 실인자이다.

기본적으로 형식인자와 실인자는 별도의 메모리 공간을 가지는 서로 다른 변수이다. 슬라이드 예에서 swap(a, b) 호출에서 a는 형식인자 x로, b는 형식인자 y로 연결되는데, 이때 전달되는 것은 변수가 가지고 있는 값으로 변수 자체와는 아무 상관없다. 즉, x에 a의 값 1이, y에 b의 값 2가 전달되는데, 이후 x, y 값이 변경되더라도 이는 변수 a, b에는 아무 영향을 미치지 못한다.

이렇게 함수 호출시 실인자의 값이 형식인자로 전달되는 방식을 'call by value'라고 말하며, 이는 C/C++ 언어의 가장 기본적인 함수 인자전달 방식이다.

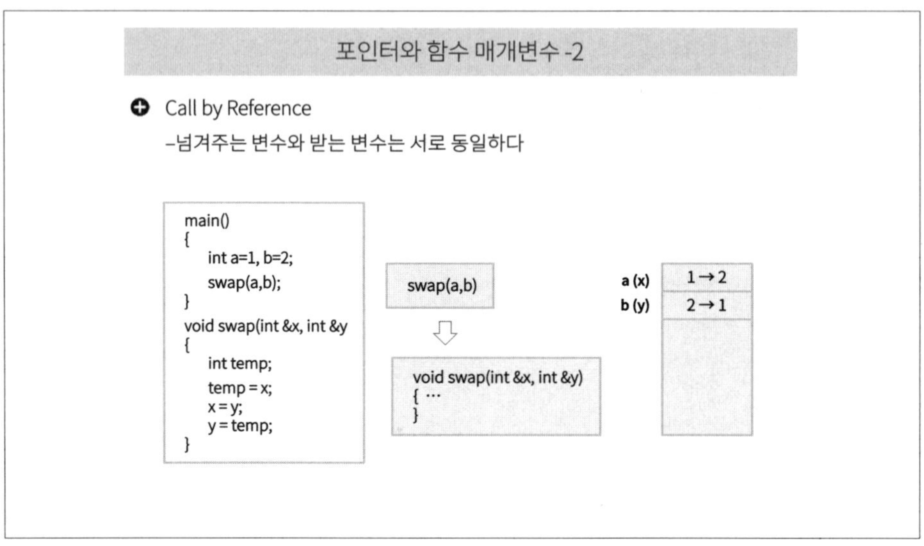

'call by value' 인자전달 방식에 비하여 'call by reference' 방식은 실인자(real argument) 자체가 형식인자(formal argument)로 넘어간다. 즉, 실인자와 형식인자가 동일한 것이 된다. 따라서 형식인자의 값을 변경하면, 실인자 값도 변경된다.

'call by reference' 방식을 사용하기 위해서는 함수의 선언부에서 형식인자를 참조형으로 선언한다. 예로 슬라이드에 보이는 바와 같이 'void swap(int &x, int &y)' 함수 선언부의 형식인자 x, y 선언에서 참조형 변수 선언이 사용되었다. main() 함수 내에서 'swap(a,b);' 함수 호출로 실인자 a, b는 참조형 형식인자 x, y로 넘어간다. 참조형으로 넘어가기 때문에 a가 바로 x이며, b가 바로 y이다. 따라서 swap() 함수 내에서 x, y 값이 변경되면, 함수 반환 후 a, b 값도 변경된다.

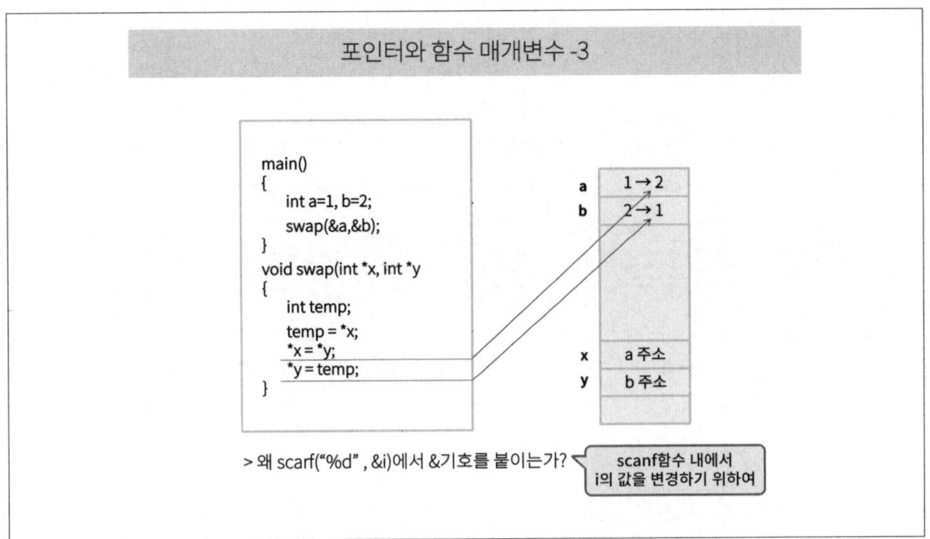

함수 내에서 실인자의 값을 변경하기 위해서는 'call by reference' 인자전달 방식을 사용해야 함을 설명하였다. 이와 별도로 'call by value' 인자전달 방식을 사용해서도 실인자의 값을 변경할 수 있다. 바로 포인터를 이용하는 방법이다. 즉, 실인자로 변수 값을 넘기는 것이 아니라, 변수의 주소 값(포인터)을 넘기고, 이 주소 값을 이용하여 해당 변수에 저장된 값을 변경하는 것이다.

슬라이드 예에 보이는 바와 같이 main() 함수에서 swap() 함수를 호출할 때 변수 a, b 값을 넘기는 것이 아니라, 변수 a, b의 주소 값을 넘긴다. 이 주소 값은 형식인자 x, y에 저장되고, 포인터인 x, y를 이용하여 변수 a, b의 메모리 공간에 접근하여 값을 변경한다.

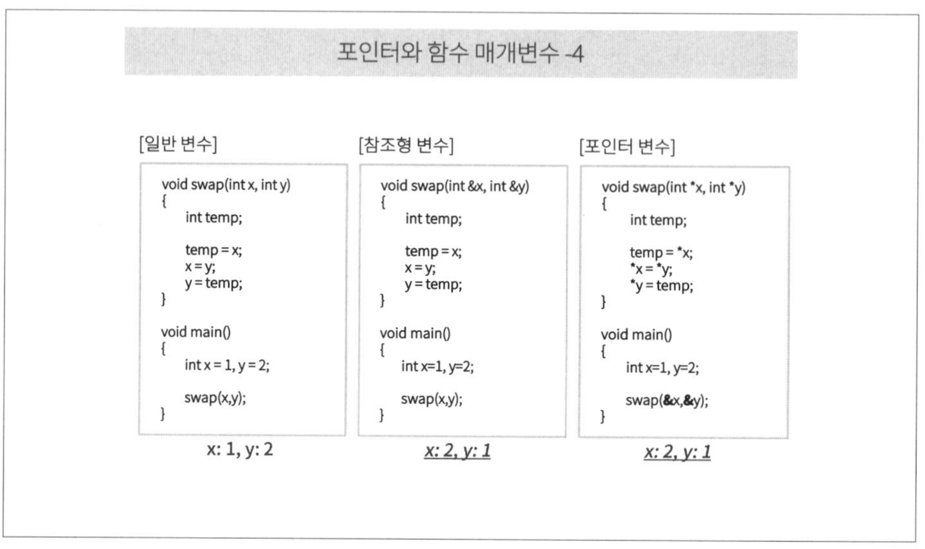

이전 슬라이드에서 설명한 swap() 함수들을 인자전달 방식에 따라 서로 비교한다.

첫 번째 swap(int x, int y)는 일반적인 'call by value' 인자전달 방식으로, 실인자인 x, y 값이 함수 호출 이후 변경되지 않음을 볼 수 있다.

두 번째 swap(int &x, int &y)는 'call by reference' 인자전달 방식으로, 실인자인 x, y 값이 함수 호출 이후 변경되었음을 볼 수 있다.

세 번째 swap(int *x, int *y)는 포인터를 이용한 'call by value' 인자전달 방식으로, 포인터 접근을 통하여 실인자인 x, y 변수의 값을 변경할 수 있다.

결론적으로 함수 내에서 외부 변수 값을 변경하기 위해서는 (a) 변수의 포인터를 인자로 넘기거나 또는 (b) 참조형 변수로 선언한다.

6.3 포인터와 배열

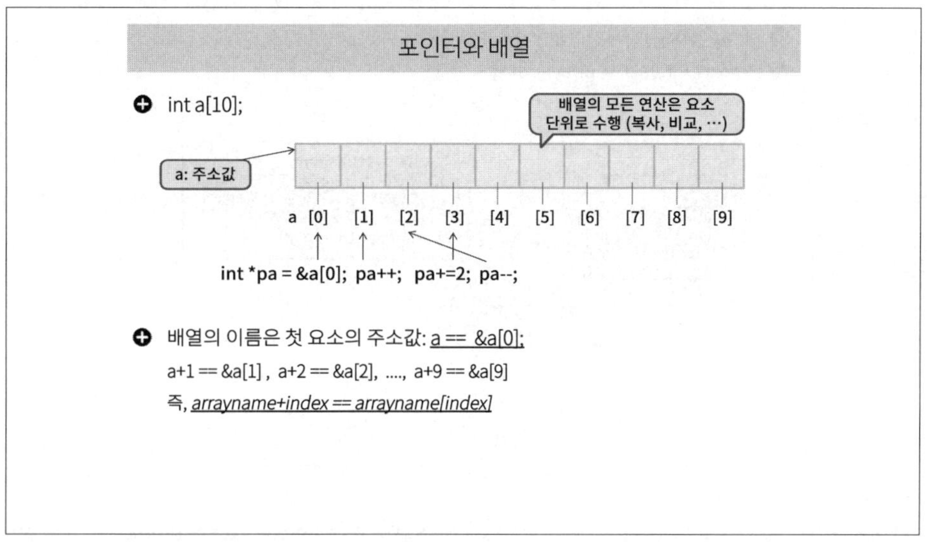

포인터와 배열은 매우 밀접한 관련이 있다. 배열이름이 바로 포인터이다. (단, 그 값을 변경할 수는 없다.) 역으로 모든 포인터는 배열이름으로 사용될 수 있다.

슬라이드에 보이는 'int a[10];' 선언으로 배열 a가 선언되었다. a는 바로 배열이름이자 포인터(메모리 주소 값을 가지는 변수)이다. a는 10개의 int가 저장될 수 있는 메모리 공간의 첫 번지를 가진다. 즉, a[0]의 주소 값이 바로 a이다. (&a[0] == a)

역으로 'int a[10]; int *ptr = a;' 선언을 통하여 ptr은 배열 a의 시작주소를 가진다. 이때 포인터 ptr은 배열이름으로 사용될 수 있다. 즉, ptr[0], ptr[1], ptr[2]처럼 배열형태로 사용가능하며 이는 a[0], a[1], a[2]와 동일하다.

컴파일러가 배열이름과 인덱스를 가지고 특정 요소의 위치를 찾기 위하여, 포인터의 덧셈연산을 이용한다. 예로 a[3]의 메모리 위치를 계산하기 위해서 컴파일러는 'a에 저장된 주소 값 + 3*sizeof(int)' 계산을 수행한다. 슬라이드에 보이는 'a+2 == &a[2]'에서 수식 'a+2'는 실제 C/C++ 프로그램에서 사용될 수 있는 수식이고, 이 수식은 내부적으로 'a+2*sizeof(int)' 형태로 인덱스에 요소 자료형의 크기를 곱한 값으로 계산된다.

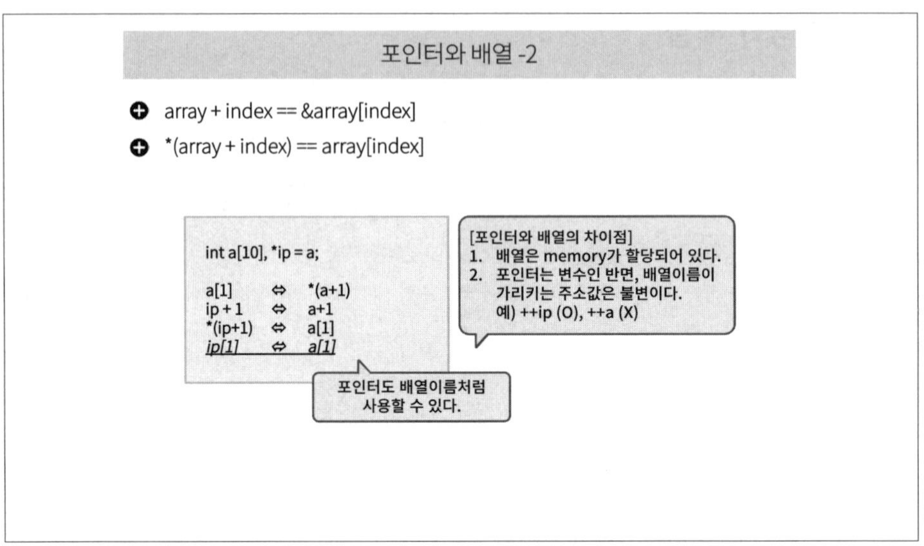

앞 슬라이드에서 'a+2 == &a[2]'임을 설명하였다. 이렇듯 array_name+index 수식은 array_name[index] 요소의 주소 값이 된다.

역참조 연산자 *를 이용하면 *(array_name + index)는 바로 array_name[index] 요소가 된다.

배열이름이 바로 포인터라고 설명하였다. 단, 그 값을 변경할 수는 없다. 예로 'int a[10]; int *ptr = a;' 선언이 되었을 때, 'ptr = 0;'과 같이 포인터 ptr의 값은 변경가능하다. 그러나 'a = 0;'과 같이 배열이름의 값은 변경할 수 없다.

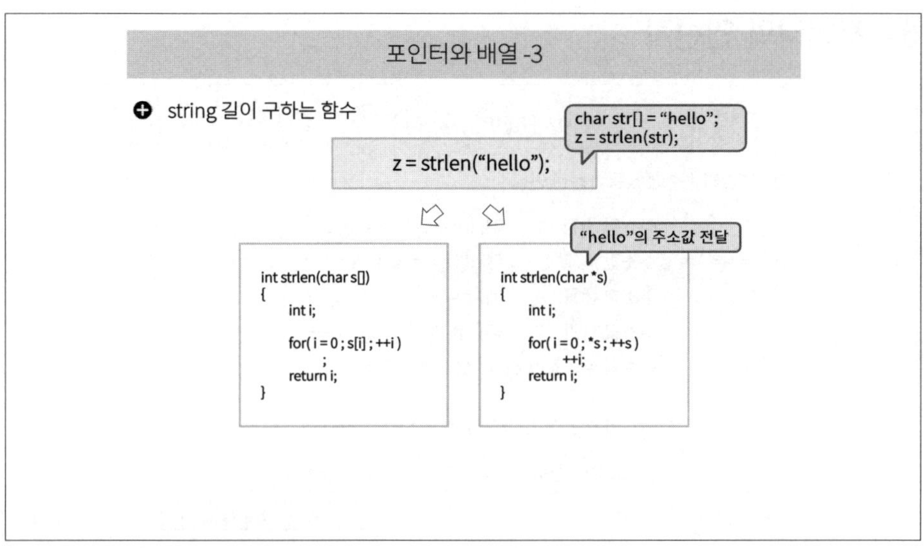

슬라이드는 문자열 길이를 반환하는 strlen() 함수를, 배열이름과 포인터로 각기 구현한 예를 보인다.

실인자("hello")로 넘어가는 것은 실제로 문자열이 저장된 메모리 주소 값이다. 이것을 형식인자로는 문자배열 char s[] 또는 포인터 char *s로 받을 수 있다.

문자배열 char s[]로 받은 첫 번째 예에서 배열이름은 그대로 두고 인덱스변수 i 를 통하여 문자열을 접근하는데 비하여, 포인터 char *s로 받은 두 번째 예에서는 일반적으로 포인터 연산을 통하여 문자열을 접근한다. 물론 포인터 char *s로 주소 값을 전달받은 이후, 첫 번째 예처럼 포인터 s를 문자배열로 간주하여 프로그래밍 하여도 무방하다.

문자열에서 첫 문자부터 끝 문자까지 순회하는 두 가지 for 루프 예제는 초보자의 경우 암기하는 것이 좋다.

6.4 포인터의 연산자

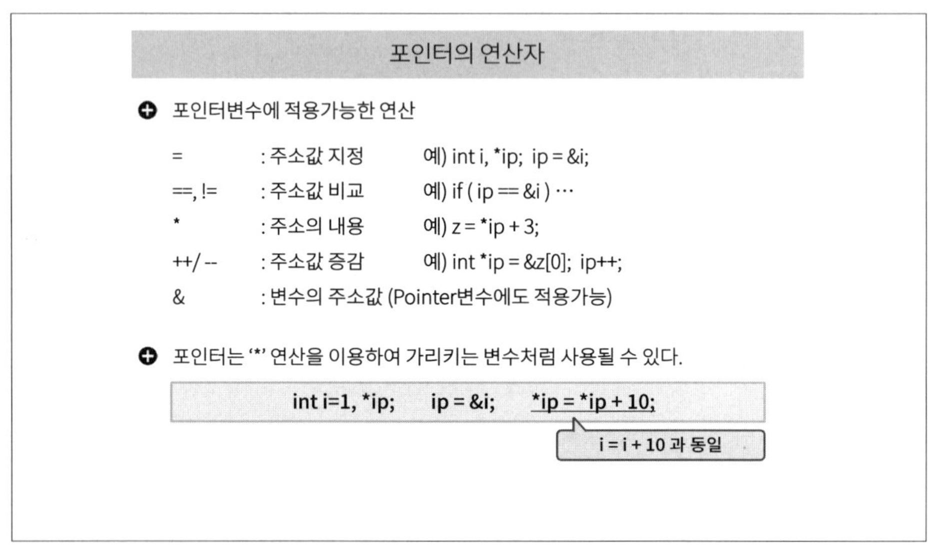

포인터에 사용할 수 있는 연산으로 주소연산자 &와 역참조연산자 *에 대하여 앞에서 설명하였다. 그밖에 증감연산자(++, --), 덧셈/뺄셈연산자(+, -), 비교연산자 (==, !=), 대입연산자(=) 등이 있다. 포인터가 저장한 값은 메모리 주소를 표현하는 정수이다. 따라서 증감 연산자는 정수인 메모리 주소를 증감하는데 사용된다. 비교연산자는 두 개의 메모리 주소가 동일한지 여부를 확인하는 것이고, 대입연산자는 메모리 주소를 대입한다.

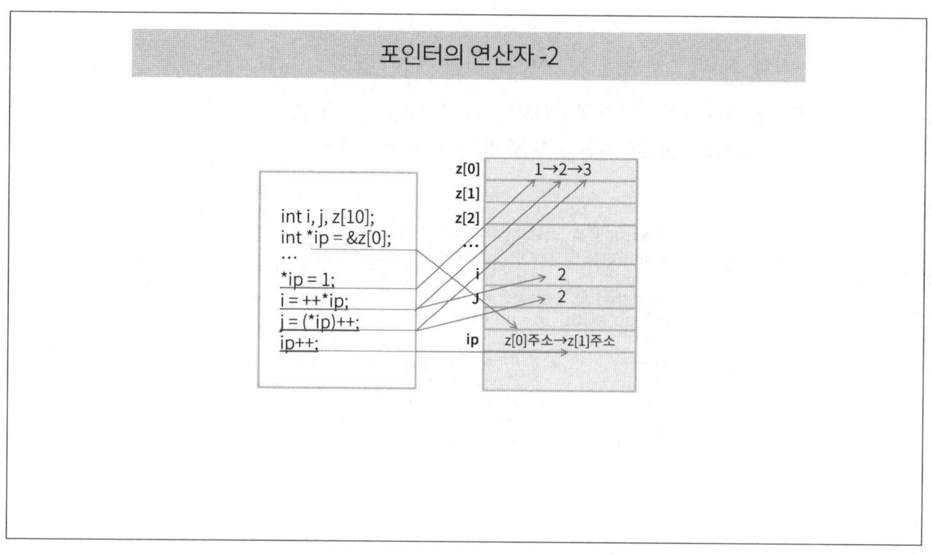

슬라이드에서 포인터 관련 연산자의 다양한 적용 예를 보인다.

'int *ip = &z[0];' 명령문이 실행되면 포인터 ip에는 배열 z의 첫 요소 주소 값이 저장된다. 배열이름이 배열 첫 요소의 주소 값을 가진 포인터이므로 이 문장은 'int *ip = z;'같이 표현할 수 있다.

'*ip = 1;' 명령문이 실행되면 ip가 가리키는 곳, 즉 z[0]에 1이 저장된다.

'i = ++*ip;' 문장이 실행되면, 먼저 ++*ip가 실행되는데, 이는 ip가 가리키는 곳, 즉 z[0]에 저장된 값(1)이 1증가한다. 이후 증가된 값(2)이 변수 i에 저장된다.

'j = (*ip)++;' 문장이 실행되면, 먼저 *ip 값, 즉 ip가 가리키는 곳(z[0])의 값(2)이 변수 j에 저장된다. 이후 *ip 값이 1증가하여 z[0]의 값이 3이 된다.

마지막으로 'ip++;' 문장이 실행되면, 포인터 ip가 가지고 있는 주소 값이 sizeof(int)만큼 증가한다. 이는 ip가 z[1]을 가리키게 됨을 의미한다. 이에 대한 자세한 설명은 다음 슬라이드에서 살펴보자.

포인터의 주소연산

⊕ 포인터가 ++, --, +, - 등의 연산자에 의해 *주소값이 증감될 때* 포인터가 가리키는 *자료형의 메모리크기*를 기본 단위로 증감한다.

```
/* assume str==100, a==200(address)
   and sizeof(char)==1, sizeof(int)==2 */

char str[10], *cp = str;
int gap, a[10], *ip = a, *ip2 = a+9;

cp++;             /* now cp == 101 */
ip ++;            /* now ip == 202 */
cp += 4;          /* now cp == 105 */
ip += 4;          /* now ip == 210, &a[5] */
gap = ip2 – ip;   /* now gap is 4 */
```

포인터에 저장된 주소 값을 증가시키거나 감소시키는 ++, --, +, - 연산자들은 byte 단위로 주소 값을 증가 및 감소시키지 않는다. 예로 정수형 포인터 ptr에 100이 저장되어 있다고 가정하자. 이때 'ptr++;'을 실행한다면 그 결과로 ptr에 저장된 값은 101이 아니다.

포인터에 저장된 값이 정수이긴 하지만, 그 의미는 일반 정수가 아니라 메모리 주소임을 기억하자. 즉, 포인터 변수의 값은 메모리 주소이며, 이는 특정 정보가 저장된 메모리 위치를 의미한다. 따라서 포인터의 값을 1 증가시킨다는 것은, 메모리 주소 관점에서 포인터가 가리키는 특정 정보의 다음 정보를 가리키게 만드는 것을 의미한다.

만일 앞에서 언급한 정수형 포인터 ptr에 100이 저장되어 있고, sizeof(int)가 4라고 가정한다면, 'ptr++;' 문장이 실행된 후 ptr에 저장된 메모리 주소는 101이 아니라 104가 된다. 마찬가지로 'ptr--;' 문장이 실행되면 100번지 앞에 저장된 int 자료형 정보를 가리키게 되어 ptr에 저장된 메모리 주소 값은 96이 된다.

EXERCISE 6-2 포인터와 문자열

Exercise 6-2. 포인터와 문자열

- 포인터를 사용하여 문자열의 내용을 모두 대문자로 바꾸는 함수를 작성하라.
  - –void strUpper(char *str);
  - –입력: hello my world
  - –출력: HELLO MY WORLD

```
int main()
{
    char str[] = "hello my world";
    strUpper(str);
    cout << str;
    return 0;
}
```

[10분]

문자열을 잘 다루는 것은 프로그래밍 하는데 굉장히 중요하다. 문자열을 표현하는 문자 포인터를 인자로 넘겨받아, 문자열을 구성하는 각 문자들을 대문자로 변경하는 함수 **strUpper(char *str)**를 작성해 보라.

포인터에 대한 이해도와 문자열을 다루는 기술을 향상시키는 것이 본 연습의 목표이다.

6.5 동적 배열

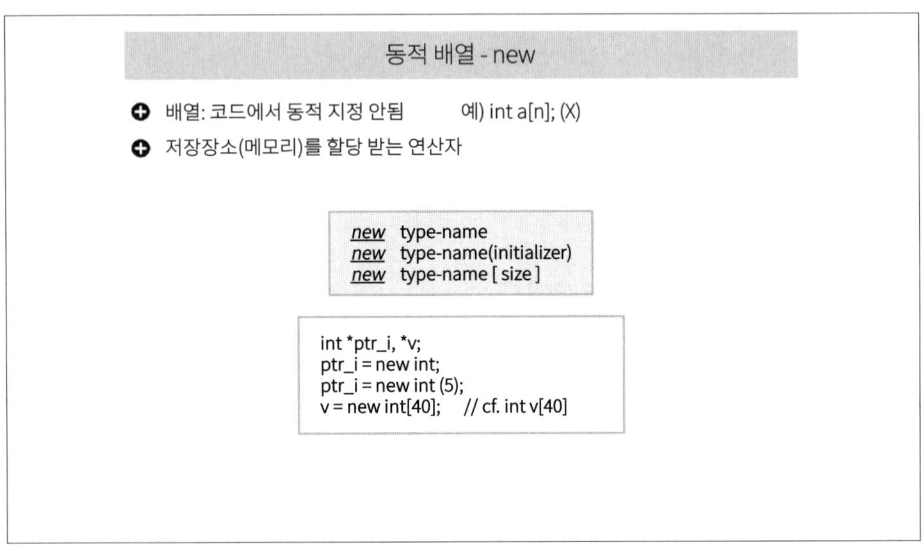

C++ 언어는 프로그램이 운영체제에게 실행하는데 필요한 메모리를 실행 중에 추가로 요청하거나 반납할 수 있다. 마치 어린아이가 엄마에게 "나 천원만"하고 용돈을 그때그때마다 타 쓰는 것과 유사하다. (단, 어린아이는 용돈을 반환하지 않는 것이 다를 뿐이다.)

운영체제에게 메모리를 요청하는 것이 "new" 연산자이다. "new type_name"은 해당 type 정보를 저장할 수 있는 메모리를 할당하고 그 주소 값을 반환한다. 반환되는 주소 값은 동일한 type의 포인터에 저장한 후, 이를 이용하여 할당 받은 메모리를 사용할 수 있다.

6.2절의 첫 슬라이드에서 언급한 "포인터를 이용한 동적 메모리 할당"은 이 new 연산자를 이용하여 프로그램 실행 중에 원하는 크기만큼의 배열을 할당받아 사용하는 것이다. 즉, 주소록 프로그램의 등록된 사람 수가 124명이고 이 수가 변수 int personCount에 저장되어 있다면, "Person persons[personCount];"라고 일반 배열처럼 선언하는 것은 허용되지 않는다. 대신 "Person *persons = new Person[personCount];"라고 선언하여 사용할 수 있다. (Person은 한 사람에 대한 주소정보를 표현하는 class라고 가정.)

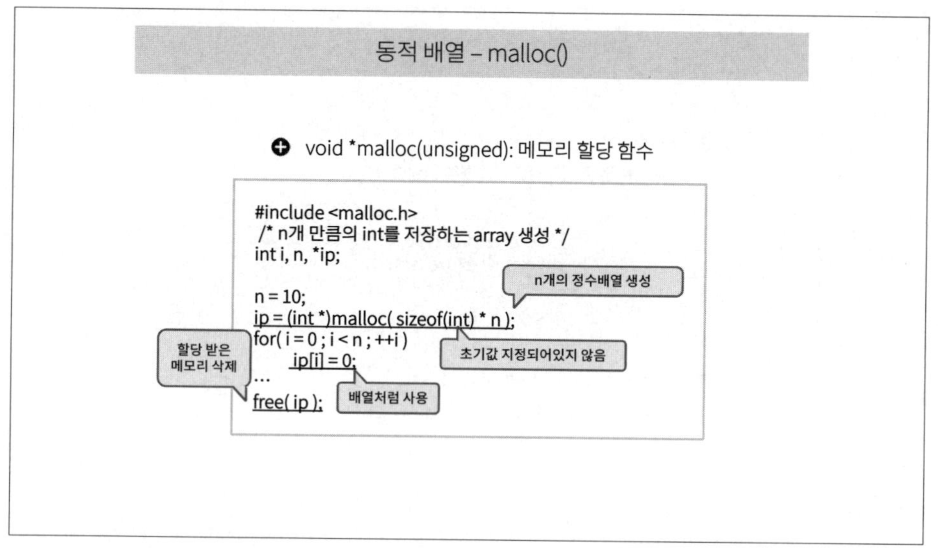

동적으로 메모리 할당을 요청하는 연산자 "new"는 C++에서 추가된 것으로 C 언어에서는 이 연산자가 정의되어 있지 않다. 대신 C 언어에서는 malloc(), calloc() 함수들로 동적 메모리 할당 기능을 구현하고 있다. (물론 C++에서도 이 함수들은 사용가능하다.)

malloc() 함수는 슬라이드에서 보이는 바와 같이 정수(unsigned int)를 인자로 받고, 해당 숫자 값(byte 단위) 만큼의 메모리를 할당한다. 이후 할당된 메모리의 첫 주소 값이 malloc()함수의 결과 값으로 반환된다. malloc() 함수가 메모리를 할당할 때에는 어떤 자료형의 정보가 저장될지 모른다. 이 때문에 malloc() 함수는 보이드 포인터(void *) 형태로 주소 값을 반환한다. 프로그래머가, 새로 할당된 메모리에 정수(int)들을 저장하고 싶다면 malloc() 함수가 반환하는 주소 값을 정수형 포인터(int *)로 타입 캐스팅해 주어야 한다.

"ip = (int *)malloc(sizeof(int)*n);"의 문장을 new 연산자를 이용하여 재정의한다면 "ip = new int[n];" 형태가 된다.

malloc()으로 할당된 메모리 영역은 초기화가 되어 있지 않으며, 엉뚱한 값(garbage)들로 채워져 있다. 일반적으로 maloc()으로 메모리를 새로 할당 받을 경우 for 루프로 초기화를 하거나 "memset(ip, 0, sizeof(int)*n);"와 같은 함수를 이용하여 새로 할당받은 메모리의 시작 위치(ip)부터 sizeof(int)*n 바이트 크기만큼 0으로 채우는 작업을 실행하는 것이 일반적이다.

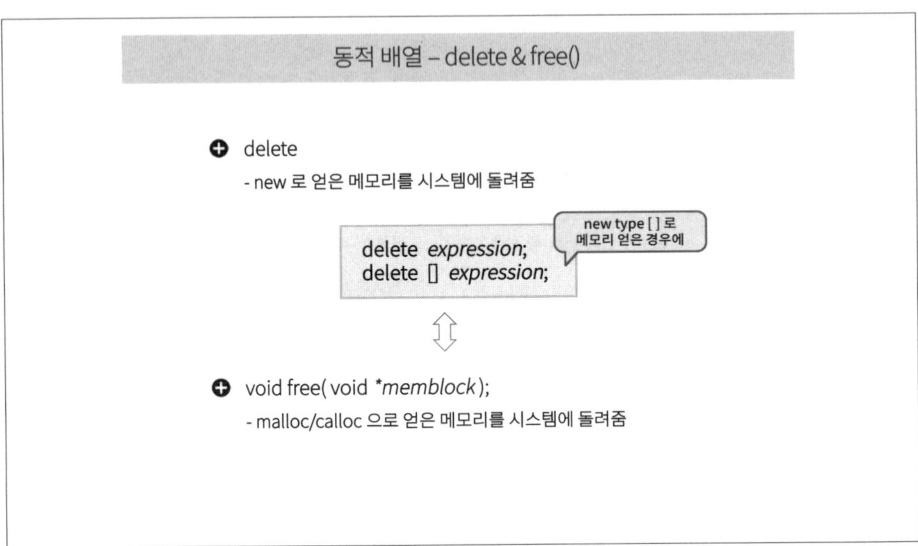

new 연산자와 **malloc()** 함수로 메모리를 동적으로 얻어 사용한 후에는 이를 운영체제에 반납하여야 한다. **new** 연산자로 얻은 메모리에 대해서는 **delete** 연산자로 반납하고, **malloc()**이나 **calloc()**으로 할당받은 메모리는 **free()** 함수로 반납한다.

delete 연산자로 반납할 때, 반납되는 메모리가 배열인 경우에는 "**delete [] array_name;**"와 같이 배열기호 '[ ]'를 변수이름 앞에 표기하여 반납되는 메모리가 배열임을 명시하여야 한다. 배열기호를 적어주지 않더라도 메모리 반납에는 이상이 없으나, 객체의 소멸자가 호출되지 않아서 다른 문제점이 발생할 수 있다. 자세한 내용은 '9장 클래스'에서 살펴보자.

동적 배열 – 예

```
01 #include <iostream>
02 using namespace std;
03 void main()
04 {
05         int*        data;
06         int         size;
07         cout << "\nEnter array size : ";
08         cin >> size;
09         data = new int[size];
10         for (int i = 0; i<size; ++i)
11                 cout << (data[i]=i) << "\t";
12         cout << "\n\n";
13         delete [] data;
14         data=new int[size];
15         for (int i=0; i<size; ++i)
16                 cout << data[i] << "\t";
17         delete [] data;
18 }
```

output?

이 슬라이드는 C++프로그램에서 사용자 입력에 따라 배열의 크기를 결정하고, 결정된 크기의 배열 메모리를 요청하고, 이를 이용하며, 이용한 후 메모리를 반납하는 예이다.

8번 줄 "cin >> size;" 문장에서 사용자로부터 자료의 수를 입력받는다.

9번 줄 "data = new int[size];"에서 사용자로부터 입력받은 자료의 수만큼 메모리공간을 할당받고, 그 위치를 data에 저장한다. 이후, data는 배열로 선언(int data[size])된 것처럼 'data[0] = 1;' 예와 같이 사용할 수 있다.

13번 줄 "delete [] data;"에서 할당받은 메모리를 운영체제에 반납한다. 이후로는 'data[0] = 1;'와 같이 메모리를 사용하여서는 안 된다.

14번 줄 "data = new int[size]"에서 메모리를 재 할당받아서, 15번, 16번 줄 같이 사용할 수 있다. 물론 17번 줄에서처럼 할당 받아 사용 후에는 반드시 반납하여야 한다.

포인터사용의 주의점

- 포인터주소에 값을 지정하기 전에 해당 주소가 사용 가능한지 확인

```
int i, *p;          *p = 100;          p = &i,   *p = 100;
```

- 포인터에 특정 주소 값이 없을 경우에는 NULL(0)을 지정

```
int *p=NULL;    … if ( p )    *p = 100;
```

프로그래머는 포인터를 이용하여 컴퓨터 메모리를 직접 접근할 수 있다. 컴퓨터의 구조상 메모리를 직접 접근할 수 있다는 것은 컴퓨터의 각종 주변기기를 직접 제어할 수 있다는 의미이다. 즉, 포인터는 프로그래머가 컴퓨터를 제어하는데 있어서 아주 강력한 도구이다. 강력한 도구인 만큼 잘못 사용할 경우 프로그램은 오동작을 하거나 심할 경우 컴퓨터 시스템을 망가트릴 수도 있다.

포인터를 제대로 다루기 위해서 고수들은 기본적인 규칙을 만들고 이를 지킨다. 포인터에 관한 일반적인 기본 규칙은 다음과 같다.

1. 포인터변수를 초기화하라.
   : 처음 가리킬 주소가 없다면 NULL로 초기화하라. 슬라이드에서 "int *p = NULL;"처럼 p를 선언할 때 NULL로 초기화한다.

2. 유효한 포인터인지 확인하고 사용하라.
   : 유효한 포인터(NULL이 아닌 것)인지 확인 후, 값을 저장하라. 슬라이드에서 "if (p) *p = 100;"의 명령문처럼 p가 NULL 값이 아닐 때 p의 주소위치에 100을 저장한다.

3. 쓸모없어진 포인터는 재 초기화하라.
   : new(또는 malloc)로 메모리를 할당받아 사용 후 delete한 메모리는 더 이상 유효하지 않다. 이 경우 해당 포인터를 NULL 값으로 재 초기화하는 것이 바람직하다.

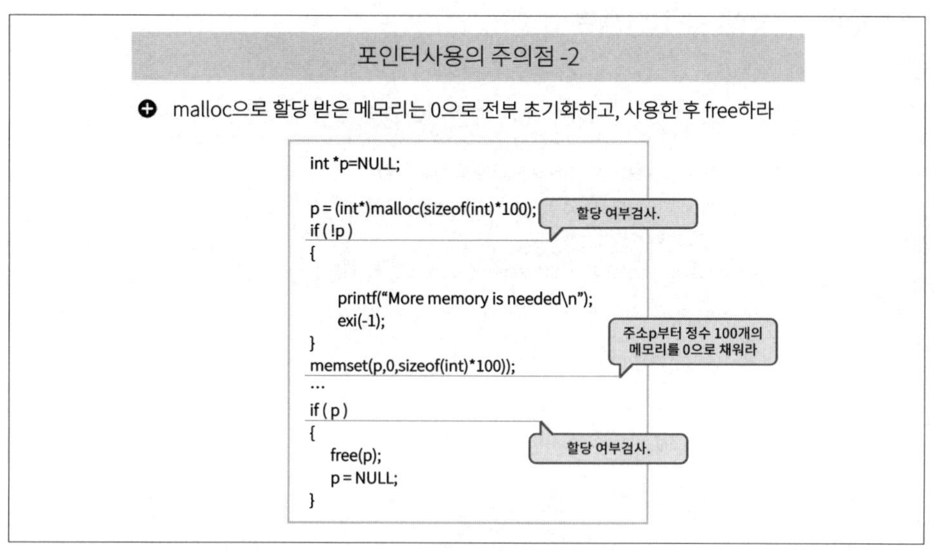

malloc이나 new를 이용하여 메모리를 동적으로 할당받아 사용하는 전형적인 예를 살펴보자. 슬라이드에 보이는 바와 같이 먼저 p 포인터 선언에 NULL 값으로 초기화하였다("int *p=NULL;"). 본 프로그램에서 초기화를 하지 않아도 상관없으나, 앞에서 설명한 기본적인 규칙을 지킨다고 생각하자.

그 다음 동적 메모리를 얻고("p = malloc();"), 얻은 메모리가 유효한지 확인한다("if (!p) ... "). mallc 함수가 요청한 메모리를 할당할 수 없다면 NULL 값을 반환한다. 따라서 "!p"는 메모리가 부족할 경우 true가 되기 때문에 이 경우 에러메시지와 함께 프로그램을 종료한다. 그렇지 않다면, 프로그램을 계속 진행한다.

메모리를 얻는데 별 문제가 없을 경우, 새로 할당 받은 메모리 공간을 0으로 초기화한다("memset(p,0,...)").

이후 할당받은 메모리를 사용하고 난 후에는, 이를 반환하게 되는데 반환할 때에는, 다시 한 번 포인터가 유효한지 확인하며, 유효한 경우 free나 delete로 메모리를 반환한다. 반환 후에는 해당 포인터를 NULL 값으로 재 초기화한다. ("if (p) { free(p); p = NULL; }")

본 슬라이드에서 설명한 포인터 사용 패턴은 가급적이면 외우도록 하자.

EXERCISE 6-3 포인터와 동적 배열

Exercise 6-3. 포인터와 동적 배열

- 다음 요구사항을 만족하는 프로그램을 작성하라.
  - –정수 N을 입력 받아 N개의 정수를 저장할 배열을 만들 것.
  - –입력: 5 1 2 3 4 5 출력: 1 2 3 4 5
  - –new/delete version과 malloc/free version 두 번 작성할 것.

여기에서는 동적으로 배열을 생성하고 이를 활용하는 방법을 숙지한다. C/C++ 프로그래밍의 가장 기본적이면서도 중요한 기술이므로 반드시 실습해 보기 바란다.

첫 번째 입력되는 수가 동적으로 생성될 배열의 크기이다. 슬라이드에서처럼 첫 입력이 5라면, 프로그램에서 5개의 정수를 저장할 배열을 내부적으로 생성하고, 5개의 숫자를 차례대로 읽어 배열에 저장한다. 입력이 완료되면 다시 for 루프를 사용하여 배열에 저장될 숫자를 차례대로 화면에 출력한다.

C 버전의 mallc/ free로 작성을 해 본 후에, C++ 버전의 new/ delete를 이용하여 동일한 기능의 프로그램을 작성해 본다.

6.6 다차원 배열

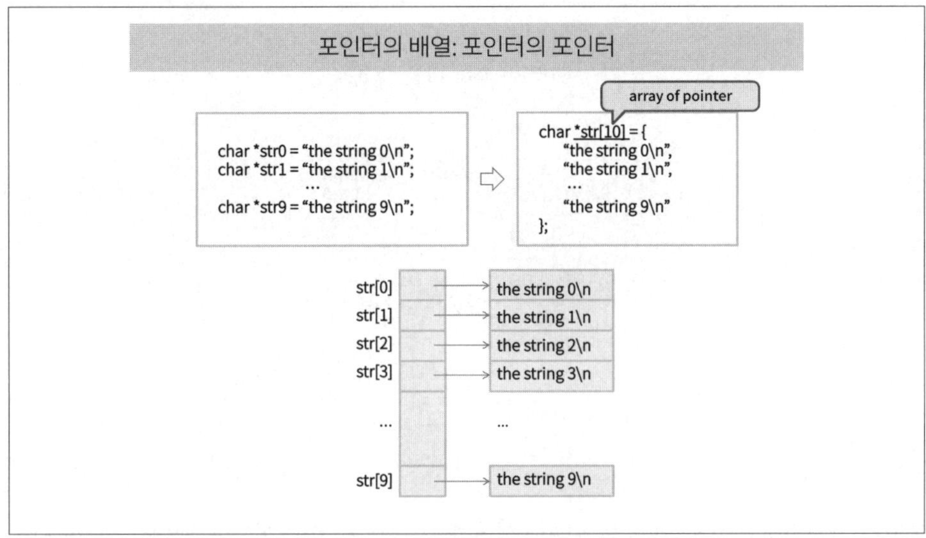

슬라이드의 왼쪽 상단에 보이는 바와 같이 문자열("the string x\n")에 대한 포인터변수 10개가 따로 선언되어 있다. 이를 포인터변수의 배열 1개로 묶을 수는 없을까?

가능하다. 슬라이드 오른쪽 상단을 보면 "char *str[10] = { ... };" 문장처럼 배열 1개로 선언할 수 있다. "char *str[10]" 문장에서 '*'보다는 '[10]'가 우선순위가 높다. 따라서 이는 "char * (str[10])" 이 되며, 이를 해석하면 str은 문자포인터(char *)의 배열([10])이다. 각 문자포인터가 문자열 하나를 대표하므로, str은 문자열의 배열로 볼 수 있다. 즉 str[0]에 첫 번째 문자열(정확하게는 문자열의 첫 문자 주소 값), str[1]에 두 번째 문자열, str[9]에 열 번째 문자열이 각기 저장된다.

문자열 배열은 문자(char)의 이차원 배열로 생각할 수 있다. 그러나, "char str[10][20]"와 "char *str[10]" 선언은 서로 초기 메모리 할당이 다르다. 앞의 선언은 총 200개의 문자를 저장할 공간(200 byte)의 메모리가 할당되지만, 뒤의 선언은 10개의 포인터를 저장할 공간(10 x sizeof(char *))의 메모리만 할당된다.

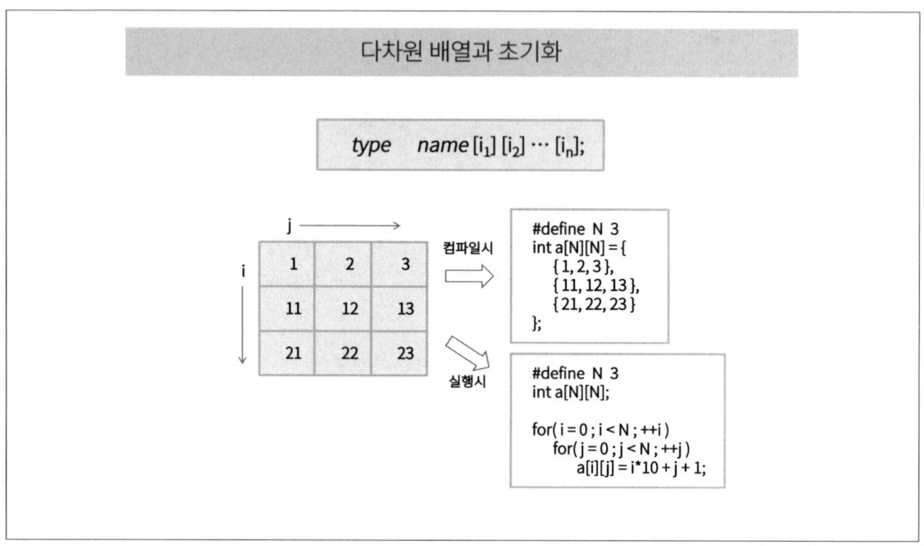

다차원 배열에 대하여 생각해 보자. 선언하는 방법은 슬라이드에 보이는 바와 같이 "type name[][]..[]" 형태로 작성하는데, [ ] 연산자를 차원 수에 맞게 기술하면 된다(2차원이면 2개, 3차원이면 3개). [ ] 연산자 안에는 해당 차원의 크기를 작성하는데, 각 차원 크기를 모두 곱한 것이 전체 배열의 요소 개수가 된다. 예로 "int b[2][3][4]" 배열을 선언하면 이 배열에 저장될 수 있는 전체 정수의 개수는 2x3x4, 즉 24개이다.

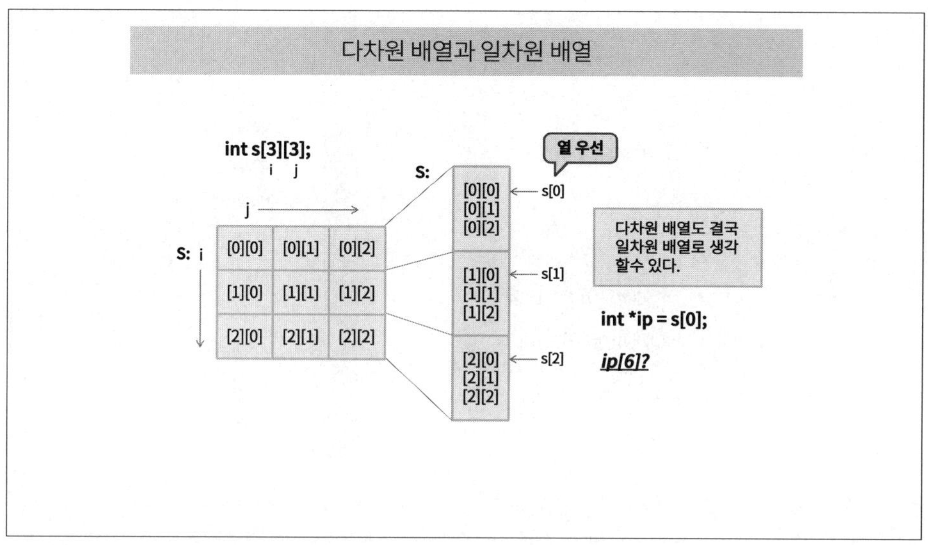

배열에 들어가는 요소들은 메모리에 순서대로 저장된다. 예로 "int b[2][3][4]"에 속하는 24개의 정수들은 순서대로 메모리 공간을 차지하게 되는데, 이때 순서는 "열(column) 우선"으로 배치된다. 즉 제일 뒤에 기술된 차원의 순서가 가장 먼저 변한다. 예로 b[0][0][0] 요소가 저장된 메모리의 다음 주소에 저장되는 것은 b[1][0][0]이 아니라 b[0][0][1]이 된다.

즉, b[0][0][0], b[0][0][1], b[0][0][2], b[0][0][3], b[0][1][0], b[0][1][1], ... 순으로 메모리에 놓이게 된다. 우리가 십진수를 증가시킬 때 맨 뒷자리부터 증가하는 것과 유사하다.

슬라이드에 선언된 이차원 배열 s[3][3]의 각 요소는 결국 메모리상에 일차원으로 놓이게 되는데 그 순서는 "s[0][0], s[0][1], s[0][2], s[1][0], s[1][1], s[1][2], s[2][0], s[2][1], s[2][2]"가 된다.

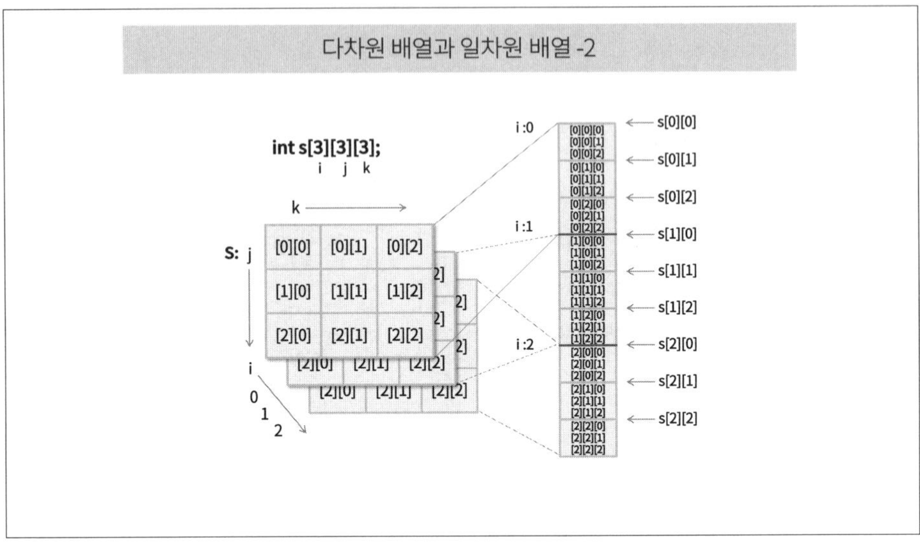

다차원 배열을 다른 관점에서 살펴보자.

슬라이드의 "int s[3][3][3]" 선언에서 s는 삼차원 배열의 이름이다. 이때 s[0]나 s[1]은 이차원 배열이며, s[0][0]은 일차원 배열이고, s[0][0][0]은 요소이다. 이차원 배열인 s[0]은 일차원 배열인 s[0][0], s[0][1], s[0][2]를 가지며, 일차원 배열 s[0][0]은 요소인 s[0][0][0], s[0][0][1], s[0][0][2]를 포함한다.

삼차원 배열 s가 저장하고 있는 27개 요소들의 메모리 배치는 슬라이드에 보이는 바와 같이 컴퓨터 메모리에 일차원적으로 놓여진다.

배열 이름 s는 이 메모리 공간의 첫 번째 요소의 주소를 가진다. 즉, s[0][0][0] 요소가 저장된 메모리의 주소 값을 가진다. s[0]은 s[0][x][y]로 시작하는 요소들 중 가장 첫 번째 요소, 즉 s[0][0][0] 요소의 주소 값을 가진다. 결국 s == s[0] == s[0][0] == &s[0][0][0]는 모두 동일한 주소 값을 가진다.

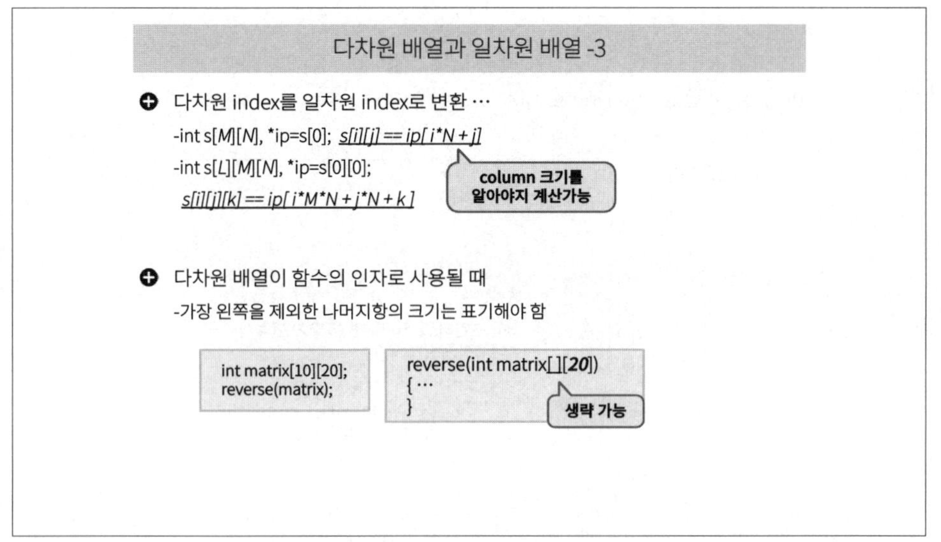

다차원 배열에 속한 요소들이 컴퓨터 메모리에 일차원적으로 배치된다고 설명하였다. 배열에 있어서 요소의 index가 주어지면, 해당 요소의 위치를 계산할 수 있다.

슬라이드에 보이는 바와 같이 "int s[M][N]"으로 선언되어 있을 경우 s[2][3]의 위치는 s[0][0]을 기준으로 하여 (2*N+3)의 위치에 배치된다. 만일 N이 10이라면 (2*10+3) = 23번째 위치에 s[2][3]이 놓이게 된다. s[0][0]의 위치가 1200번지이고, int의 크기가 4byte라면 s[2][3]의 메모리 주소는 1200번지 + (2*10+3)*4 = 1292번지가 된다.

index를 이용하여 요소의 주소를 계산할 때 주의하여야 점은 배열의 첫 번째 차원의 크기(앞의 예에서 M)는 사용되지 않는다는 점이다. 이러한 특성으로 다차원 배열을 함수의 인자로 넘길 때 형식 인자(formal parameter)의 선언에서 첫 번째 차원의 배열 크기는 생략하여도 무방하다. (즉, 컴파일러가 배열 요소를 접근하기 위한 주소를 계산하는데 아무 문제가 없다.) 또한 배열 선언과 함께 배열의 초기값을 주는 경우도 첫 번째 차원의 크기를 적지 않아도 된다.

```
// 첫 번째 []의 크기를 적지 않아도 됨
int s[ ][3] = { {1,2,3}, {4,5,6} };
```

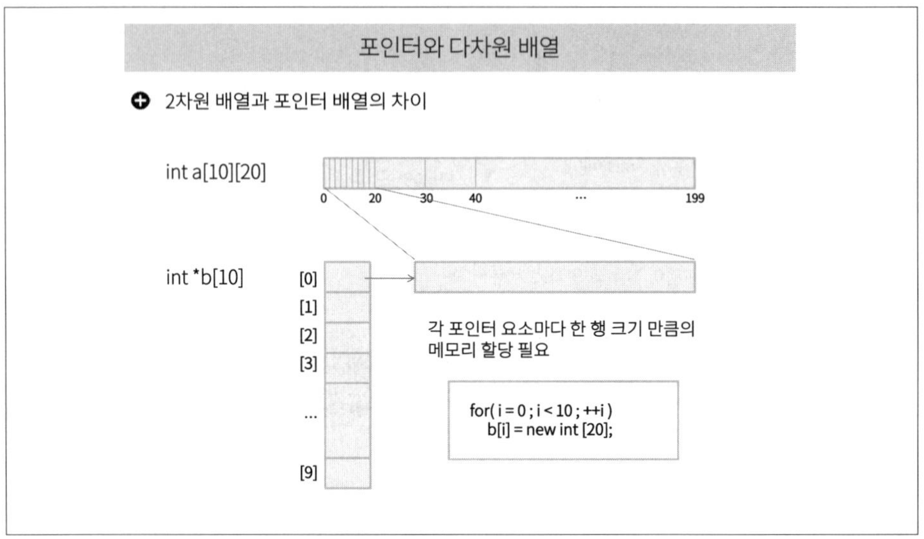

문자열의 일차원배열과 문자의 이차원배열이 비슷하게 사용될 수 있으나, 초기 메모리 할당되는 점이 다르다.

"int a[10][20]"으로 선언하면 컴퓨터메모리에 200개의 정수형 요소의 공간이 할당된다. 이에 비해 "int *b[10]"을 선언하면 10개의 포인터 요소의 공간이 할당될 뿐이다.

이후 슬라이드 박스에 보이는 for 루프 코드를 통하여, 20개의 정수형 요소를 저장할 메모리를 할당받아 그 주소를 b의 각 요소에 저장해 두면 배열 b는 마치 배열 a처럼 사용가능하다. 즉 b[2][3]와 같이 이차원 배열인 것처럼 사용할 수 있다.

int a[10][20]은 선언과 동시에 메모리가 할당되며, 변수의 사용범위(scope)를 벗어나면 자동으로 반환된다. 그에 비해 포인터 배열 b는 초기 할당된 포인터 요소의 공간만 자동으로 반환될 뿐이며, new 연산으로 할당받은 메모리는 사용범위를 벗어나도 자동으로 반환되지 않는다. 결국 다음 코드처럼 delete 연산자를 이용하여 각 메모리를 운영체제에 반환하여야 한다.

```
for( i = 0; i < 10 ; ++i )
   delete b[i];
```

EXERCISE 6-4 다차원 배열

Exercise 6-4. 다차원 배열

- matrix 연산을 수행하는 다음 함수를 작성하라.
  - -matrix 크기는 고정되어 있다고 가정 (3x3)
  - -void printMatrix(int mat[][3]); // 화면에 matrix 출력
  - -void plusMatrix(int mat1[][3], int mat2[][3])
    - mat2를 mat1에 plus
  - -void minusMatrix(int mat1[][3], int mat2[][3])
    - mat2를 mat1에 minus

```
int main()
{
  int matA[][3] = {{1,2,3}, {4,5,6}, {7,8,9}};
  int matB[][3] = {{11,12,13}, {14,15,16}, {17,18,19}};
  plusMatrix(matA, matB);
  minusMatrix(matA, matB);
  printMatrix(matA);
  return 0;
}
```

[15분]

이 실습에서는 이차원 배열을 다루는 방법을 연습한다.

이차원 배열 **matA**, **matB**를 선언하고, 초기화하며, 이를 함수의 인자로 넘기고, 이차원 배열의 각 요소를 접근하여 주어진 연산을 구현한다.

배열의 덧셈을 구하는 `plusMatrix()` 함수나 배열의 뺄셈을 구하는 `minusMatrix()` 함수의 계산 결과는 모두 **matA**에 저장되어 반환된다.

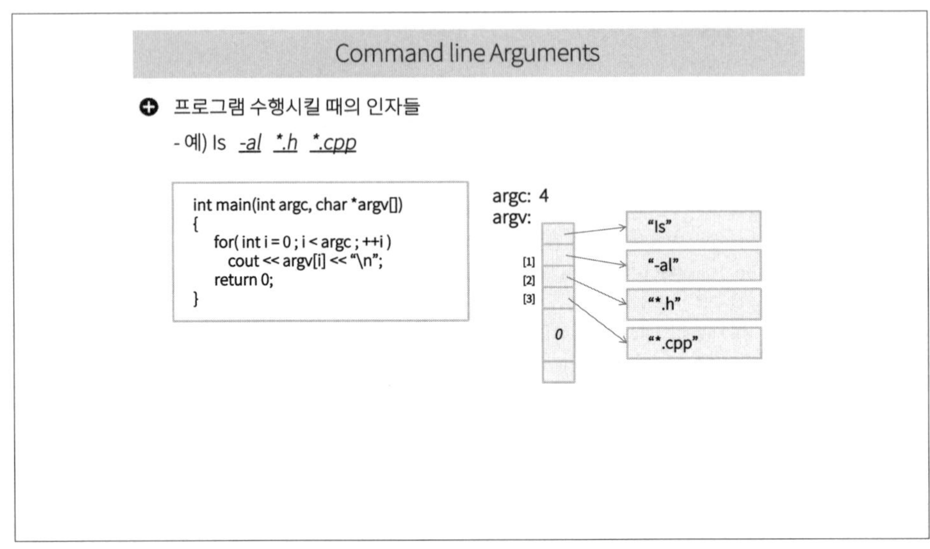

C 프로그램의 처음 수행되는 main()함수에 대하여 자세히 살펴보자.

main()함수는 "int main(int argc, char *argv[])" 선언에서 보듯이 인자 두 개를 받아, 정수 값을 반환한다. 반환되는 값은 운영체제에 보고되어 프로그램이 오류 없이 제대로 실행되었는지 여부를 알려준다.

형식 인자인 argc와 argv는 프로그램 실행 시 프로그램 이름 다음에 같이 적게 되는 문자열들에 대한 정보를 알려준다. 즉, argc에는 프로그램 실행 문장에 나타나는 문자열의 개수(프로그램 이름 포함)가 담겨있고, argv는 각 문자열들에 대한 포인터를 가지고 있는 일차원 배열이다.

슬라이드에 보이는 프로그램은 프로그램 실행 시, 해당 프로그램 이름을 포함한 명령문의 모든 문자열들을 차례대로 화면에 출력한다.

6.7 함수의 포인터

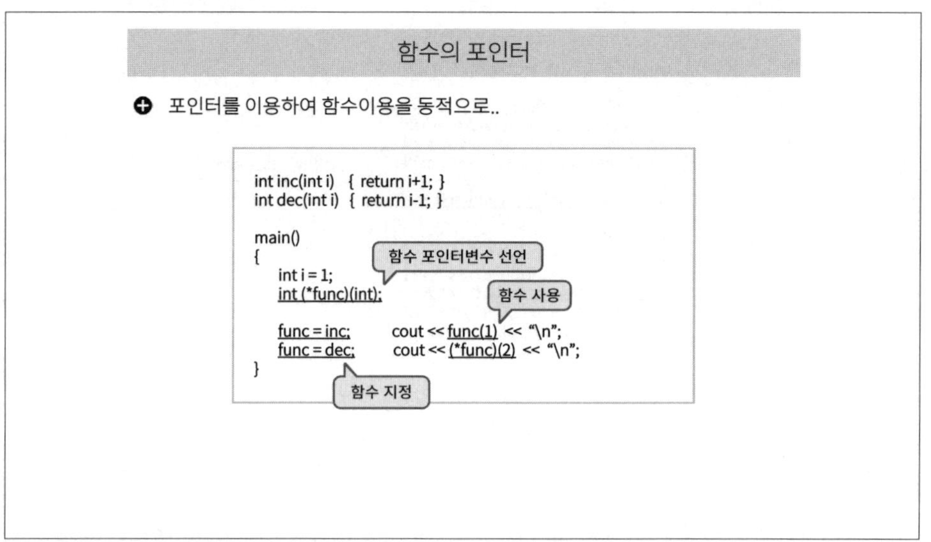

앞에서 포인터는 「메모리 주소 값을 저장하고 있는 변수」라고 설명하였다. 일반적으로 특정 정보를 저장하고 있는 메모리의 위치를 포인터에 저장해두고 필요할 때 이를 사용하는 것이 일반적이다. 그러나, 컴퓨터메모리에는 데이터만 저장되는 것이 아니라, 프로그램 실행코드도 저장된다. C 프로그램을 구성하는 기본 실행단위인 함수 역시 메모리에 저장되며, 함수의 처음 시작 주소 또한 포인터에 저장될 수 있다. 즉, 함수의 위치(주소)를 포인터에 저장해두고 이 포인터를 이용하여 함수 호출을 할 수 있다. 함수 주소 값을 가지고 있는 포인터를 함수 포인터라고 한다.

함수의 이름은 함수가 저장된 메모리 주소 값을 대표한다. 슬라이드에서 보는바와 같이 함수 포인터 func를 선언하고("int (*func)(int);"), 이 포인터에 inc 함수의 주소 값을 저장한 후("func=inc;"), 마치 함수인 것처럼 함수호출을 하였다.("func(1)"). 이 함수 호출은 inc(1) 호출한 것과 동일하다. 다음 줄에 func 포인터에 dec 함수의 주소 값을 저장한 후("func=dec;"), 또 다시 함수 호출을 하였다("(*func)(2)"). 이 경우에도 dec(2) 호출한 것과 동일하다. 함수포인터 호출 방법은 둘 다 유효하다.

함수의 포인터 -2

```
enum { ADD, SUB, MULTI, DIV };

int add(int a, int delta) { return (a+delta); }
int sub(int a, int delta) { return (a-delta); }
int multi(int a, int delta) { return (a*delta); }
int div(int a, int delta) { return (a/delta); }

int (*func[4])(int, int) = { add, sub, multi, div };

int main()
{
    cout << (*func[ADD])(2,1) << "\n";
    cout << (*func[SUB])(2,1) << "\n";
    cout << (*func[MULTI])(2,1) << "\n";
    cout << (*func[DIV])(2,1) << "\n";
    return 0;
}
```

함수 포인터의 배열

이 코드는 함수포인터를 사용하여 동적으로 함수를 호출하는 예를 보인다. 특정 명령에 따라 실행할 함수가 달라질 경우 일반적으로 다음과 같은 코드가 일반적이다.

```
switch( cmd )
{
   case ADD:    c = add(a, b); break;
   case SUB:    c = sub(a, b); break;
   case MULTI:  c = multi(a, b); break;
   case DIV:    c = div(a, b); break;
}
```

위의 코드는 함수 포인터를 이용하여 다음과 같이 단순화시킬 수 있다.

```
c = (*func[cmd])(a, b);
```

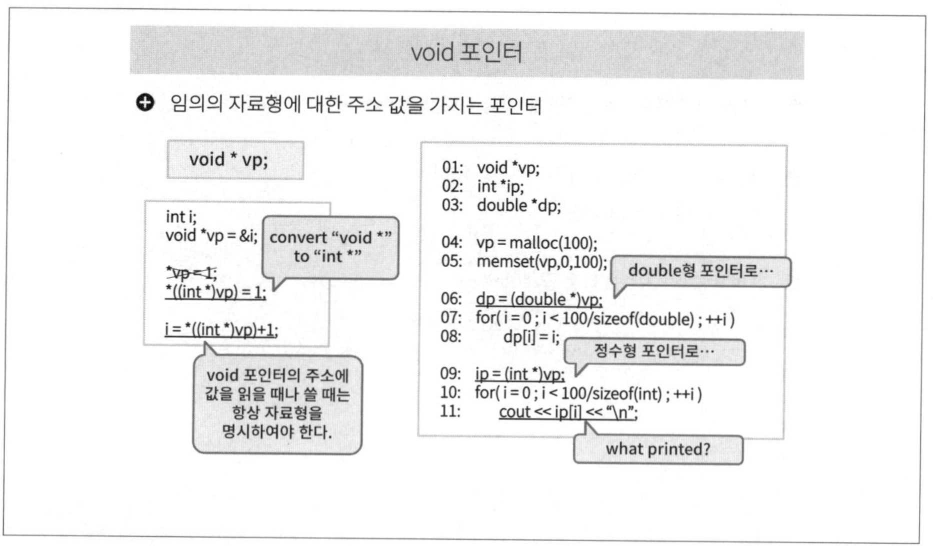

포인터를 선언할 때 자료형을 선언하는 것은 해당 메모리 주소에 저장될 자료의 종류를 컴파일러에게 알려주기 위함이다. 즉, **int *iptr;** 선언은 **iptr**이 가지고 있는 메모리 주소의 위치에는 정수 값이 저장되어 있음을 의미한다.

만일, 메모리주소에 저장될 자료의 종류에 상관없이 순수하게 메모리주소 값만 표현하는 포인터를 선언하고자 한다면 "**void *ptr**"와 같이 선언한다. **void**는 "텅 빈", "아무것도 없는" 의 의미처럼 포인터변수가 가지는 주소 값의 자료형이 정해져있지 않음을 의미한다.

type 캐스팅을 이용하여 **void** 포인터와 다른 자료형 포인터 간에는 서로 값 지정이 가능하다. 슬라이드에 보이는 것처럼 정수형 포인터(주소 값)을 **void** 포인터에 값을 지정("**void *vp = &i;**")하거나, **void** 포인터를 **double** 포인터에 값을 지정("**dp=(double*)vp;**") 할 수 있다. 단, 포인터 간의 값 지정은 가능하나, 각 포인터가 가지는 주소 값에 저장되어 있는 자료 자체가 변경되는 것은 아니다.

복잡한 포인터 선언문

- 왼쪽에서 오른쪽으로 선언되는 것이 아니고, 괄호순, 우선 순위순으로 선언됨
- 우선 순위: * 보다 ( ), [ ]가 우선순위가 높다
  -예) int *f(); <=> int *(f());
- 해석 방법: 각 기호를 다음 말로 번역

```
()  : function returning …
*   : pointer to …
[]  : array[] of …
```

변수를 선언하는데 사용되는 여러 가지 선언자들이 섞일 경우 변수의 의미를 파악하는데 어려울 수 있다. 특히 여러 자료형과 함께 포인터선언자('**type ***'), 함수선언자('()'), 배열선언자('[]') 등이 섞여있을 경우에는 더욱 어려움이 가중된다. 여기에서는 복잡하게 선언되어 있는 변수의 의미를 기계적으로 해석하는 방법에 대하여 살펴본다.

기본적으로 선언된 변수를 기준으로 가까운 순으로 해석하는데, 포인터선언자는 '**pointer to**'('xxx에 대한 포인터')로, 함수선언자는 '**function returning**'('xxx를 반환하는 함수')로, 배열선언자는 '**array[] of**'('xxx의 배열')로 해석한다. 즉, 각 선언자별로 차례대로 해석하면서, 해석된 문장의 경우 영어는 뒤에 덧붙이고, 한글은 앞에 덧붙이는 것이 다르다. 다음 슬라이드에서 이를 연습해 보자.

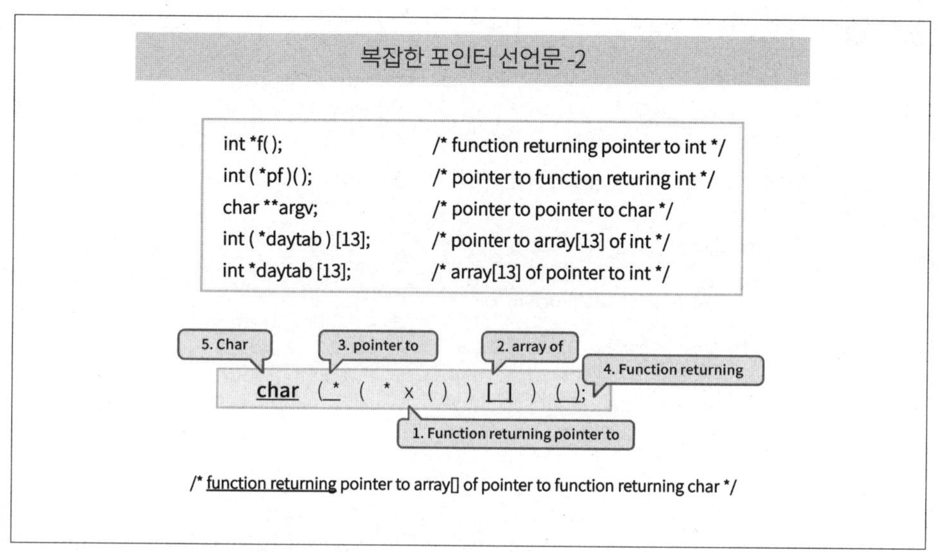

슬라이드에 보이는 첫 예인 'int *f()'에서 f의 의미를 해석하면 '*'보다 우선순위가 높은 '()'를 먼저 해석해서 'function returning'('xxx를 반환하는 함수')이 되고, 그 다음 가까운 'int *'를 해석하면 'pointer to int'(int에 대한 포V인터)가 된다. 영어로 문장을 합치면 'function returing pointer to int'이고, 한글로 글을 구성하면 'int에 대한 포인터를 반환하는 함수'이다. 결국 f는 함수(function)임을 알 수 있다.

아무리 복잡한 선언문이더라도 위의 규칙에 따라 번역하면 쉽게 해당 식별자(identifier)에 대한 의미를 해석할 수 있다.

EXERCISE 6-5 프로그램 인자

Exercise 6-5. 프로그램 인자

- Command line arguments들을 다음과 같이 출력하는 프로그램을 작성하라.

[실행 예]

```
C:> ex6-5   this is test program
argc is 5
argv[0] is “ex6-5”
argv[1] is “this”
argv[2] is “is”
argv[3] is “test”
argv[4] is “program”
```

[10분]

int main(int argc, char *argv[]) 함수 선언에 나오는 argc, argv를 사용하는 법을 배운다. 사용자가 command창에서 프로그램을 인자와 같이 실행할 경우 인자의 수와 인자 문자열을 화면에 출력하는 프로그램을 작성한다.

Chapter

07

Structure

7. Structure

Chapter 7

Structure

구조체(structure)를 이용하여 개발자는 새로운 자료형을 정의할 수 있다. C 프로그래밍에서는 프로그램 실행에 필요한 정보는 구조체 변수에 저장하고, 실행 코드는 함수로 작성하는 것이 일반적이다.

이에 비해 C++ 프로그래밍에서는 정보(변수)와 실행코드(함수)를 같이 묶는 클래스 중심으로 프로그래밍이 이루어지게 된다. 구조체보다 더욱 강력한 도구인 클래스(class) 개념이 나옴에 따라 구조체의 필요성이 많이 줄어들긴 하였으나, C 언어와의 호환성을 위하여 구조체 개념과 그 키워드 struct는 그대로 유지한다. 오히려 struct는 C++에서 그 기능이 확장되어 클래스와 동등한 수준으로 발전한다.

TIP 구조체는 클래스와 기능상 거의 대등하며, 객체를 기술할 때는 클래스를 이용하고, 정보를 집중적으로 기술할 때는 구조체를 사용한다.

7.1 구조체(Structure)란?

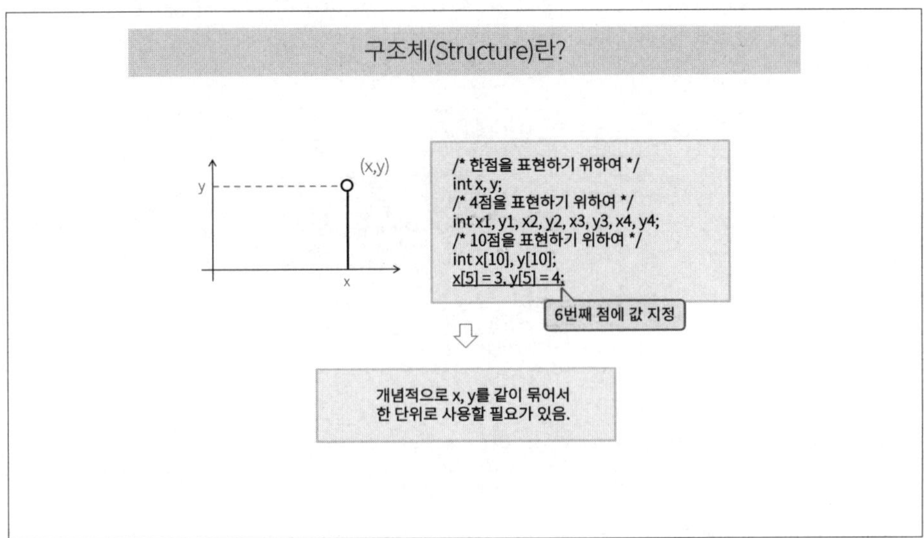

xy 좌표계에서 한 점 (10, 20)을 표현하기 위해서는, x값(10)을 간직하기 위한 변수와 y값(20)을 간직하기 위한 변수가 필요하다. 이를 선언문 "int x, y;"으로 정의할 수 있다.

만일 점 4개를 표현하기 위해서는, x값, y값을 저장할 수 있는 변수 4개씩이 필요하다. 이는 개별적으로 " int x1,y1,x2,y2,x3,y3,x4,y4; "로 선언하든지, 아니면 배열을 사용하여 "int x[4], y[4];"로 선언할 수 있다. 의미적으로는 (x1,y1)이 한 쌍이고, (x2,y2)가 한 쌍으로 묶여야 되는데, 기본 자료형인 int로 세부정보인 x값이나 y값을 표현할 수는 있으나, 이를 좌표계의 한 점이라는 개념으로 묶을 수는 없다.

좌표계의 한 점처럼 기본 자료형 여러 개가 묶여서 현실에 필요한 정보의 단위가 되는 것들이 있다. 예를 들면 책을 표현하기 위해서는 책제목(문자열), 저자(문자열), 출판사(문자열), 출판년도(정수), 가격(정수)와 같은 여러 세부 정보들이 필요하고, 이런 정보들이 같이 묶여서 책 한권의 정보를 대표할 수 있다. 이처럼 관련된 여러 정보들을 같이 묶어서 하나의 개념으로 자료형을 정의한 것이 구조체(structure)이다.

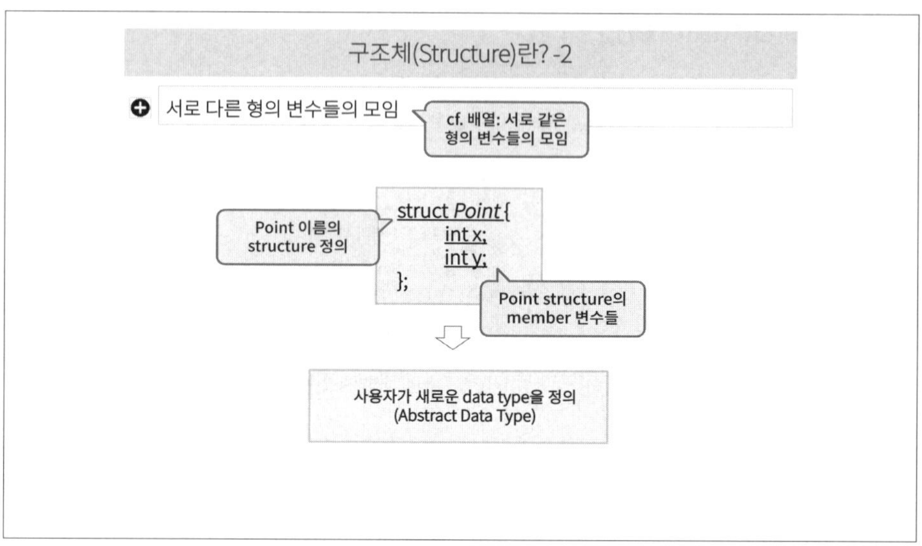

구조체를 선언하는 키워드는 struct이다. 위에 보이는 것처럼 한 점을 표현하기 위해서는 x값과 y값이 필요하기 때문에, 정수형 변수 x와 y를 선언하고 이를 같이 묶어 Point라는 이름의 구조체를 선언한다. 이처럼 세부 정보들을 각각 변수들로 선언하고, 이들을 한 가지 개념으로 묶는 것이 구조체이다. 구조체 내부에 선언된 변수를 멤버(member) 변수라고 말한다.

책을 표현하기 위해서는 책제목(문자열), 저자(문자열), 출판사(문자열), 출판년도(정수)가 필요하다면 이를 구조체 BookInfo로 선언하면 다음과 같다.

```
struct BookInfo {
   char title[100];       // 제목
   char author[100];      // 저자
   char publisher[100];  // 출판사
   int pubYear;           // 출판년도
};
```

7.2 구조체(Structure) 사용

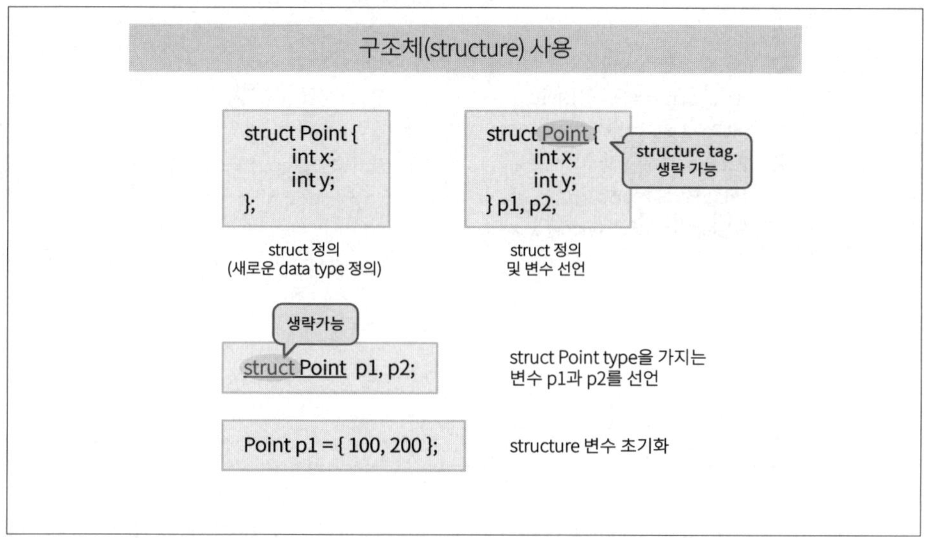

선언된 Point 구조체는 int, double과 같은 자료형(data type)으로서 역할을 수행하기 때문에, 한 점의 값을 저장하기 위해서는 Point 구조체의 변수를 별도로 선언하여야 한다. 예로 xy좌표계에서 (10,10) 점을 p1이라고 하고, (20,20) 점을 p2라고 하자. 이때 p1을 선언하기 위해서는 "Point p1;"이라고 선언한다(C에서는 struct 키워드를 반드시 붙여서 "struct Point p1;"라고 선언함). p1에 값 (10,10)을 지정하기 위해서는 "Point p1={10,10};"와 같이 선언함과 동시에 초기 값을 지정하거나, p1을 선언한 이후 "p1.x = 10; p1.y = 10;" 같은 형태로 p1의 x변수(p1.x)와 y변수(p1.y)에 각각 값을 지정할 수 있다.

구조체(Structure) 사용 -2

- member 변수 사용
  - -struct_var . member_name
  - -예) Point p1; p1.x = 0; p1.y = 0;
- 구조체 속의 구조체
  - -struct Rect { Point p1, p2; };
  - -예) Rect window; window.p1.x = 0;

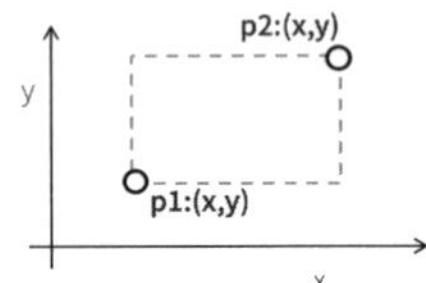

구조체를 구성하는 멤버 변수(예: Point 구조체내의 x, y변수)에 접근하기 위해서는 '.' 연산자를 사용한다. 예로 "Point p1={1,2};"라고 선언한 뒤, p1의 x값을 접근하기 위한 수식은 'p1.x'이며, y값을 접근하기 위한 수식은 'p1.y'이다. "cout << p1.x + p1.y;" 문장을 실행하면 점 p1의 내부 x값 1과 y값 2를 더한 3이 출력이 된다.

이전 페이지에서 선언한 BookInfo 구조체의 변수 myBook을 선언하고, 멤버 변수들에 접근하는 문장은 다음과 같다.

```
BookInfo myBook;
strcpy(myBook.title,"홍길동전");
strcpy(myBook.author,"허균");
strcpy(myBook.publisher,"미정");
myBook.pubYear = 1618;
```

7.3 구조체 변수의 연산

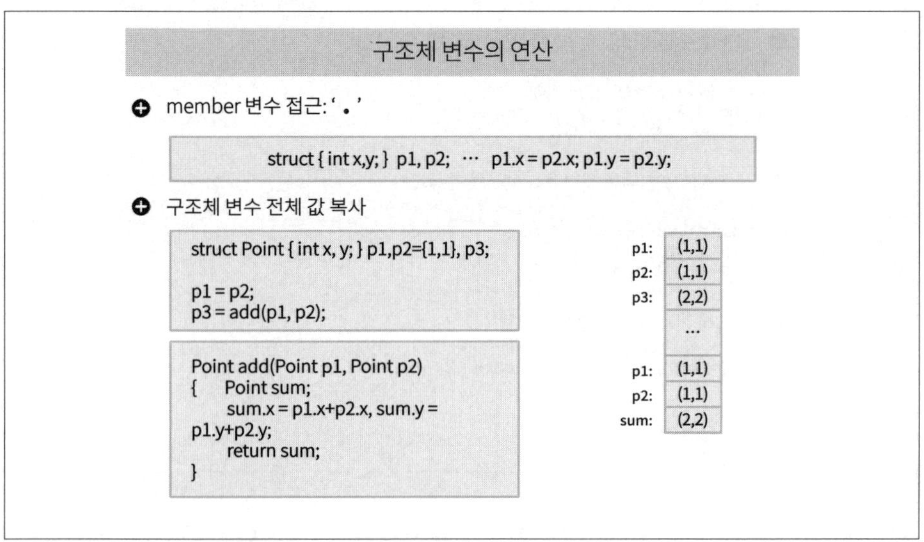

구조체 변수에 대한 연산자는 크게 다음 다섯 가지이다.

- 멤버변수에 접근하기 위한 dot(.) 연산자
- 구조체 변수 값을 복사하기 위한 지정(=) 연산자
- 구조체 변수의 주소 값을 알기 위한 주소(&) 연산자
- 구조체 포인터에서 주소의 내용값을 얻기 위한 내용(*) 연산자
- 포인터 변수로 멤버변수에 접근하기 위한 화살(->) 연산자

먼저, 멤버변수 접근을 위한 dot(.) 연산자는 "포인터변수.멤버변수" 형태로 사용하며 포인터 변수가 가지고 있는 멤버변수에 접근할 수 있다.

두 번째, 구조체 변수간의 값을 복사하기 위한 지정(=) 연산자이다. 지정 연산자는 일반적으로 int, float, double 과 같은 기본 자료형의 변수들 간의 값을 복사하는데 사용하는데, 동일하게 구조체 변수에도 사용가능하다. 예로 "Point p1, p2 = {1,1};" 선언문을 통하여 Point 구조체 변수로 p1과 p2(초기값 (1,1))을 선언한 후에 p2의 값 (1,1)을 p1에 복사하는데 "p1 = p2;"와 같이 지정 연산문을 사용한다. 지정 연산문이 실행되고 나면 p1의 x와 y값은 p2와 동일하게 1, 1이 된다.

구조체 변수의 연산 -2

- 구조 변수의 주소값과 포인터 변수: '&', '*'

```
struct Point { int x, y; } p1, *pp;
pp = &p1;
(*pp).x = 100, (*pp).y = 100;
```

- 구조체의 포인터에 의한 member 변수 접근

```
struct Point { int x, y; } p1, *pp;
pp = &p1;
pp->x = 100, pp->y = 100;
```

- 구조체 전체의 비교 연산은 안됨

```
if (p1 == p2) …      if ((p1.x==p2.x)&&(p1.y==p2.y)) …
```

세 번째, 네 번째는 구조체 변수의 주소 값을 얻어오는 주소(&) 연산자와 내용(*)연산자이다. 구조체 변수 역시 변수이므로, 특정 변수의 주소 값을 얻어오는 & 연산자와 그 주소에 들어있는 값을 반환하는 * 연산자 모두 사용가능하다. 위에 보이는 바와 같이 "Point p1, *pp; pp = &p1;" 문장을 실행하면 포인터 pp에는 구조체 변수 p1의 주소 값이 저장된다. 이후 *pp 은 구조체 변수 p1를 의미한다. 즉 p1.x와 (*pp).x은 동일하다.

마지막으로 포인터 변수로 멤버변수에 접근하기 위한 화살(->) 연산자가 있다. 사실 C++ 프로그래밍을 하다보면 포인터를 사용하는 경우가 많다. 앞에서 p1.x와 (*pp).x가 동일하다고 하였는데, (*pp).x로 타이핑하는 것이 p1.x보다 불편하다. 이를 이유로 구조체 포인터에서 편리하게 멤버변수를 접근할 수 있도록 하는 것이 -> 연산자이다. 화살 연산자를 사용하면 (*pp).x 대신 pp->x로 작성가능하다.

한 가지 주의해야 할 점은 구조체 변수들 끼리 비교연산(==)이 되지 않는다는 점이다. 즉, 멤버 변수들끼리의 값이 같은지 여부를 확인하기 위하여 "if (p1 == p2) cout << "same"; "라고 작성한다면 에러이다. 두 구조체 변수 p1과 p2의 값이 동일한지 비교하기 위해서는 '(p1.x==p2.x) && (p1.y==p2.y)'와 같이 각 멤버변수들끼리 값들을 비교하여야 한다.

구조체 변수의 연산 -3

- member 변수를 접근하기 위한 '.', '->' 는 '()', '[]' 와 함께 우선순위가 가장 높다. (::제외)

```
struct Point { int x, int y, int *ip; };
Point p1, *pp=&p1;

++pp->x;          /* x 값 증가 */
(++pp)->x;        /* pp를 증가한 후 x값 접근 */
*pp->ip;          /* ip가 가리키는 정수값 */
*pp->ip++;        /* ip의 정수값 접근후 ip주소 증가 */
(*pp->ip)++;      /* ip가 가리키는 정수값 증가 */
*pp++->ip;        /* ip의 정수값 접근후 pp주소 증가 */
```

또 한 가지 주의할 사항은 연산자의 우선순위이다. dot(.) 연산자나 화살(->)연산자의 우선순위가 아주 높다는 점이다. 수식 "++A.B"의 경우 ++와 . 연산자의 우선순위에 따라 실행 결과 값이 달라진다. 둘 중에 dot(.) 연산자가 우선순위가 높기 때문에 "++(A.B)"로 실행된다. 이는 구조체 변수(또는 객체) A의 멤버변수 B 값을 증가시킨다. 반면 "(++A).B;" 문장은 「A객체를 증가시키고(A 객체의 증가 연산자를 실행하고), 그 결과로 반환된 객체의 멤버변수 B의 값을 의미한다. 이렇게 연산자 우선순위를 어떻게 해석하는가에 따라 수식의 결과 값이 달라진다.

3장에 나오는 연산자 우선순위 표를 다시 한 번 살펴보고, 위 슬라이드의 명령문들의 내용을 직접 해석하도록 하자.

> **TIP** 연산자의 우선순위를 잘 모를 경우에는 괄호 '(', ')' 연산자를 사용하자.

EXERCISE 7-1 구조체 정의 및 사용

Exercise 7-1. 구조체 정의 및 사용

- struct Point를 선언하고 이를 조작하는 다음 3개의 함수를 작성한 다음, main()에서 실행하시오.

•void setPoint(Point &p, int x, int y);
•void print(Point p);
•Point add(Point p1, Point p2);

main() 함수

```
int main()
{
    Point p1, p2, p3;
    setPoint(p1, 10, 10);
    setPoint(p2, 20, 20);
    P3 = add(p1, p2);
    print(p3);
    return 0;
}
```

[15분]

구조체 개념이 확장되어 클래스가 된다. 따라서 구조체(struct)를 이해하고 작성하는 연습은 이후 클래스를 학습하는데 큰 도움이 된다.

이 문제는 앞에서 설명한 Point 구조체를 직접 작성해보고, 이 구조체를 다루는 함수 3가지를 작성하는 것이다. setPoint() 함수는 Point 변수하나와 x, y 값을 입력받아 해당 Point 변수의 멤버변수 x, y에 각각 값을 지정하도록 작성한다.

print() 함수는 Point 변수 하나를 입력 받아, 이 변수가 가지는 정보(x, y값)를 화면에 출력하도록 한다. add() 함수는 Point 변수 두 개 p1, p2 를 입력받아, 두 변수를 더한 값(p1+p2)을 결과 값으로 반환한다. Point 변수끼리 더하는 것은 멤버변수인 x끼리, y끼리 서로 더하는 것이다. 즉, 결과 값인 Point 변수 p3가 있다면 p3.x의 값은 "p1.x+p2.x"이며, p3.y의 값은 "p1.y+p2.y"이다.

7.4 구조체 멤버함수

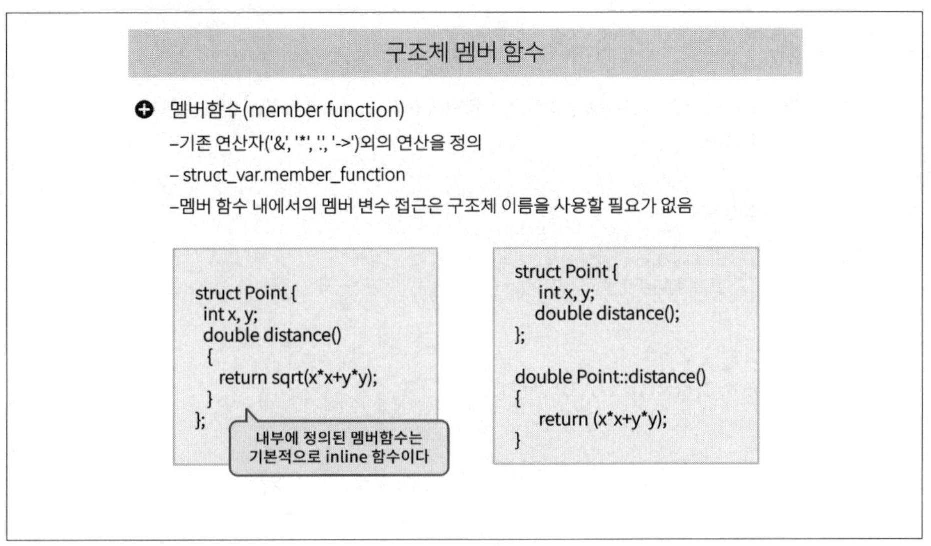

구조체가 순수하게 정보들의 묶음이었던 C와 달리 C++에서는 해당 정보를 다루는 함수들도 구조체 안에 묶을 수 있다. 즉, 구조체 멤버로 변수 외에 함수도 작성가능하다(이 것이 바로 구조체가 클래스와 동등하게 기능이 확장된 점이다).

구조체 내의 함수는 슬라이드에 보이는 것처럼 두 가지 방식으로 정의할 수 있다. 하단 왼쪽에 보이는 코드는 Point 내에 distance() 함수를 완전히 작성하는 방식이며, 오른쪽에 보이는 코드는 Point 내에는 distance() 함수의 선언부분("double distance();")만 있으며, 함수의 구현부분(함수 body)은 Point 구조체 선언 밖에 별도로 정의하는 방식이다. 후자의 경우 일반적으로 Point 구조체 선언은 헤더파일(Point.h)로 저장하고, 함수 구현부분("double Point::distance() { return (x*x+y*y); }")은 소스파일(Point.cpp)로 저장한다.

구조체 내의 멤버함수에서 구조체 멤버변수를 접근할 때는 구조체 객체를 표시하지 않고, 멤버변수 이름을 직접 사용한다. 이는 외부에서 우리집 강아지를 부를 때 "누구네.해피"라고 하지만, 우리집 안에서는 "해피"라고 부르는 것과 유사하다.

TIP 구조체 선언은 헤더파일(.h)에, 멤버함수 정의는 소스파일(.cpp)에 작성하자.

EXERCISE 7-2 구조체 멤버함수

Exercise 7-2. 구조체 멤버함수

- 사각형(Rect) 구조체를 정의하고, 사각형의 중점과, 넓이를 구하는 *멤버함수*를 정의하라

-멤버함수

```
Point Rect::center();
long Rect::area();
```

-입력: 1 1 5 5

-출력: Center Point is (3,3), Area is 16.

[15분]

요구사항을 만족하는 구조체 Rect를 정의해보자. 이 구조체에 들어갈 멤버변수는 무엇인가? 또한 구조체내에 정의할 멤버함수는 어떤 것이 필요한가?

위 문제에서 입력되는 값들인 1, 1, 5, 5는 xy좌표계에서 사각형의 왼쪽 하단의 점 (1,1)과 오른쪽 상단의 점 (5,5)으로 판단된다. 즉, (1,1)-(5,5)로 만들어지는 사각형에서 그 가운데 점 (3,3)을 구하고, 사각형의 면적 16을 구하는 문제이다.

구조체 Rect의 멤버함수를 외부에 정의할 때는 Point Rect::center()처럼 선언하지만, Rect 변수를 선언하고, 이 변수의 center() 함수를 호출할 때는 다음 예와 같이 dot(.) 연산자를 사용한다.

```
Rect myRect;
myRect.x1 = 1; myRect.y1 = 1;
myRect.x2 = 5; myRect.y2 = 5;
Point p1 = myRect.center();
cout << "Area: " << myRect.area();
```

7.5 자료형 선언(typedef)

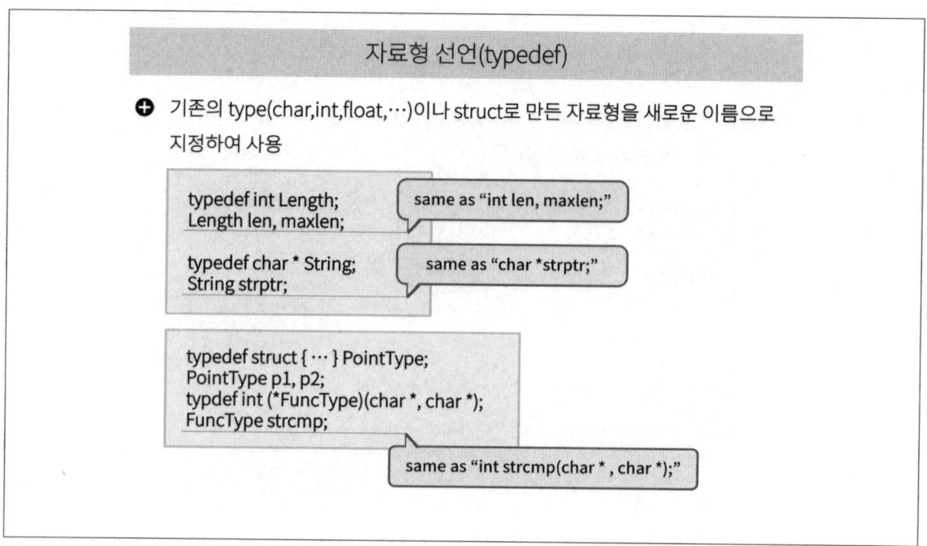

기존의 기본 자료형(char, int, float, ...)이나 사용자가 정의한 구조체의 이름을 다르게 바꾸어 사용할 수 있도록 하는 것이 **typedef** 이다.

위에 보이듯이 "**typedef int Length;**" 로 선언하면, 컴파일러는 **int**의 자료형과 동일한 효과를 가지는 **Length** 자료형을 새로 만든다. 즉, **int**와 **Length**는 같은 자료형이 된다.

"**Length len, maxlen;**"라고 선언하는 것은 "**int len, maxlen;**" 선언하는 것과 동일하다.

이렇게 **typedef**를 이용하여, 자료형의 다른 이름을 새로 정의하여 사용하는 것은 소스코드가 좀 더 이해하기 쉽도록 작성하기 위해서다. 같은 **int** 자료형이더라도, 이것이 넓이(Length)의 의미로 사용되었는지, 또는 온도(Degree)의 의미로 사용되었는지 그 이름으로 쉽게 판단할 수 있기 때문이다.

또한 좀 더 복잡하게 정의된 함수에 대한 자료형도 슬라이드에 보이는 바와 같이 선언하여 사용할 수 있다.

7.6 유니온(union)

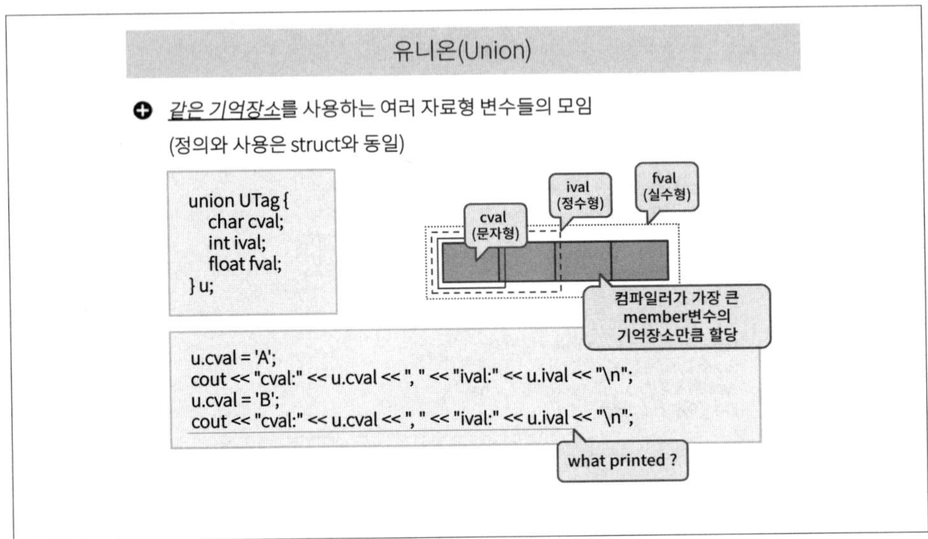

구조체와 유사한 형태로 유니온(union)이 있다. 구조체의 멤버 변수들은 모두 별도의 기억공간을 차지하는 독립적인 개체이다. 이에 반하여 유니온의 멤버 변수들은 이름과 자료형은 다르지만 모두 같은 기억장치를 공유한다.

슬라이드의 예에서 유니온 UTag 내에 선언된 cval, ival, fval은 각기 자료형과 이름이 다르지만, 같은 기억장치를 공유한다. 즉, cval의 값을 바꾸면 ival과 fval의 값도 바뀌게 된다. 슬라이드의 코드를 실행하면 u.cval 값을 변경하였는데, u.ival 값도 같이 바뀌게 됨을 볼 수 있다.

```
cval:A, ival:65
cval:B, ival:66
```

7.7 비트 필드(Bit Fields)

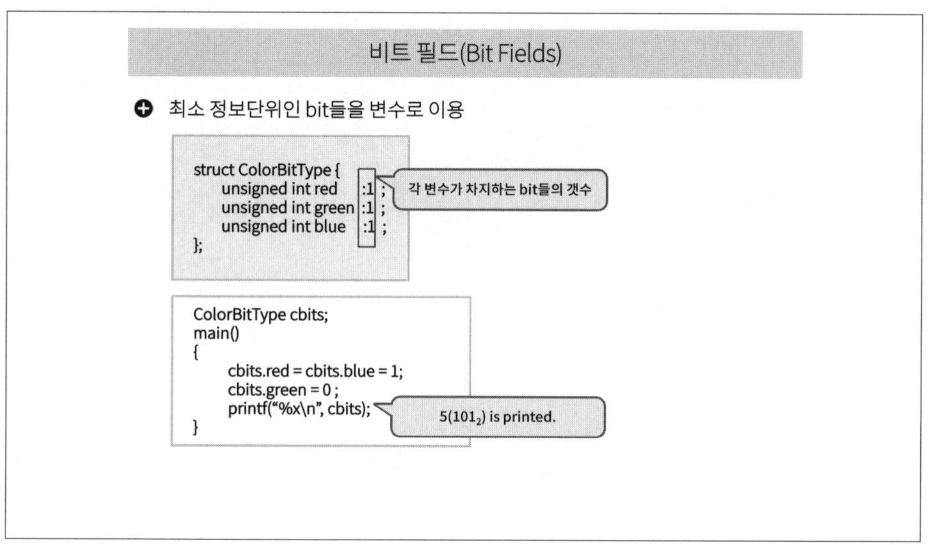

구조체의 특수한 사용 예로 비트 필드에 대하여 살펴보자. C 언어는 고수준(High level) 언어이지만, 하드웨어 제어와 같은 저수준(Low level)의 기능도 수행할 수 있다. 특히 내장형 시스템(embedded system)에 들어가는 프로그램들은 대부분 C로 작성하는데, 각종 센서나 기기들을 제어하기 위하여 bit 단위의 정보 조작과 연산들을 많이 수행한다. 이를 위하여 구조체에 들어가는 멤버 변수들의 기억공간을 비트단위로 할당할 수 있다.

슬라이드의 예를 보면 구조체 ColorBitType에는 멤버변수로 red, green, blue가 선언되어 있고, 이들은 모두 unsigned int 자료형이다. 비록 각 멤버변수의 자료형이 unsigned int이지만, 해당 멤버변수의 크기는 이름 뒤에 지정된 비트 필드(" : 1")에 따라 1비트 크기의 메모리 공간으로 제한된다. 즉, red, green, blue 모두 1비트를 차지하게 된다.

슬라이드의 샘플 코드를 실행하면 red가 기억장소에서 가장 끝 위치(2^0)의 bit이며, 그 다음 자리(2^1)가 green, 그 다음 자리(2^2)가 blue이다. blue와 red가 1이며, green이 0이면 위 순서대로 비트 형태가 101이며, 이는 십진수로 5이다. (이렇게 되는 것은 현재 사용되는 대부분의 PC가 리틀엔디안 방식이기 때문이며, 빅엔디안 시스템에서는 다른 결과 값이 출력된다.)

Chapter

08

What is Object-Oriented?

8. What is Object-Oriented?

Chapter 8

What is Object-Oriented?

C 언어와 달리 C++나 JAVA와 같이 요즘 많이 사용되는 언어들은 대부분 객체지향 언어이다. C++는 C 언어를 토대로 하고 있지만, C 언어에 객체지향 개념들을 지원할 수 있도록 개발된 언어이다.

이 장에서는 "객체지향(Object-Oriented)"의 기본 개념과 용어에 대하여 살펴본다. 이러한 개념과 용어들은 C++뿐만 아니라, JAVA, Python과 같은 다른 객체지향 언어들에도 그대로 적용된다.

8.1 객체지향 - Object Orientation

객체지향 – Object Orientation

- 객체 (Object) ?
  - -실 세계에 존재하는 것
  - -관념적인 개체
  - -state와 behavior로 표현됨
- state
  - -객체의 현재 상태: person object (name, age, …)
- behavior
  - -객체가 상태를 바꾸거나, 기능을 제공하는 방법
  - -person object (work, sleep, …)

먼저 객체(Object)에 대하여 알아보자. 객체는 실세계(real world)에 존재하는 것으로 우리가 보는 책상, 자동차, 컴퓨터, 집, 고양이 같은 것들이 모두 객체이다. 도서관에서 책을 "대출"한 것이나, 극장에서 표를 "예매"한 것과 같이 눈에 보이지 않는 관념적인 것도 객체가 될 수 있다. 객체는 정보(state)와 행동(behavior)를 가진다. 정보는 객체의 현재 상태를 나타낸다. 예로 우리 집에 있는 고양이인 **navi** 를 객체로 본다면, 이 **navi** 객체의 **state** 는 "이름: 나비", "나이: 2살", "몸무게: 5kg" 등이 될 것이다. 이 **navi** 객체는 행동을 할 수 있다. 예로 "뛸(run)" 수 있고, "잠잘(sleep)" 수 있고, "소리낼(mew)" 수 있다.

이렇듯 세상의 모든 것은 객체가 될 수 있고, 이 객체들은 정보와 행동을 가진다.

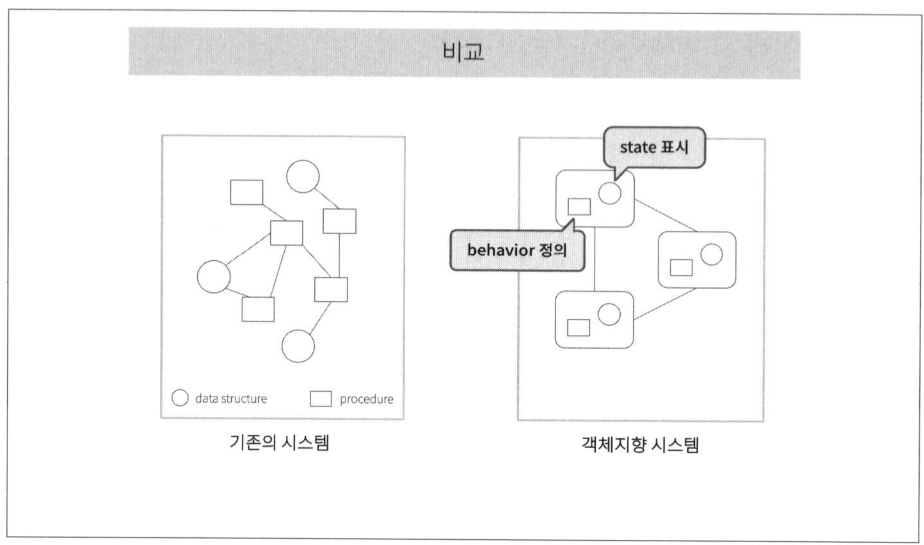

C 언어와 같은 구조적 프로그래밍 기법에서는 프로그램을 정보(data)와 이를 처리할 함수(procedure)로 구성된 것으로 간주한다. 즉, 프로그램은 "**data 와 procedure** 들의 집합"이다. 이에 비해, 객체지향 프로그래밍 기법에서는 프로그램은 "객체들의 집합"으로 구성되며, 프로그램 실행은 "객체들의 상호작용"이다.

따라서 구조적 프로그래밍에서는 프로그램을 작성할 때 어떤 데이터가 필요하고, 이 데이터를 처리하는 함수를 어떻게 작성할 지를 생각하게 된다. 물론 객체지향 프로그래밍에서도 데이터와 이를 처리할 함수는 중요하다. 그러나, 객체지향에서는 데이터와 함수를 따로 생각하는 것이 아니라, 이 둘을 같이 묶어서 특정 "역할(Role)"을 담당하게 될 객체를 먼저 생각해야 한다.

식당을 시뮬레이션(simulation)하는 프로그램을 작성할 때 구조적 프로그래밍에서는 식당 업무에 관련된 데이터–메뉴, 주문, 식재료, 테이블정보, 계산 등에 대한 것을 나열하고, 식당 업무 관련 함수들–주문하다, 요리하다, 계산하다, 서빙하다를 작성한다. 객체지향 프로그래밍에서는 먼저 식당 관련 객체를 먼저 찾아낸다. 요리할 "주방장", 홀 서빙을 담당할 "웨이터", 계산을 담당하는 "계산원", 주방 보조를 담당할 "주방보조원" 등의 객체를 먼저 생각하고 이들 객체에게 업무에 필요한 **state**와 **behavior**를 지정한다.

8.2 객체지향의 기본적 개념

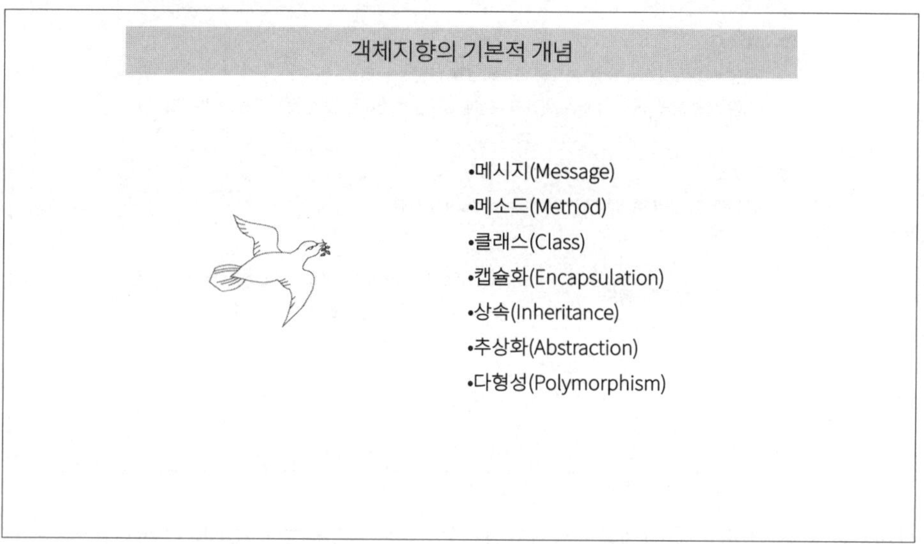

객체지향 프로그래밍 기법에서 사용하는 주요 개념들은 위 슬라이드에 보이는 바와 같다. C 언어로 객체지향 프로그래밍 기법을 흉내 내어 프로그램을 작성할 수 있으나 C 언어를 객체지향 프로그래밍 언어라고 말하진 않는다. 이는 위에 나열된 객체지향 개념들을 C 언어에서 직접적으로 지원하지 않기 때문이며, 반대로 C++나 JAVA를 객체지향 언어라고 부르는 것은 위 개념들을 언어에서 직접적으로 지원하기 때문이다.

메시지와 메소드

- 메시지
  - -특정 객체에 기능수행을 요구하거나 정보를 전달하는 것
  - -기존 시스템의 procedure call과 비슷 (메소드를 호출하는 것이 메시지를 보내는 것)

- 메소드
  - - 메시지에 따라 객체가 수행하는 procedure를 지칭

```
stack.push(a);
```

⇨ stack 객체에 push라는 메소드를 수행하라는 push 메시지를 전달 (a를 인자로 하여)

객체지향 관점에서 프로그램은 "객체들의 집합"이며, 프로그램 실행은 "객체들의 상호작용" 이라고 설명하였다. 이때 객체들의 상호작용이라는 것은 특정 객체가 어떤 작업 처리가 필요할 때 이 일을 실행할 수 있는 객체에게 작업 수행에 대한 "요청메시지"를 보내고 그 결과를 받는 것을 의미한다.

예로 앞에서 언급한 식당 시뮬레이션 프로그램에서 손님이 웨이터에게 요리를 주문할 경우, "손님" 객체는 "웨이터" 객체에게 "요리주문하다" 메시지를 보내는 것으로 볼 수 있다. "웨이터" 객체는 "요리주문하다" 메시지를 받아서 이에 대한 적절한 행동(behavior)을 하게 된다. 이 행동을 객체의 메소드(method)라고 말한다. 일반적으로 요청메시지와 이를 처리하는 메소드의 이름은 동일하다. 즉, "요리주문하다" 메시지를 처리하는 메소드의 이름은 "요리주문하다"이다.

이때 주의하여야 할 점은 "웨이터" 객체는 "요리주문하다" 메시지를 처리할 수 있는 "요리주문하다" 메소드를 가지고 있어야 한다는 점이다. 즉, "손님" 객체는 이 메소드를 가지고 있지 않은 "계산원" 객체에게 "요리주문하다" 메시지를 보내서는 안 된다.

특정 객체에 메시지를 보내는 방법은 "객체이름.메시지이름(인자)" 형태이다. 즉 "웨이터(aWaiter)" 객체에게 "요리주문하다(orderFood)" 메시지를 보내는 명령문은 C++언어에서 "aWaiter.orderFood(foodName)"이다.

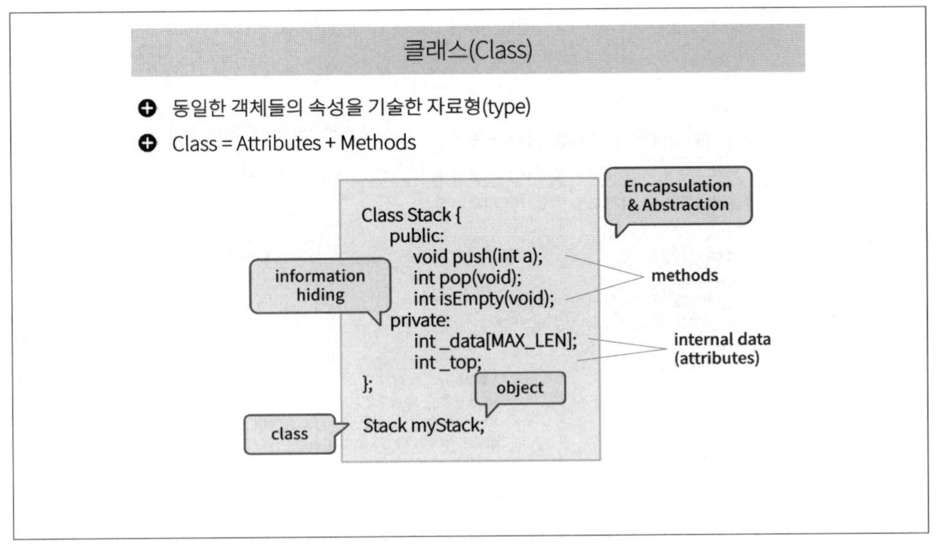

프로그램이 "객체들의 집합" 이라면, 프로그래밍은 객체들을 만드는 작업으로 볼 수 있다. 메모리를 차지하고, 실행될 수 있는 메소드를 가지고 있는 객체는 한 프로그램 내에 몇 개 일수도, 또는 몇 천개, 몇 만개가 될 수도 있다. 이들을 모두 하나하나 따로 작성해야 된다면, 객체지향 프로그래밍 작업은 속된 말로 "노가다" 일수 밖에 없다. 다행히 프로그래머는 객체를 하나씩 따로 만들지 않으며, 틀을 만들어 이를 통하여 객체를 생성한다. 즉, 붕어빵 장수가 붕어빵을 하나하나씩 빚어서 만드는 것이 아니라, 붕어빵 틀을 먼저 만들고(또는 구하고) 이를 이용하여 붕어빵을 필요한 만큼 찍어내는 것처럼, 프로그래머는 클래스(붕어빵틀)를 작성하고 이를 통하여 객체(붕어빵)를 생성한다.

위 슬라이드에 C++ 로 Stack 클래스를 선언한 예가 보인다. 클래스 선언 문법과 의미는 다음 장에서 상세히 살펴보게 될 것이며, 여기에서는 클래스의 대략적인 모습을 기억하자. 클래스에는 객체가 가져야 할 정보(state)를 위한 변수 _data, _top이 선언되어 있으며, 행동(behavior)을 표현하기 위한 함수가 선언되어 있다. 마지막에 있는 선언문이 "Stack" 클래스를 이용하여 "myStack" 이름의 객체를 찍어낸다(정의한다).

NOTICE 객체지향 프로그래밍은 프로그램에서 필요한 여러 객체들을 생성하기 위한 "클래스들을 만드는 작업"이다.

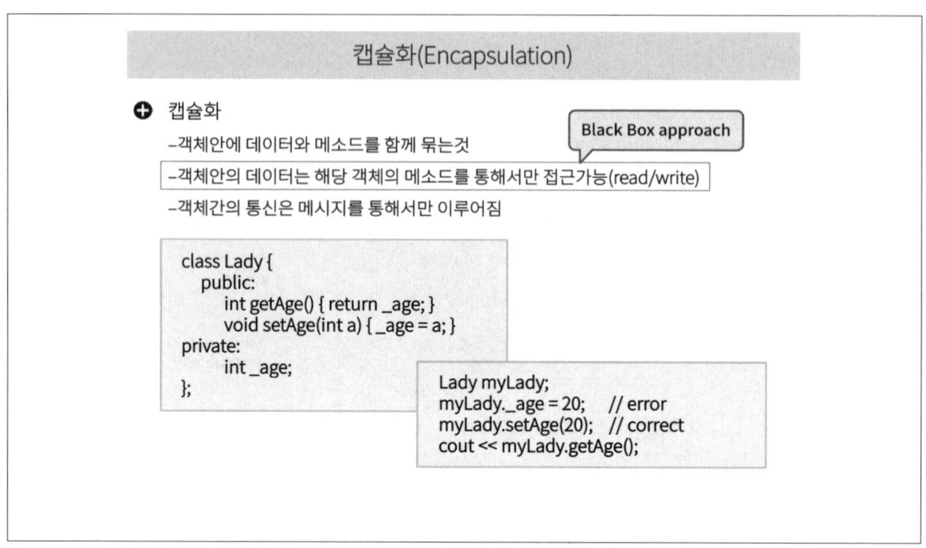

캡슐화는 객체 안에 데이터(state)와 메소드(behavior)들 함께 묶는 것을 의미한다. 이를 객체 안에 묶기 위해서는 객체를 생성하는 틀인 클래스 안에 데이터와 메소드를 선언한다. 데이터는 멤버변수(member variable)로 선언되며, 메소드는 클래스 내에 멤버함수(member function) 형태로 선언된다. 멤버함수의 구현(implementation or body) 부분은 클래스 내부에 정의하거나, 또는 클래스 밖의 소스파일(.cpp)에 별도로 정의한다. 클래스 안에 멤버변수만 정의되어 있다면, C 언어의 구조체(structure)와 동일하다고 볼 수있다. (단, class와 struct는 기본 접근제한자가 다름)

일반적으로 멤버변수는 접근제한을 private으로, 멤버함수는 접근제한을 public으로 설정한다. 이는 외부에서 특정 객체의 내부 데이터를 직접 접근하게 되면 프로그램 코드의 유연성이 떨어지고, 객체들 간의 복잡도가 높아지기 때문이다. 즉, 객체지향 프로그래밍 기법에서는 객체안의 데이터를 외부에 감추고, 이를 접근(read/wirte)하기 위해서는 set함수, get함수를 사용하도록 권장하고 있다. 슬라이드의 Lady 클래스에서 내부변수인 _age의 접근 제한을 private으로 설정하면, "myLady._age = 20;" 같이 외부에서 myLady객체의 _age에 직접 접근할 수 없다. _age를 읽거나 쓰기 위해서는 getAge() 함수나 setAge() 함수를 사용하여야 한다. 이와 같이 내부 데이터를 감추는 것을 "information hiding"이라고 말한다.

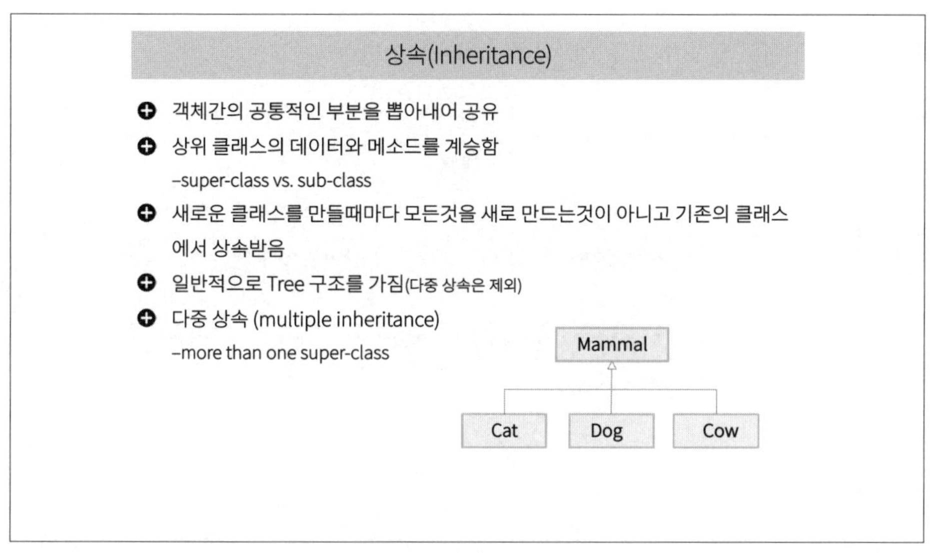

객체지향 프로그래밍에서 빼놓을 수 없는 특징이 바로 상속이다. 상속은 클래스들의 관계(relationship)이다. 상속관계에서 한 클래스는 부모(parent)이며, 다른 한 클래스는 자식(child)이다. 즉, 상속관계는 **parent-child** 관계이다. 유사한 말로 **super-sub** 관계, **base-derived** 관계라고도 말할 수 있다.

A, B 클래스가 상속관계이면, 자식 클래스(B)는 부모 클래스(A)의 멤버변수와 멤버함수를 모두 물려받는다. 즉, 클래스 B에 의하여 생성된 객체 b는 A에 선언된 모든 멤버변수와 멤버함수를 그대로 사용할 수 있다. 이는 객체 b는 A의 역할(role)을 수행할 수 있음을 의미한다. 슬라이드 우측하단에 있는 클래스 다이어그램은 4개의 클래스들 간의 관계를 나타낸다. 실선과 빈 삼각형표시로 상속관계를 표시하는데(삼각형 끝 부분이 parent 이다), **Cat**, **Dog** 클래스는 **child** 역할이며, **Mammal**은 **parent** 역할임을 알 수 있다. 이때 추가로 **Cow** 클래스를 작성한다고 가정할 때 **Cow** 클래스에서 포유동물로서의 특징와 행동은 모두 **Mammal**에 있는 것을 물려받고, **Cow**로서의 고유한 특징과 행동만 **Cow**클래스에 선언하면 된다. 즉, 새 클래스를 만들 때 모두 처음부터 작성하는 것이 아니라, 기존에 유사한 클래스가 있다면 이로부터 상속을 받아 작성한다.

상속관계에서 주의해야 할 점은 "**is-a**" 관계가 되어야 한다는 점이다("Cat" is-a "Mammal"). 엔진(Engine)과 자동차(Car)는 상속관계가 아니다(not "is-a").

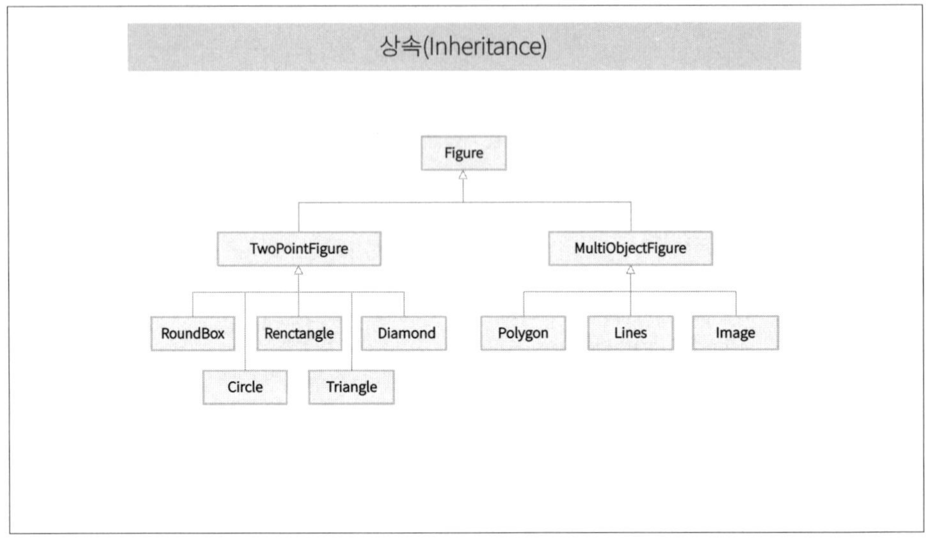

슬라이드의 그림은 그래픽 편집 프로그램에 필요한 클래스들 간의 상속 관계도이다. 파워포인터와 같은 프리젠테이션 프로그램에는 사각형, 삼각형, 원과 같은 여러 도형들을 편집할 수 있는 기능들이 있다. 이러한 도형 편집기능을 구현하기 위해서는 화면에 보이는 도형들을 객체로 생성할 수 있도록 클래스를 작성하여야 한다. 즉, 사각형을 대표할 **Rectangle** 클래스, 삼각형을 위한 **Triangle** 클래스, 원을 표현하기 위한 **Circle** 클래스 등이 필요하다. 슬라이드의 클래스다이어그램에서는 각 도형을 대표하는 클래스(RoundBox, Circle, Rectangle, Triangle, Diamond, Polygon, LInes, Image)들을 두 점(왼쪽상단, 우측하단)으로 표현 가능한 **TwoPointFigure**와 두 점 이상의 정보가 필요한 **MultiObjectFigure**로 분류하고, 이들을 모두 **Figure** 클래스로 추상화하였다. 이렇게 상속관계는 클래스들을 동일한 개념으로 분류하고, 상위 개념으로 추상화하는데 사용되기도 한다. 이에 관련된 자세한 내용은 "객체지향소프트웨어 설계" 서적을 참조하기 바란다.

이 관계에서 **Circle** 객체는 **Circle** 역할을 하면서 동시에 **TwoPointFigure**이며, 또한 **Figure** 이기도 하다. 즉 한 객체가 여러 역할(Role)을 담당할 수 있으며, 이는 객체지향 관점에서 아주 자연스럽다. 저자인 "나"는 "남자" 역할을 하면서 가정에서 "남편"이기도 하고, 아이에게는 "아빠"이기도 하다. 또한 부모님에게는 "자식" 역할도 담당한다.

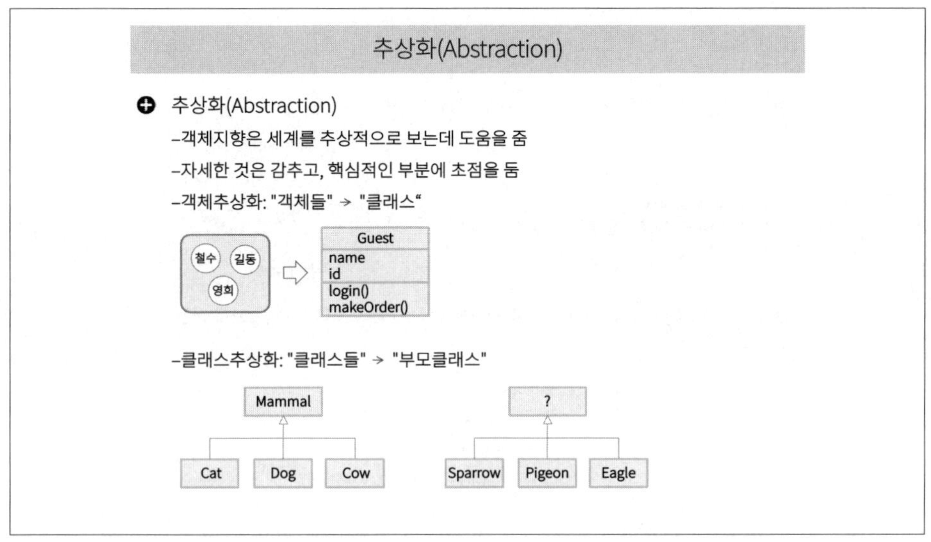

추상화는 세세한 부분에 집중하는 것이 아니라, 여러 개체(entity)들의 공통 요소들을 식별하여 핵심적인 부분만 추려내는 것을 의미한다. 소프트웨어를 개발하는 작업은 복잡한 작업이다. 특히 개발되는 프로그램 기능과 크기가 한 사람이 다룰 수 없을 정도로 복잡해지는 요즘에는 더욱 더 프로그램의 복잡도(complexity)를 줄이는 방법이 필요하다.

객체지향 프로그래밍 기법의 가장 큰 장점중의 하나가 추상화(abstraction)를 이용하여 복잡도를 줄이는 것이다. 객체지향 프로그래밍에서 두 가지 측면에서 추상화를 지원한다.

먼저, 금융 시스템의 손님인 "철수", "영희", "길동" 객체들에서 시스템에 필요한 공통 요소들을 식별하여 Guest 클래스를 만드는 것과 같이, 여러 객체들을 공통으로 묶을 수 있는 정보와 행동을 식별하고 추상화하여 클래스를 만드는 것이다. 각 손님들의 버릇이나, 외모와 같이 금융 시스템에 불필요한 점은 배제하고, 이름이나 아이디, 계좌번호 같은 필요한 요소들만 추려내어 클래스로 추상화하는 것이다.

두 번째 추상화는 상속과 관련된 것으로, 추상적 개념으로 클래스(Abstract class)를 만들고 이를 통하여 구체적 클래스(Concreate class)들을 같은 개념으로 묶는 것이다. 예로 슬라이드에 Cat, Dog, Cow의 공통 요소들을 뽑아내어 추상적인 Mammal 클래스를 만들고, 이와 상속 관계를 맺는다. 이렇게 함으로써 Cat 객체, Dog 객체, Cow 객체들을 각각 다른 종류의 객체들이 아니라, 모두 Mammal 객체들로 간주하여 다룰 수 있다.

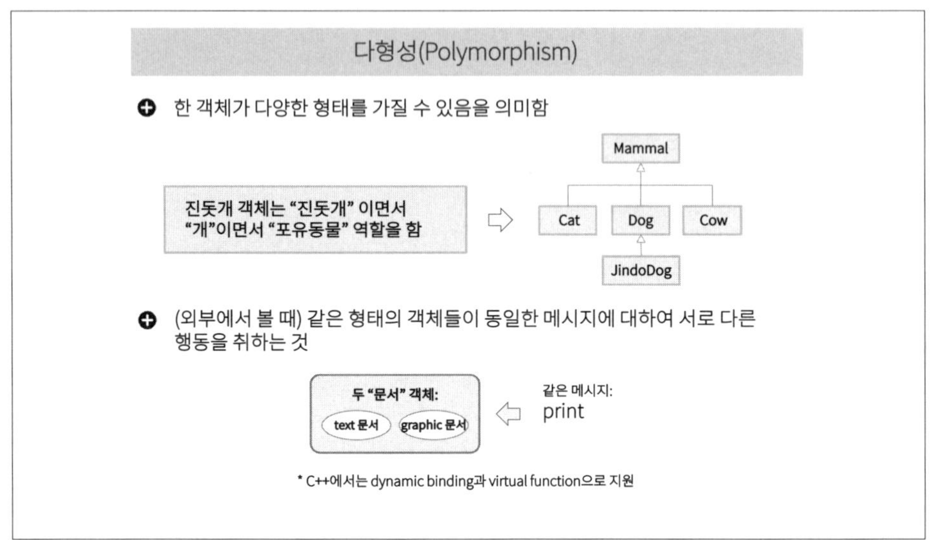

다형성(polymorphism)은 "수가 많은(poly)"과 "형태(morphism)"의 합성어로, 한 객체가 여러 형태(역할)를 가질 수 있음을 의미한다. 상속관계에서 살펴보았듯이 한 객체는 여러 가지의 형태(역할)을 가질 수 있다. 슬라이드에 보이는 클래스 다이어그램에서 JindoDog 객체는 JindoDog 객체이면서 Dog 객체이고, Mammal 객체이기도 하다. 즉 한 객체는 상속관계에 있는 모든 클래스의 역할을 그대로 물려받는다.

객체가 다형성을 가진다는 점은 프로그램의 복잡도를 줄이는 데 큰 도움이 된다. 예로 Text문서 객체와 Graphic문서 객체가 있다고 가정하자. 이 두 객체는 "문서" 클래스에서 상속받은 "Text문서" 클래스와 "Graphic문서" 클래스에서 생성된 객체라고 한다면, 이 두 객체는 "문서" 객체이기도 하다. 즉, 외부에서는 이 두 객체를 세세하게 구분하지 않고, 그냥 문서 객체로서 간주하고 다루면 된다. 만일 Text문서 객체와 Graphic문서 객체를 프린터에 출력하는 프로그램 코드가 다르다면 이 경우에도 두 객체를 구분할 필요가 없다. print 메시지에 대하여 두 문서 객체는 서로 다른 print 메소드가 호출되기 때문이다.

이에 대한 자세한 내용은 12장에서 학습하도록 하자.

8.3 객체지향의 이점

객체지향의 이점

- 객체단위로 생각하는 것이 사람에게 자연스럽다 (실세계 반영이 쉽다)
- 객체가 함수보다 좀더 안정적이다
- 재사용성(Reusability)이 높다
- 유지보수(Maintenance)가 용이하다

객체지향 기법은 소프트웨어의 복잡도 (Complexity)를 줄이는 데 큰 도움이 됨

객체지향 기본 개념들에 대하여 살펴보았다. 객체지향 프로그래밍 기법을 사용함으로써 얻는 이점은 다음과 같다.

1) 함수나 데이터 위주가 아니라 객체단위로 프로그램을 생각하기 때문에 현실(real world) 반영이 쉽다. 즉, 현실은 함수나 데이터가 아니라 객체와 이들 간의 상호작용으로 이루어져 있다. 이를 그대로(또는 유사하게) 프로그램 내부 설계에 반영할 수 있다.
2) 객체가 함수보다 더욱 신뢰성이 있고 안정적이다. 함수는 외부 함수나 데이터와 많이 연결되어 있어 외부 의존성이 높은데 비하여, 객체는 같은 기능을 위한 함수나 데이터를 한곳에 모아놓기 때문에 독립성이 상대적으로 높고 안정적이다.
3) 객체의 독립성이 높은 편이기 때문에 다른 프로그램에서 재사용이 가능하다.
4) 또한 객체의 독립성이 프로그램을 디버깅하거나 기능 확장을 하는 데에도 큰 도움이 된다.

결론적으로 객체지향 기법의 가장 큰 장점은 소프트웨어의 복잡도(Complexity)를 줄이는데 있다.

EXERCISE 8-1 클래스 모델링

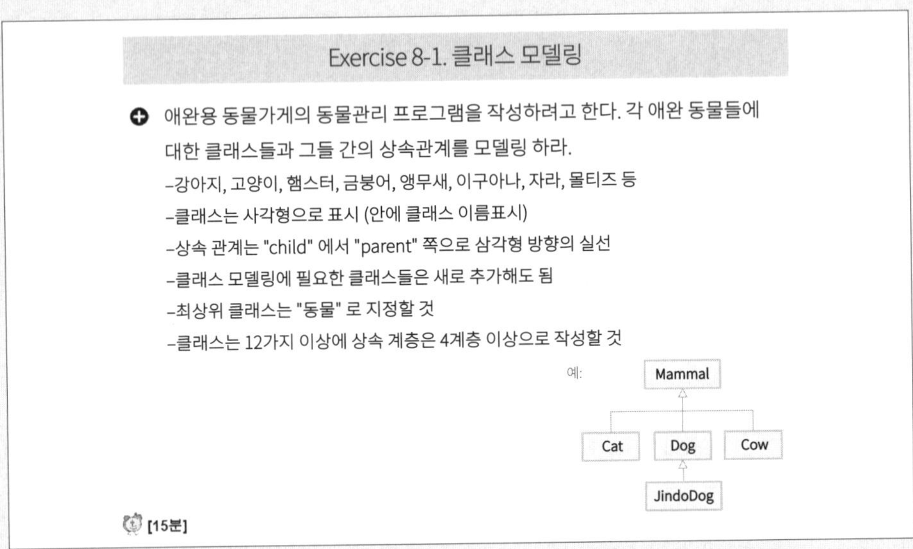

빈 용지에 클래스다이어그램을 그려보자. 클래스 다이어그램은 전 세계 프로그래머들 간의 약속되어 있는 국제 표준이다. 사각형은 클래스를 의미하고, 클래스들 간의 관계는 실선으로 표시한다. 상속관계는 비어있는 삼각형을 실선 위에 그리는데, 그 뾰족한 부분은 부모 클래스 쪽에 둔다. 제대로 그려진 클래스 다이어그램은 소스코드를 보지 않고도 개발자의 의도를 명확하게 전달한다.

이 연습문제에서는 동물관리 프로그램 내에 사용될 동물 클래스들을 식별하고, 클래스들 간의 상속관계를 그림으로 그리는 것이다. 정답이 정해져 있는 것이 아니므로 마음껏 그려보기 바란다.

Chapter

09

CLASS

9. CLASS

Chapter 9

Class

C++를 객체지향 언어로 말할 수 있는 것은 바로 클래스(class) 때문이다. C++는 C 언어에 클래스를 추가한 것이라고 말할 수 있다. 이 클래스 개념과 사용은 JAVA와 같은 타 객체지향 언어에도 대부분 유효하다.

앞 8장에서 클래스 개념에 대하여 간략히 살펴보았는데, 이 장에서는 C++ 언어의 클래스에 대하여 상세히 알아보도록 하자.

9.1 Class란?

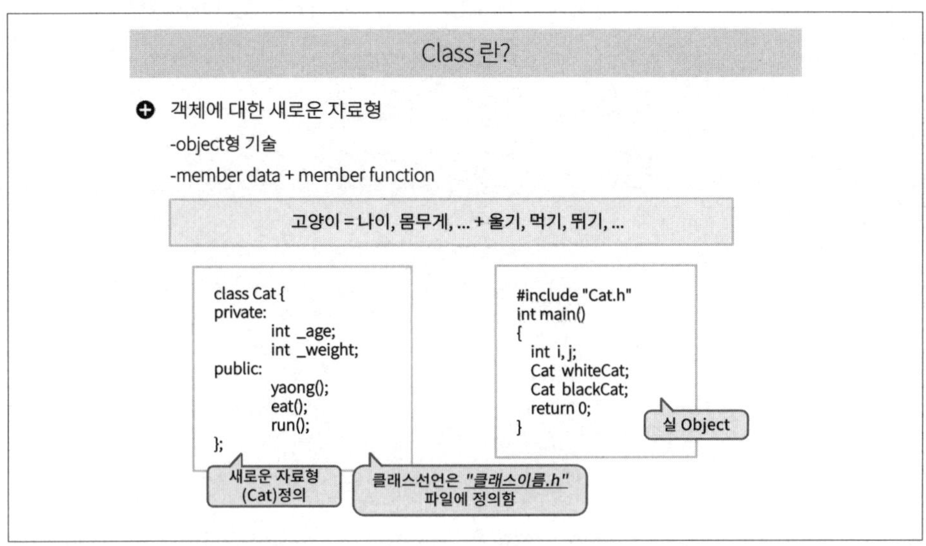

프로그래밍 관점에서 클래스(class)는 객체에 대한 새로운 자료형(data type)이다. 즉, **int**, **float**, **double**과 같이 변수를 선언하는데 사용되는 자료형이다. 단지, 그 자료형의 내부 구조(멤버변수와 멤버함수)가 미리 지정되어 있지 않고, 프로그래머가 작성한다는 점이 다르다.

Cat 클래스(자료형)를 정의하고 이를 이용하여 객체(변수)를 선언한다. 이때 주의해야 할 점은 프로그램이 실행될 때 **Cat** 클래스 자체는 메모리를 차지하지 않으며, 선언된 객체(변수)들이 메모리를 가진다는 점이다. **Cat** 클래스는 "붕어빵틀"일 뿐이며, "붕어빵틀"에 의해 만들어진 "붕어빵"이 실제 상품으로서 가치를 가지듯이, 실제 프로그램 내에서 동작하는 것은 **Cat** 클래스에 의하여 생성된 객체(변수)이다. 슬라이드 예에서 **Cat** 클래스는 메모리를 차지하지 않는다. 객체인 **whiteCat**, **balckCat**이 메모리를 가지며, 각 고양이 객체가 별도의 **_age**, **_weight**를 가진다.

NOTICE 프로그램 실행 시 클래스는 메모리를 차지하지 않으며, 선언된 객체들이 메모리를 가지며 실행된다. (클래스용 변수와 함수는 개별적으로 존재)

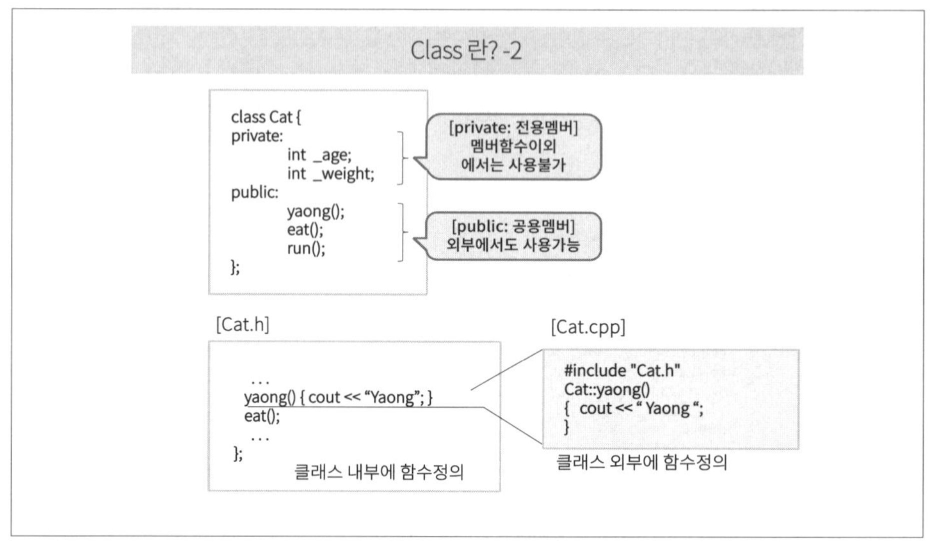

C++ 클래스 안에는 변수와 함수를 선언하고 정의한다. 변수와 함수는 접근 제한자(access specifier) - private, protected, public - 영역 안에 선언된다. 접근 제한자 영역은 "접근 제한자:"이 선언된 이후부터, 그 다음 접근 제한자가 선언되기 전까지이다.

일반적으로 멤버변수는 private이나 protected로 선언하며, 멤버함수는 public으로 선언한다. protected 접근 제한자는 자신과 후손 클래스만 접근 가능하게 지정하는 것으로 "상속"을 배울 때 자세히 살펴보도록 하자.

선언된 멤버변수는 틀로만 존재하기 때문에, 객체가 생성되기 전까지 메모리를 차지하지 않으며, 초기 값을 지정하지 못한다.

멤버함수의 경우에는 클래스 선언 내부에 함수의 구현체(body)를 작성하거나, 또는 클래스 내부에는 함수 프로토타입 선언만 넣어두고 구현체(body)는 외부 구현 소스파일(.cpp)에 따로 작성하기도 한다.

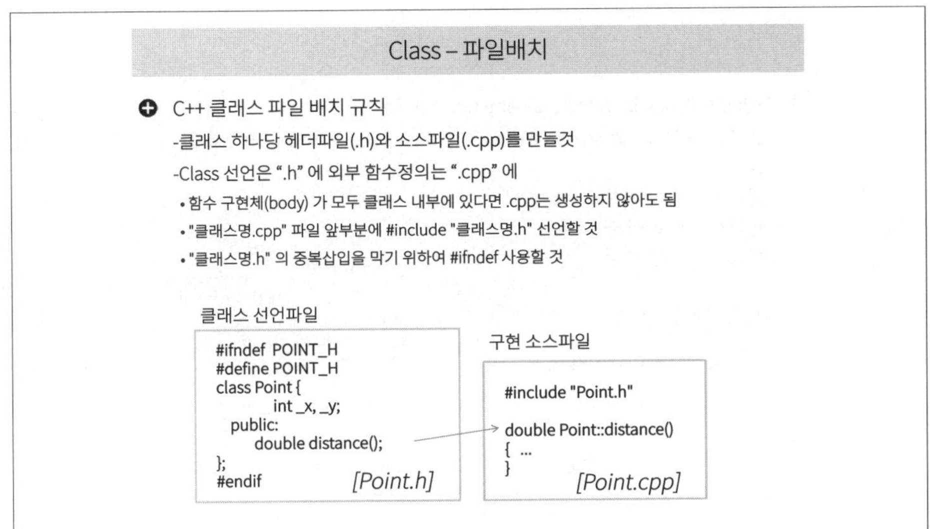

기본적으로 클래스 하나 당 헤더파일(.h)와 소스파일(.cpp) 하나를 생성한다. 예로 프로그램을 실행하는 데 필요한 클래스가 10개라고 한다면 각 클래스 이름별로 헤더파일과 소스파일을 생성하여 총 20개의 파일을 생성한다. 여기에 첫 실행되는 main() 함수를 포함하는 메인 소스파일(.cpp)을 하나 더 추가하여 최종 파일 수는 21개이다. 클래스에 따라서 소스파일이 필요하지 않은 경우(모든 함수 구현을 클래스 선언 안에 작성했을 때)도 있어서 이럴 경우 실제 파일 수는 21개보다 적다.

슬라이드의 예처럼 Point 클래스에 대하여 Point.h와 Point.cpp를 생성한다. Point클래스를 선언하는 Point.h 파일에는 "class Point { ... };"을 작성하고, 중복 삽입을 막기 위하여 "#ifndef POINT_H #define POINT_H ... #endif"를 사용한다.

Point클래스의 distance() 함수 정의는 Point.cpp 파일에 작성한다. Point.cpp에 멤버함수를 작성하기 위해서는 Point 클래스 선언정보가 필요하다. 그러므로 Point.cpp 앞부분에 "#include "Point.h""를 선언한다. #include 지시자에서 <Point.h>가 아니라 "Point.h"라고 작성한 것은 이 파일이 표준 헤더파일이 아니라, 현재 프로젝트 내에서 작성된 파일임을 의미한다. 이처럼 Point 클래스를 사용하는 모든 외부 파일(.h, .cpp)에는 앞부분에 "#include "Point.h""를 선언하여야 한다.

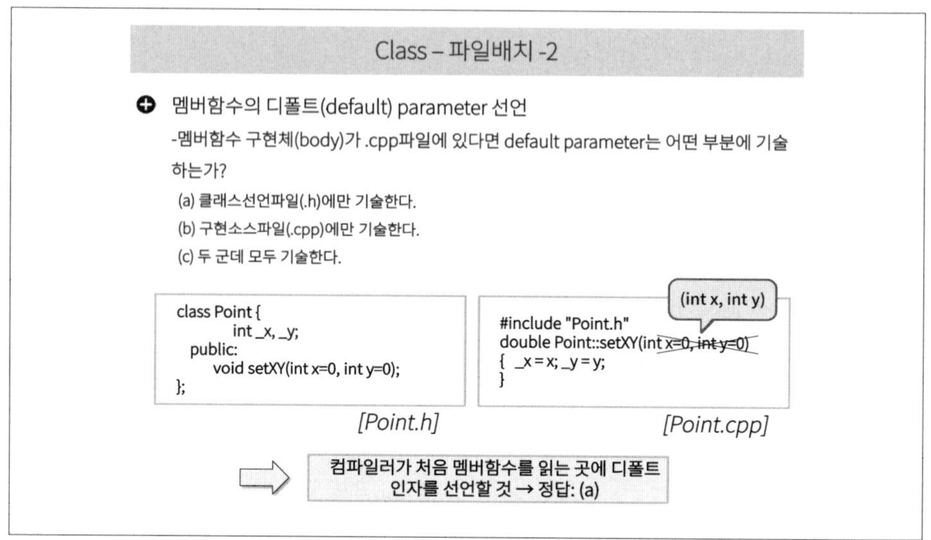

C++에서는 함수 인자의 기본 값(default parameter)를 지정할 수 있다. 그런데, 멤버함수의 경우 함수 선언은 class 파일(.h)에 작성되어 있고, 함수 구현체는 cpp 파일(.cpp)에 정의되어 있는 경우를 생각해 보자. 이 경우 함수 인자 기본값 지정을 어디에 해야 될까? 두 곳 모두에 하는 것이 옳은가? 아니면 이 중 한곳에만 기본값을 지정하는 것이 옳은가?

결론적으로 컴파일러가 처음 함수 인자에 대한 정보를 읽는 곳에만 인자 기본 값을 지정한다. 일반적으로 클래스가 선언되어 있는 .h의 함수선언에만 인자 기본 값을 정의하고, cpp 파일에 있는 함수 정의부분에는 인자 기본 값을 지정하지 않는다. 예로 컴파일러가 Point.cpp 파일을 컴파일할 때 가장 먼저 하는 작업은 #include "Point.h" 지시문에 의하여 Point.h를 읽는 작업이다. 즉, 컴파일러가 Point::setXY() 함수에 대한 정보를 가장 먼저 읽는 부분은 Point.h에 선언된 "void setXY(int x=0, int y=0)"이다. 따라서 이곳에만 인자 기본 값을 지정하며, Point.cpp에 정의된 "double Point::setXY(int x, int y)" 부분에는 기본 값을 지정하지 않는다.

9.2 개발환경에서 Class 생성

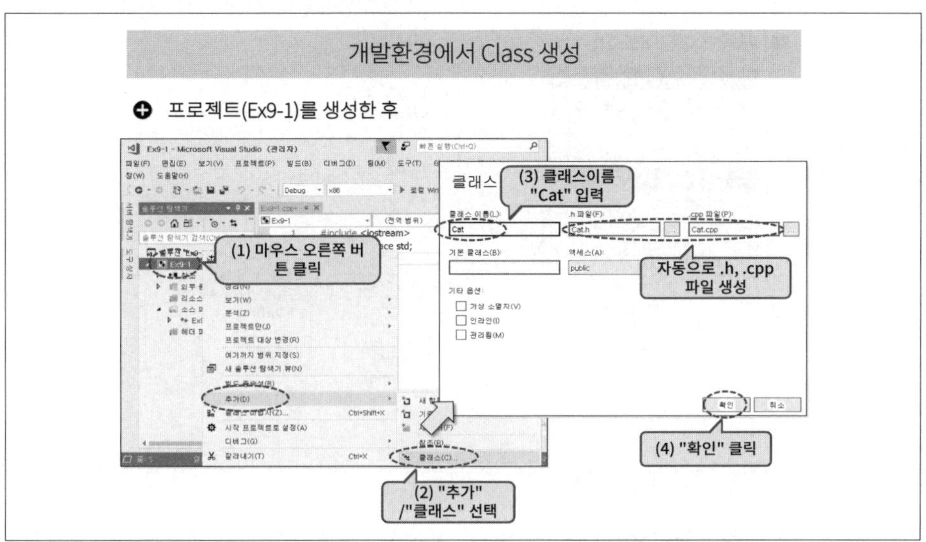

앞에서 클래스 하나 당 헤더 파일과 cpp 파일을 작성한다고 설명하였는데, 실제 Visual studio 개발환경에서 작업하는 모습을 살펴보자. “Windows 콘솔 응용프로그램” 프로젝트(Ex9-1)를 생성한 후, 슬라이드에 보이는 단계에 따라 C++ 클래스를 생성한다. “클래스 추가 창”에서 클래스 이름 Cat을 넣으면, Cat.h와 Cat.cpp 파일이 자동으로 생성된다.

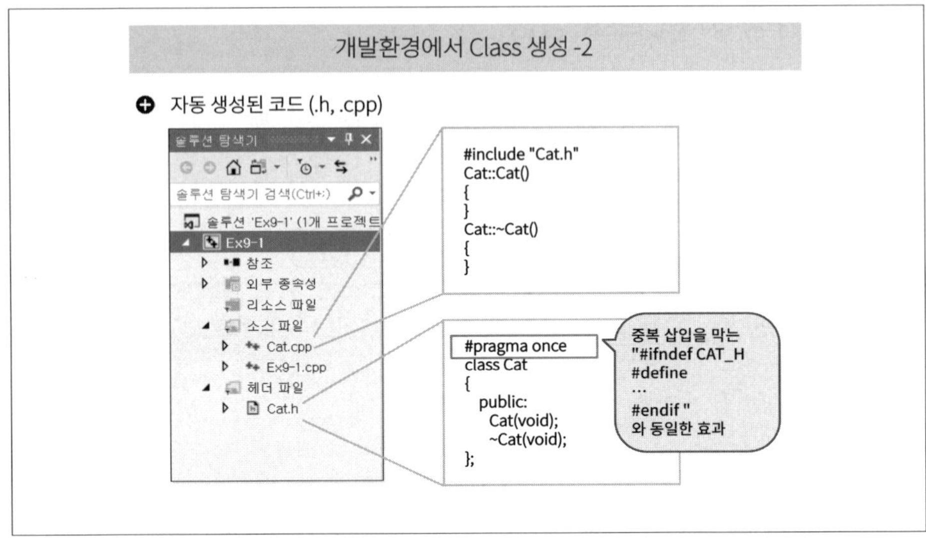

Cat 클래스를 생성한 후, Solution Explorer창에서 Cat.h와 Cat.cpp가 자동 생성되었음을 볼 수 있다. 각 파일을 더블 클릭하면 오른쪽 소스파일 편집창에 해당 파일이 열리며 편집할 수 있다. Cat.h에는 Cat 클래스의 생성자, 소멸자가 선언되며, Cat.cpp에는 생성자, 소멸자 함수의 구현체가 정의되어 있다.

"#pragma once"는 헤더 파일의 중복삽입을 막기 위하여 마이크로소프트사에서 만들어 놓은 지시자이다. 이는 윈도우 프로그래밍 시에는 별 문제 없이 사용해도 되지만, 표준 지시자가 아니기 때문에 다른 개발환경에서는 호환성의 문제가 발생할 수 있다.

메인메뉴의 "프로젝트"/ "클래스 마법사(Class Wizard)"을 이용하여 C++ 클래스를 생성하거나, 또는 "Solution Explorer" 창에서 각 파일영역("헤더 파일", "소스 파일")에 필요한 파일을 팝업메뉴를 통하여 생성하여 C++클래스를 작성하는 것도 가능하다. 예로 "헤더 파일" 부분에 마우스 오른쪽 버튼으로 팝업메뉴를 띄운 후, "추가"/ "새 항목"/ "헤더 파일(.h)"을 선택하여 Cat.h을 생성한다. 생성된 Cat.h 파일의 편집 창을 열어서 Cat 클래스를 정의한다.

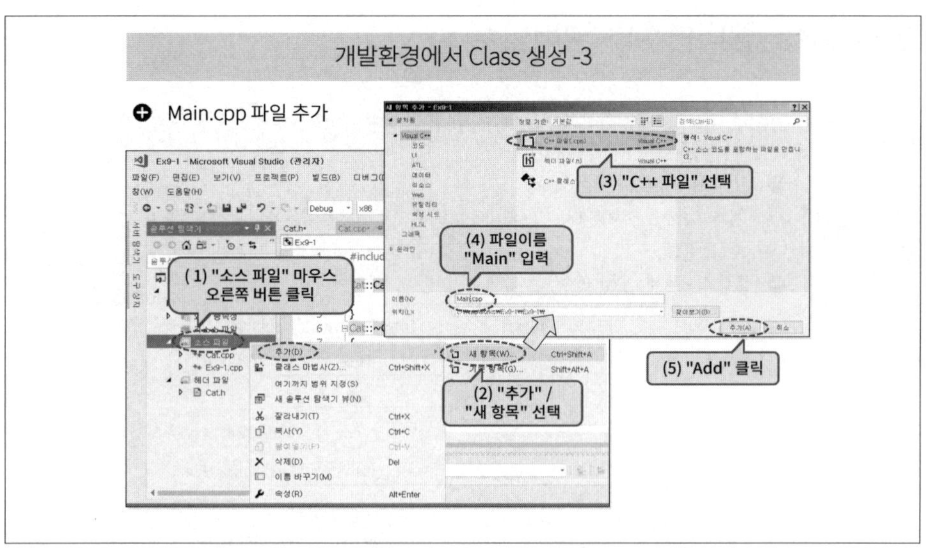

일반적으로, C++ 프로그램은 여러 개의 클래스들을 구현한 파일들(.h, .cpp)과 함께 프로그램의 시작점인 main()를 포함하는 시작(startup) 파일이 있다. 위 슬라이드는 시작 파일(Main.cpp)를 프로젝트에 생성하는 단계를 보인다. 시작 파일에는 main() 함수가 존재하며, main() 함수는 프로그램 실행에 필요한 초기화 작업을 수행하고, 객체를 생성한 후, 이 객체에 작업 시작메시지를 보냄으로써 프로그램 시작 작업을 완료한다.

C++는 C 언어와 호환성을 가지므로, 클래스를 위한 파일들과 시작 파일 외에 별도의 함수 모듈 파일을 작성하고 이를 사용할 수 있다. 그러나 클래스 밖에 존재하는 함수나 변수를 정의하고 이를 활용하여 프로그램을 작성할 경우, 이 프로그램은 객체지향적인 프로그래밍이라고 말하기 어렵다. 때에 따라서는 외부 전역함수를 사용해야 되는 경우도 있겠지만, 이 경우에도 프로그래머는 객체의 모습으로 랩핑(wrapping)하는 방법을 사용하든지하여 최대한 객체지향적인 모습을 유지하도록 노력하여야 한다.

9.3 Class-멤버변수와 멤버함수

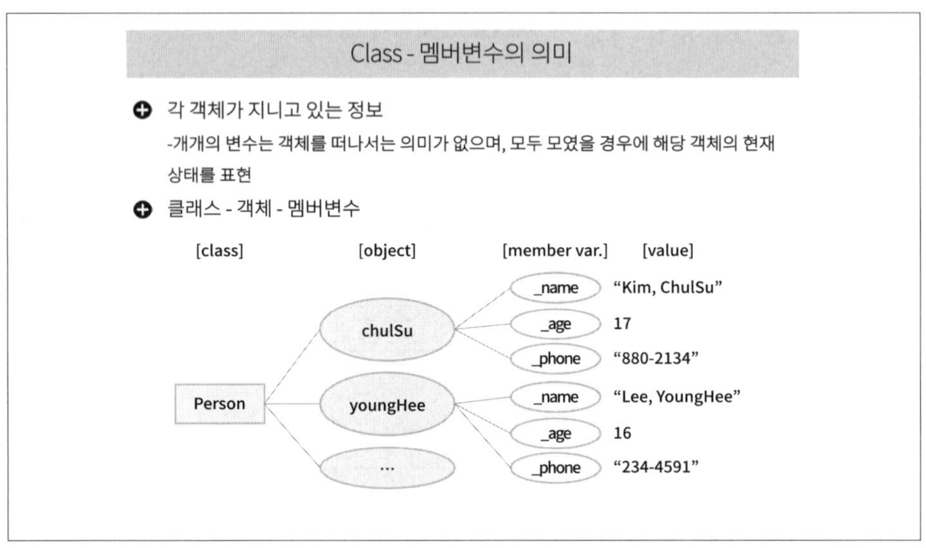

클래스 내부에 선언되는 멤버변수와 멤버함수의 의미에 대하여 살펴보자. 앞에서 클래스는 "붕어빵틀" 일 뿐이며, 그 자체로 메모리를 차지하지 않는다고 설명하였다. 즉, 클래스 내부에 선언된 멤버변수와 멤버함수가 실제 실체를 가지기 위해서는 "객체"가 있어야 한다. 예로 슬라이드에 Person 클래스 멤버 변수로 _name, _age, _phone이 선언되어있다고 가정하자. Person 클래스만 있다면 _name, _age, _phone은 실체(메모리)를 가지지 못한다. Person._name 와 같이 사용할 수 없다. Person 클래스를 이용하여 chulSu, youngHee 객체를 생성하여야지만, chulSu의 _name, _age, _phone이 실체(메모리)를 가지며, youngHee의 _name, _age, _phone이 존재하게 된다. 즉 _name 자체만으로는 의미가 없으며, chulSu의 _name 또는 youngHee의 _name으로서 의미를 가지는 것이다.

따라서 클래스 안에 선언된 멤버변수와 멤버함수는 특수한 경우(static 선언)를 제외하고는 모두 "객체용"으로서 특정 객체에 종속된다.

EXERCISE 9-1 클래스 선언하기

Exercise 9-1. 클래스 선언하기

- 앞 슬라이드에 나오는 Person Class를 C++로 선언하고, object로 chulsu, younghee를 만드시오.
  -Person class는 "Person.h" 에 선언할 것
  -객체 생성은 "Main.cpp" 파일에 main() 함수를 선언한 후, 다음 코드를 작성하여 실행됨을 확인할 것

```
Person chulsu, younghee;
strcpy(chulsu._name,"Kim, ChulSu");
chulsu._age = 17;
strcpy(chulsu._phone,"880-2134");
strcpy(younghee._name,"Lee, YoungHee");
younghee._age = 16;
strcpy(younghee._phone,"234-4591");
cout << chulsu._name << ", " << chulsu._age << ", " << chulsu._phone << "\n";
cout << younghee._name << ", " << younghee._age << ", " << younghee._phone << "\n";
```

[15분]

Person 클래스를 프로젝트에 생성한 후, 슬라이드에 보이는 main() 함수 내의 실행코드가 동작할 수 있도록 Person 클래스를 작성하자.

실행코드를 보면 Person의 멤버변수로 _name, _age, _phone가 있고, 이들이 모두 외부에서 접근가능(public)함을 알 수 있다.

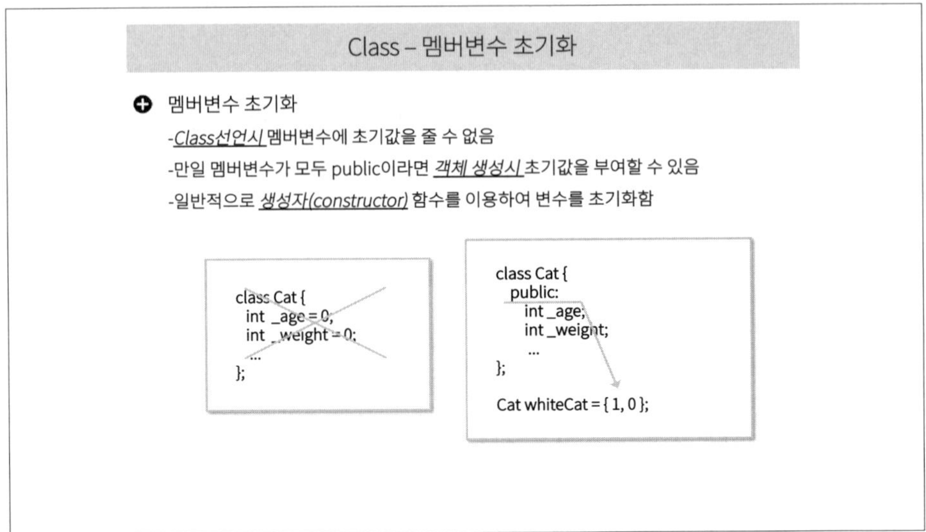

멤버변수는 객체가 만들어지기 전에 실체를 가지지 못한다고 설명하였다. 따라서 슬라이드 왼쪽 하단에 보이는 바와 같이 멤버변수를 선언함과 동시에 초기 값을 지정할 수 없다(실체가 없으므로). 멤버변수의 접근 제한자가 모두 public 인 경우에는 슬라이드 오른쪽 하단에 보이는 바와 같이 객체를 생성하면서 초기 값을 지정할 수 있다.("Cat whiteCat={1,0};") 이러한 초기 값 지정방식은 C 언어에서 struct 변수에 대해 초기 값을 지정하는 것과 동일하다.

일반적으로 객체지향적 프로그래밍에서는 객체의 초기 값은 생성자(constructor)에서 지정한다. 이에 대한 자세한 설명은 뒤에서 하도록 한다.

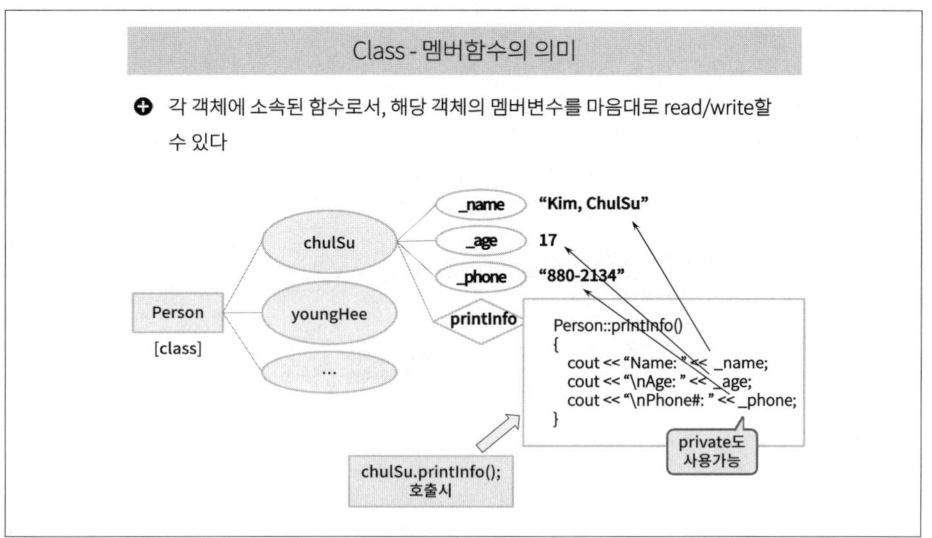

멤버변수와 같이 멤버함수 역시 특수한 경우(static 선언)를 제외하고는 모두 "객체용"으로서 특정 객체에 종속된다. 예로 슬라이드에서 Person클래스의 멤버함수로 printInfo() 함수 선언되었다면 이 함수 역시 chulSu, youngHee 객체에 종속된다. Person.printInfo()와 같이 호출할 수 없으며, chulSu.printInfo() 또는 youngHee.printInfo() 처럼 특정 객체에 연결되어야 호출이 가능하다. 즉, chulSu.printInfo()와 youngHee.printInfo() 함수는 서로 다른 함수이다. 또한 chulSu.printInfo()에서 접근하는 _name, _age, _phone은 바로 chulSu의 멤버변수들이며, youngHee.printInfo()에서 접근하는 _name, _age, _phone은 youngHee의 멤버변수들이다.

chulSu.printInfo()와 youngHee.printInfo() 함수는 서로 다른 함수라고 설명하였다. 실제로는 멤버변수와 달리, 객체가 10개 생성되었다고 해서 내부적으로 동일한 함수가 10개가 생성되는 것은 아니며, 뒤에서 설명할 this 포인터를 사용하여 멤버함수와 특정 객체를 연결한다. 그러나 객체지향적인 측면에서는, 멤버함수 역시 객체에 따라 개별적으로 존재한다고 생각하는 것이 프로그램을 이해하는데 도움이 된다.

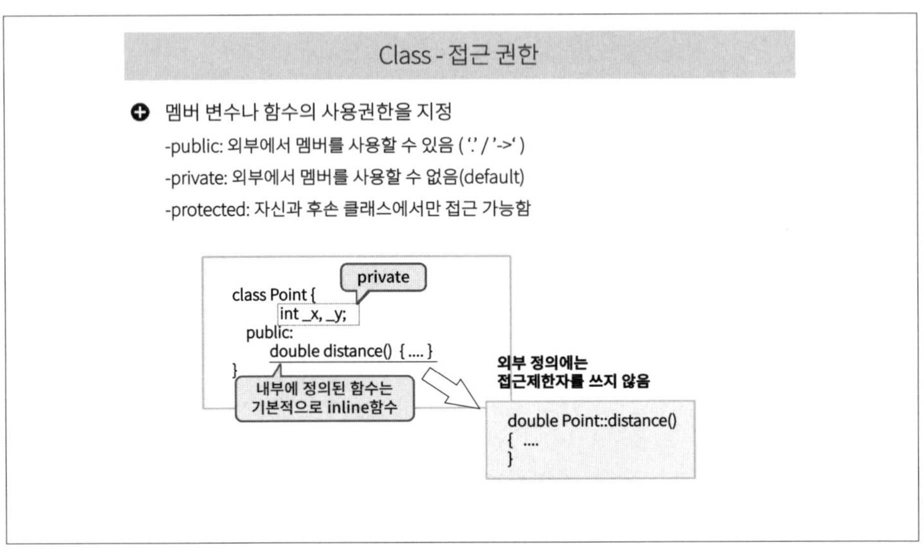

앞에서 접근 제한자에 대하여 간략히 설명하였다. 모든 멤버변수는 명시적이든 또는 암묵적이든 접근에 대한 권한이 정해진다. 명시적으로는 private, protected, public 세 가지 키워드에 의하여 정해지는데, private는 해당 클래스 내에서만 접근 가능한 것, public은 외부에서도 접근 가능한 것, protected는 해당 클래스와 후손(descendant) 클래스에서 접근 가능한 것으로 지정한다.

위 슬라이드의 예에서 Point 클래스의 "int _x, _y;" 의 경우처럼 접근 제한자가 지정되지 않으면 해당 멤버는 암묵적으로 private이 선언된 것으로 간주한다. 구조체(struct)에서도 클래스처럼 내부에 선언된 변수나 함수에 접근 제한자를 지정할 수 있다. 그러나 구조체 내에서 암묵적으로 선언된(접근 제한자가 명기되지 않은 경우) 변수나 함수의 경우에는 public이 선언된 것으로 간주한다.

Class - 접근 권한 -2

- private/ public 부분을 여러 번 정의해도 됨

```
class Point {
  private:
      int _x, _y;
  public:
      double distance();
  private:
      int _color;
  public:
      void draw();
};
```

[잠깐!!!]
어떤 것이 좋을까요??
private 멤버를 먼저 기술
or
public 멤버를 먼저 기술

슬라이드 예처럼 private 영역, public 영역, private 영역, public 영역 등 접근 제한자 영역의 순서와 회수에는 아무 제약이 없다. 여기서 한 가지 생각해볼 점은 접근 제한자 영역을 작성하는 순서에 대한 것이다. 분명 C++언어 문법적으로는 순서를 임의로 바꾸어도 상관없지만, 다음 경우를 생각해 보자.

먼저, private 영역을 선언하고, 이후에 public 영역을 선언하는 방식이다. private의 멤버들은 클래스 내부에서만 사용되는 핵심 데이터일 경우가 많다. 따라서 핵심을 먼저 작성하고, 그 다음에 외부에 개방되는 public 영역을 작성하는 것이다. 많은 C++ 교재의 예제프로그램에서 이런 방식을 선호하기 때문에 학생들은 이런 코딩 방식이 자연스러울 것이다.

두 번째는, public 영역을 먼저 선언하고, 이후에 private 영역을 선언하는 방식이다. 접근 제한자 영역의 순서나 회수는 컴파일러에게는 아무 의미가 없으며, 오로지 프로그래머에게만 의미가 있다. 즉, 프로그래머는 외부에 개방되지 않는 private 영역보다는 해당 클래스에서 활용 가능한 public 영역에 더욱 관심이 있다. 이 경우 public 영역이 앞에 나오는 것이 클래스를 이해하는데 도움이 된다.

당신은 어떤 방식이 더욱 마음에 드는가? 정답은 없으니, 어떤 방식을 선택하든지 나름대로 규칙을 만들고 이를 일관성 있게 지키도록 하자.

접근제한에 대한 일반적인 규칙은 슬라이드에 보이는 바와 같다. 외부에서 클래스의 내부 데이터에 직접 접근을 허용할 경우, 해당 클래스와 외부 코드와의 강한 연결성(coupling)이 생긴다. 이는 각자의 독립성이 떨어지며, 한 쪽의 코드가 수정되면 연결된 다른 부분도 파생적으로 수정하여야 한다. 이런 이유로 멤버변수는 **private**으로(또는 후손 클래스에서 접근가능하도록 protected로) 설정하는 것이 일반적이다.

private으로 설정된 멤버변수를 외부에서 접근하기 위해서는 **get/set** 함수(영문으로는 getter/setter)를 작성하고 이를 사용하여야 한다.

get/set 함수는 단순 기계적으로 작성할 수 있다. **Cat** 클래스의 **_age**가 **private**로 선언되어 있을 경우 이를 접근하기 위한 **get/set** 함수는 다음과 같다.

```
int getAge() { return _age; }
void setAge(int age) { _age = age; }
```

EXERCISE 9-2 멤버변수 접근

Exercise 9-2. 멤버변수 접근

- Point class의 private 멤버변수 int _x, _y; 를 읽고, 쓰기 위한 get함수 set함수를 작성하시오.

  -멤버함수
  - int getX()
  - int getY()
  - void setX(int x)
  - void setY(int y)

[실행코드]

```
Point p1;
p1.setX(1);
p1.setY(2);
cout << p1.getX() << "," << p1.getY();
```

[10분]

private 멤버변수를 접근하기 위한 get/set 함수를 작성하는 연습문제이다. Point 클래스에 슬라이드에 보이는 멤버함수를 정의하고 구현하라. 이후 슬라이드의 실행코드가 제대로 동작하는지 여부를 확인하라.

9.4 Class-클래스용 함수와 변수

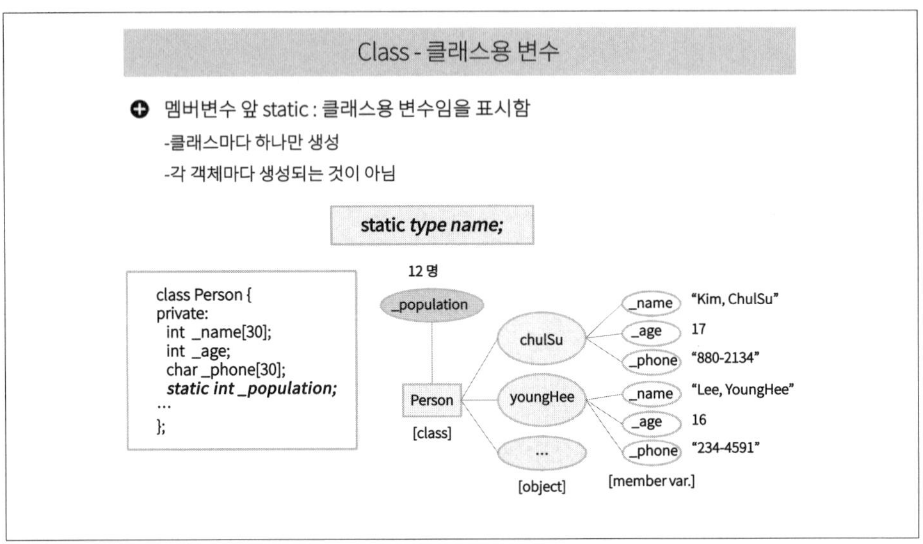

모든 멤버변수와 함수는 기본적으로 "객체용"이라고 앞에서 설명하였다. 여기에서는 예외적으로 "클래스용" 멤버변수에 대하여 알아보자.

"클래용" 멤버변수는 해당 클래스에 소속되어 단 하나만 존재하며 객체와는 상관없다. 슬라이드 예의 "static int _population;" 선언에서 static 키워드가 바로 "클래스용" 임을 나타낸다. 즉, _population 변수는 각 객체에 종속되는 "객체용"이 아니라 Person 클래스에 종속되는 "클래스용" 변수이다.

슬라이드 그림에서 chulSu, youngHee 객체에 _name, _age, _phone 변수가 각각 개별적으로 생성되었다. 여기에서 _population은 chulSu, youngHee 객체들과 상관없이 독자적으로 존재한다. Person 클래스는 "틀"일 뿐으로 메모리가 할당되지 않는다고 설명하였다. 따라서 "int _population"에 대한 메모리를 확보하기 위해서는 cpp 파일에 별도로 "클래스용" 멤버변수 선언을 해주어야 한다. 뒤에 예제와 함께 이에 대한 설명을 하겠다.

"클래스용" 멤버를 사용하기 위해서는 "클래스명::"을 멤버이름 앞에 붙인다. 예로 Person클래스의 _population을 접근하기 위해서는 Person::_population이라고 작성한다.

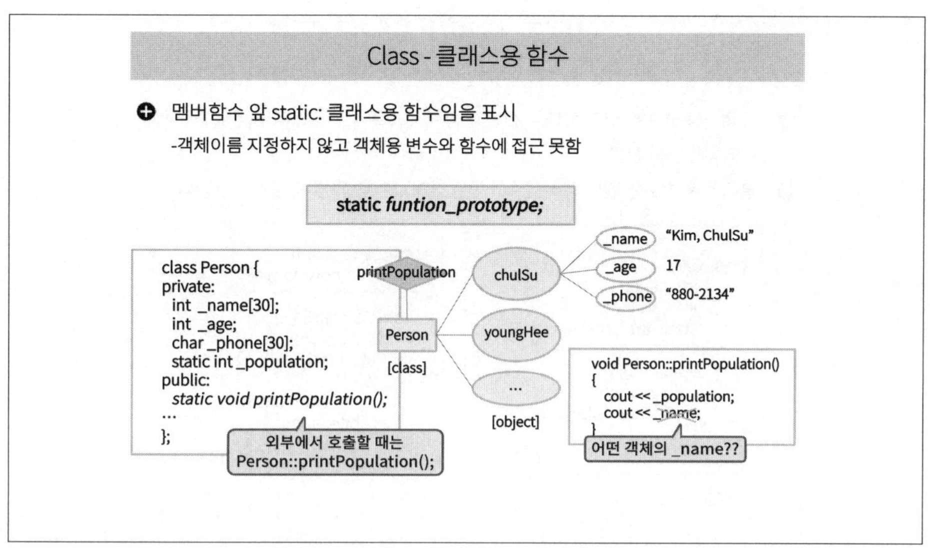

멤버함수 역시 static 키워드를 사용하여 "클래스용"임을 나타낸다. 슬라이드 예에서 printPopulation() 함수는 Person 클래스에 종속된 "클래스용"이다. chulSu, youngHee 객체들과는 관련이 없다. 한 가지 주의할 점은 "클래스용" 멤버함수에서는 "객체용" 멤버함수나 멤버변수를(객체를 지정하지 않고) 사용할 수 없다는 점이다. 슬라이드 우측 하단의 예에 보이듯이 "클래스용" 함수인 printPopulation() 내에서는 _name, _age, _phone을 그냥 접근할 수 없다. 왜냐하면 _name이 누구(어떤 객체) 것인지 알 수 없기 때문이다.

"클래스용" 멤버함수 역시 사용하기 위해서는 "클래스명::"을 멤버함수 앞에 붙여 표기한다. Person클래스의 printPopulation()을 사용하기 위해서는 Person::printPopulation()이라고 작성한다.

클래스용 변수와 함수 정의

- 클래스용 변수는 클래스 내부 선언과 함께 별도로 구현소스파일(.cpp)에 정의가 되어있어야 한다.
- 클래스용 함수는 일반 멤버함수와 동일하게 내부나 외부에 정의 가능하다.

```
class Cat {
        int _age;
        int _weight;
        static int _howMany;
    public:
        void eat();
        void yaong();
        static int printNumber();
};
```

[Cat.h]

```
#include "Cat.h"
int Cat::_howMany=0;

void Cat::eat() {...}
void Cat::yaong() {...}
int Cat::printNumber()
{
  cout << "Total Cat #: "
    << _howMany;
}
```

[Cat.cpp]

클래스는 "틀"일 뿐으로 메모리가 할당되지 않는다. 클래스용 멤버변수를 위한 메모리를 확보하기 위하여 cpp파일에 별도로 변수선언을 한다. 위 슬라이드에서 _howMany는 Cat 클래스용 멤버변수이다. 이 변수의 메모리 확보를 위하여 cpp 파일에 별도로 전역변수처럼 선언한다. (이 경우 멤버변수 초기 값을 부여할 수도 있다.)

클래스용 멤버함수는 함수선언과 정의에 있어서 객체용 멤버변수와 별 차이점 없이 클래스 내부나 외부에 정의 가능하다.

9.5 생성자(Constructor)

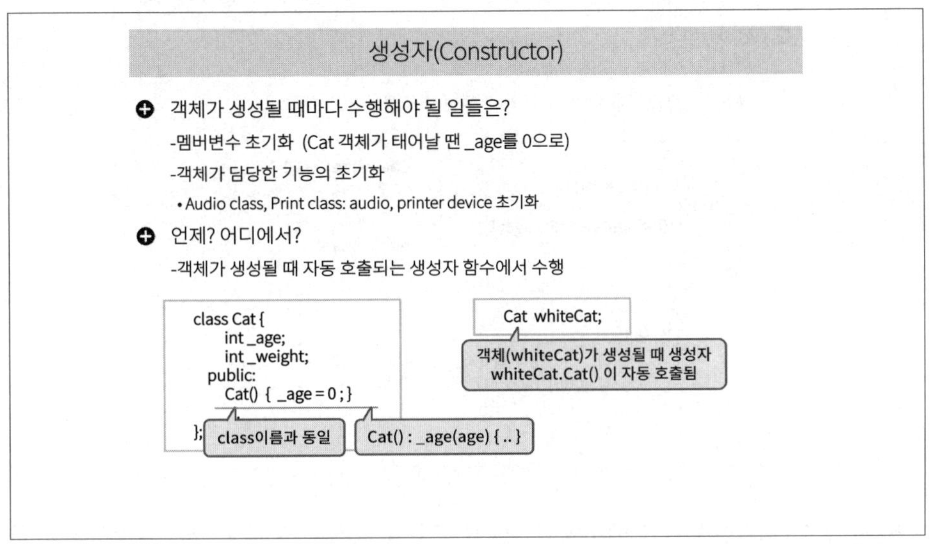

아기가 태어나면 많은 일들을 해야 한다. 건강 확인하고, 이름 짓고, 출생신고 하는 등 여러 가지 수고가 필요하다. 이와 유사하게 객체들이 생성될 때마다 해야 될 작업들이 있다. 멤버 변수 값들을 초기화하고, 객체가 오디오, 비디오 등 외부 기능을 담당하고 있다면 그 기능을 확인하고 초기화하는 작업을 수행하여야 한다.

이러한 초기화작업을 위하여 별도의 초기화 멤버함수(예: initialize())를 작성하고, 객체 생성 후, 이 초기화 함수를 호출할 수도 있다. ("Cat whiteCat; whiteCat.initialize();") 이런 방식은 프로그래머가 초기화 멤버함수를 별도로 호출해야하는 번거로움이 있다.

객체지향에서는 객체가 생성될 때(메모리가 할당될 때) 자동으로 호출되는 함수가 있다. 그것이 바로 생성자(Constructor)이다. 생성자 역시 멤버함수이지만, 일반 멤버함수와 다른 몇 가지 특징을 가진다. 먼저 생성자 이름이다. 생성자 이름은 해당 클래스 이름과 동일하도록 규정되어 있다(Cat 클래스 생성자 이름은 Cat()). 두 번째는 생성자는 자동 호출되는 함수로 외부에서 임의로 호출할 수 없다. 세 번째로, 생성자는 반환 유형(type)과 반환 값이 없다. 슬라이드 예에 보듯이 Cat 클래스 생성자 Cat() 앞에 아무 반환 유형에 대한 정보가 지정되어 있지 않다.

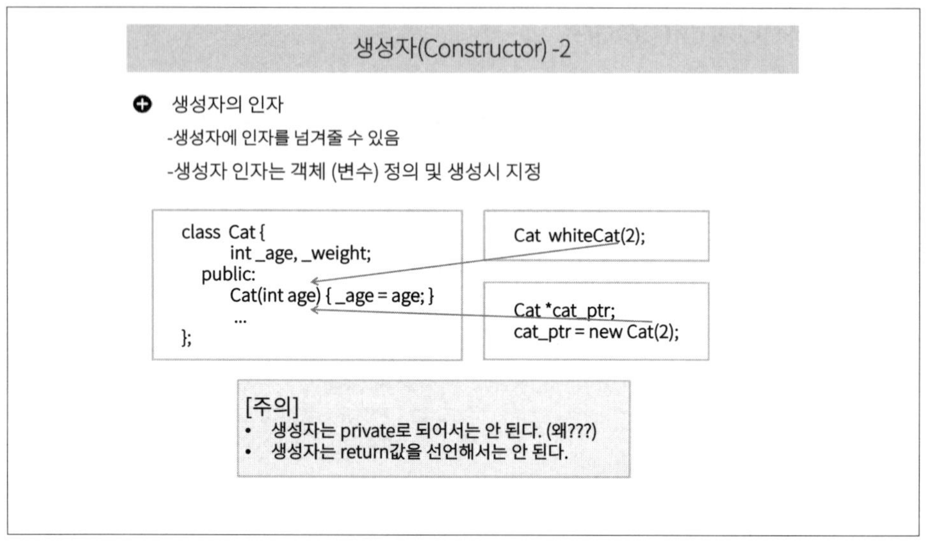

생성자 역시 멤버함수이기 때문에 인자(argument)를 넘겨줄 수 있다. 단, 생성자는 객체가 생성될 때 자동 호출되므로 객체가 생성되는 시점, 즉 변수(객체) 선언할 때나 new 연산자로 객체를 생성할 때 인자를 넘겨준다.

슬라이드 예에서 Cat(int age) 생성자는 인자를 하나 받도록 되어있다. 오른쪽 코드에서처럼 객체를 선언 "Cat whiteCat(2);"할 때나 또는 new 연산을 사용하여 객체를 생성 "new Cat(2);"할 때 정수 값 2를 Cat() 생성자의 인자 age로 넘겨준다.

주의할 점은 생성자의 접근 제한자가 private여서는 안된다. 생성자는 객체를 생성할 때 자동 호출되는 함수인데 접근제한이 private로 되어 있다면 외부에서 생성자 호출을 할 수 없다. 즉, 객체를 생성할 수 없게 된다. (이러한 특성을 이용하기 위하여 일부러 생성자를 private 로 지정하는 경우도 있다.)

생성자는 호출 후 그 반환 값을 받지 못한다. 따라서 반환 유형(type)을 정의할 수 없으며, 생성자 내부에 return 문장으로 값을 반환할 수 없다.

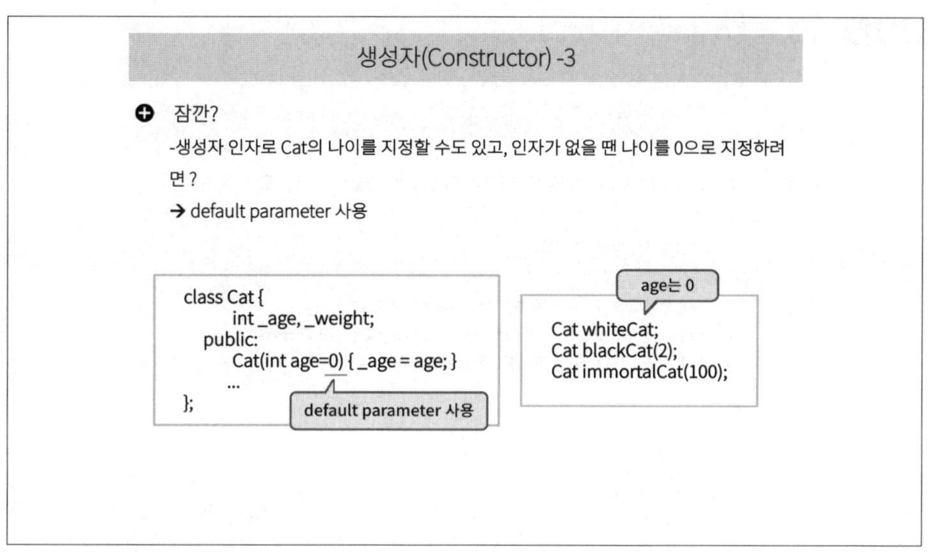

Cat 객체를 생성할 때, 나이를 생성자의 인자 값으로 넘겨주는 경우를 생각해 보자. 슬라이드 오른쪽 예처럼 인자 값을 넘겨주면("Cat blackCat(2); Cat immortalCat(100);") 그 값을 고양이 객체의 나이로 지정하고, 인자 값을 넘겨주지 않을 경우("Cat whiteCat;")에는 나이를 0으로 초기화할 수는 없을까?

이 문제는 기본 인자 값(default parameter)으로 해결 가능하다. 슬라이드 왼쪽에 보듯이 생성자 선언부에("Cat(int age=0) { ... }") 인자의 기본값을 지정하면, 인자 값을 넘겨주지 않을 때 age에 0이 지정된다.

EXERCISE 9-3 클래스용 변수와 생성자

Exercise 9-3. 클래스용 변수와 생성자

- 생성된 고양이의 총 수를 알려고 한다. Cat 클래스를 작성하시오

[멤버변수]

- int _howMany (클래스용)

[멤버함수]

- Cat() 생성자 : Cat 객체의 총 수를 _howMany에 기록함
- void printHowMany() : 클래스용 함수, _howMany 값을 화면에 출력함
- 멤버변수는 모두 private, 멤버함수는 public으로

[실행코드]

```
Cat myCat;
Cat catBrothers[10];
Cat::printHowMany();
```

[15분]

이 연습문제는 클래스용 변수와 함수를 작성하고 그 사용법을 익히기 위함이다. Cat 관련 파일들(Cat.h, Cat.cpp)을 생성하고, Cat.h 파일에 위 요구사항을 만족하도록 Cat 클래스를 선언하자. 클래스용 멤버변수인 _howMany를 Cat.cpp에 정의하고, 생성자를 포함한 멤버함수들의 구현체(body)를 Cat.cpp에 작성해 보자.

Cat 클래스 작성을 완료한 후, 슬라이드 하단에 보이는 실행코드를 main() 함수에 넣어서 실행하여 그 출력결과가 본인이 예상한 값과 동일한지 확인하자.

생성자 오버로드(Overload)

- 생성자 인자를 다르게 할려면?

-어떤 고양이는 나이를, 다른 고양이는 이름을 지정하고 싶다면? Cat whiteCat(1), blackCat("Thief Cat");

→ 생성자를 오버로드 하자.

```
class Cat {
    int _age,
    int _weight;
    char _name[100];
  public:
    Cat(int age=0) { _age = age; }
    Cat(char name[]) { strcpy(_name, name); }
        ...
};
```

whiteCat(1) 생성시 호출

blackCat("Thief Cat") 생성시 호출

앞에서 기본 인자 값(default parameter)을 사용하여 생성자의 인자를 주거나 또는 안주거나 할 수 있음을 배웠다. 그러나, 다음 코드 "Cat whiteCat(1), blackCat("Thief Cat");" 처럼 나이(정수)를 인자로 주거나, 또는 이름(문자열)을 인자로 주는 것은 기본인자 값으로 해결할 수 없다. 이 문제는 생성자 오버로드(overload)를 통해서 해결할 수 있다. 생성자 역시 함수이며, C++에서 모든 함수는 같은 이름의 중복정의가 가능하다.

슬라이드 예에서 보듯이 나이를 인자로 받는 생성자("Cat(int age=0) {...}")와 이름을 인자로 받는 생성자("Cat(char name[]) {...}") 두 개를 정의하였다. 컴파일러가 객체를 생성할 때 어떤 생성자를 호출할지는 오로지 인자 개수와 종류로 정해진다. 만일 "Cat whiteCat(1);"처럼 생성자 인자로 정수 값이 넘어가면 첫 번째 생성자가 호출될 것이며, "Cat blackCat("Thief Cat");"처럼 인자로 문자열이 넘어가면 두 번째 생성자가 호출될 것이다.

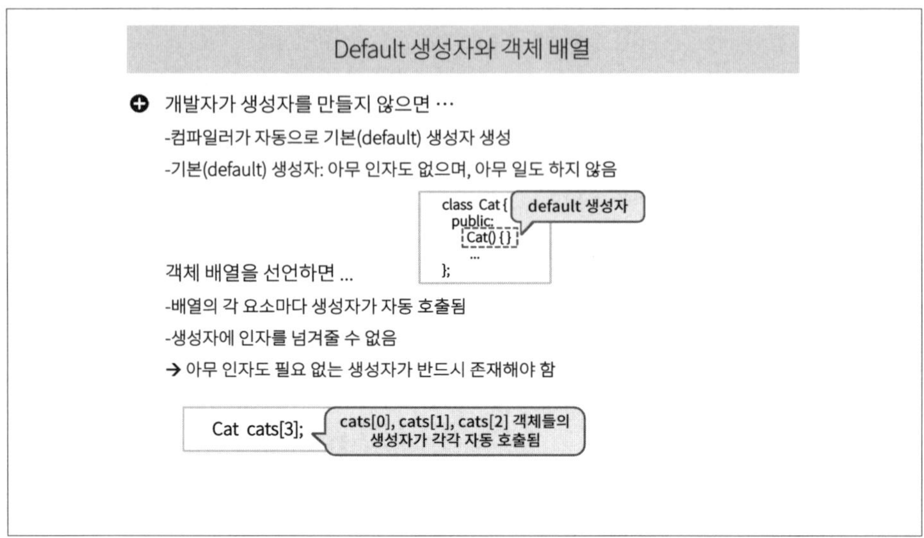

프로그래머가 클래스를 정의할 때 생성자를 별도로 선언하지 않는다면 어떻게 될까? 생성자를 별도로 선언하지 않을 경우 컴파일러가 자동으로 "아무 일도 하지 않는" 기본 생성자(default constructor)를 만든다. Cat 클래스의 경우 기본 생성자는 "Cat() { }"이다. 즉, 아무 인자도 또 내부에서 하는 일도 없다.

프로그래머가 생성자를 하나라도 작성한다면 기본 생성자는 자동으로 만들어지지 않는다. 오로지 하나도 없을 경우에만 자동 삽입된다. 이 내용은 객체 배열을 선언할 때 중요하다.

객체배열은 객체들의 모임이다. 즉, 객체배열을 선언하면 복수개의 객체들이 생성된다. "Cat cats[3];"의 선언에 고양이 객체 3개(cats[0], cats[1], cats[2])가 동시에 만들어지며, 각 객체별로 생성자가 자동 호출된다. 이때 주의해야할 점은 각 객체에 대한 생성자 인자를 넘겨줄 수 없다는 점이다.

Default 생성자와 객체 배열 -2

```
class Cat {
    ...
  public:
    Cat(int age) {...}
    ...
};
```

```
Cat whiteCat(0); // Good

// ERROR!
Cat catBrother[3];
Cat *cats = new Cat[10];
```

➕ 해결 방법은 ?

-인자 없는 생성자를 만든다. Cat::Cat() { _age=0;}

-Cat(int age)의 age에 default parameter를 지정한다.

슬라이드의 예를 보자. 왼쪽에 선언된 Cat 클래스에는 Cat(int age) 생성자 하나만 선언되어 있다. 이 경우 Cat 객체를 생성할 때는 반드시 정수 값을 생성자 인자로 넘겨야 함을 의미한다. 오른쪽 코드에서 "Cat whiteCat(0);"은 age 인자로 0이 넘어감으로 별 문제없다. 그러나, "Cat catBrother[3];"처럼 객체배열을 선언할 경우, Cat 객체가 3개 생성되지만, 각 객체생성자에 인자 값을 넘겨주지 못하므로 Cat(int age)를 호출할 수 없어 에러가 발생한다. 이렇듯 객체 배열을 사용하기 위해서는 인자 값이 필요없는 생성자가 반드시 있어야 한다.

해결방법으로는 Cat 클래스에 인자없는 생성자("Cat() {...}")를 작성하든지, 아니면 "Cat(int age=0)"처럼 생성자 인자에 인자기본값을 지정함으로써 인자를 넘겨주지 않아도 동작하도록 작성한다.

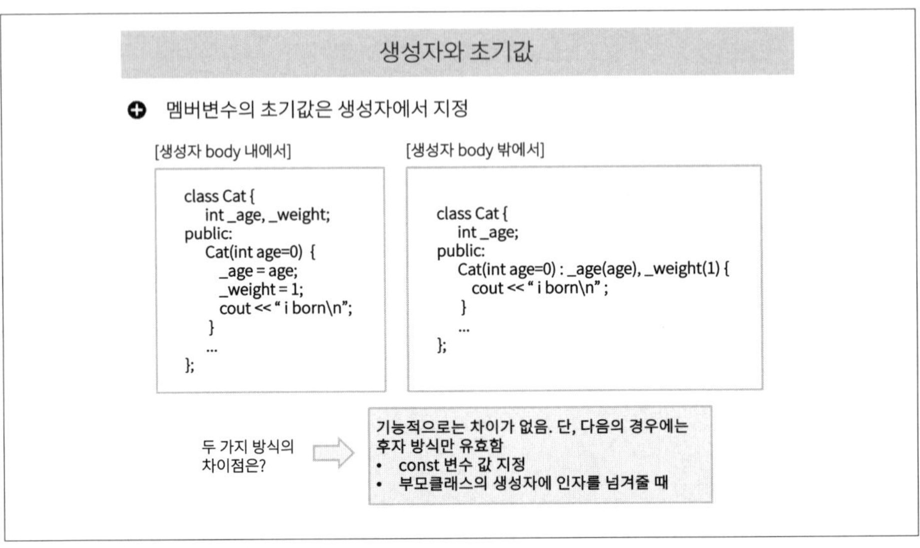

멤버 변수는 해당 클래스의 생성자에서 초기화하는 것이 일반적이다. 초기화 하는 방법은 슬라이드에 보듯이 왼쪽처럼 함수 구현체(body) 내에서 값을 지정할 수 있다. 또는 오른쪽처럼 함수 선언부("Cat(int age=0)")에 연이어 "변수명(값)" 형태로 멤버변수를 초기화 할 수 있다.

이 두 가지 형태는 기본적으로 동등한 효과를 가진다. 그러나, const 변수 값 지정이나 부모클래스의 생성자를 호출할 때 인자를 넘겨주는 경우에는 두 번째 형태만 사용가능하다. 이에 대한 자세한 설명은 뒤에서 하겠다.

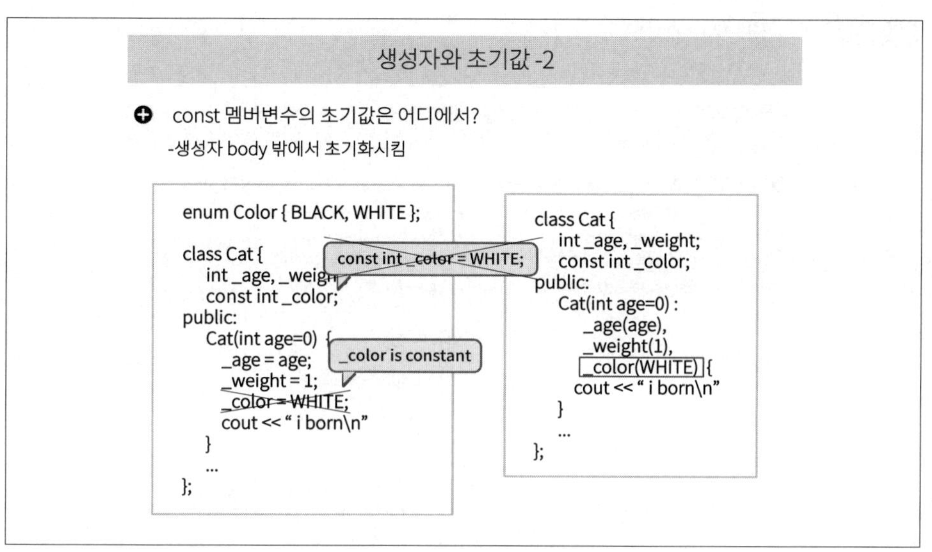

키워드 "const" 가 붙은 변수는 변수 선언과 함께 초기 값을 부여한 이후 그 값을 변경하지 못한다. 문제는 클래스의 멤버변수를 const로 선언할 경우 초기 값을 부여하여야 하는데, 클래스는 "틀"일 뿐이므로 멤버변수 초기 값을 선언과 동시에 줄 수 없다는 점이다.

즉, 슬라이드 왼쪽 예에서 보듯이 "const int _color= WHITE;" 이런 형태로 초기 값을 지정할 수 없으며, 더구나 생성자에서 const 변수에 대해서는 지정문을 사용하여 "_color = WHITE;"로 그 값을 지정할 수 없다. 선언 시에도 또 생성자에서도 const 변수에 초기 값을 줄 수 없다면 어떻게 초기 값을 지정하여야 할까?

const 멤버변수에 초기 값을 지정하기 위해서는 생성자 선언부에서 값을 지정하는 방식을 사용하여야 한다. 슬라이드 오른쪽에서 보듯이 "Cat(int age=0): ..., _color(WHITE)" 형태로 const 멤버변수에 초기 값을 부여할 수 있다.

EXERCISE 9-4 생성자 오버로드

Exercise 9-4. 생성자 오버로드

⊕ Cat 객체를 생성할 때 다음처럼 사용하려 한다. Cat클래스를 작성하시오.

- Cat whiteCat; // _age==0, _name==NULL
- Cat whiteCat(1); // _age==1, _name==NULL
- Cat whiteCat("NABI"); // _age==0, _name== "NABI"
- Cat whiteCat(2,"NABI"); // _age==2, _name== "NABI"

[실행코드]

```
#include <iostream>
#include "Cat.h"
using namespace std;
int main() {
  Cat cat1;          cat1.printInfo();
  Cat cat2(1);       cat2.printInfo();
  Cat cat3("NABI"); cat3.printInfo();
  Cat cat4(2,"NABI"); cat4.printInfo();
  return 0;
}
```

[10분]

이 연습문제는 여러 가지 인자에 따라 객체를 생성할 수 있도록 생성자를 오버로드하는 연습이다. 슬라이드에 보이듯 나이와 이름을 따로 또 같이 생성자 인자로 넘겨줄 수 있도록 Cat 클래스의 생성자를 오버로드하여 정의하자.

9.6 소멸자(Destructor)

소멸자(destructor)

- 객체가 사라질 때 수행해야 될 일들은 ?
  - -new로 할당 받은 멤버변수 삭제
  - -클래스용 변수 Update
  - -객체가 담당한 기능 마무리
    - Audio class, Print class: audio, printer device 닫기
- 소멸자 함수를 만들어서 이를 실행함

```
class Cat {
    int _age, _weight;
  public:
    Cat() { ... }
    ~Cat() { ... }
};
```

~class_name

객체가 생성될 때 자동 호출되는 함수인 생성자가 있듯이, 객체가 소멸될 때 자동 호출되는 함수인 소멸자(destructor)도 존재한다.

객체가 소멸될 때는 (a) 자신이 담당한 기능을 마무리(오디오 장치닫기, 파일닫기, DB닫기 등)하고, (b) 자신이 가지고 있는 자원(메모리, 파일, 장치권한 등)을 모두 반납한다.

소멸자는 "~클래스명() {...}" 형태를 가진다. 즉, Cat 클래스의 소멸자는 "~Cat() {...}" 형태이다. 소멸자는 생성자와 달리 인자를 가지지 않으며, 따라서 중복하여 선언할 수 없다.

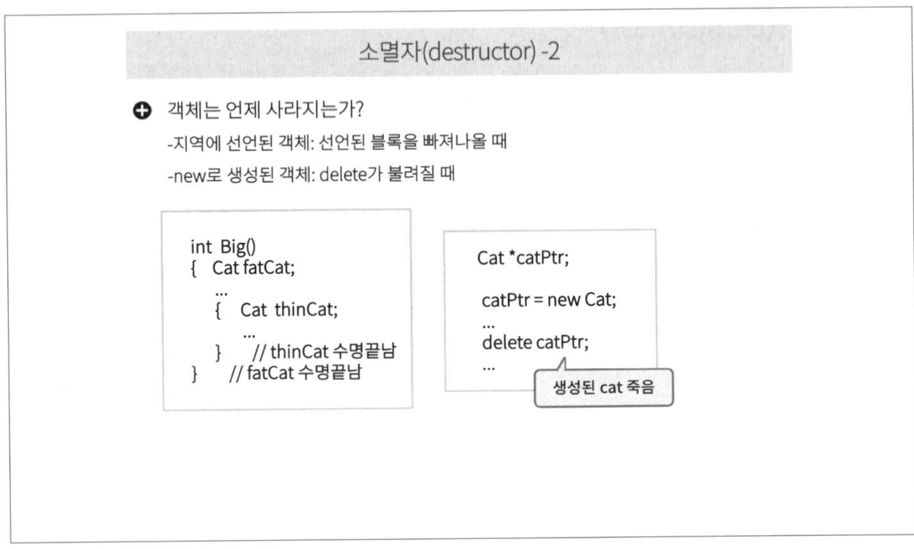

소멸자가 호출되는 시점에 대하여 살펴보자. 지역변수(local var.)로 선언된 객체는 선언된 블록을 벗어날 경우 객체가 소멸된다. 슬라이드 왼쪽 예에서 thinCat은 내부 블록을 벗어날 때, fatCat은 Big() 함수 블록을 벗어날 때 소멸되며 소멸자가 자동 호출된다.

슬라이드의 오른쪽 예에서처럼 new 연산자로 생성된 객체는 delete 연산자를 통하여 소멸하며, 이때 소멸자가 자동 호출된다.

객체배열 역시 배열이 소멸될 때, 배열을 구성하는 각 객체마다 소멸자가 별도로 호출된다. "Cat cats[3]" 이 지역변수로 선언되었다면 해당 블록을 벗어날 때 cats[0], cats[1], cats[2] 각각의 소멸자가 자동 호출된다.

EXERCISE 9-5 소멸자

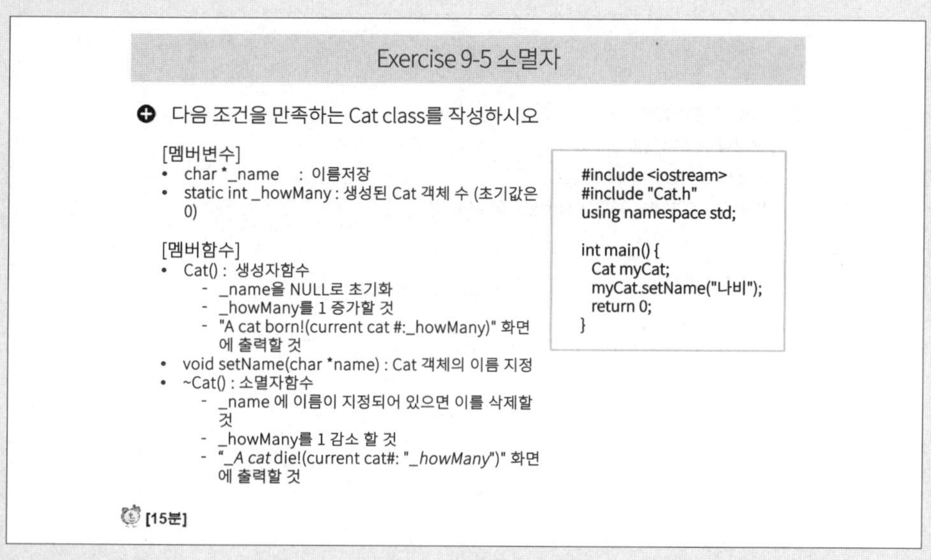

이 연습문제는 생성자에서 메모리를 초기화하고, 소멸자에서 할당받은 메모리를 반환하는 프로그래밍 패턴을 연습한다. 생성자와 소멸자에서 가장 자주 하는 작업이 이 프로그래밍 패턴이다. 메모리를 할당받기 위하여 Cat 클래스의 _name 변수 자료형을 "char *"로 지정한다. 생성자에서 이 멤버변수를 NULL로 초기화하며, setName() 함수가 호출될 때 _name에 메모리가 할당된다. 이후 객체가 소멸될 때 할당된 메모리가 있는지(_name 값이 NULL이 아닌지) 확인한 후, 이를 delete 연산자로 반환한다.

9.7 this 포인터

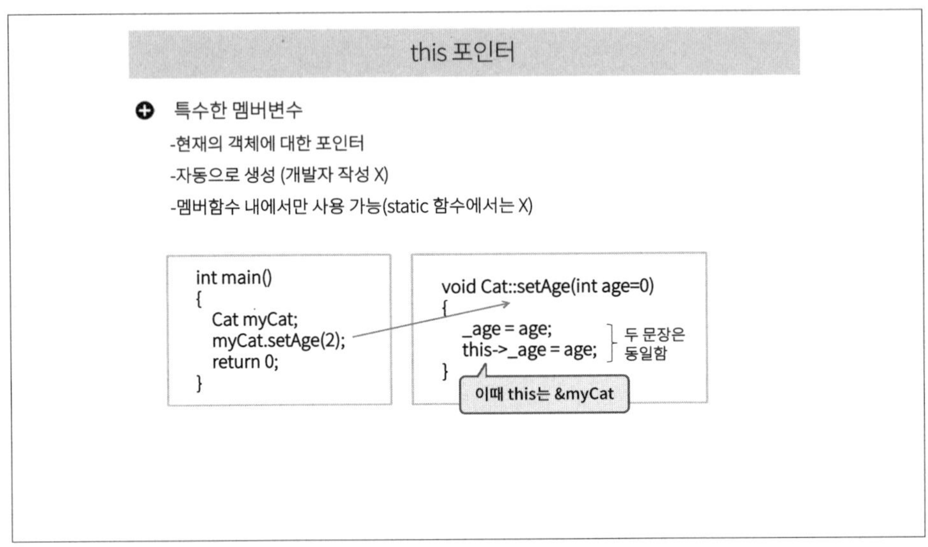

this는 C++ 컴파일러에 의하여 자동 생성되는 특수한 변수이다. this는 현재 객체(멤버함수를 호출한 객체)에 대한 포인터로서, "객체용" 멤버함수 내에서만 사용가능하다.

슬라이드에 보듯이 왼쪽 "myCat.setAge(2);" 문장에 의하여 myCat 객체의 setAge() 멤버함수가 호출되었다. 이때 호출된 setAge() 내에 작성된 this는 바로 myCat 객체의 포인터이다. 즉 this 값은 &myCat과 동일하며, *this는 myCat과 같다. 따라서 "this->_age = age;" 문장은 "_age = age;" 문장과 동일한 효력을 가진다.

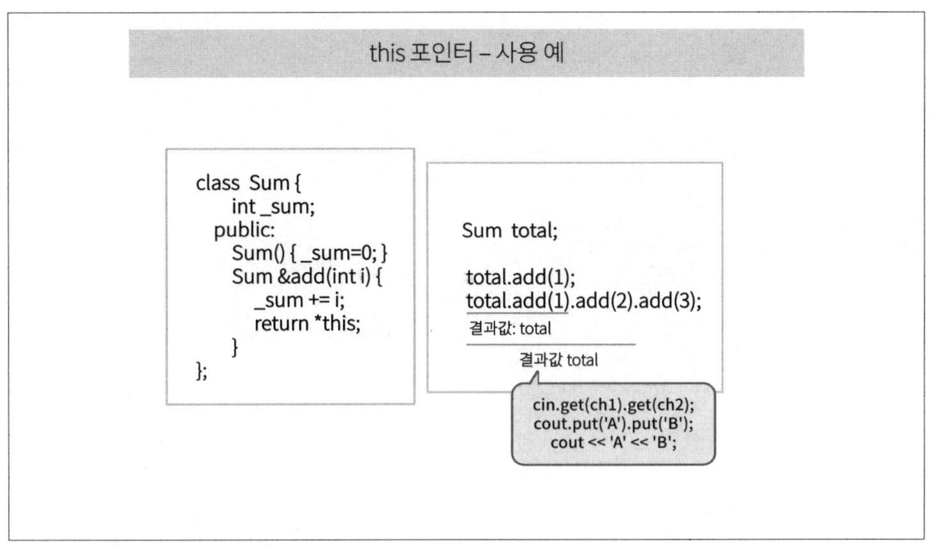

this 포인터의 사용 예를 살펴보자. 멤버함수 내에서 this는 해당 멤버함수를 호출한 객체 자신을 표현할 때 주로 사용된다. 특히 레퍼런스(reference) 자료형으로 반환될 경우에는 반환된 것이 자기 자신을 의미한다. 슬라이드 왼쪽 예에서 add() 멤버함수는 반환 자료형이 레퍼런스 타입("Sum &")이며, 함수 내에서 호출한 객체 자신("return *this;")을 반환한다. 이렇게 정의하면 add() 함수가 반환하는 것은 이 함수를 호출한 객체 그 자신이 된다.

슬라이드 오른쪽 예에서 복잡한 문장 "total.add(1).add(2).add(3);"이 있다. 여기에서 앞에 있는 수식 "total.add(1)" 이 반환하는 결과값(*this)은 add()를 호출한 객체 자신 즉, total 객체이다. 따라서 앞 수식을 계산한 이후 남은 문장은 "total.add(2).add(3);"이 된다. 마찬가지로 "total.add(2)" 수식을 계산한 결과 값은 total 객체이므로, 남은 문장은 "total.add(3);"이 된다. 이렇게 한 객체의 멤버함수(메소드)를 연결한 형태로 호출하는 것을 "Method Chaining"이라고 부른다.

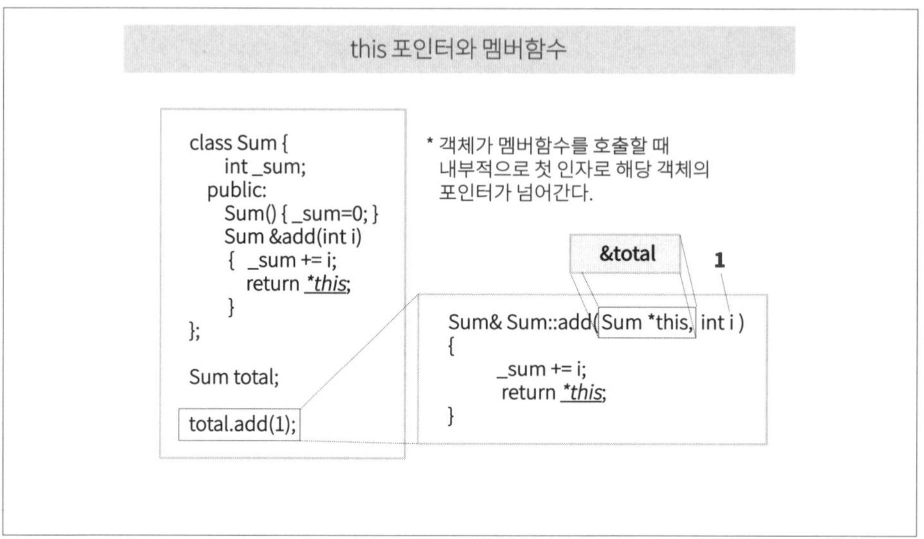

멤버변수와 멤버함수는 기본적으로 "객체용"으로, 객체가 만들어질 때마다 새로 생성된다고 계속 설명하였다. 여기서 고백하자면 이것은 엄밀히 얘기해서 거짓말이다. 멤버변수의 경우에는 어차피 객체마다 별도의 저장 공간이 필요하니 객체 수에 따라 생성되는 것이 맞다. 그러나, 멤버함수의 경우 함수 구현체의 기계어 코드가 동일한데, 객체가 100개 생성될 때, 동일한 멤버함수 100개를 별도로 생성한다면 이는 메모리 낭비이다.

"객체용" 멤버함수는 자신을 호출한 특정 객체를 알아야 한다. 하나의 멤버함수로 어떤 객체가 자신을 호출하였는지 알 수 있도록, C++ 컴파일러는 일종의 트릭(trick)을 사용한다. "객체용" 멤버함수를 호출할 때, 해당 객체의 포인터를 숨겨진 인자(hidden parameter)로 넘기는 것이다. 이것이 바로 this 이다.

슬라이드 왼쪽 예에서 "total.add(1);" 문장에 의하여 add() 함수가 호출될 때, 호출한 객체 즉 total의 포인터가 숨겨진 첫 번째 인자인 this로 넘어간다. 사용자가 지정한 인자 값 "1" 은 그 다음 번 인자인 i로 전달된다.

결국 this 포인터를 사용함으로써 멤버함수가 "객체용"임에도 여러 벌의 복사본을 생성하지 않아도 어떤 객체가 호출한 것인지를 알 수 있다.

9.8 const 멤버와 객체 멤버

const 멤버

- const 멤버변수
  -초기값 지정 이후에 값을 변경 시킬 수 없음
- const 멤버함수
  -멤버함수 내에서 클래스의 어떤 멤버의 값도 변경하지

```
class Cat {
    int _age;
    int _weight;
    const int _color;
  public:
    int getAge() const { return _age; }      // correct
    void setAge(int age) const { _age = age; }  // wrong
    ...
};
```

const 멤버변수에 대해서 앞에서 살펴보았는데, 여기에서는 const 멤버함수에 대하여 살펴보자. 변수에 const를 붙이면 「해당 변수는 초기 값을 부여한 후, 그 값을 변경할 수 없음」을 의미한다. 함수 선언부 뒤에 const를 붙이면 「해당 함수 내에서는 직간접적으로 어떠한 멤버변수의 값도 변경하지 않음」을 뜻한다.

슬라이드 예에서 보듯이 "int getAge() const { ... }" 문장에서 const로 의하여 getAge() 안에서는 멤버변수 값을 변경할 수 없음을 선언하고, 실제 코드에서도 멤버변수 값을 변경하지 않는다. 그 다음 문장 "void setAge(int age) const { ... }"에서 setAge()를 const로 선언하였지만, 함수 내에서 _age 값을 변경한다. 결론적으로 getAge()는 문법상 아무 문제없으나, setAge()는 컴파일 에러가 발생한다. 다음과 같이 const 함수가 간접적으로 멤버변수 값을 변경하는 경우에도 에러가 발생한다.

```
void setAge(int age) { _age = age; }
int resetAge() const { setAge(0); }  // ERROR!
```

다른 클래스 객체를 멤버변수로

- Cat class에 고양이 4발을 넣으려면?
  - -Cat class와 Paw(발) class를 만든다.
  - -Cat class안에 Paw object를 4개 넣는다.

```
class Paw {
  public:
     int _length;
     int _toeNails;
};

class Cat {
     int _age, _weight;
  public:
     Paw _paws[4];
     . . .
};
```

```
Cat whiteCat;
Paw *pawPtr;

for( int i = 0 ; i < 4 ; ++i )
   whiteCat._paws[i]._toeNails=5;

// same initialization
pawPtr = whiteCat._paws;
for( i = 0 ; i < 4 ; ++i )
  pawPtr[i]._toeNails = 5;
```

객체 안에 객체를 넣을 경우를 생각해 보자. 자동차는 엔진, 4개의 바퀴, 본체, 연료통 등 많은 부품들로 구성되어 있다. 이렇듯 객체 안에 다른 객체가 포함되거나, 객체가 다른 객체와 연결되는 것은 아주 흔한 일이다. 객체들 간의 포함관계를 "Containment" 또는 "Aggregation" 라고 말하며, 객체들 간의 연결 관계를 "Association" 관계라고 말한다.

일반적으로 aggregation 관계는 클래스를 작성할 때 외부 클래스의 객체를 멤버변수로 선언하며, association 관계는 외부 클래스의 객체 포인터를 멤버변수로 선언한다.

슬라이드 예에서 보듯이 고양이는 네 개의 발(paw)을 가지며, 이는 단순 아는(know) 관계인 association 관계가 아니라 생명주기(life cycle)를 같이 하는 aggregation 관계이다. 이 관계를 표현하기 위하여 Cat 클래스의 멤버변수로 4개의 Paw 객체를 선언("Paw _paws[4];") 하였다.

왼쪽 코드 예에서 보면 흰 고양이 한 마리 만들면("Cat whiteCat;"), 이 고양이에 자동적으로 네 개의 발("Paw _paws[4];") 가 생성된다. 이후 각 발에 대한 접근은 dot(.) 표기법을 사용하여 일반 멤버함수처럼 사용한다.

9.9 friend 함수와 클래스

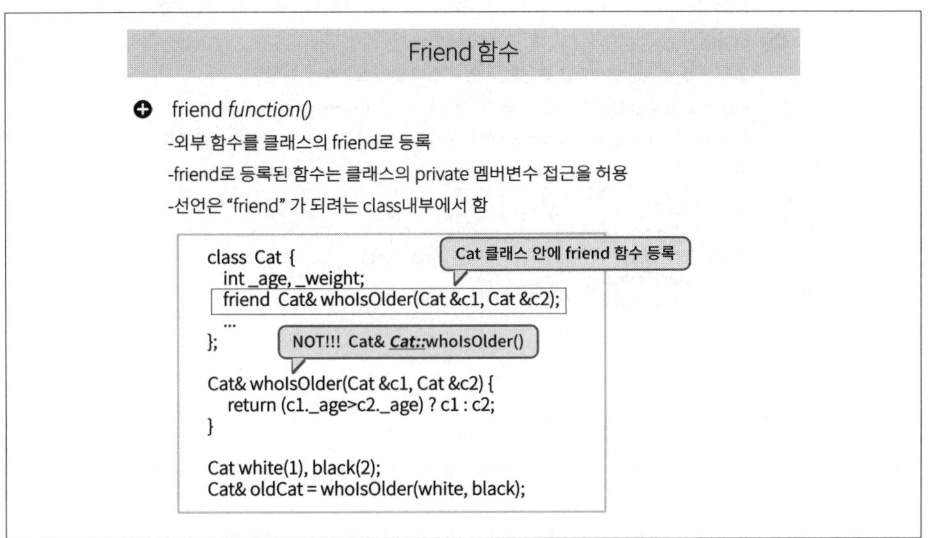

객체들의 세계에도 친구(friend) 개념이 존재한다. 객체는 다른 객체나 외부함수에 대하여 친구임을 가슴에 간직할 수 있다. 친구라고 등록된 객체는 나(객체)의 모든 것(멤버변수, 멤버함수)에 접근할 수 있다. 마치, 너무 친한 친구에게는 집 비밀번호를 알려주고 마음껏 출입을 허락하듯이 말이다. 이때 주의할 점은 내가 상대방을 친구라고 생각한다고 해서, 상대방도 나를 친구로 생각한다는 보장이 없다는 점이다. (슬프지만 인간관계와 너무도 흡사하다.)

객체가 외부 함수를 친구로 생각하는 경우를 살펴보자. 슬라이드 예에서 보듯이 Cat 클래스 안에 "friend Cat& whoIsOlder(...);" 문장으로 whoIsOlder() 함수가 친구로 선언되어 있다. whoIsOlder() 함수는 Cat 클래스의 멤버함수가 아니라 독립적인 외부 함수이다. 그 아래 whoIsOlder() 함수 정의에서 Cat 클래스의 멤버함수임을 표시하는 "Cat::" 이 없다. whoIsOlder() 함수 구현체를 일반 멤버함수처럼 클래스 선언 안에 작성할 수도 있는데, 이 경우에도 friend 함수는 외부 함수이지 멤버함수가 아니다.

이렇듯 whoIsOlder() 함수를 Cat의 친구로 등록하면, 코드 예에서 보듯이 whoIsOlder() 함수 내에 "c1._age>c2._age" 수식에서 private 멤버변수인 _age에 접근함을 볼 수 있다.

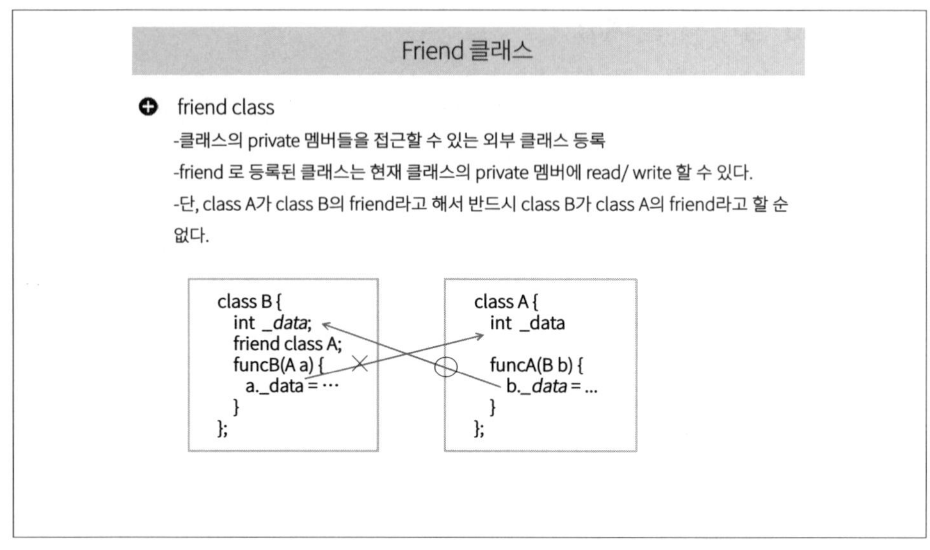

다음으로 객체가 외부 객체를 친구로 생각하는 경우를 살펴보자. 슬라이드 예에서 보듯이 클래스 B 가슴(내부)에는 A가 친구로 등록되어 있으나, 클래스 A 가슴에는 B가 친구로 등록되어 있지 않다. 이 경우, A::funcA() 함수 내에서는 B 객체의 private 멤버 변수(_data)에 아무 제약 없이 접근할 수 있으나, B::funcB() 함수 내에서는 A 객체의 private멤버 변수에 접근할 수 없다.

friend 함수나 클래스는 객체지향의 정보 감춤("information hiding") 원칙을 위반하는 것이기 때문에 권장하는 개념은 아니다. 다만, 특정 상황에서는 이 기능을 적절히 사용함으로써 얻을 수 있는 이익이 클 경우가 있으며, 프로그래머의 판단 하에 주의하여 사용한다.

EXERCISE 9-6 Complex Number

Exercise 9-6. Complex Number

다음 요구사항을 만족하는 복소수 class를 작성하시오

-멤버변수
- double _real, _image;

-생성자
- Complex(double real=0,
  double image=0);

-멤버함수
- void print ();

-friend함수
- Complex plus(Complex c1, Complex c2);
- Complex minus(Complex c1, Complex c2);

```
Complex c1(1., 1.);
Complex c2(3., 4.);
Complex c3(2., 2.);
Complex c4 = plus(c1,c2);
Complex c5 = minus(c4,c3);

c5.print ();
```

[15분]

이 연습문제는 friend 함수를 작성하고 이를 활용하는 연습이다. 복소수 ("실수+허수*i")를 표현하는 Complex 클래스를 작성하고, 두 객체의 덧셈과 뺄셈을 지원하는 friend 함수 plus(), minus()를 구현한다.

복소수의 값은 생성자를 통하여 인자로 지정된다. "Complex c1(1., 1.);" 으로 선언하면 "1.0+1.0*i"인 복소수를 의미한다.

실수값을 표현하는 _real과 허수 값을 표현하는 _image는 모두 private으로 선언하여 외부에서의 접근을 차단한다.

private 접근제한의 _real, _image 값을 읽기 위하여 plus(), minus()는 Complex 클래스의 friend 함수로 선언한다.

plus(c1, c2) 는 두 복소수를 더한 값(c1+c2)을 복소수 객체로 반환하며, minus(c1, c2)는 두 복소수를 뺀 값(c1-c2)을 복소수 객체로 반환한다. print() 함수는 해당 객체의 복소수 값을 화면에 출력한다.

Chapter

10

Operator Overloading

10. Operator Overloading

Chapter 10

Operator Overloading

5장에서, 매개 변수 수나 종류에 따라 다르게 실행되는 함수를 여러 개 정의할 수 있는 함수 오버로드(overload)에 대하여 살펴보았다. 이 장에서는 피연산자(operand)의 종류에 따라 다르게 실행되는 연산자(operator) 오버로드에 대하여 살펴보자.

C++에서는 사칙연산(+, -, *, /)과 같이 흔히 사용되는 연산자를 포함하여 거의 대부분의 연산자를 재정의할 수 있다. 즉, 두 복소수 객체인 a, b의 덧셈을 구하기 위해서 "c = add(a,b);"와 같은 함수 호출방식이 아니라, "c = a+b;"와 같이 산술연산자를 사용하여 값을 계산할 수 있다. 또한 배열의 인덱스 접근 연산자인 [ ]을 재정의함으로써 배열 인덱스가 유효한 것인지 여부도 확인할 수 있다.

10.1 Operator Overloading

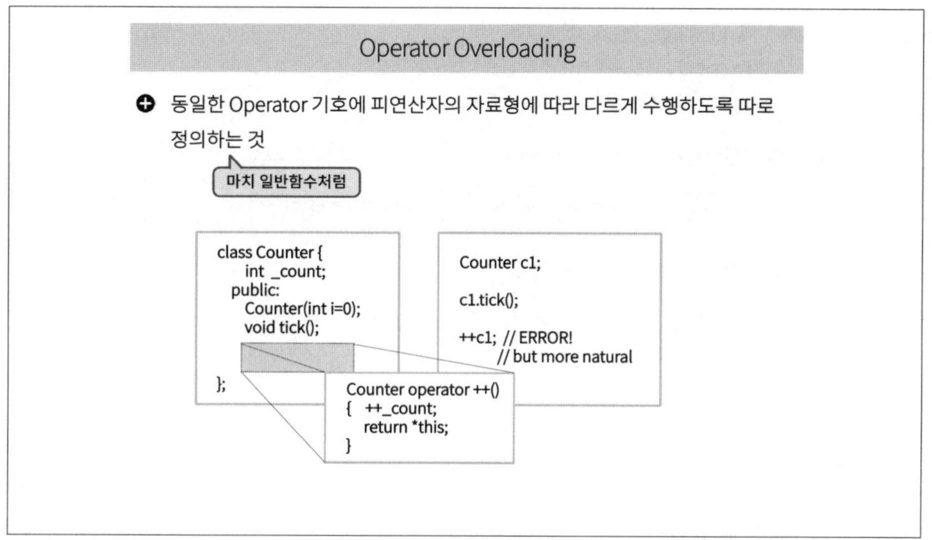

연산자를 재정의하는 방법은 의외로 간단하다. 연산자도 일반 함수와 같이 간주하여 멤버함수를 작성하는 것과 동일하다. 단지 연산자 심볼이 함수 이름이 될 뿐이다.

슬라이드의 예에서 보듯이, Counter 객체에 사용되는 '++' 연산자를 정의할 때 "operator ++"라는 이름의 멤버함수를 정의하면 된다. 이 연산자 함수 역시, 일반 멤버함수와 동일하게 매개변수(parameter)를 가질 수 있고, 값을 반환할 수 있다.

Counter 클래스에 '++' 연산자의 재정의 없이, 슬라이드 오른쪽의 코드("++c1;")를 실행하면 에러가 발생한다. 컴파일러 입장에서는 증가연산자인 '++'를 Counter 객체에 어떻게 적용해야하는지 알 수 없기 때문이다.

Counter 클래스 내부에 '++' 연산자를 정의하면, 슬라이드 오른쪽 코드("++c1;")에서 보듯이 Counter 객체인 c1에 직접 사용가능하다. 이 경우 정수나 실수값을 증가하는 '++' 연산자의 기본 코드가 수행되는 것이 아니라, 내부에 새로 정의한 "operator ++" 연산자 함수가 호출된다. 한 가지 주의해야할 점은 연산자를 새로 정의하더라도 연산자의 항수는 미리 정해져 있다는 점이다. 사칙연산자는 모두 이항(피연산자가 2개) 연산자이며, 증감연산자는 단항(피연산자가 1 개)이다.

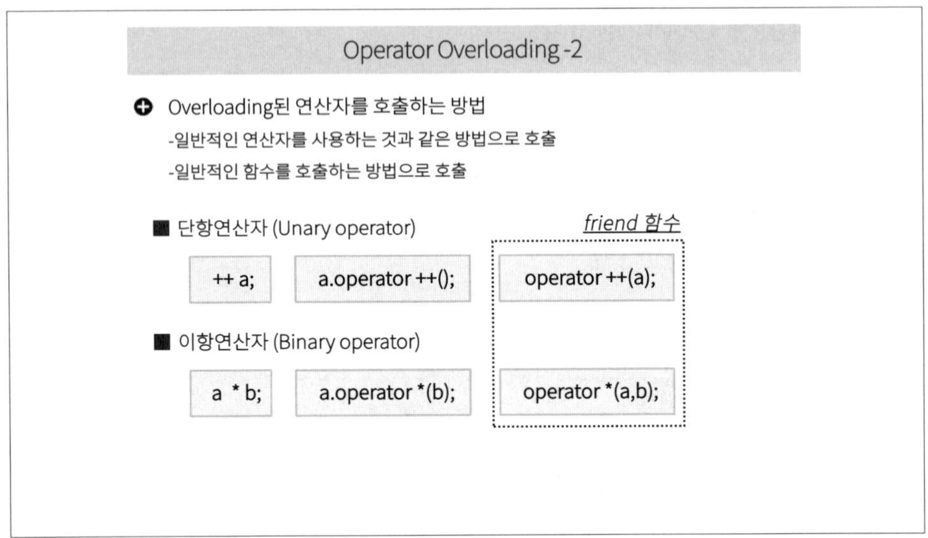

연산자를 클래스 내부에 멤버함수로 정의하는 것은 앞에서 살펴보았다. 재정의된 연산자는 일반 산술연산자처럼 자연스럽게 해당 클래스 객체에 그대로 사용할 수 있다.

예로 Counter 클래스에 증가연산자('++')를 정의하면, Counter 객체인 a에 대하여 "++a" 형태로 사용 가능하다. 또한 증가연산자를 "operator ++" 이름으로 정의하기 때문에 이를 함수호출 형태로 하면 "a.operator++()"이 된다. 이런 형태의 호출도 가능하다. (그러나, 연산자를 재정의한다면 굳이 후자처럼 사용하는 경우는 거의 없다.)

연산자를 정의할 때 클래스의 멤버로 정의할 수도 있으나, 외부 friend로 정의할 수도 있다. 증가연산자와 같이 단항 연산자의 경우 피연산자가 1개이다. 증가연산자를 멤버로서 정의하면 피연산자는 연산자를 호출하는 객체 자신이 된다. 즉 "++a" 수식이나 "a.opeartor++()" 수식에서 '++' 연산자를 호출하는 객체인 a가 피연산자가 되는 것이다. 따라서 '++' 연산자를 멤버로 정의할 때는 앞 슬라이드에서 보듯이 따로 인자가 필요하지 않다. ("Counter operator++() {...}")

그러나, 외부 friend로 연산자를 정의할 때는 필요한 피연산자 수만큼 인자를 선언하여야한다. 다음 슬라이드에 friend 연산자 선언 예를 볼 수 있다.

연산자가 멤버로 정의되거나, 또는 friend로 정의된 경우 모두 기본 연산형태를 사용할 수 있다("++a", "a*b" 등). 그러나 함수형태 호출은 서로 다르게 호출하여야한다.

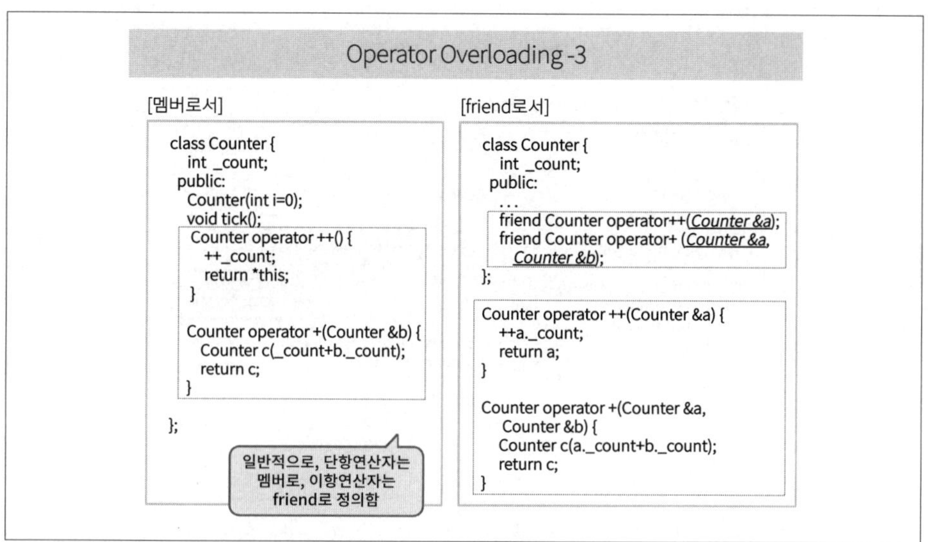

슬라이드 왼쪽은 단항연산자('++')와 이항연산자('+')를 멤버로 정의한 예이며, 오른쪽은 외부 friend로서 정의한 예이다. 단항 연산자의 경우 멤버로 정의하면 인자가 없으며, friend로 정의하면 인자가 1개 선언된다. 이항 연산자의 경우 멤버로 정의하면 인자가 1개이며, friend로 정의하면 인자가 2개이다. 즉, 연산자를 멤버로 정의하면 첫 피연산자는 연산자를 호출한 객체 자신이 되므로, 인자로 선언할 필요가 없다.

연산자를 멤버로 선언하면 다음과 같이 연산자를 사용할 수 있다.

```
Counter a(2), b(3);
Counter c = a+b;
Counter d = a.operator+(b);
```

연산자를 friend로 선언하면 다음과 같이 사용할 수 있다.

```
Counter a(2), b(3);
Counter c = a + b;
Counter d = operator+(a,b);
```

일반적으로, 단항연산자는 멤버로 정의하고, 다항연산자는 friend로 정의하는 것이 자연스럽다.

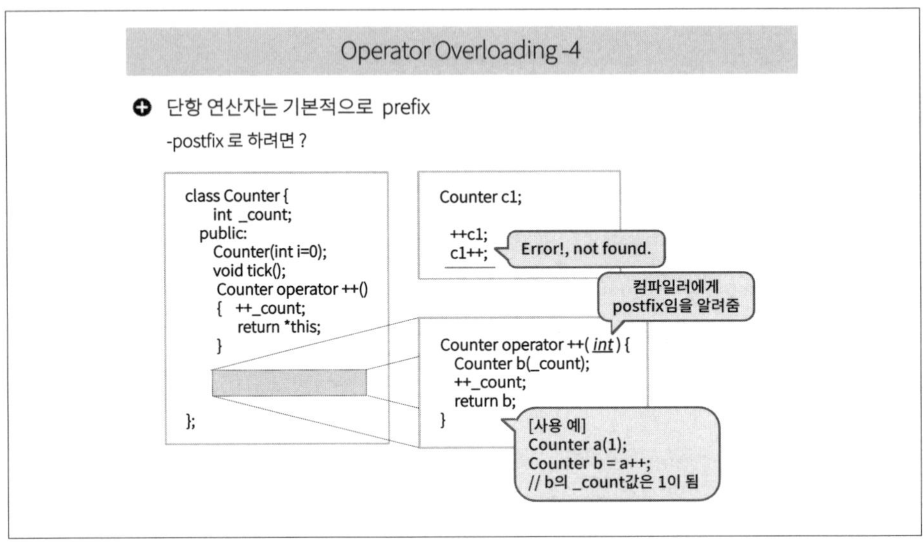

단항연산자에 대하여 좀 더 자세히 살펴보자. 단항연산자는 "++a", "&a"처럼 일반적으로 피연산자 앞에 붙는다. 이렇게 앞에 붙는 것을 "prefix" 연산자라고 말한다. 그러나, 증감연산자의 경우 "a++"처럼 피연산자 뒤에 붙을 수가 있으며 이런 형태를 "postfix"라고 말한다.

일반적으로 단항 연산자를 재정의하면 prefix 형태이다. 슬라이드에 보듯이 "operator ++()"을 정의하면 Counter 객체 c1에 대하여 "++c1" 수식은 유효하지만, "c1++" 수식을 사용하면 Visual Studio는 postfix 형태의 '++'연산자 정의를 찾을 수 없다는 에러를 낸다. (컴파일러에 따라 "Warning"으로 처리하며, prefix로 동작하는 경우도 있음)

postfix 형태로 동작하는 단항연산자를 원한다면 슬라이드 오른쪽 하단에 보이듯 'int' 형의 더미(dummy) 인자를 선언한다. 이 더미인자는 실제 사용되지는 않으며, 단지 컴파일러에게 정의되는 연산자가 postfix 형태로 동작함을 알려준다.

증가연산자의 일반형태("Counter operator ++()")와 postfix형태("Counter operator ++(int)"를 모두 선언하였다면, "++a;" 는 일반형태 연산자가, "a++"은 postfix 연산자가 실행된다.

Operator Overloading -5

- 오버로드 가능한 연산자

-재정의된 연산자의 우선순위와 인자 수는 기본연산자와 동일함

<table>
<tr><td>+</td><td>-</td><td>*</td><td>/</td><td>%</td><td>^</td><td>&</td><td>|</td><td>~</td></tr>
<tr><td>!</td><td>=</td><td><</td><td>></td><td>+=</td><td>-=</td><td>*=</td><td>/=</td><td>%=</td></tr>
<tr><td>^=</td><td>&=</td><td>|=</td><td><<</td><td>>></td><td><<=</td><td>>>=</td><td>==</td><td>!=</td></tr>
<tr><td><=</td><td>>=</td><td>&&</td><td>||</td><td>++</td><td>--</td><td>,</td><td>->*</td><td>-></td></tr>
<tr><td>()</td><td>[]</td><td>new</td><td>delete</td><td>new[]</td><td>delete[]</td><td></td><td></td><td></td></tr>
</table>

함수호출 연산자

배열접근 연산자

-단항, 이항 가능 연산자: +, -, *, &

-오버로드가 안 되는 연산자: ., .*, ::, ?:

슬라이드에 보듯이 대부분의 연산자가 재정의 할 수 있다. +, -, *, & 경우에는 단항연산자로 사용되거나, 이항연산자로 사용될 수 있는데, 두 가지 경우 모두 재정의 가능하다.

단, '.', '.*', '::', '?:' 연산자는 재정의할 수 없다. 기억하도록 하자.

EXERCISE 10-1 자료형 크기 알아내기

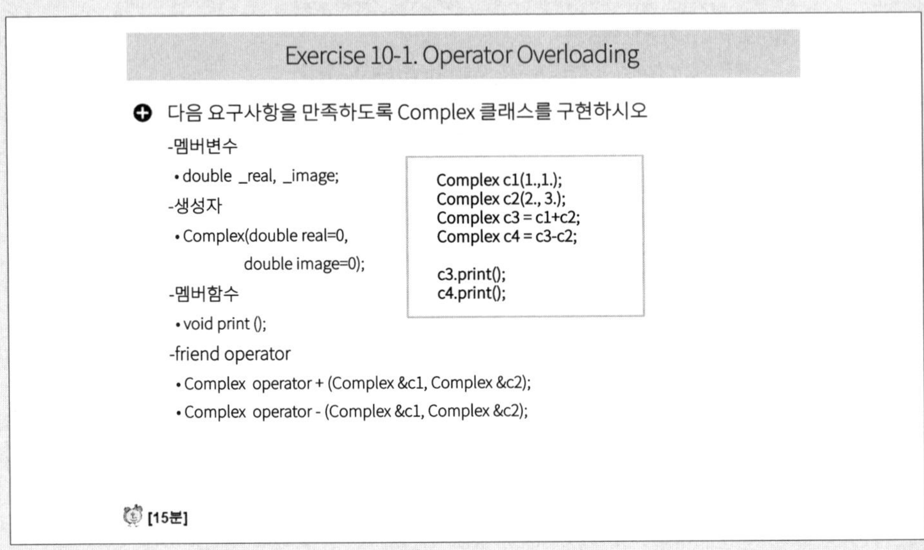
Exercise 10-1. Operator Overloading

다음 요구사항을 만족하도록 Complex 클래스를 구현하시오

-멤버변수
• double _real, _image;
-생성자
• Complex(double real=0, double image=0);
-멤버함수
• void print ();
-friend operator
• Complex operator + (Complex &c1, Complex &c2);
• Complex operator - (Complex &c1, Complex &c2);

```
Complex c1(1.,1.);
Complex c2(2., 3.);
Complex c3 = c1+c2;
Complex c4 = c3-c2;

c3.print();
c4.print();
```

[15분]

이전 연습에서 작성한 Complex 클래스에 대하여 +, - 연산자를 재정의해 보자.

숫자를 더하고 빼는 이항연산자를 friend로 정의하자.

연산자 '+', '-' 가 올바르게 정의되었다면 우측 상단의 코드를 실행하여 결과값이 다음과 같이 출력되는지 확인하자.

```
3 + 4*i
1 + 1*i
```

10.2 Class 형 변환

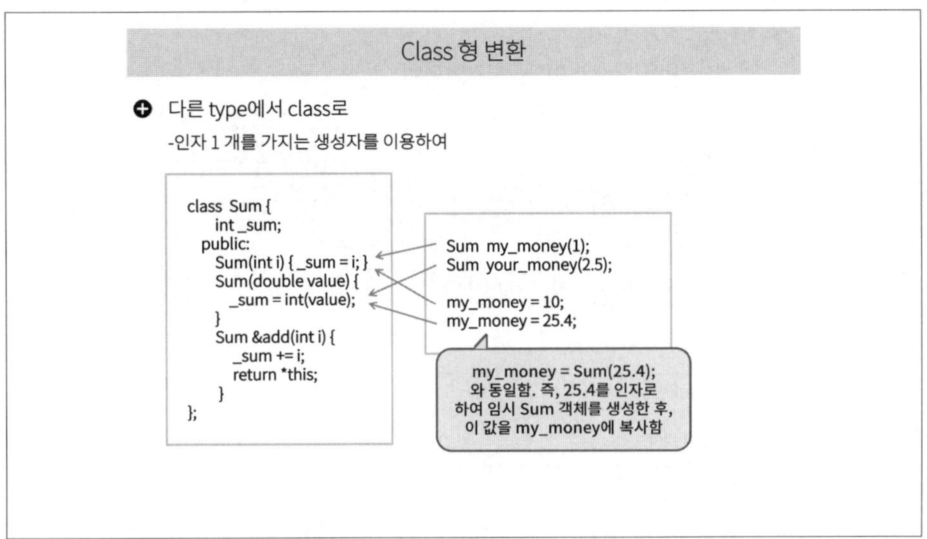

기본 자료형(primitive type)은 필요한 경우 크기가 작은쪽에서 큰쪽으로 자료형 변환이 일어난다. 예로 "int a = 1; double b=a;" 문장에서 int 자료형인 a 값은 double 자료형으로 변환된 후에 변수 b에 저장된다. 객체의 경우에도 특정 객체(또는 자료형)에서 다른 객체(또는 자료형)로 자료형을 변환하여 값을 전달할 수 있다.

먼저, 기본 자료형에서 특정 객체로 변환하는 경우에 대하여 살펴보자. 슬라이드에 보이는 Sum 객체는 특정 값(_sum)을 가지고 있으며, 이로 대표될 수 있다. 즉, "Sum s; s=1.2;"라는 코드는 "Sum 객체 s가 있는데, 이것의 값으로 1.2를 지정한다" 라는 의미이다. 이때 "s=1.2;"가 동작하기 위해서는 실수인 1.2가 Sum 임시객체(temp_s라고 가정)로 변환되고, 이 temp_s 값이 s에 복사된다. 이때 중요한 점은 double 자료형 "1.2" 값을 가지고 Sum 임시객체를 만드는 것이다. 이를 만드는 방법은 다음 두 가지가 있다.

- 인자 1개를 가지는 생성자를 이용하여 자료형 변환
- 지정연산자('=')를 재정의하여 자료형 변환

슬라이드에는 int, double 인자의 생성자를 통하여 자료형을 변환하는 예를 보인다.

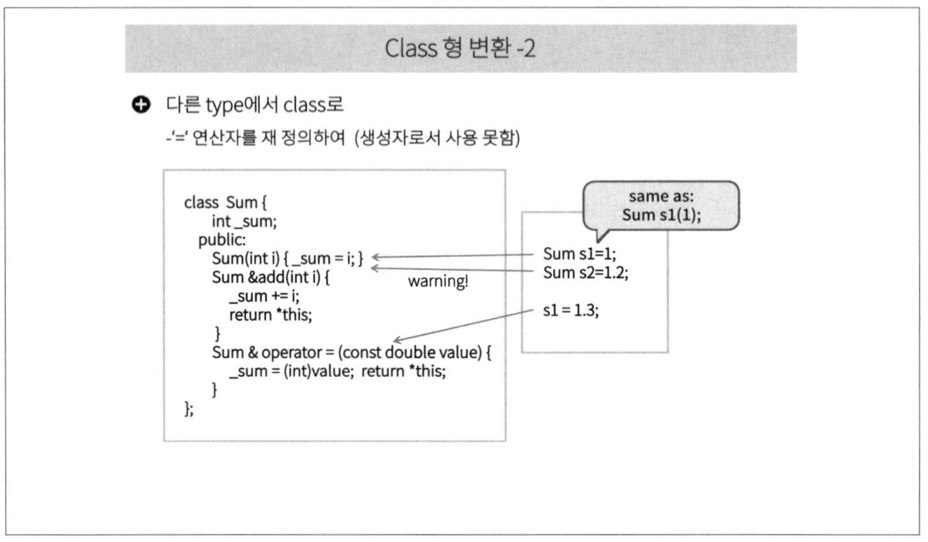

두 번째 방법인 지정연산자('=')를 재정의하여 자료형 변환하는 것에 대하여 살펴보자. 지정연산자('=') 는 지정되는 자료형 종류별로 중복하여 재정의 할 수 있다.

슬라이드에 보이듯 const double 값에서 Sum 객체로 자료형을 변환하기 위하여 지정연산자 함수 "Sum& operator =(const double value)"을 정의하였다. 지정연산자 재정의를 통하여 "s1=1.3;" 문장이 실행될 때 1.3은 지정 연산자함수의 인자인 value로 넘어가고, 객체 s1의 _sum에 지정되며("_sum=(int)value"), s1 자신이 반환된다("return *this;").

한 가지 주의할 점은 객체를 선언문에 사용되는 지정연산자는 재정의된 지정연산자가 호출되는 것이 아니라, 생성자 호출이 우선시된다는 점이다. 즉, 슬라이드 오른쪽 코드에서 "Sum s1=1.2;"를 실행할 때 "operator =(const double value)"가 동작하는 것이 아니라, "Sum(1.2)"가 우선적으로 동작하여 실질적으로 "Sum s1(1.2);"의 형태가 된다. "Sum s1(1.2);"는 double 인자를 받는 생성자가 없으므로 "Sum s1((int)1.2);" 형태로 변환된다. (이때 double에서 int로 자료형이 변하므로 컴파일러에서 warning을 출력한다.)

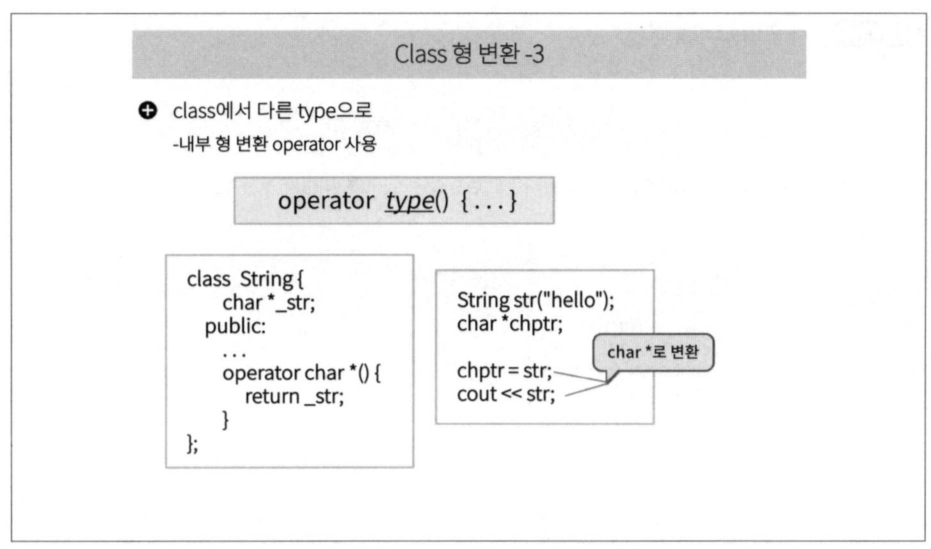

이제 특정 클래스에서 다른 자료형으로 변환하는 방법에 대하여 살펴보자. C++에서는 자료형 변환 역시 연산자이며, 따라서 자료형 변환 연산자를 정의함으로써 특정 클래스를 상황에 맞게 자료형을 변환할 수 있다.

예로 컴파일러가 "cout << v;"라는 문장을 번역할 때 v의 자료형에 따라서 출력방식을 결정한다. 만일 v가 기본자료형이 아니라 프로그래머가 작성한 클래스의 객체라면 어떻게 될까? (a) 먼저 v 클래스에 출력연산자('<<')가 정의되어 있는지 살펴보며, 정의된 것이 없다면, 컴파일러는 (b) 객체 v가 기본 자료형(char, int, long, float, ...) 등으로 변환 가능한지 여부를 확인한다. 변환 가능하다면 기본자료형으로 변환한 후 이를 출력할 것이며, 변환 가능하지 않다면, 에러를 출력한다. 이때 기본자료형으로 변환할 수 있도록 하는 것이 자료형 변환 연산자이다.(기본자료형 외에 다른 클래스로의 변환도 가능하다.)

자료형변환 연산자 정의는 간단하다. 슬라이드에 보이듯 "operator type() { ... }" 형식으로 작성한다. 이때 "type"에 변환될 자료형을 적는다. String 클래스 내에 "operator char *()"을 선언함으로써 String 객체는 "char *" 자료형, 즉 문자열로 변환이 가능하다.

슬라이드 오른쪽 예의 "chptr = str;" 문장에서 chptr에 값을 지정하기 위하여 str 객체는 chptr 자료형인 "char *"로 변환되어야 한다. 이때 컴파일러는 str 객체의 "operator char *()"를 호출하여 "char *"로 변환된 값(_str)을 얻은 후, chptr에 지정하는 코드를 생성한다.

EXERCISE 10-2 Class 형 변환

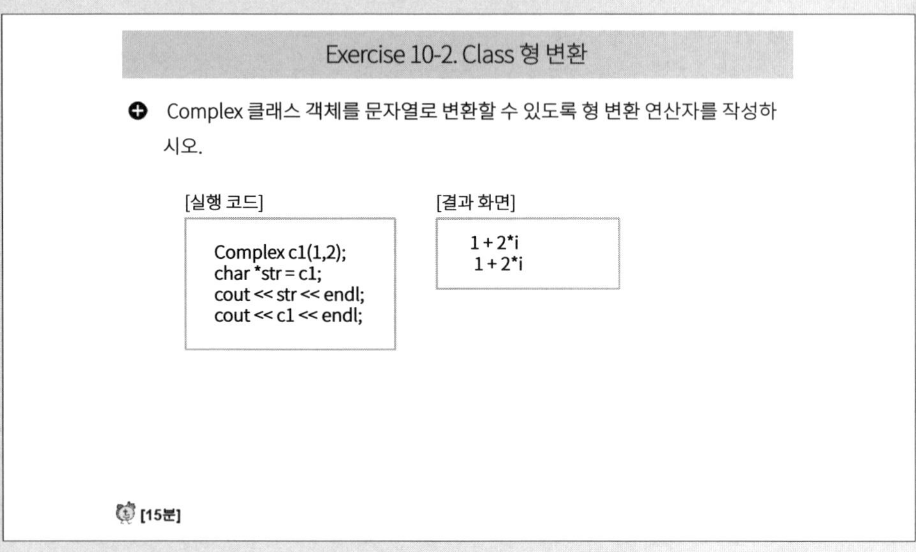

일반적으로 프로그래머가 작성한 클래스의 객체는 cout 객체를 통하여 화면에 출력할 수 없다. 왜냐하면 cout은 기본자료형에 대해서는 출력 코드가 작성되어 있지만, 프로그래머가 작성한 클래스에 대해서는 출력 코드가 작성되어 있지 않기 때문이다. 결국 슬라이드 왼쪽 실행코드를 그대로 컴파일하면 에러가 발생한다.

이를 해결하기 위해서는 프로그래머가 작성한 클래스가 기본자료형으로 변환할 수 있도록 자료형 변환 연산자를 정의하여야한다. 슬라이드 오른쪽에 보이는 형태로 Complex 객체가 출력되도록 하려면, 문자열('char *')로 변환하는 자료형변환 연산자를 정의하여야한다.

Complex 클래스 내부에 문자열('char *') 변환 연산자를 정의해 보자.

10.3 Overload 함수 매칭

Overload 함수 매칭

- Signature
  - -함수 이름과 매개 변수들의 자료형 리스트
    - 반환 자료형은 signature에 속하지 않음
  - -매개 변수의 순서가 중요
- Overload 함수의 선택 - by Signature
  1) 정확히 match되는 것
  2) 표준 형 promotion을 수행한 후 match
     - short, char, enum -> int
     - float -> double
  3) 묵시적인 표준 형 변환을 수행한 후 match
  4) 사용자 정의 형 변환을 수행한 뒤 찾는다
  5) Ellipsis match

```
int printf( const char *format [, argument]... );
```

함수/연산자 오버로드(overload)를 통하여 같은 이름의 함수를 여러 개 정의할 수 있다. 그렇다면 컴파일러는 함수호출 명령문을 기계어로 번역할 때 오버로드된 함수들 중에서 호출함수를 어떻게 결정할까? 예로 func 이름으로 3개의 함수 func(int a), func(int a, double b), func(double b)가 오버로드 되어 있다면, "func(32);" 명령문에서 실행되는 함수는 어떤 것일까? 직관적으로 인자가 int 하나이기 때문에 첫 번째 func(int a) 함수가 호출됨을 알 수 있다. 이렇게 함수호출 명령문에서 사용된 함수를 오버로드된 함수들 중에서 찾는 작업을 "오버로드 함수 매칭"이라고 말한다.

"오버로드 함수 매칭"은 함수 시그너처(signature)를 이용하여 찾아낸다. 함수 시그너처는 C++ 표준안에서 "the name and the parameter type list of a function"로 정의되어 있다. 즉, 함수 이름과 인자들 자료형 목록이 바로 함수의 시그너처이다. 컴파일러는 함수호출 명령문에서 사용된 함수와 동일한 시그너처를 가지는 함수를 오버로드된 함수들 중에서 찾는다. 시그너처가 정확히 일치하는 함수가 있으면 바로 선택되지만, 그렇지 않다면 슬라이드에 설명된 바와 같이 자료형의 기본 변환, 사용자 정의 자료형 변환 등의 순서에 따라 인자들의 변환 작업 후에 일치하는지 여부를 다시 확인한다.

Overload 함수/연산자 매칭 -2

[함수 매칭 예]

```
int input(int i);              // signature = int
double input(int i);           // int, illegal
int write(int a = 0);          // int
int write(int a, float b);     // int, float
int write(float a, int b);     // float, int
```

```
write(15);            // matches int
write();              // match int by default value
write('A');           // converts and matches int
write(9.90);          // converts and matches int
write("Hello");       // no match wrong type
write(15, 9);         // Error!, ambiguous
write(15.0, 9);       // matches float, int
write(15, 9.0);       // matches int, float
write(15.0, 9.0);     // Error!, ambiguous
```

슬라이드에 선언된 함수들에 대하여 살펴보자.

input 함수는 두 개의 함수가 오버로드 되어 있으며, write 함수는 3개가 오버로드 되어 있다. 이때 주의할 점은 함수 시그너처에 반환 형(return type)은 빠져있다는 점이다. 두 input 함수의 시그너처(signature)는 각각 "input(int)", "input(int)"으로 서로 동일하다. 즉, 두 input 함수를 구분하는데 사용되는 시그너처가 동일하기 때문에 서로 구분할 수 없으며, 따라서 컴파일러는 에러를 발생시킨다.

3개의 write 함수의 시그너처는 각각 "write(int)", "write(int, float)", "write(float, int)"이다. 슬라이드 아래 호출 예에서 각각 매칭되는 함수는 다음과 같다.

```
- write(15); write(); // write(int)와 매칭
- write('A');         // write(int)와 매칭
- write(9.90);        // write(int)와 매칭
- write("Hello");     // ERROR!, "char *"는 int로 변환될 수 없음.
- write(15, 9);       // ERROR!, 두 번째와 세 번째 모두 매칭가능
- write(15.0, 9);     // write(float, int)와 매칭
- write(15, 9.0);     // write(int, float)와 매칭
- write(15.0, 9.0);   // ERROR!, 두 번째와 세 번째 모두 매칭가능
```

10.4 출력연산자 Overloading

출력연산자 Overloading

- 특정 클래스의 객체를 출력연산자('<<')로 출력하려면?
  -예) Cat whiteCat; cout << whiteCat;
- 두 가지 방법
  1) 자료형 변환하여 출력
     - Cat 객체를 문자열("나비")로 변환하면, 변환된 문자열로 출력됨
  2) 출력연산자를 friend로 overloading 함
     - Cat 객체에 적용될 출력연산자('<<')를 별도로 정의함

```
ostream & operator << (ostream& stream, type& obj)
{
        stream << . . . . .
        return stream;
}
```

cout의 class

연습 10-2에서 "Complex c1; cout << c1 << endl; 코드처럼 Complex 객체를 출력연산자('<<') 로 화면에 출력하기 위하여, 문자열로의 자료형 변환 연산자를 정의하였다. 이 방법 외에도 특정 클래스 내부에 출력연산자를 재정의 함으로써 해당 클래스의 객체를 출력연산자로 화면에 출력할 수 있다. 예로 Cat 클래스에 "operator <<()"을 정의함으로써 Cat 객체를 화면에 출력하는데 "cout << blackCat;"와 같이 출력연산자를 사용할 수 있다.

기본적으로 출력연산자는 "ostream & operator << (ostream& stream, type& obj)" 로 선언된다. 여기에서 'ostream'은 cout 객체의 클래스 이름이며, "type"은 출력되는 객체의 자료형이다. Cat 클래스에 출력연산자를 friend로 정의하기 위한 기본 형태는 다음과 같다. 실제 구현된 모습은 다음 슬라이드에서 살펴보자.

```
class Cat {
   ..
   friend ostream & operator << (ostream & stream, Cat& obj);

};
```

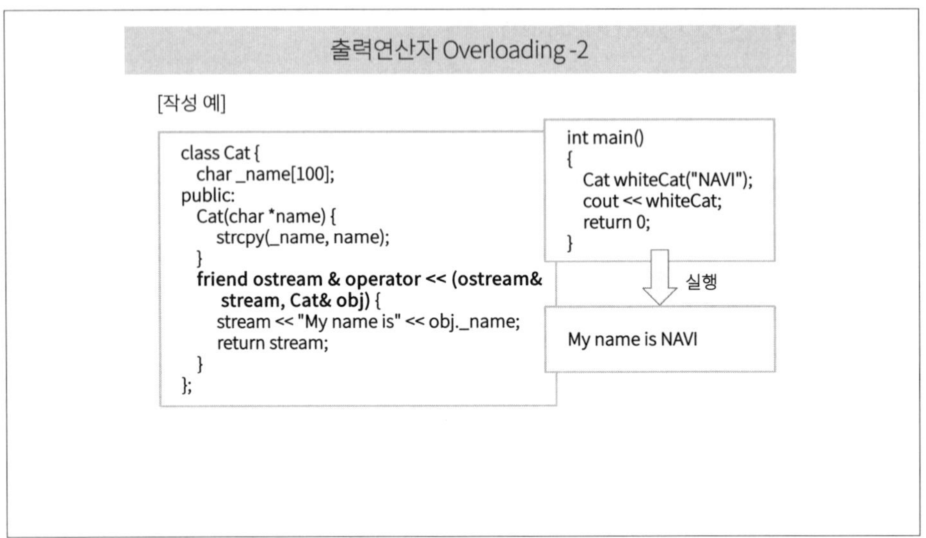

슬라이드에서 보듯이 Cat 클래스에 friend 연산자로 "operator <<()"을 정의하였다. 이렇게 출력연산자를 정의하면, 오른쪽 코드에 있는 "cout << whiteCat;" 명령문을 실행할 때 '<<' 연산자는 기존에 구현되어있는 출력연산자가 아니라, Cat 클래스에 정의된 "operator <<()" 가 실행된다.

"operator <<()" 연산자가 stream을 다시 반환하는데, 이렇게 구현함으로써 출력연산자를 연속하여 호출할 수 있다. 즉, "cout << whiteCat << blackCat;" 형태로 사용할 수 있다. 연산자나 함수의 호출결과가 객체 자신이 됨으로써 다시 다른 연산자나 함수를 호출할 수 있게 하는 방법을 "method chaining"이라고 말한다. method chaining은 JAVA언어에서는 흔히 사용되는 방법인데, C++에서도 사용 가능하다.

EXERCISE 10-3 출력연산자 Overloading

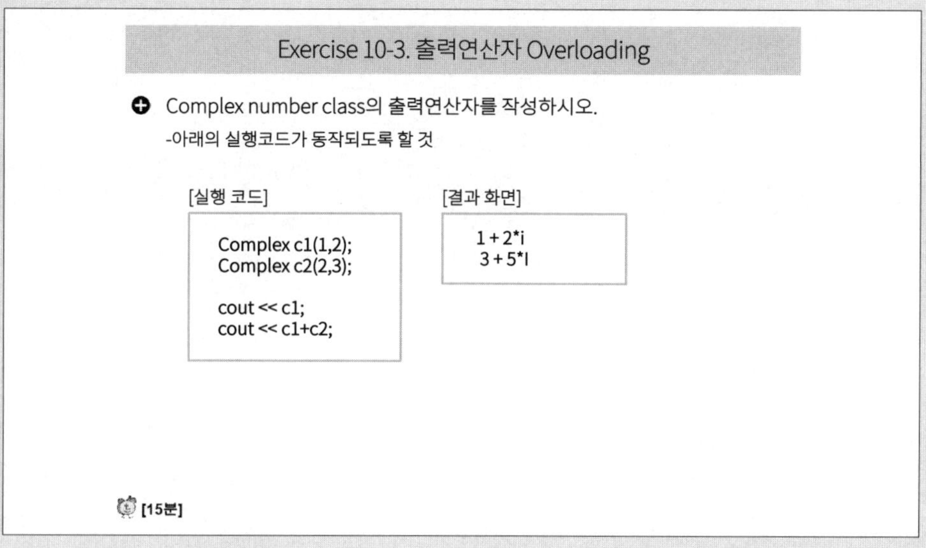

이 연습문제는 연습 10-2와 실행결과가 유사하다. 그러나, 내부적으로 구현방식은 전혀 다르다. 자료형 변환 연산자를 이용하는 연습 10-2와는 다르게, 이 연습문제는 출력연산자를 직접 작성하여 Complex 객체가 화면에 출력되도록 한다.

Chapter

11

Inheritance

11. Inheritance

Chapter 11

Inheritance

기존에 존재하는 클래스의 특성(데이터와 함수)을 물려받아 새로운 클래스를 작성할 수 있도록 하는 "상속(inheritance)"은 객체지향 프로그래밍의 핵심적인 개념이다. 클래스들 간의 상속관계를 통하여 객체 하나가 여러 역할(Role)을 맡을 수 있으며, 구현(Implementation)을 재사용할 수 있고, 추상화를 통한 다형성(Polymorphism) 기능을 사용할 수 있다.

이 장에서는 기본적인 클래스 상속 관계에 대한 것과 함께 상속에서의 접근제한 변화, 객체의 생성자와 소멸자 호출 순서, 물려받은 함수 오버라이드(override)에 대하여 살펴본다.

11.1 상속(Inheritance)이란?

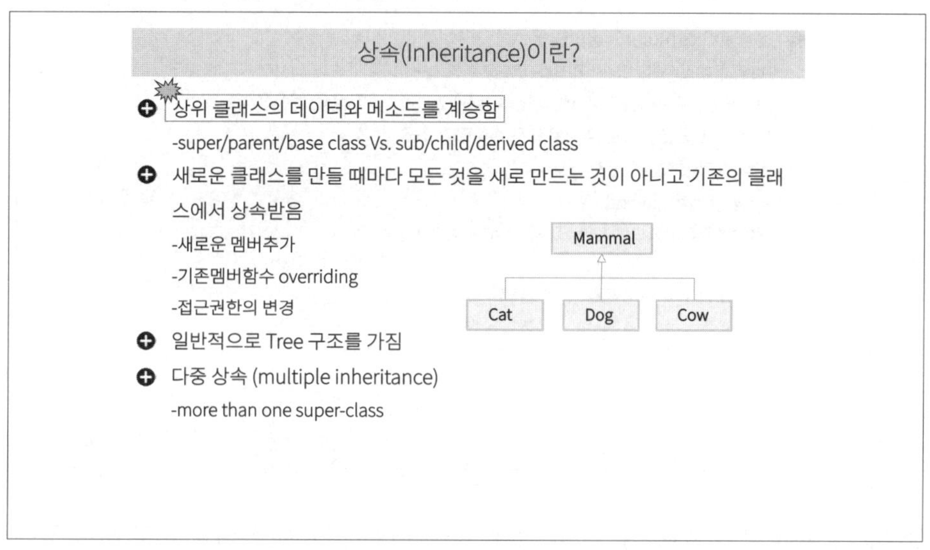

상속은 두 클래스 즉, 부모클래스와 자식클래스 간의 관계를 말한다. 이 관계는 단방향이며(서로 부모와 자식이 될 순 없다), 클래스 다이어그램으로 표현할 때는 슬라이드에 보듯이 자식 쪽에서 부모 쪽 방향으로 비어있는 삼각형이 포함된 실선으로 표기된다.

부모(parent)-자식(child) 관계는 다른 말로 super-sub, base-derived 관계라고도 말한다. 클래스들 간의 상속관계를 그려보면 일반적으로 트리(tree) 형태가 되는데, 특정 클래스의 부모, 부모의 부모 등의 위쪽 클래스들을 조상(ancestor)이라고 말한다. 반대로 특정 클래스의 자식, 자식의 자식 등의 아래쪽 클래스들을 후손(descendant)이라고 부른다.

상속관계에서 자식클래스는 부모클래스의 모든 데이터(멤버변수)와 함수(멤버함수, 메소드)를 물려받는다. 즉, 자식클래스에 변수선언과 함수선언을 하지 않아도 부모클래스의 변수와 함수를 물려받아 그대로 사용가능하다. 일반적으로 자식클래스는 부모클래스의 것 외에 추가적인 변수와 함수를 선언하거나, 부모클래스의 멤버함수를 오버라이딩(overriding)하여 재정의하기도 한다.

C++에서는 자식은 부모를 2개 이상 둘 수 있다. 즉, 한 클래스의 부모가 2개 이상일 수 있으며, 이 경우 다중 상속(multiple inheritance)라고 말한다. (권장하지 않음)

상속을 통하여 자식 클래스는 부모 클래스의 변수와 함수를 물려받는 것 외에도 역할(Role) 역시 물려받는다. [동물] <- [포유동물] <- [고양이] 상속관계에서 고양이 객체는 "고양이"이면서 동시에 "포유동물"이기도 하며, 또한 "동물"이기도 하다. 즉, "포유동물" 객체가 들어갈 자리에는 "고양이" 객체가 들어갈 수 있다. 이렇게 상속관계를 통하여 한 객체가 여러 역할(Role)을 가질 수 있으며, 하위 클래스의 객체는 상위 클래스 객체가 들어갈 자리에 대신하여 들어갈 수 있다. 이것을 형 대체성(type substitution)이라고 말하는데 이 개념은 가상 함수(virtual function)에서 그대로 사용된다.

클래스들 간의 상속관계는 프로그래머의 주관성이 들어가는 부분이므로, 객관적으로 맞고 틀리고 판단하기 어렵다. 그러나, 한 가지 기준을 만족하지 못하면 상속관계는 잘못된 것이다. 그 기준은 바로 "is-a" 관계이다. 즉, A(부모) <- B(자식)가 올바른 상속관계가 되기 위해서는 "B is-a A"가 성립하여야한다. 슬라이드 하단에 보이는 예에서 "고양이 is-a 포유동물" 은 맞는 말이다. 즉, 이 둘 관계는 상속관계가 될 수 있다. 그러나, "상속"이란 단어에 혼란되어 [아버지] <- [아들] 관계는 올바른 상속관계로 볼 수 없다. 왜냐하면 "아들 is-a 아버지" 관계가 성립되지 않기 때문이다. 유사한 이유로 [대한민국] <- [경기도] 관계 역시 상속관계가 될 수 없다.

상속(Inheritance)이란? -3

- 상속의 장점

  -설계적인 측면
  - 현실세계의 자연스러운 개념적인 모델링이 가능
  - 상속 계층이 문제 영역에서의 관계를 직접 반영
  - 일반적인 개념에서 특수적 개념으로의 단계적인 정의가 가능함

  -코드 재사용 측면
  - 코드의 재사용이 쉬움
  - 객체의 다형성(polymorphism)을 이용할 수 있음
  - 기존 코드의 수정 없이 기능을 변경 및 확장 가능함

상속은 설계적인 측면과 코드 재사용 측면에서 장점이 있다.

먼저 설계적인 측면에서 살펴보면, 현실 세계에 나오는 개념들을 상속관계로 분류하고 체계화시킨 후 이를 프로그램 구현에 그대로 반영할 수 있다. 예로 자판기를 관리하는 프로그램을 작성한다고 가정하자. 이때 자판기 내에서 다루는 여러 상품들(커피, 콜라, 책, 신문, 영화표 등)은 자판기 종류와 위치에 따라 다양할 것이며, 이들을 모두 다루기 위해서는 각 상품들을 대표하는 클래스를 식별하고 이들 간의 관계를 다음 그림과 같이 작성하여 프로그램 구현에 적용할 수 있다.

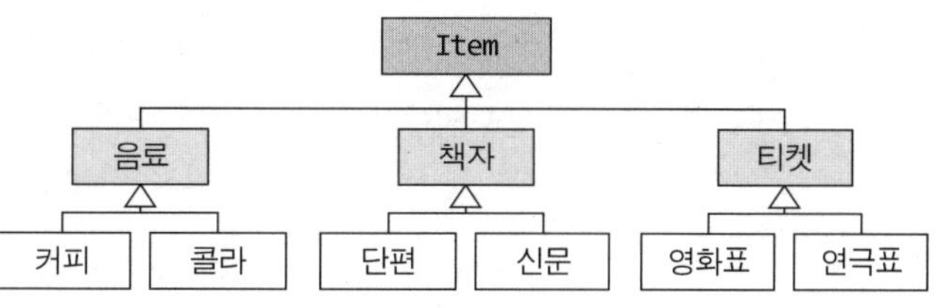

코드 재사용 측면에서 살펴보자. 기존 sin(), cos() 함수와 같은 라이브러리를 이용하는 코드 재사용 방식을 집 짓는데 비유하자면, 시중에 나와 있는 집 부품들을 구매한 후 이를 이용하여 집을 짓는 방식이라 볼 수 있다. 이에 비해, 상속을 사용하는 코드 재사용은 (지어져 있는) 집을 구매한 후, 여기에서 내가 추가하거나 수정을 원하는 부분(침실, 거실, 정원 등)만 재공사하여 살 집을 완성하는 것에 비유할 수 있다.

11.2 파생 클래스(Derived Class)

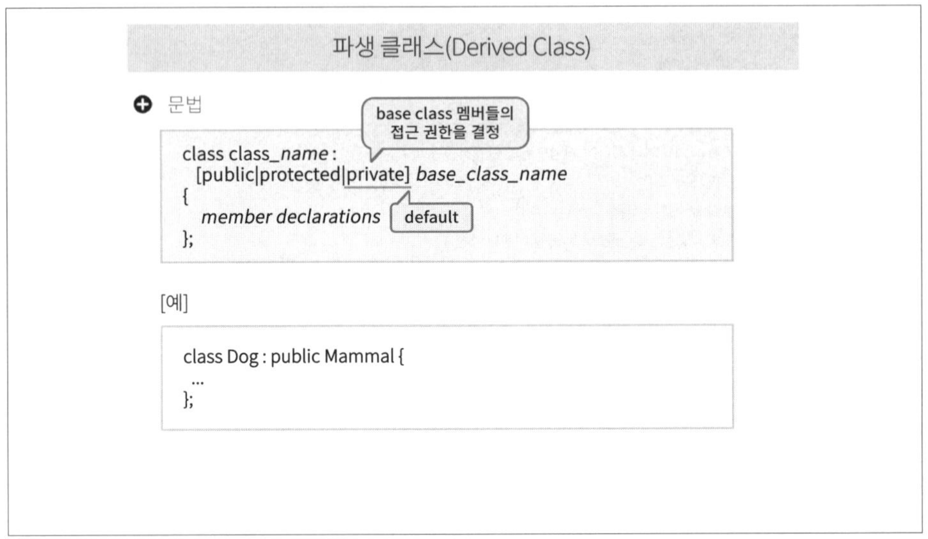

자, 이제 클래스를 상속하여 새로운 클래스를 작성해보자. 새 클래스(자식)를 작성하는 코드 "`class Class_Name { ... };`" 에서 클래스 이름 바로 뒤에 "`: public Parent_Name`"를 추가하면 된다. 슬라이드에 보이듯 `Mammal` 로부터 상속받는 `Dog` 클래스를 작성한다면 "`class Dog : public Mammal { ... };`" 형태로 작성하면 된다.

이렇듯 상속관계에서 `public`이 사용되면 "`public` 상속"이라고 말한다. `public` 대신 `protected`나 `private`이 사용되면 각각 "`protected` 상속", "`private` 상속"이라 말한다. 앞의 예를 "`private` 상속"으로 하면 "`class Dog : private Mammal { ... };`" 형태가 된다.

상속관계를 작성할 때 특별한 목적이 없다면 "`public` 상속"으로 작성한다. 뒤에서 설명하겠지만, "`protected` 상속" 이나 "`private` 상속"을 하면 부모 클래스의 멤버변수와 멤버함수를 자식 클래스가 물려받을 때 이들에 대한 접근제한이 모두 강제적으로 변경되기 때문에 의도치 않은 에러가 발생할 수 있다.

TIP 상속관계를 작성할 때 특별한 목적이 없다면 "public 상속"을 사용하자.

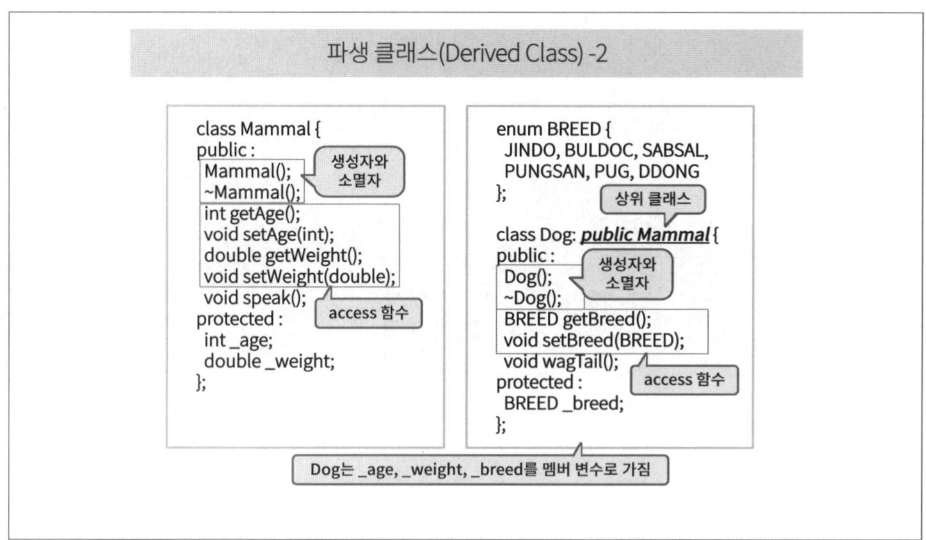

Mammal 클래스를 상속받아 Dog 클래스를 작성한 예이다. Mammal에서는 생성자와 소멸자 함수가 선언되어 있으며, 멤버 변수를 접근하기 위한 get/ set 함수가 선언되어 있다. 멤버변수 _age, _weight는 자식 클래스에서 접근할 수 있도록 protected 로 선언되었다. 클래스 선언의 전형적인 형태이다. 만일 여러분이 예제를 보지 않고 클래스 작성이 어렵다면 이 코드 형태를 외우도록 하자.

슬라이드 오른쪽에는 Mammal를 상속받아 선언된 Dog 클래스의 코드이다. Dog 클래스에도 생성자와 소멸자가 선언되어 있으며, Dog 클래스만의 멤버함수(getBreed, setBreed)와 멤버변수(_breed)가 선언되어 있다.

슬라이드에 보이는 Mammal, Dog 클래스의 멤버함수 구현(body)은 보이지 않으며, 이는 Mammal.cpp, Dog.cpp에 정의되어 있을 것이다.

"Dog myDog;"을 선언한다면 myDog가 가지는 멤버변수와 멤버함수는 다음과 같다.

[멤버변수]
_age, _weight, _breed

[멤버함수]
getAge(), setAge(), getWeight(), setWeight(), getBreed(), setBreed(), wagTail()

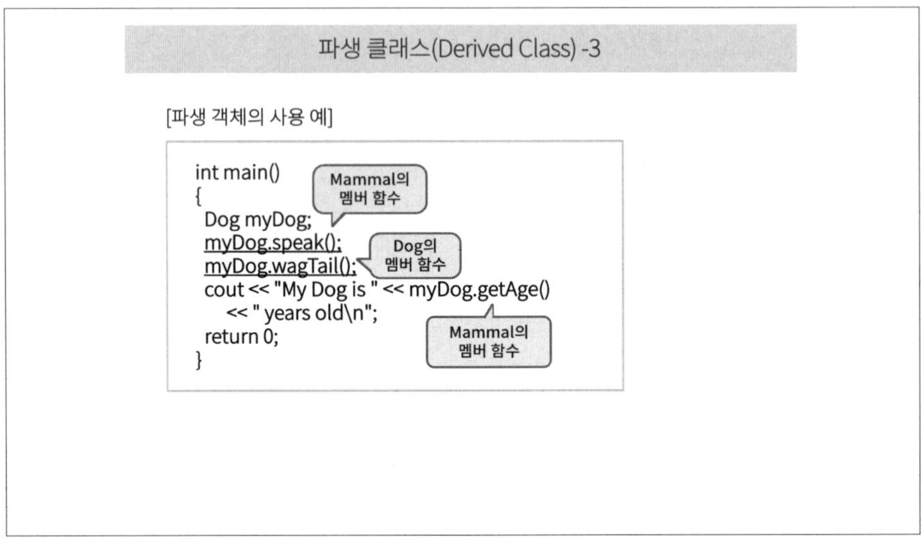

파생클래스(자식클래스) 객체의 사용 예를 살펴보자. 슬라이드에 보이는 myDog는 강아지(Dog)임과 동시에 포유동물(Mammal)임을 생각하자. myDog.speak()는 myDog가 포유동물로서 포유동물의 행동(Mammal::speak())이 실행되며, myDog.wagTail()은 myDog가 강아지로서 행동(Dog::wagTail())이 실행된다.

앞 슬라이드 코드를 살펴보면 Dog 클래스 내부에서는 speak()가 선언되어 있지 않지만, 상속받은 Mammal 클래스에 speak()가 선언되어 있기 때문에, Dog 객체가 speak() 함수를 사용할 수 있는 것이다.

EXERCISE 11-1 클래스 상속하기

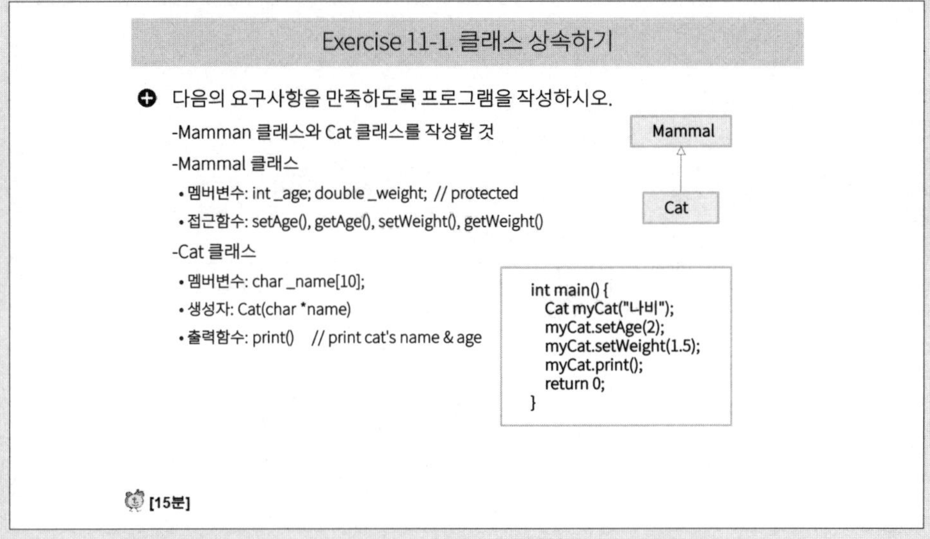

Mammal 클래스를 정의하고, 이를 상속받는 Cat 클래스를 작성하시오. Mammal, Cat 클래스를 작성한 후, 우측하단의 실행코드를 실행하시오.

11.3 상속에서의 접근 제한

상속에서의 접근 제한

- Protected
  -*자신과 자신으로부터 상속받은*(파생된) class들의 member 함수 또는 friend에서만 사용이 가능
- Public, protected, private 상속
  -Base class member 들을 접근하는 방식 지정

상속 / base	public 상속	protected 상속	private 상속
public 멤버	public	protected	private
protected 멤버	protected	protected	private
private 멤버	접근불가	접근불가	접근불가

그대로 유지
모두 private으로

클래스 내에 선언된 멤버함수와 멤버변수는 접근 제한이 지정되는데, 세 가지 접근제한 public, protected, private 중에 한 가지를 가진다. 이중 상속에 관련된 접근제한은 protected이다. protected로 지정된 멤버변수와 함수는 해당 클래스와, 후손 클래스들의 멤버함수에서 접근가능하다. 멤버변수와 함수를 클래스가 가진 재산으로 비유하면, private으로 지정된 것은 자신만 사용하는 것(노후자금, 자식도 손 될 수 없음)이고, public은 누구나 사용할 수 있도록 공공자산으로 기부한 것이며, protected는 자신과 함께 직계 후손들이 사용하는 가문용 재산이라 볼 수 있다.

멤버변수나 함수는 상속을 통하여 자식 클래스에 전달될 때 접근 제한이 변경될 수 있다. 슬라이드 표에 보이듯 "public 상속"을 한다면, 부모 클래스의 멤버들은 접근 제한 변동 없이 그대로 자식 클래스가 물려받는다. 그러나, "protected 상속"/ "private 상속"을 하면 부모 클래스의 모든 멤버들의 접근 제한이 protected/ private으로 변경되어 자식 클래스에 상속된다. (private 멤버는 어떤 상속을 하더라도 자식클래스에서 접근할 수 없다.)

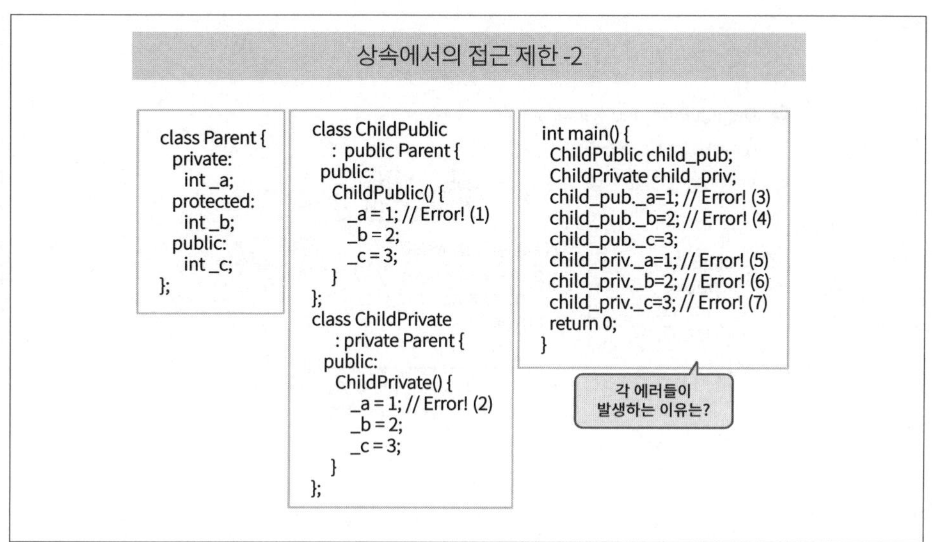

각 상속방법에 따른 멤버변수의 접근제한 변경을 예와 함께 살펴보자. Parent에 멤버변수 _a, _b, _c가 선언되어 있다. ChildPublic은 Parent로부터 "public 상속"을 받았으며, ChildPrivate은 Parent로부터 "private 상속"을 받았다.

슬라이드에 보이는 코드에는 총 7가지 에러가 발생한다. 각 에러가 발생하는 이유를 여러분이 알 수 있다면 상속에서의 접근 제한을 잘 이해한 것이다. 에러 발생 이유는 다음과 같다.

(1) : _a는 클래스 Parent의 private 멤버임. ChildPublic에서 접근할 수 없음.
(2) : _a는 클래스 Parent의 private 멤버임. ChildPrivate에서 접근할 수 없음.
(3) : _a는 클래스 Parent의 private 멤버임. 외부 main()에서 접근할 수 없음.
(4) : _b는 클래스 Parent의 protected 멤버임. 외부 main()에서 접근할 수 없음.
(5) : _a는 클래스 Parent의 private 멤버임. 외부 main()에서 접근할 수 없음.
(6) : _b는 클래스 ParentPrivate의 private 멤버임. 외부 main()에서 접근할 수 없음.
(7) : _c는 클래스 ParentPrivate의 private 멤버임. 외부 main()에서 접근할 수 없음.

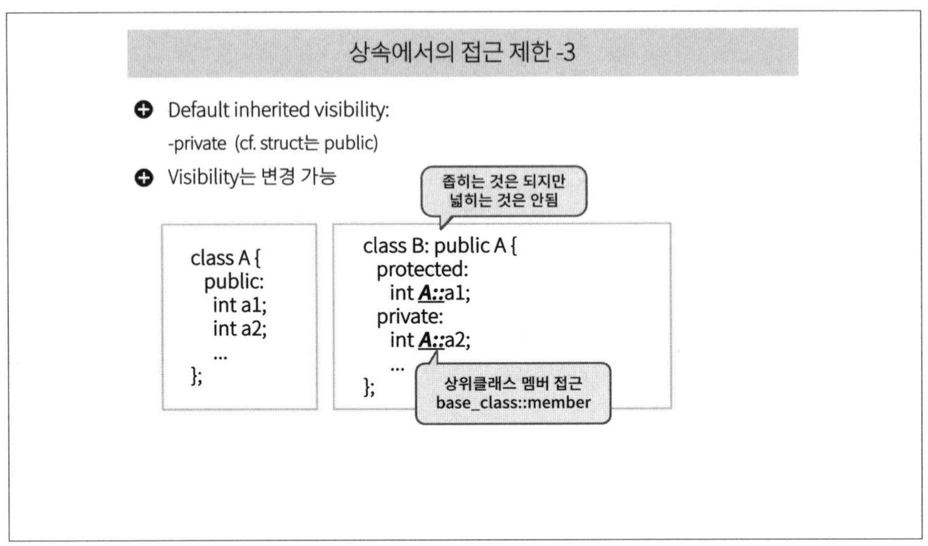

특정 상속 방법을 지정하지 않으며, 기본적으로 "private 상속"으로 간주한다. 즉 "class Dog : Mammal"이라고 작성한다면 이는 "class Dog : private Mammal" 한 것과 동일하다.

"protected 상속"/ "private 상속"에 따라 부모 멤버들의 접근제한이 모두 일괄적으로 protected/private으로 변경되는 것을 보았다. 만일 일괄적으로 모든 멤버들의 접근제한을 변경하는 것이 아니라, 특정 멤버 개개별로 접근제한 변경을 할 수는 없을까?

가능하다. 슬라이드 예에서 보듯이, 클래스 A에 정의된 a1, a2의 접근 제한은 public이다. 이를 클래스 B가 상속받은 후, a1은 protected로, a2는 private로 접근 제한을 변경하였다. 클래스 B에서 a1, a2를 새로 정의하듯이 선언하지만, 실제로는 변수이름에 scope resolution 연산자(::)를 이용하여, a1, a2가 새로운 변수가 아니라 클래스 A에 속한 멤버임을 표시한다. 이러한 방식으로 부모 클래스에 선언된 멤버의 접근 제한을 변경할 수 있다. 단, 주의할 점은 접근제한을 강화하는 방향은 가능하지만, 접근제한을 풀어주는 것은 허용되지 않는다. 즉, 위의 예처럼 public인 멤버를 protected나 private로 변경하는 것은 가능하지만, private인 멤버를 public으로 풀어주는 변경은 불가능하다.

11.4 상속에서의 생성자와 소멸자

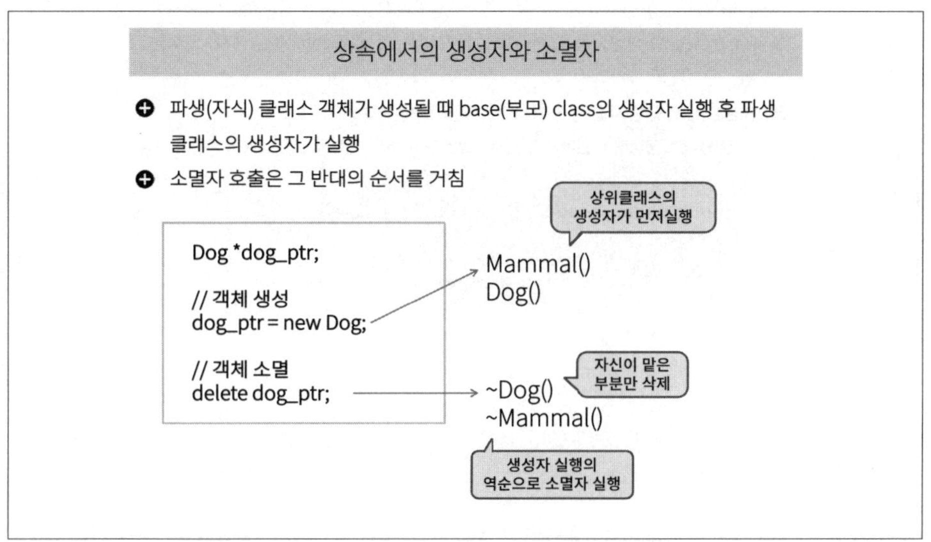

Mammal 클래스를 상속받은 Dog 클래스 객체는 Dog임과 동시에 Mammal이라고 설명하였다. 슬라이드 예에서 "dog_ptr = new Dog;" 명령문을 실행하면 Dog 객체가 생성되므로 Dog 생성자가 자동 실행된다. 이때 생성되는 Dog 객체는 Mammal이기도 하므로 Mammal 생성자도 자동 실행된다. 소멸자도 마찬가지다. "delete dog_ptr;" 명령문이 수행되어 Dog 객체가 소멸될 때 Dog의 소멸자(~Dog())가 실행되는 것과 함께 Mammal의 소멸자(~Mammal())도 자동 실행된다.

결론적으로, 특정 객체 하나가 생성될 때, 해당 객체 클래스의 생성자 외에 이 클래스가 상속받은 모든 조상클래스의 생성자도 자동 실행되며, 특정 객체 하나가 소멸될 때도 모든 조상클래스의 소멸자도 자동 실행된다.

한 가지 주의할 점은 여러 생성자와 소멸자가 자동 실행될 때, 실행되는 순서이다. 생성자가 실행되는 순서는 위(조상)에서 아래(자손) 방향으로, 소멸자가 실행되는 순서는 반대로 아래(자손)에서 위(조상) 방향으로 실행된다. 예로, Dog 객체가 생성될 때는 부모인 Mammal() 생성자가 먼저 실행된 후, Dog() 생성자가 실행되며, Dog 객체가 소멸될 때는 ~Dog() 소멸자가 먼저 실행된 후에, ~Mammal() 소멸자가 실행된다.

상속에서의 생성자와 소멸자 -2

- Base class의 생성자는 기본적으로 인자없는 생성자(default 생성자)가 호출됨
- Base class의 인자있는 생성자가 호출되도록 하려면?
  -파생 클래스 생성자 선언에서 ": base_class(arg_list)" 형태로 base class 생성자 지정

```
constructor_header : base_class(arg_list) {
  ...
}
```

인자와 함께 원하는
base 클래스 생성자 지정

Dog 객체를 생성할 때 Mammal 생성자가 먼저 실행된 후, Dog 생성자가 실행된다. 만일 Mammal 생성자가 나이(age)인자를 받는 경우를 생각해보자. 이 경우 Mammal 객체를 생성할 때는 "Mammal m(2);" 형태로 변수선언과 함께 생성자 인자를 넘겨줄 수 있다. 그러나, "Dog myDog(2);" 의 경우처럼 변수선언 때 넘어가는 인자는 Dog() 생성자의 인자이지 Mammal 생성자의 인자가 아니다. 결국 "Dog myDog(2);" 문장을 통하여 Dog 생성자에서 인자 값 2를 받아 이를 Mammal 생성자 인자로 넘겨줘야 한다. 어떻게 할 수 있을까? (인자를 넘겨주지 않는다면 인자없는 Mammal 생성자가 실행된다.)

특정 클래스의 생성자에서 상위 클래스 생성자를 지정할 수 있으며, 그 문법은 슬라이드에 보이는 바와 같다. 예로 Dog 생성자에서 인자(age) 값을 받아서 이를 Mammal 생성자로 전달하려면 Dog 생성자 선언을 다음과 같이 작성한다.

```
class Dog : public Mammal {
   public:
      Dog(int age) : Mammal(age) { ... }
      ...
};
```

Dog 생성자가 먼저 인자를 받지만, 이 인자는 Mammal 생성자로 바로 넘어가게 되어, Dog 생성자 코드(body)가 실행되기 전에 Mammal 생성자 코드(body)가 먼저 실행된다.

상속에서의 생성자와 소멸자 -3

```
Mammal::Mammal(): _age(1), _weight(5)
{}
Mammal::Mammal(int age) _age(age), _weight(5)
{}
Dog::Dog(): Mammal(), _breed(YORKIE)
{}
Dog::Dog(int age): Mammal(age), _breed(YORKIE)
{}
Dog::Dog(int age, int weight, BREED breed):
      Mammal(age), _breed(breed), _weight(weight)
{}

Dog dog1;
Dog dog2(1);
Dog dog3(1,5,JINDO);
```

슬라이드에는 Mammal 생성자 2개 Mammal(), Mammal(int age)가 선언되고, Dog 생성자 3개 Dog(), Dog(int age), Dog(int age, int weight, BREED breed)가 정의되어 있다.

아래 "Dog dog1;", "Dog dog2(1);", "Dog dog3(1,5,JINDO);" 문장에서 dog1, dog2, dog3 객체가 생성될 때 어떤 생성자가 어떤 순서로 호출될까?

생성되는 객체	생성자 실행 순서
dog1	(1) Mammal() (2) Dog()
dog2	(1) Mammal(1) (2) Dog(1)
dog3	(1) Mammal(1) (2) Dog(1, 5, JINDO)

부모 생성자 호출 수식(": Mammal(age)") 외에 뒤에 붙는 "_breed(YORKIE)" 수식은 "const 멤버 초기화" 부분에서 살펴보았듯이 멤버변수 _breed에 YORKIE 값을 지정하는 수식이다. 즉, "_breed = YORKIE;" 문장과 동일한 효과이다.

EXERCISE 11-2 생성자와 소멸자의 실행 순서

Exercise 11-2. 생성자와 소멸자의 실행 순서

- Cat 객체를 생성하고 소멸할 때, Mammal과 Cat의 생성자와 소멸자가 실행되는 순서를 확인하자.

-Exercise 11-1에서 작성한 Mammal, Cat 클래스를 수정할 것

-Mammal: 생성자, 소멸자 추가.

- 생성자: Mammal() { ... cout << "a mammal born\n"; }
- 소멸자: ~Mammal() { ... cout << "a mammal die\n"; }

-Cat: 생성자, 소멸자 추가

- 생성자: Cat(char *name) { … cout << "a cat born\n"; }
- 소멸자: ~Cat() { … cout << "a cat(" << _name << ") die\n"; }

```
int main() {
   Cat myCat("나비");
   return 0;
}
```

[10분]

연습문제 **11-1**에서 작성했던 **Mammal**과 **Cat** 클래스에 생성자와 소멸자를 추가한 후, 하단의 실행 코드를 돌려본다.

이 연습문제를 통하여 **Cat** 객체가 만들어지고, 사라질 때 자동 실행되는 생성자와 소멸자의 실행 순서를 확인하고 기억한다.

> **TIP** 생성자는 위(부모)에서 아래(자식) 방향으로 실행된다. 소멸자는 생성자 실행 순서의 반대이다. 꼭 기억하자.

11.5 함수 오버라이드(Override)

함수 오버라이드(Override)

- 부모 클래스로부터 상속받은 멤버함수를 재정의하여 덮어쓰기(overriding)
  -함수 시그너처는 같으나 기능(body)은 다름

```
void Mammal::speak()
{
 cout << "Mammal sound!\n";
}

void Dog::speak()
{
 cout << "MONG-MONG!\n";
}
```

함수 Return type과 signature가 일치함

부모 클래스로부터 상속받은 멤버함수를 자식 클래스가 재정의 하는 것을 함수 오버라이드(override)라고 말한다. 이 개념은 다음 장에 학습한 "가상함수"와 직접적으로 관련된 것으로 아주 중요하다!!!. 앞에서 "상속을 사용하는 코드 재사용은 (지어져 있는) 집을 구매한 후, 여기에서 내가 추가하거나 수정을 원하는 부분(침실, 거실, 정원 등)만 재공사하여 살 집을 완성하는 것에 비유할 수 있다." 고 설명하였다. 여기에서 "수정하기 위해 재공사하는 방법"이 바로 함수 오버라이드이다.

함수 오버라이드는 부모 클래스의 멤버함수를 재 정의하는 것이기 때문에 함수 선언부가 동일하며, 단지 함수 구현부(body)만 달라야 한다. 슬라이드의 예는 Dog 클래스가 Mammal로부터 상속받으면서 speak() 함수를 오버라이드(재정의)하는 모습을 보인다. Mammal의 speak() 함수(Mammal::speak())는 포유동물로서 소리를 내는 반면, Dog의 speak() 함수(Dog::speak())는 강아지로서 소리를 낸다. 개념적으로 위의 코드를 해석해보면, 모든 포유동물들은 speak() 할 수 있다(함수가 존재하므로). 강아지도 포유동물이며 speak() 할 수 있다. 그러나 다른 포유동물의 소리(Mammal::speak())와 다른 소리(Dog::speak())를 낸다.

오버로드(overload)와 오버라이드(override)는 용어가 비슷하여 학습자가 많이 헷갈려 한다. 두 용어 모두, 두 개 이상의 함수가 작성되는 것이지만 그 의미는 완전히 다르다.

오버로드는 한 클래스 내에 이름이 같은 함수를 여러 개 정의하는 것으로, 함수 이름만 같고 나머지 함수 signature와 함수 body가 모두 다르다. 특히 함수 signature는 반드시 달라야한다. 오버라이드는 상속 관계의 두 클래스에 이름이 같은 함수를 각각 정의하는데, 함수 선언부(함수 signature, return type)가 같고 함수 body가 다르다.

기준	함수 오버로드	함수 오버라이드
함수 이름	동일	동일
함수 선언부	다름(특히 인자) 예) Sum Sum::add(int) Sum Sum::add(double)	동일 예) void Mammal::speak() void Dog::speak()
선언되는 위치	동일한 클래스 내에 모두 선언	하나는 부모클래스에, 다른 하나는 자식클래스에
함수 구현(body)	다름	다름

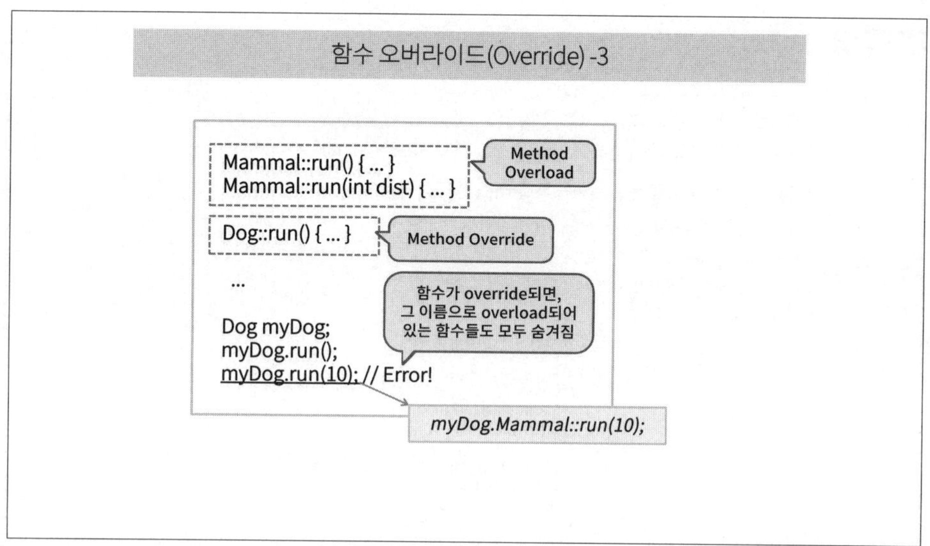

슬라이드에 Mammal 클래스에 run함수가 오버로드(overload)되어 있다. Mammal 클래스를 상속받아 Dog 클래스를 만들면서 run 함수를 오버라이드(override) 하였다.

이때 주의할 점은 특정 멤버함수가 자식 클래스에서 오버라이딩되면 부모 클래스에 있는 해당 이름의 멤버함수는 모두 감춰진다. 이를 스크리닝(screening)이라고 말한다. 슬라이드 예에서 Dog::run() 함수 오버라이드로 인하여 Mammal 클래스의 run 함수(run(), run(int))들은 모두 screening 된다. 즉, Dog 객체에서는 Mammal::run(), Mammal::run(int) 함수에 접근하지 못한다. 따라서 "myDog.run();" 명령문에 의하여 Dog::run() 함수가 실행되지만, "myDog.run(10);" 명령문에서는 Mammal::run(int)이 감춰졌기 때문에 컴파일러가 유효한 함수를 찾을 수 없다는 에러를 발생시킨다.

감춰진(screening) 함수를 호출하기 위해서는 scope resolution 연산자(::)를 이용하여 명시적으로 지정하면 된다. 예로 "myDog.run(10);" 명령문에서 호출되는 함수가 Mammal의 것이라면 "myDog.Mammal::run(10);" 형태로 명시적으로 지정한다.

EXERCISE 11-3 함수 오버라이드

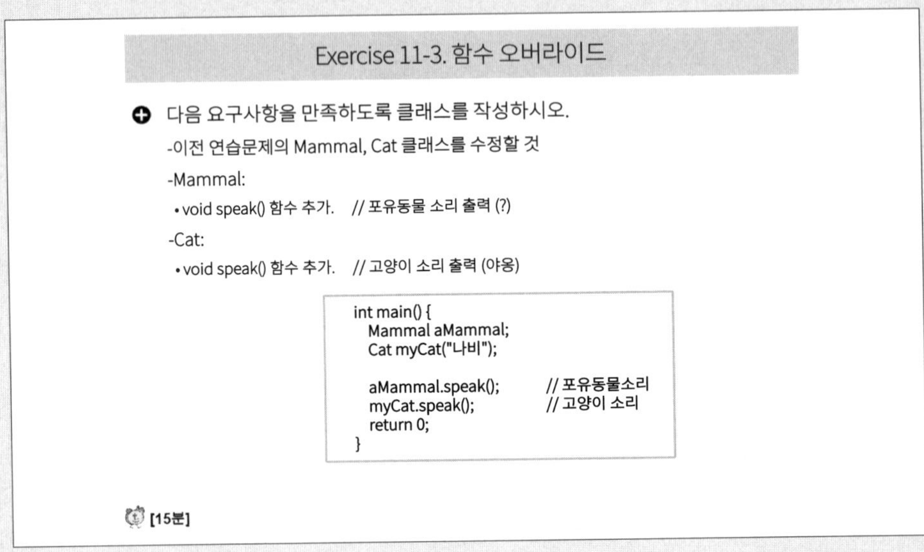

이전 연습문제에서 작성된 Mammal, Cat 클래스를 수정하여, 함수 오버라이드에 대하여 연습한다.

Mammal 클래스와 Cat 클래스에 각각 "void speak()" 함수를 선언하고, 서로 다른 소리를 화면에 출력하도록 작성한다. 그 다음 하단의 main() 함수를 실행하여 Cat 클래스의 speak() 함수가 제대로 오버라이드 되어 동작함을 확인한다.

11.6 다중 상속(Multiple Inheritance)

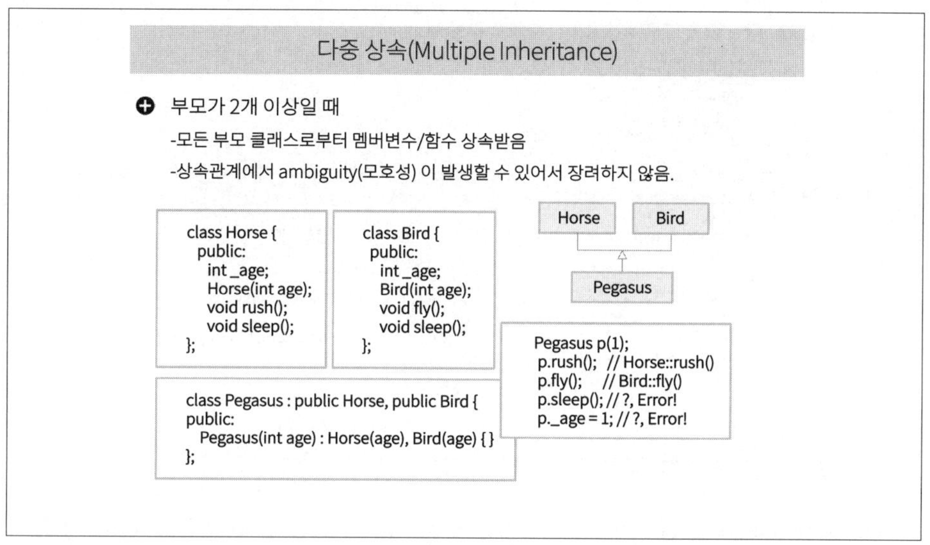

부모클래스가 하나인 단일상속은 한 객체에 여러 가지 역할(role)을 부여할 때 유연성이 부족하다. 예로, "철수"라는 객체는 "사람"이며, "학생"이며, "남자"이며, "대학생" 역할을 담당할 수 있다. 또한 집에 가면 "아들"이며, 동아리에서는 "총무" 역할을 담당한다. 한 객체에 여러 가지 역할을 부여하기 위해서 C++에서는 상속을 이용하지만 각 역할들이 상속 관계 즉, "is-a" 관계를 모두 만족시킬 수는 없다. ("남자"와 "학생"은 "is-a" 관계가 될 수 없다.) 이 문제는 부모클래스가 여러 개인 다중 상속을 이용하여 해결할 수 있다. 날개 달린 말을 표현하는 Pegasus 클래스는 Horse, Bird 두 클래스를 부모로 상속받았다. 이 경우 Pegasus 객체는 Horse의 멤버뿐만 아니라 Bird의 멤버들도 모두 상속받는다. 또한 Pegasus 객체는 Horse 역할과 함께 Bird 역할도 물려받는다.

오른쪽 하단의 실행코드를 동작시키면, Pegasus 객체 p가 Horse의 rush() 함수와 Bird의 fly() 함수를 모두 사용함을 볼 수 있다. 그런데, 양쪽으로 물려받은 멤버들이 서로 겹치는 경우에는 어떻게 될까? 예로 "p.sleep();" 명령문에서 Horse::sleep()이 호출될까 아니면 Bird::sleep()이 호출될까? "p._age=1;" 명령문에 사용되는 _age는 Horse::_age인가 아니면 Bird::_age인가? 둘 다 구분할 수 없어 컴파일러는 모호성 에러를 발생시킨다.

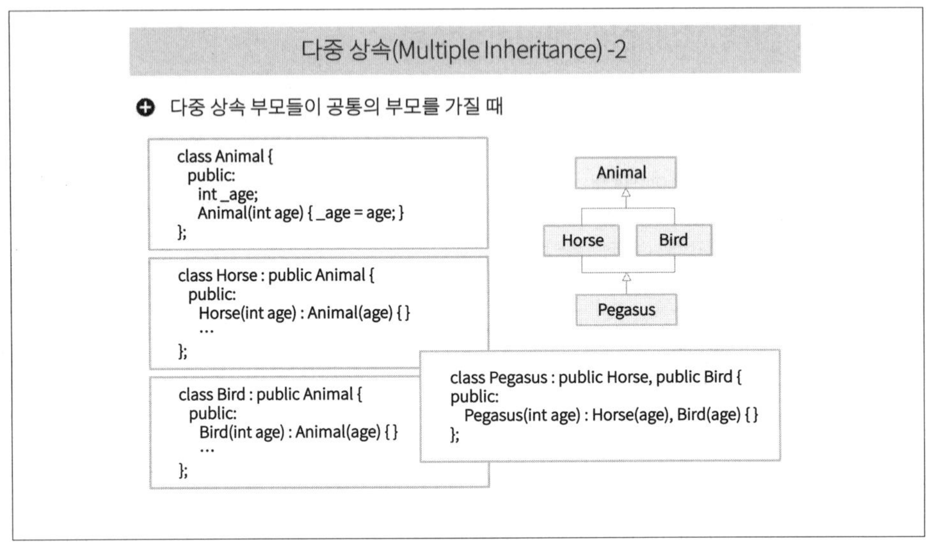

Horse, Bird, Pegasus 클래스 상속관계를 조금 변경해보자. Horse와 Bird의 공통적인 요소(_age)를 뽑아서 이 둘의 부모클래스로 Animal클래스를 만들자. 최종적으로 Pegasus는 Horse와 Bird로부터 상속받고, Horse와 Bird는 각기 Animal로부터 상속받는다. 이 경우 Pegasus 객체 p를 생성하면, p는 4가지 역할(role) - Animal, Horse, Bird, Pegasus - 과 함께 각 역할의 구현(implementation)까지 모두 물려받는다. 즉, C++에서 상속은 "역할(role)" 상속과 함께 "구현(implementation)" 상속도 같이 이루어진다.

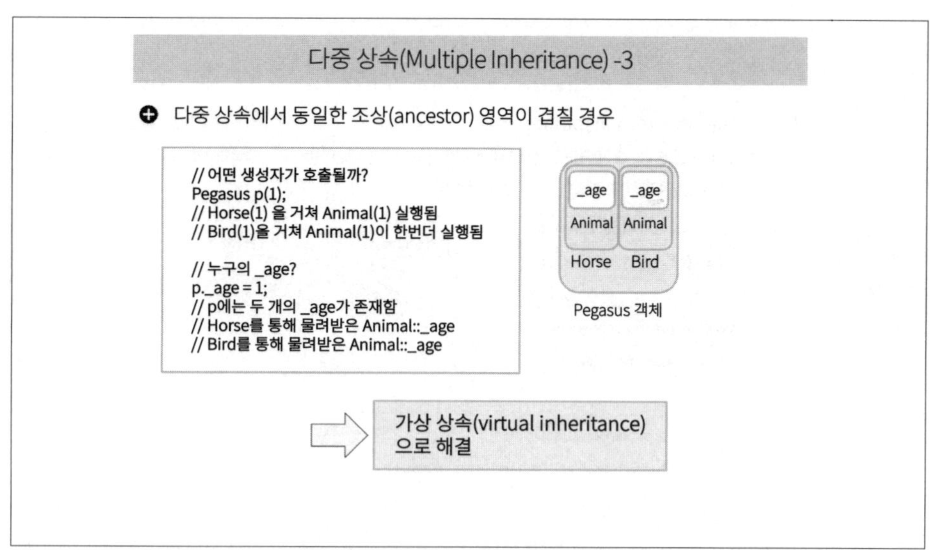

앞 슬라이드에서 정의된 Pegasus 클래스의 객체 p를 생성해보자.

"Pegasus p(1);" 명령문에 의하여 객체 p가 생성될 때, (슬라이드 오른쪽에 보이듯) p는 Horse 영역, Bird 영역에 대한 메모리를 가진다. 또한 Horse 영역, Bird 영역은 각기 Animal영역을 포함한다. 즉 Pegasus 객체 p에는 두 개의 Animal 영역과 두 개의 _age가 존재한다. 슬라이드에 있는 "p._age = 1;" 명령문에서 _age는 누구의 것일까? 이 역시 모호성(ambiguity) 때문에 컴파일러가 에러를 발생시킨다.

생성자 호출에 대해서 생각해보자. "Pegasus p(1);" 명령문에 의하여 Pegasus 생성자가 호출되고(실행은 맨 뒤에), Horse 생성자가 호출되고, 그 다음 Animal 생성자가 호출(실행은 맨 먼저)될 것이다. 이후 Bird 생성자가 호출되고, 그 다음 Animal 생성자가 호출된다. 각 클래스의 생성자에서 생성자 이름을 출력하게 한다면, "Pegasus p(1);" 명령문 실행할 때 다음과 같이 출력될 것이다. (Animal 생성자가 2번 호출됨을 확인하자)

```
Animal() called
Horse() called
Animal() called
Bird() called
Pegasus() called
```

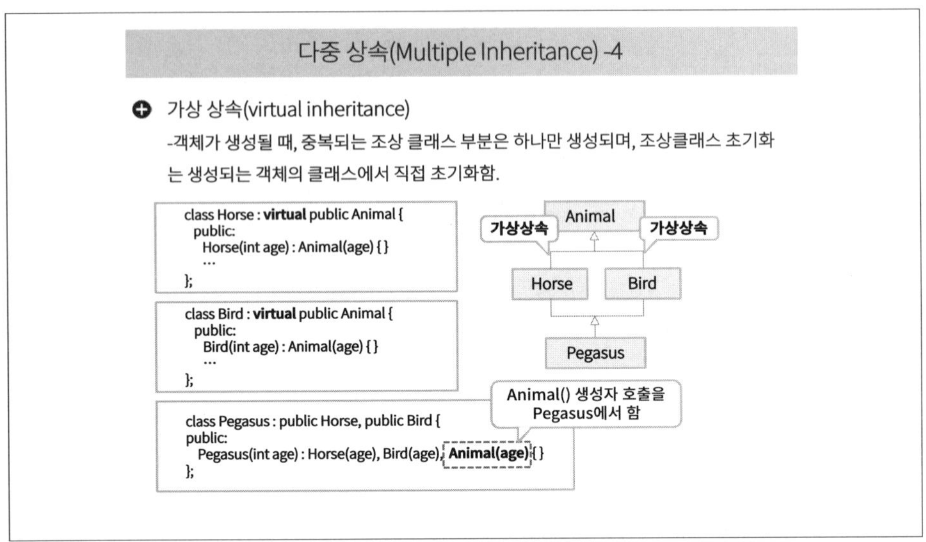

앞의 Pegasus 객체 p의 경우와 같이, 다중 상속을 통해 물려받은 조상클래스 중에 중복된 부분이 발생할 수 있다. 이에 대한 해결책으로 가상 상속(virtual inheritance)이 있다. 가상 상속은 상속받는 클래스들 중에 중복된 부분이 있다면, 객체 생성시 해당 영역을 하나만 생성하도록 한다.

슬라이드에 보이듯, Horse가 Animal을 가상 상속하고("class Horse : virtual public Animal { }"), Bird가 Animal을 가상 상속하였다.("class Bird : virtual public Animal { }") Pegasus 클래스는 두 클래스 Horse와 Bird로부터 다중 상속받았다(가상상속은 위에서 한번만 선언하면 그 후손까지 유효하다).

Pegasus 객체 p를 생성할 때, 가상 상속받은 Animal영역은 중복되지 않고 하나만 생성되며, Animal() 생성자 호출 역시 Horse나 Bird를 통하지 않고 Pegasus 생성자에서 직접 호출한다. 부언하면, Horse 객체를 생성할 때는 당연히 Horse() 생성자에서 지정된 Animal() 생성자가 호출된다. 그러나, Pegasus 객체를 생성할 때는 Horse() 생성자는 호출되지만, 호출된 Horse()에서는 Animal() 생성자를 호출하지 않고 Pegasus 역할로 미루는 것이다.

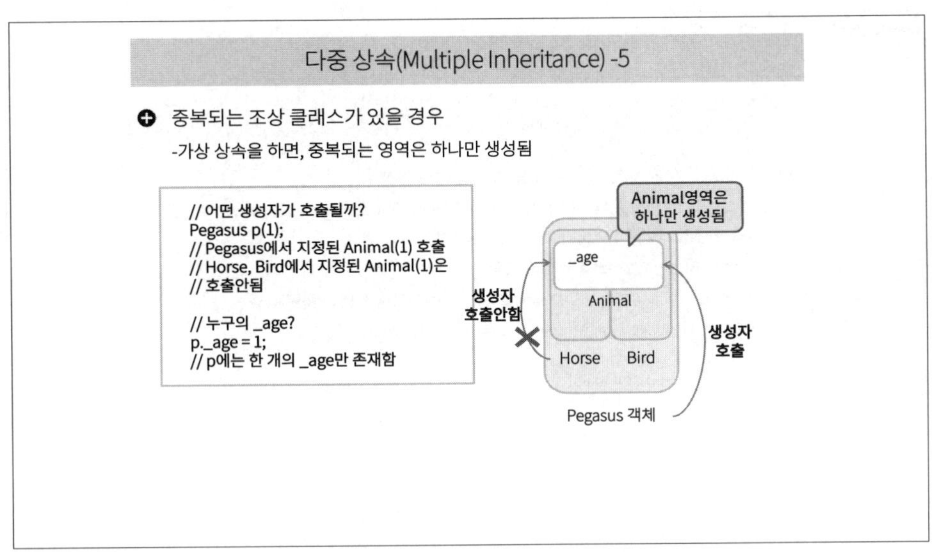

가상 다중 상속을 했을 경우, "Pegasus p(1);" 명령문에 의하여 생성되는 객체 p의 메모리 모습은 슬라이드에 보이듯, 한 개의 Animal 영역만 가진다. 또한 앞서 설명한 바와 같이 이 Animal 영역을 초기화하는 Animal() 생성자의 호출은 Horse도 Bird도 아닌 Pegasus가 담당한다. "Pegasus p(1);" 명령문에 의해 객체가 생성될 때, 실행되는 생성자 순서는 다음과 같다. (Animal() 생성자가 한번만 호출되는 점을 확인하자)

```
Animal() called
Horse() called
Bird() called
Pegasus() called
```

"p._age = 1;" 명령문에서 _age는 누구의 것인가? 가상 상속을 하면 이 멤버변수는 Horse것도 아니고, Bird 것도 아니다. 온전히 Pegasus가 포함하고 있는 Animal의 것이다. 즉 _age는 객체 p에서 하나만 존재하기 때문에 이 명령문은 아무 문제없이 동작한다.

지금까지 살펴 본 다중 상속 관계는 한 객체에 다중 역할을 부여할 때 심심치 않게 사용된다. 그러나, C++의 다중 상속은 코드의 중복을 발생시켜 여러 가지 문제점들을 야기하므로 권장하지 않는다(가상 상속을 사용하더라도). 다중 역할을 부여하고자 한다면 다음 장에서 배울 추상 클래스(abstract class) 를 사용하는 것이 좋다.

EXERCISE 11-4 다중 상속

Exercise 11-4. 다중 상속

- 다음 요구사항을 만족하도록 클래스를 작성하시오.
  - -슬라이드 "다중상속 -4" 에 나오는 Animal, Horse, Bird, Pegasus 클래스를 작성함.
    - Animal은 "다중상속 -2"에 나오는 코드와 동일함
  - -Horse, Bird는 Animal을 가상 상속함
  - -각 클래스마다 생성자에서 호출됨을 알리는 메시지를 화면에 출력할 것
  - 예) Animal(int age) { _age = age; cout << "Animal() called\n"; }

```
int main() {
  Pegasus p(1);
  p._age = 2;
  cout << "p._age is " << p._age << endl;
  return 0;
}
```

[15분]

슬라이드 "다중 상속(multiple inheritance)-4"에 나오는 예제를 작성하여 직접 실행해 봄으로써 다중 상속 기법을 학습한다. 해당 슬라이드에 나오는 코드들은 기본적으로 "다중 상속 -2"에 나오는 클래스들을 일부 수정한 것이다. **Animal** 클래스의 경우에는 수정하지 않고 동일하다.

가상 상속을 사용했을 때, **Animal**, **Horse**, **Bird**, **Pegasus** 생성자 들의 실행 순서를 확인하고, 가상 상속을 사용하지 않았을 경우 실행 순서를 확인해 보자.

Chapter

12

Virtual Function

12. Virtual Function

Chapter 12

Virtual Function

이번 장은 가상함수(virtual function)에 대하여 학습한다. 가상함수는 상품교환권에 비유할 수 있다. 상품교환권은 상품 자체는 아니지만, 나중에 "필요할 때" 상점에 가서 실제 상품과 "교환"하여 사용한다. 마찬가지로 가상함수는 컴파일 시에 호출될 함수를 미리 결정하지 않고, 나중에 가상함수가 호출될 때("필요할 때") 실제 함수가 결정("교환")되어 실행된다.

이 가상함수 개념은 상속과 같이 사용되며, 객체지향 소프트웨어 설계에 핵심이 된다. 즉, 가상함수를 이해하지 못한다면 객체지향 프로그래밍을 할 수 있다고 말할 수 없다.

어려운 개념은 아니므로 차근차근 살펴보도록 하자.

12.1 강아지는 포유동물이다

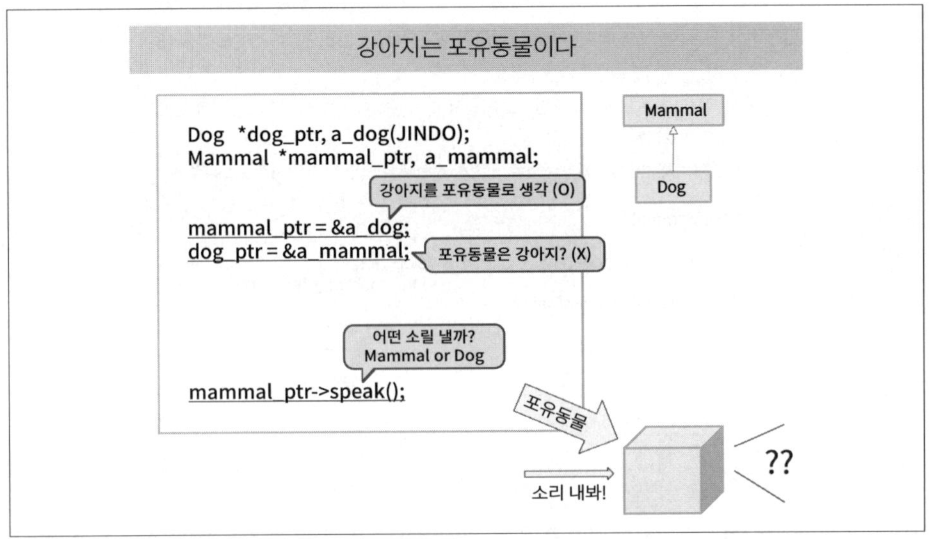

상속관계는 "is-a" 관계라고 설명하였다. 즉, 강아지는 포유동물이므로("Dog is-a Mammal"), 둘 간의 상속관계는 자연스럽다. 이때 슬라이드의 "**mammal_ptr = &a_dog;**" 문장을 해석하면, 포유동물을 가리키는 포인터(mammal_ptr)로 하여금 강아지(a_dog)를 가리키도록 하는 것이다. 가능할까?.... 가능하다. 강아지 역시 포유동물이기 때문에(상속관계로 인하여), "포유동물" 표지판(포인터)을 강아지로 향하게 하는 것은 아무 문제없다.

슬라이드의 "**dog_ptr = &a_mammal;**" 문장을 해석하면, 강아지를 가리키는 포인터(dog_ptr)로 하여금 포유동물을 가리키도록 한다. 아무 문제없을까?... 이것은 잘못되었다. "강아지" 표지판을 포유동물(구체적으로 어떤 동물인지 모르는)로 향하게 하는 것은 해당 포유동물이 강아지가 아니라 고양이나 돼지일 수 있기 때문에 잘못된 것이다.

슬라이드의 "**mammal_ptr->speak();**"이 실행되면 어떤 소리를 낼까? "**Mammal sound!**" 소리가 날까? 아니면 "멍멍" 소리가 날까? 포유동물 상자에 어떤 동물(강아지, 고양이, 또는 돼지)이 들어있는데, 소리를 내라고 한다면 어떤 소리를 낼까? 결론적으로 "**Mammal sound!**" 소리가 난다. 부자연스럽지 않은가? 비록 포유동물 포인터로 가리키긴 하지만, 해당 객체는 강아지임이 분명한데, "멍멍"이 아니라 "**Mammal sound!**"가 난다니.

강아지는 포유동물이다 -2

- 비록 포유동물 포인터변수라도, 강아지를 가리키고 있으면, 강아지 소리를 내게 하자.
  - -특정 객체가 상위클래스의 포인터로 지정되어 사용될 때, 상위클래스의 멤버함수가 기본적으로 호출됨
  - -상위클래스에 멤버함수를 virtual로 선언하면 실제객체(강아지) 멤버함수가 호출됨

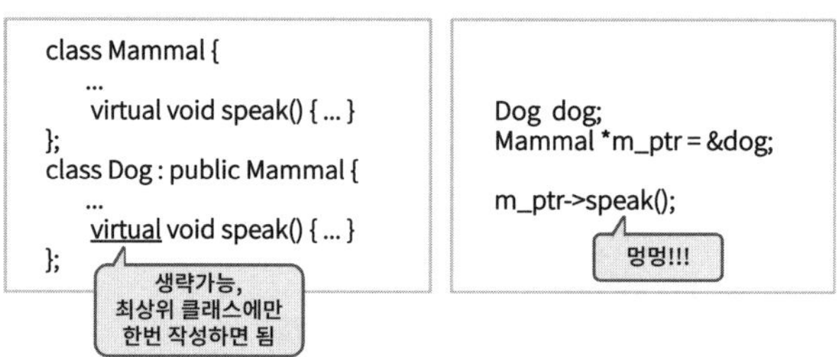

"mammal_ptr->speak();" 문장에서 포유동물 포인터(mammal_ptr)가 가리키는 실제 동물(강아지, 고양이, 돼지 등)이 무엇이든지 상관없이 무조건 "Mammal sound!" 가 출력된다. 이상하지 않은가? 실제 저자의 강의 중에 학생들에게 강아지 or 포유동물의 어떤 소릴 낼지 선택하게 하면 반 이상이 강아지 소리를 선택하였다.

현실세계에 비유하자면 "포유동물" 라벨이 붙어있는 상자에 있는 동물에게 소리를 내게 한다면 강아지라면 "멍멍", 고양이라면 "야옹", 돼지라면 "꿀꿀" 소리가 나는 것이 자연스럽다. 현실세계와 같이 포유동물 포인터가 가리키는 실제 동물의 소리를 내게 하려면 어떻게 해야 될까? 간단하다. 해당 speak() 함수를 가상함수로 선언하면 된다. 즉, 슬라이드에 보이듯 Mammal 클래스의 speak() 선언 앞에 "virtual" 키워드를 붙이면 된다. 가상함수 특성은 상속된다. 즉, Mammal::speak() 가 "virtual"로 선언된다면 이를 상속받아 오버라이드하는 멤버함수(Dog::speak(), Cat::speak(), Pig::speak())는 따로 선언하지 않아도 가상함수가 된다. (그러나, "virtual"을 명시적으로 선언하는 것을 권장한다.)

이렇게 Mammal::speak()를 가상함수로 선언한 후, 위 슬라이드에 보이듯 "m_ptr->speak();"를 실행하면 "멍멍"이 출력됨을 확인할 수 있을 것이다.

EXERCISE 12-1 강아지는 포유동물이다

Exercise 12-1. 강아지는 포유동물이다

- 동물들의 speak()를 virtual로 작성하시오.
  - -Mammal, Dog, Cat, Pig class
  - -Mammal의 포인터 3개를 배열로 만들어 각 객체를 가리키도록 함
  - -Mammal 포인터 배열을 이용하여 각 동물의 울음소리를 들어본다.

```
Dog dog;
Cat cat;
Pig pig;
Mammal  *mammals[3] = { &dog, &cat, &pig};

for( int i = 0 ; i < 3 ; ++i )
        mammals[i]->speak();
```

[15분]

앞에서 설명했던 가상함수를 작성해 보자. 포유동물(Mammal)과 이를 상속받는 Dog, Cat, Pig 클래스를 작성하자. Mammal::speak() 함수를 가상함수로 선언하고, 이를 오버라이드하는 Dog::speak(), Cat::speak(), Pig::speak()를 구현하자.

슬라이드 하단에 보이는 코드를 실행하여 각 동물객체들이 어떤 소리를 내는지 확인하자. (Mammal::speak()가 가상으로 선언될 때와 선언되지 않을 때의 차이를 확인해 보자)

12.2 가상 함수

가상 함수

- 가상함수(virtual function)

-virtual 키워드가 붙은 멤버함수

• 오버라이딩하는 후손클래스의 멤버함수는 virtual을 붙이지 않아도 무방함(그러나, 붙이는 것을 권장함)

virtual *function prototype { }*

-호출되는 멤버함수가 컴파일시(compile-time)에 결정되지 않고, *실행시(runtime)*에 결정됨

-호출하는 객체의 *실제타입*(포인터타입이 아닌)에 따라 멤버함수가 결정됨

동적/지연 바인딩(dynamic / late binding)

멤버함수를 선언할 때 앞부분에 "virtual" 키워드를 붙이면 가상함수가 된다.

컴파일러가 가상함수를 호출하는 문장(예: "m_ptr->speak();")을 컴파일 할 때는 어떤 함수(Mammal::speak(), Dog::speak(), Cat::speak(), Pig::speak() 중에서)가 호출될지 결정되지 않는다. 실제 프로그램 코드가 실행되면서, 호출하는 객체(m_ptr)가 가리키는 것이 강아지면 Dog::speak(), 고양이면 Cat::speak() 함수가 호출된다. 즉 실행타임(runtime)에 호출되는 함수가 결정된다.

이런 특성으로 가상함수의 동작 방식을 동적 바인딩(명령문에 사용된 함수이름과 실제 수행되는 코드와의 연결)또는 지연 바인딩이라고 말한다.

TIP 가상함수 호출은 컴파일타임(compile-time)에 결정되지 않으며, 실행타임(runtime)에 결정된다.

가상 함수 -2

- Base class에서 선언된 함수는 파생 클래스에서 overriding될 수 있고, 한 class를 root로 하는 자손 클래스의 모든 객체는 base class pointer에 의해 가리켜질 수 있음

-예) Dog, Cat, Pig 의 객체는 모두 Mammal pointer로 가리켜질 수 있음.

```
Dog dog;
Cat cat;
Mammal *m_ptr;
m_ptr = &dog;
m_ptr = &cat;
...
m_ptr->speak();
```

컴파일러 입장에서는 이 명령문에서 호출되는 멤버함수로 어떤 것을 선택해야 할까?
Dog::speak() or Cat::speak() or ***Mammal::speak()***

모든 하위클래스 객체들은 기반(base) 클래스의 포인터로 가리켜질 수 있다. 예로 포유동물 포인터(표지판)로 강아지 객체, 고양이 객체, 돼지 객체 등을 가리킬 수 있다. 그런데, 포유동물 포인터(표지판)로 가리켜진 대상이 강아지인지, 고양이인지는 이후에 알 수 없다. 슬라이드에 보이듯 "m_ptr->speak();" 할 때 m_ptr이 어떤 동물(강아지, 고양이, 돼지) 객체를 가리킬지는 알 수 없다.

컴파일러 입장에서도 동일하다. 여러분이 컴파일러라고 가정하고 "m_ptr->speak();" 문장을 컴파일 한다고 생각하자. 어떤 speak() 함수를 호출하도록 하여야할까? (Mammal::speak(), Dog::speak(), Cat::speak(), Pig::speak(), ...), "m_ptr->speak();" 문장 자체만으로 알 수 있는 정보는 m_ptr의 자료형이 Mammal이라는 것만 알 수 있으며, 구체적으로 강아지 객체를 가리킬지, 고양이 객체를 가리킬 지는 알 수 없다. 결국, 컴파일러 입장에서는 "m_ptr->speak();" 문장에서 호출되는 함수로 Mammal::speak()를 선택한다. 이것이 speak() 함수가 가상함수가 아닌 일반 멤버함수로 작성하였을 경우에 "m_ptr->speak();" 명령문이 "Mammal sound!"를 출력하는 이유이다.

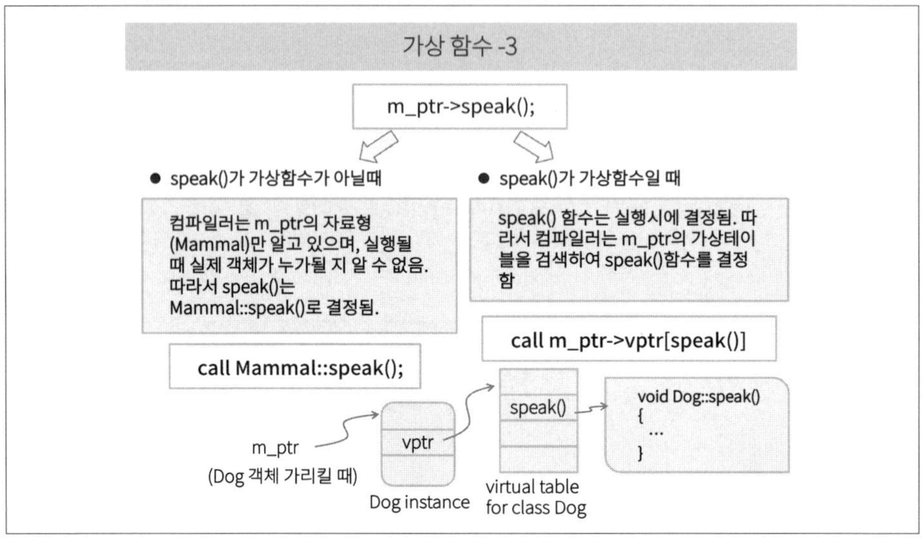

자 이제 가상함수의 동작방식에 대한 비밀을 공개한다. 컴파일러가 "m_ptr->speak();" 문장을 컴파일할 때 Mammal::speak()가 가상함수인지 여부를 확인한다. 가상함수가 아니라면 Mammal::speak() 함수를 호출하는 기계어를 생성한다.

만일 가상함수라면 좀 더 복잡해진다. 가상함수라면, 해당 포인터(m_ptr)가 가리키는 객체에 내부적으로 숨겨진 멤버변수(vptr)을 이용하여 내부 가상테이블(virtual table)을 검색하여 해당 함수(speak())를 호출하는 코드를 생성한다. 가상테이블은 가상함수들의 목록을 가지고 있다. 이때 Dog 객체의 vptr은 Dog 클래스의 가상테이블을 가리키며, Cat 객체의 vptr은 Cat 클래스의 가상테이블을 가리킨다. 결론적으로 가상함수 호출 문장을 컴파일러가 해석할 때, 포인터가 지정하는 객체의 내부 가상테이블을 검색하여 해당 함수를 호출하는 코드를 생성한다. 이렇게 "검색 후 호출"하는 기계어를 생성함으로써 동적으로 실행시에 호출하는 객체의 종류에 따라 적합한 가상함수가 호출된다.

직접호출이 아닌, 검색 후 호출이기 때문에 가상함수 호출은 일반함수 호출에 비하여 실행속도가 느리다.

참고로, 자바언어에서는 "virtual" 키워드가 없으며, 가상함수라는 용어도 사용하지 않는다. 그 대신 기본적으로 모든 멤버함수들이 가상함수 방식으로 동작한다.

가상 함수 -4

- Member 함수만(생성자 제외) 가능
  - -생성자(constructor)는 가상함수가 되지 못함
    - → 생성자 호출될 때는 객체의 자료형이 명시적으로 지정되기 때문
  - -소멸자(destructor)는 가상함수가 될 수 있음
- 가장 상위클래스에만 virtual로 지정하면 됨
  - -후손 클래스의 멤버함수에 virtual 키워드를 작성해도 되고, 생략해도 무방함(단, 작성하는 것을 권장)

가상함수는 상속관계에 의한 메소드 오버라이드 함수를 가정한다. 따라서 멤버함수가 아닌 외부함수(전역함수)에는 적용되지 않는다.

생성자(constructor)는 가상함수가 될 수 없다. 왜냐하면, 생성자는 객체를 생성할 때 호출되는 함수인데, 객체를 생성할 때는 명시적으로 특정 클래스를 지정하여야하기 때문이다. 즉, 명시적으로 지정된 해당 클래스의 생성자를 호출하는 것이므로 가상테이블을 검색하고 말고 할 것이 없다. 이에 반하여 소멸자(destructor)는 가상함수로 작성할 수 있다. 가상 소멸자는 뒤에서 자세히 살펴보자.

가상함수를 물려받아 메소드 오버라이드하는 함수는 굳이 "**virtual**" 선언을 하지 않아도 자연스럽게 가상함수가 된다고 설명하였다. 그러나, 가상함수 특성을 물려받는 하위 클래스의 멤버함수 선언할 때도 "**virtual**" 키워드를 붙여주는 것을 권장한다.

```
class Mammal {
   virtual void speak() { }
};
class Dog : public Mammal {
   virtual void speak() { }    // "virtual" 명기 권장
};
```

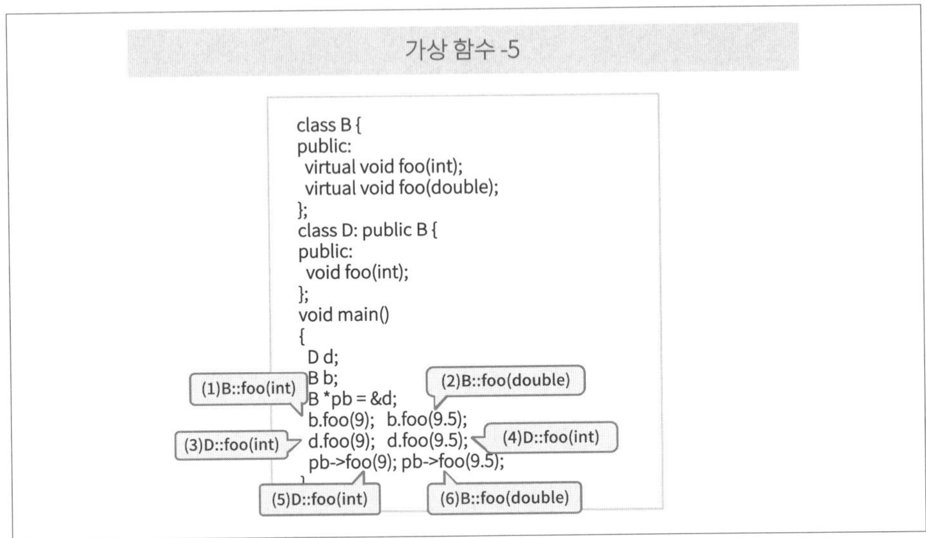

슬라이드 예를 통하여, 가상함수가 동작하는 방식에 대하여 구체적으로 살펴보자. 클래스 B를 상속받아 클래스 D를 작성하였다. B에는 2개의 foo() 함수가 있으며, 모두 가상함수로 선언되어 있다. D에는 foo() 함수 하나만 오버라이딩 되어 있다. (B의 모든 foo() 함수는 감춰진다(screening).)

명령문 "b.foo(9);"에서 b는 B객체이므로 B::foo(int) 함수가 호출된다.
명령문 "b.foo(9.5);"에서 B::foo(double) 함수가 호출된다.
명령문 "d.foo(9);"에서 d는 D객체이므로 D::foo(int) 함수가 호출된다.
명령문 "d.foo(9.5);"에서 B::foo(double)함수는 D::foo(int)에 의하여 감춰지기 때문에 warning과 함께 D::foo(int)가 호출된다.
명령문 "pb->foo(9);"에서 포인터 pb 자료형인 B클래스의 foo(int)함수가 가상함수이므로, 실제 pb가 가리키는 객체 d의 D::foo(int) 함수가 호출된다.
명령문 "pb->foo(9.5);"에서 포인터 pb 자료형인 B클래스의 foo(double)함수가 가상함수이긴 하지만, 실제 pb가 가리키는 객체 d에는 D::foo(double) 함수가 없기 때문에, 결국 B::foo(double) 함수가 호출된다.

EXERCISE 12-2 가상함수 응용

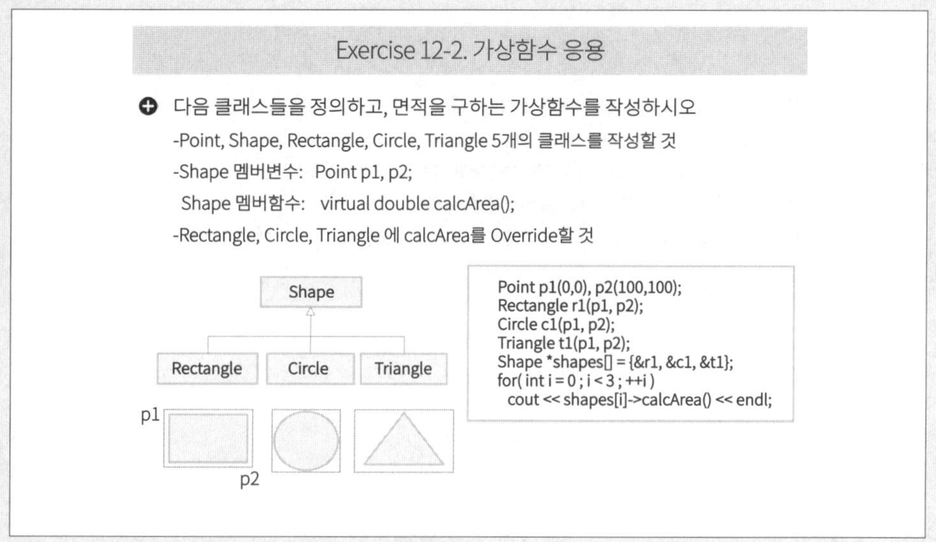

가상함수를 응용하는 프로그램을 작성해 보자.

슬라이드에 보이듯 상속관계에 있는 **Shape, Rectangle, Circle, Triangle** 클래스를 작성하자. **Shape**은 기본적으로 점**(Point) 2**개를 멤버변수로 가지고 있으며, 도형의 내부 면적을 계산하는 **calcArea()** 함수를 가상함수로 선언되어 있다. 각 도형(사각형, 삼각형, 원형)별로 면적을 구하는 함수 **calcArea()** 함수를 오버라이딩하여 구현하자.

5개의 클래스 작성이 끝나면 슬라이드 우측하단에 있는 코드를 실행하여 각 도형의 면적이 가상함수로 동작함을 확인하자.

가상함수를 사용함으로써, 객체를 생성한 이후의 코드에서는(위 예에서는 "for문장" 부터) 각 객체가 사각형인지, 삼각형인지, 또는 원형인지 상관하지 않고, 동일한 **Shape** 역할을 수행하는 객체로 간주하고 동일한 코드(**"shapes[i]->calcArea()"**)로 기능을 호출할 수 있다. 동일한 유형(Shape)에 대하여 같은 메시지(**"calcArea()"**)를 보내지만, 각 객체에 따라 서로 다른 방식**(Rectangle::calcArea(), Circle::calcArea(), Triangle::calcArea())**으로 처리된다. 바로 "다형성(polymorphism)" 개념이다. 가상함수는 객체지향의 다형성을 구현하기 위한 수단이다.

12.3 가상 소멸자와 복사함수

가상 소멸자(Virtual Destructor)

- Base class 포인터 형으로 파생 클래스를 사용하다가 포인터를 삭제하면?
  -Mammal *m_ptr = new Dog("쫑"); // 이름을 "쫑"으로
  -delete m_ptr; // 내부의 "쫑" 문자열을 삭제하려면?
- 파생 클래스의 소멸자가 호출되도록 하려면?
- 클래스의 함수들 중 가상 함수가 있는 경우에는 소멸자도 가상 함수로 만듬

```
class Mammal {
  ...
public :
 virtual ~Mammal() { ... }
  ...
};
```

생성자(constructor)는 가상함수가 될 수 없지만, 소멸자(destructor)는 가상함수가 될 수 있다. 슬라이드에 보이듯 "delete m_ptr;" 문장에서 m_ptr 자료형은 Mammal 포인터이지만, 실제 가리키는 객체가 Dog면 Dog의 소멸자(Dog::~Dog())가, Cat이면 Cat의 소멸자(Cat::~Cat())가 호출되도록 하려면 부모 클래스인 Mammal의 소멸자를 가상함수로 선언하고, 이를 상속받는 Dog, Cat, Pig 등의 소멸자도 가상함수로 선언하면 된다.

슬라이드에 보이는 예에서 만일 소멸자(Mammal::~Mammal())가 가상함수로 선언되지 않았다면, "delete m_ptr;" 명령문 실행 시, Mammal::~Mammal()만 실행될 것이다. 반대로 소멸자가 가상함수로 선언되어 있다면, "delete m_ptr;" 명령문 실행 시, Dog::~Dog() 소멸자가 실행된 후, Mammal::~Mammal() 소멸자가 실행될 것이다. (소멸자는 상속관계에서 하위 클래스부터 실행됨을 기억하자)

가상 복사 함수(Virtual Copy Method)

- 생성자는 가상 함수로 만들 수 없다.
  -왜? 생성할땐 정확한 class를 지정하기 때문
- 기초 객체 타입의 포인터로 파생 객체 copy를 가져야 하는 경우는 어떻게 할 것인가?
  -Mammal *m_ptr = &original_dog;
  -m_ptr만 가지고, original_dog와 똑같은 Dog를 만들 순 없을까?

자기 자신을 복사하는 함수(clone)를 가상함수로 만든다

포유동물 포인터가 있는데, 이 포인터가 가리키는 동물을 그대로 복사하고 싶다면 어떻게 해야 될까? 각 포인터가 가리키는 객체의 클래스는 typeid().name()으로 확인할 수 있다. 이를 사용하면 다음과 같이 포유동물 포인터의 객체를 복사할 수 있다.

```
#include <typeinfo>
// class Mammal { ... virtual ~Mammal() { } }; // 가상 소멸자 선언이 필요함
...
Mammal *newOne=NULL;
if ( !strcmp(typeid(*m_ptr).name(),"class Dog") )
   newOne = new Dog();
else if ( !strcmp(typeid(*m_ptr).name(),"class Cat") )
   newOne = new Cat();
else if ( !strcmp(typeid(*m_ptr).name(),"class Pig") )
   newOne = new Pig();
```

위 코드와 같이 각 객체의 클래스를 개별적으로 확인하여, Dog면 Dog객체를 Cat이면 Cat객체를 생성할 수 있다. 그러나, 이런 방식은 코드가 중복되고, 코드 관리를 어렵게 만드는 굉장히 안 좋은 방식이다. (이런 식으로 코딩하는 것은 자신이 초보자임을 나타내는 지표이다.) 코드 중복 없이 자신과 동일한 객체를 생성하기 위해서는 자신을 복사하는 함수를 가상함수로 작성하여 이용하면 된다.

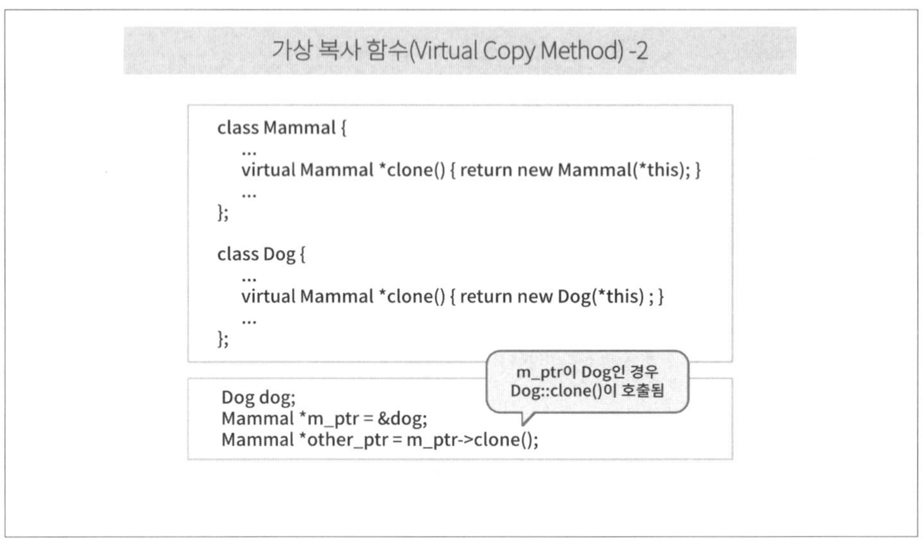

Mammal, Dog, Cat, Pig 각 클래스마다 자신과 동일한 객체를 생성하는 가상함수 clone()를 정의한다. clone() 함수에서 하는 일은 단순하다. 슬라이드에서 보듯이 자신의 자료형으로 객체를 하나 생성해서 이를 반환하면 된다. 단, clone()을 가상함수로 이용하기 위하여 return type은 최상위 조상클래스 포인터로 선언한다. (여기에서는 Mammal *)

clone() 함수를 정의하고 나면, 슬라이드에 보듯이 "Mammal *other_ptr = m_ptr->clone();"을 실행하면, m_ptr이 Dog 객체를 가리키고 있으므로 Dog::clone() 함수가 호출되므로 Dog 객체가 생성된다. 즉, other_ptr은 또 다른 Dog 객체를 가리키는 포인터가 된다.

이런 가상 복사함수는 항상 정의할 필요는 없다. 단지 프로그램 동작 중에 부모 클래스 포인터를 사용하여 객체들을 일괄적으로 관리하는데 있어서, 특정 객체를 그대로 복사하는 연산이 필요할 때 가상 복사함수를 정의한다.

EXERCISE 12-3 가상 복사함수

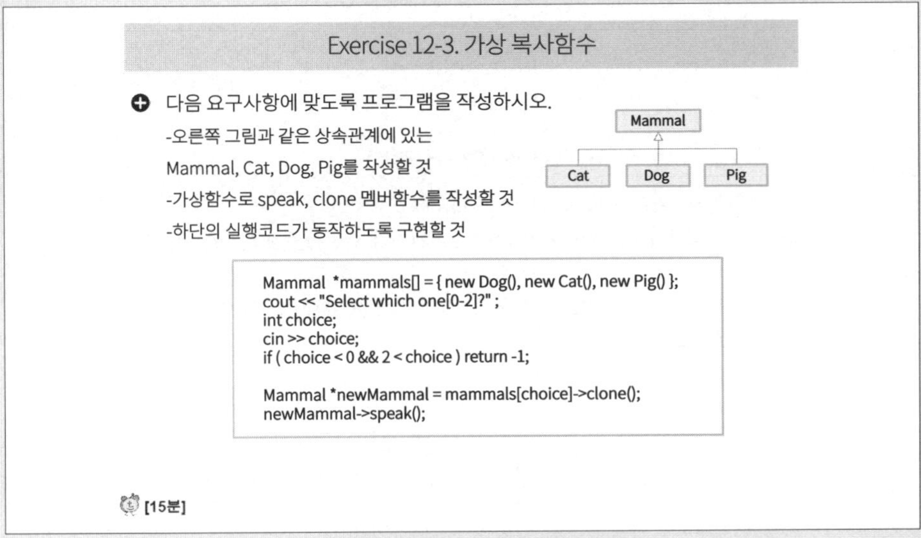

앞에서 설명한 가상복사함수를 `Mammal`, `Dog`, `Cat`, `Pig` 클래스에 정의해 보자. 이후, 슬라이드 하단의 코드를 실행해서 제대로 동작함을 확인하자.

12.4 추상 클래스(Abstract class)

추상 클래스(Abstract class)

- 순수 가상함수(Pure virtual function)

virtual *function prototype* **= 0;**

-실제 몸체 부분은 정의 되지 않은 virtual member function

- 적어도 하나의 pure virtual function을 가지는 class를 *abstract class*라 말한다.

-주로 공통된 특성을 가지는 상속받은 class들로 구성된 계층의 root class로 이용

-*객체를 가질 수 없음*

Ex. 12-3에서 Mammal::speak() 함수에서 어떤 소리를 내게 하였는가? 사실 포유동물이! 기!만! 한 동물은 없다. 그렇다보니 포유동물 고유의 소리를 정하기 어렵다. 강아지면 "멍멍", 고양이면 "야옹" 할 텐데 말이다. 이것은 포유동물(Mammal)이 추상적인 개념으로, 소리를 내는 "기능"을 생각할 수는 있지만, 구체적으로 "어떤 소리"를 낼지는 특정하기 어렵기 때문이다. 따라서 Mammal클래스에서는 speak()를 "선언"은 하되, 특정소리를 내도록 "구현"을 하지 말고, 이를 하위클래스인 Dog, Cat, Pig가 오버라이드하여 "멍멍", "야옹", "꿀꿀" 같은 특정소리를 내도록 "구현"하는 것이 적합하다.

Mammal::speak() 처럼 기능을 "선언"만 하고, "구현"을 하지 않은 멤버함수를 순수 가상함수(Pure virtual function)이라고 말한다. 순수 가상함수는 함수 body 부분이 없으며 대신 "=0;"으로 선언된다. 즉, "class Mammal { ... virtual void speak()=0; };" 형태로 작성한다. 순수 가상함수를 하나라도 가지는 클래스가 추상클래스(abstract class)이다. 추상클래스는 Mammal처럼 특정 영역을 개념화하기 위해 많이 사용되며, 추상클래스 자체로는 객체를 생성할 수 없다. 예로 Mammal이 추상클래스라면 "Mammal aMammal;" 이나 "Mammal *m_ptr = new Mammal();" 문장으로 객체를 생성할 수 없다.

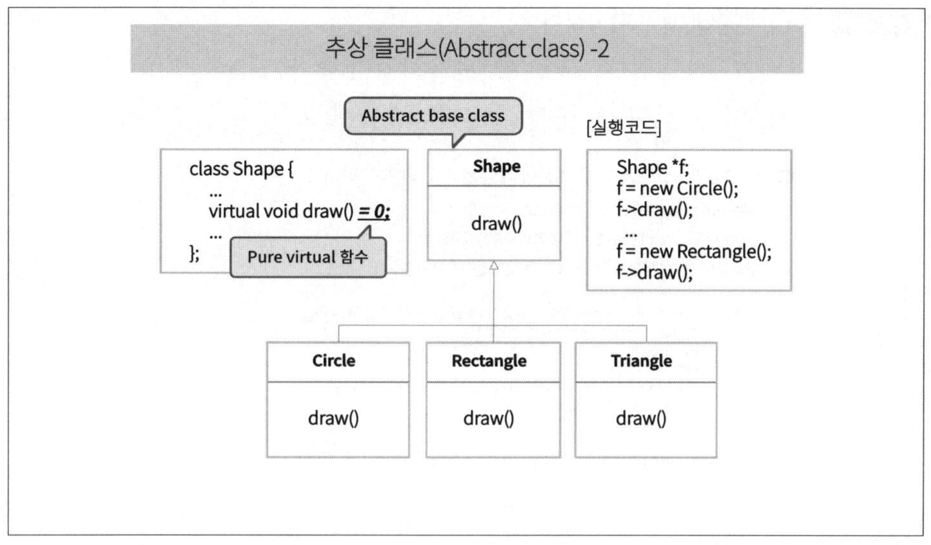

슬라이드 그림은 순수 가상함수(draw)가 선언된 추상클래스(Shape)의 예를 보인다. Shape::draw()는 순수 가상함수로 선언되어 있으며, 따라서 Shape 클래스는 추상클래스가 된다. 추상클래스인 Shape는 "Shape s;" 형태나 "new Shape()" 형태로 객체를 생성할 수 없다. 단, 포인터는 선언가능하며, 일반적으로 이 포인터는 자손클래스의 객체를 가리키는데 사용된다. 슬라이드에 보이듯 "Shape *f;" 형태로 포인터 선언은 가능하며, "f = new Circle();" 문장에서처럼 자손클래스(Circle)의 객체를 생성하여 이를 가리키게 한다.

EXERCISE 12-4 추상 클래스 작성하기

Exercise 12-4. 추상 클래스 작성하기

- Ex. 12-3의 코드를 일부 수정하여 다음과 같이 작성하시오.

-Mammal 클래스를 추상클래스로 작성할 것

- clone(), speak() 함수를 순수가상함수로 작성할 것.

-Ex. 12-3의 실행코드가 그대로 동작하는 지 확인할 것

```
Mammal  *mammals[] = { new Dog(), new Cat(), new Pig() };
cout << "Select which one[0-2]?" ;
int choice;
cin >> choice;
Mammal *newMammal = mammals[choice]->clone();
newMammal->speak();
```

-"Mammal aMammal;" 선언문이 에러가 발생함을 확인 할 것.

[10분]

Ex. 12-3에서 작성된 Mammal, Cat, Pig 클래스에서 Mammal 클래스에 선언된 Mammal::clone(), Mammal::speak() 함수를 순수 가상함수로 선언하자.

이 두 함수를 순수 가상함수로 변경하여도 기존의 코드는 아무 문제없이 실행된다. 순수 가상함수로 선언되었다면 "Mammal aMammal;" 문장을 예제코드에 넣으면 에러가 발생한다. 이를 확인해 보자.

Chapter

13

Exception

13. Exception

Chapter 13

Exception Handling

C와 같은 구조적 프로그래밍 언어에서는 프로그램 실행 중에 문제가 발생했을 때(예: 메모리가 부족할 때, 파일이 열리지 않을 때, 인터넷 연결이 안 될 때 등), 이를 처리하기 위하여 일반적으로 다음의 방법을 사용한다.

- 간단한 문제일 경우, 문제 발견과 동시에 이를 처리하고 리턴함
  "if (문제발견) { 문제처리; return -1; }"
- 좀 더 복잡한 문제일 경우, 이를 처리하는 함수 호출하고 리턴함
  "if (문제발견) { 문제처리함수호출; return -1; }"

객체지향 프로그래밍에서도 위와 같은 방식으로 프로그래밍할 수 있으나, 가급적이면 "문제발견"과 "문제처리" 역할을 분리하는 exception 방법을 권장한다. C++에서는 exception을 사용하지 않아도 큰 문제는 없지만 JAVA 같은 언어에서는 exception을 사용하지 않으면 프로그래밍을 할 수 없을 정도로 그 중요성이 높다.

13.1 Exception이란?

Exception이란?

- Exception?

  -예외적인 상황이 발생하였음을 알려주는 객체

  • 예외적 상황: 메모리부족, 파일이 안열림 등

- 왜 필요한가?

  -문제 *발견*과 문제 *해결*을 분리

  • 일반인이 화재 발견했을 때, 직접 해결하기보다는 119에 신고하고, 신고접수 후, 소방서에서 출동하여 이를 해결함

  -문제 *발견* → *신고* → *신고접수* → 문제 *해결*

프로그래밍을 하다보면 "컴파일에러"와 "런타임에러"가 발생할 수 있다. "런타임에러"는 프로그램 수행은 되는데 의도하지 않은 결과가 나오는 "논리에러"와 프로그래머가 생각하지 못한 예외적인 상황이 발생하는 "예외"로 구분할 수 있다. 현금인출기를 예로 살펴보자. 10만 원을 인출하려는데, 통장잔액이 5만 원밖에 없다. 이때 만일 잔액과 상관없이 10만 원이 출금된다면 현금인출기 프로그램에 "논리에러"가 있는 것이다. 이에 비해 현금인출기와 은행서버와의 통신선로에 문제가 발생하여 통신이 되지 않는 경우를 "예외" 상황으로 볼 수 있다(그러나, "에러"와 "예외"가 명확히 구분되는 것은 아님). "예외" 상황이 발생했을 경우 프로그램이 이를 적절히 처리(handling)하지 못한다면 프로그램은 이상동작(misbehavior)을 보이거나 또는 비정상 종료(abnormal termination)를 하게 된다.

"예외" 상황을 처리하기 위한 메커니즘(mechanism)으로 객체지향에서는 exception 객체 사용을 권장한다. exception 객체를 사용함으로써 문제발견과 문제해결 코드를 분리하고, "예외" 상황 처리를 위한 동작 구조를 단순화 시킨다. 불이 난 경우를 예로 들어보자. 일반인이 "화재를 발견"하게 되면, 119에 "화재발생사항"을 "신고"하고, "신고접수처"에서 처리할 수 있는 신고를 받아서, 소방차를 출동하여 "화재진압"한다.

Exception이란? -2

-"문제발견": 명령 수행 중에 문제 발생을 확인
 예) int *values = (int *)malloc(1000); if (values==NULL) …
-"신고": 어떤 문제(exception)가 발생했음을 던짐(throw)
 예) exception 객체, bad_alloc 객체 등을 던짐
 • 문제를 발견하여 신고할 수 있는 코드블록: try 구역
-"신고접수": 특정 exception 객체를 받음(catch)
-"문제해결" : 받은 exception객체에 따라 해결(exception handler)

⊕ OOP에서 "문제" 를 다루는 방식은
-***try*** 구역에서 문제 발견 시, exception객체를 던지고(***throw***), 이를 ***catch***한 exception handler가 해결함
-***"try-throw-catch"***방식 (***"try-catch"*** 구문)

exception 처리 매커니즘의 각 단계를 자세히 살펴보자.

(a) **문제발견:** 특정 명령문을 실행하고 그 결과를 확인함으로써 "문제발견"("화재발견")을 할 수 있다. 예로 malloc() 함수로 추가 메모리를 요청하였는데, 반환값이 NULL이라면 메모리가 부족한 "예외" 상황이 발생했음을 알 수 있다.

(b) **신고:** 문제가 발견되면 해당 문제를 대표하는 exception객체("화재발생사항")를 만들어 이를 "신고"하여야 한다. 화재상황에서는 전화로 신고하겠지만, 프로그래밍에서는 exception객체를 던짐(throw)으로써 신고를 한다. 신고할 수 있는 코드영역을 try 블록이라고 말한다.

(c) **신고접수처:** try블록에 있는 누군가(명령문이나 호출된 함수에서) "신고"를 하면, 이를 받는 것이 "신고접수처" 역할을 하는 catch블록이다. 범재신고는 112, 화재구조신고는 119 등 "신고접수처"가 여러 개 있듯이 catch블록도 여러 개 존재할 수 있다.

(d) **문제해결:** 던져진 exception 객체("신고")를 처리할 수 있는 catch블록("신고접수처")이 존재하면 이 블록의 명령문이 실행되어 접수된 "신고"를 적절히 처리("화재진압")한다.

exception 처리 매커니즘을 정리하면 "try블록에서 문제가 발견되면 exception 객체를 던지고, 이를 catch블록에서 받아서 해결하는 방식"이다. 이를 문법적으로 try-throw-catch구문 또는 try-catch구문이라고 말한다.

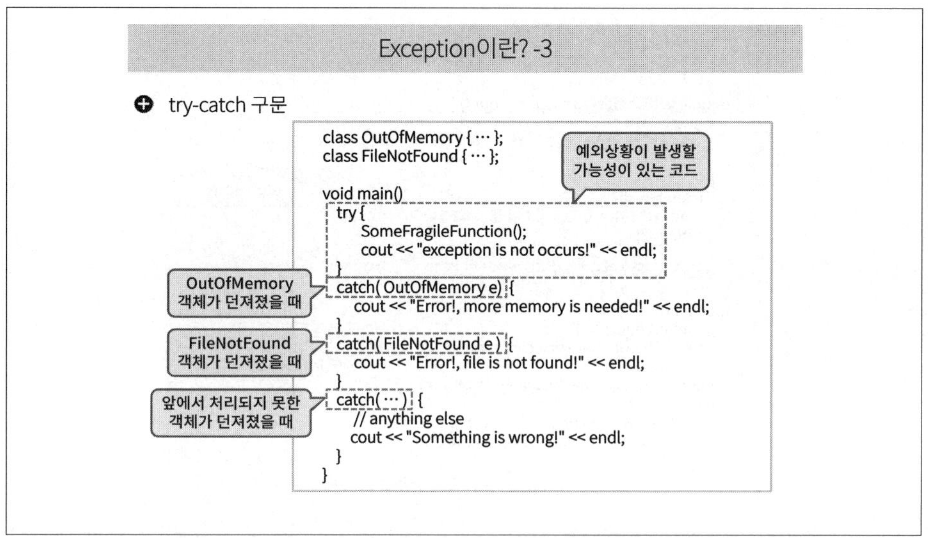

try-catch구문의 예를 살펴보자. exception 객체를 던질 수 있는 명령문이나 함수호출문장을 try { } 구문으로 둘러싸며, 만일 exception 객체가 던져질 경우 이를 받아서 처리할 catch() { } 구문을 작성한다. 슬라이드 예에서는 발생할 exception 객체로 2가지 (OutOfMemory, FileNotFound) 종류와 다른 나머지를 구분하여 총 3가지 catch 블록이 작성되어 있다. 즉, try블록 내에서 exception 객체가 OutOfMemory 클래스 객체라면 첫 번째 catch블록에서 받아 처리되며, FileNotFound 클래스 객체라면 두 번째 catch블록에서 처리된다. 던져진 exception 객체가 이 두 가지가 아니라면 세 번째 catch블록에서 exception 객체 종류에 상관없이 받아 처리된다.

만일 exception 객체가 던져지면, 이후 명령문 실행은 모두 중단되며, catch블록에서 해당 exception 객체를 받기 전까지 계속 위(함수 호출 역순)로 올라간다. 중간에 exception 객체를 받을 catch블록이 없다면, 최종적으로 main() 함수까지 올라가며 main() 함수에서도 이를 받아 처리할 catch블록이 없다면 결국 해당 프로그램은 종료된다. 슬라이드 예에서 "SomeFragileFunction();" 실행 시 함수 내에서 exception 객체가 던져진다면 그 다음 문장인 "cout << "exception is not occurs!" << endl;"은 실행되지 않는다.

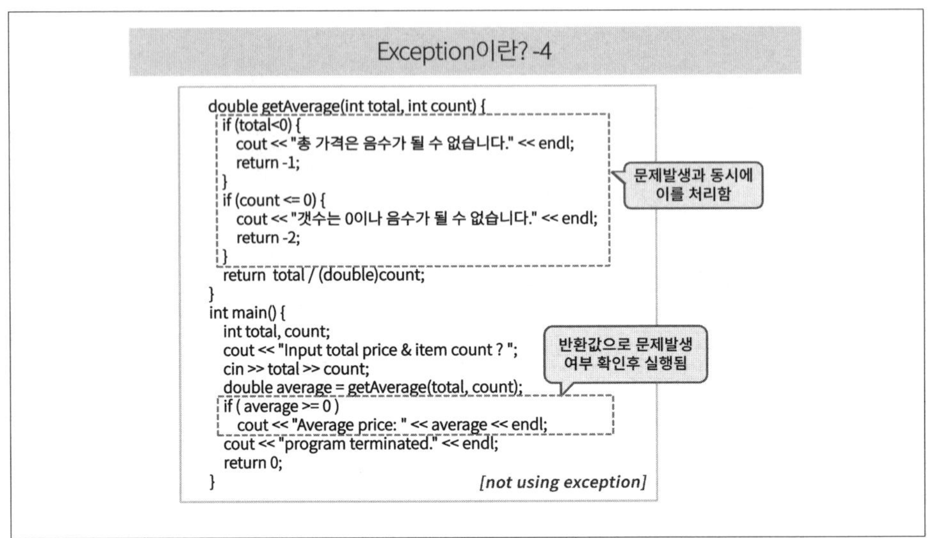

exception 객체를 사용하지 않을 때와 사용할 때를 비교하여 살펴보자.

슬라이드 예는 exception 객체를 사용하지 않을 때의 코드 예이다. 사용자로 하여금 상품의 전체가격(total)과 상품의 개수(count)를 입력받아, 상품 평균값(average)을 출력한다. 예외상황으로 "전체가격으로 음수가 입력되는 경우"와 "개수가 0이나 음수가 되는 경우"를 가정하였다. getAverage() 함수에서 상품의 평균값을 계산할 때, total과 count의 값을 검사하여 예외상황인지 여부를 확인한다. 만일 예외상황이 발생한다면 적절한 메시지를 출력("문제처리")하고, "문제가 발생했음"을 main() 함수에 알리기 위하여 음수 값을 반환한다. "average = getAverage(total,count);" 문장에서 반환된 average 값이 음수면 getAverage() 함수에서 문제가 발생했음을 의미하기 때문에 상품 평균값을 출력하는 명령문("cout << "Average price: " << average << endl;")을 건너뛴다.

이 예에서 "문제발견"과 "문제처리" 코드가 동일한 위치에서 이루어짐을 볼 수 있다.

"문제처리" 코드를 getAverage() 내에서 분리하여 main()에서 아래와 같이 작성할 수 있다. 그러나 함수 호출이 2단계 이상 깊어질 경우에는 이렇게 분리하기가 쉽지 않다.

```
if ( average == -1 ) cout << "총 가격은 음수가 될 수 없습니다." << endl;
else if ( average == -2 ) cout << "갯수는 0이나 음수가 될 수 없습니다." << endl;
else cout << "Average price: " << average << endl;
```

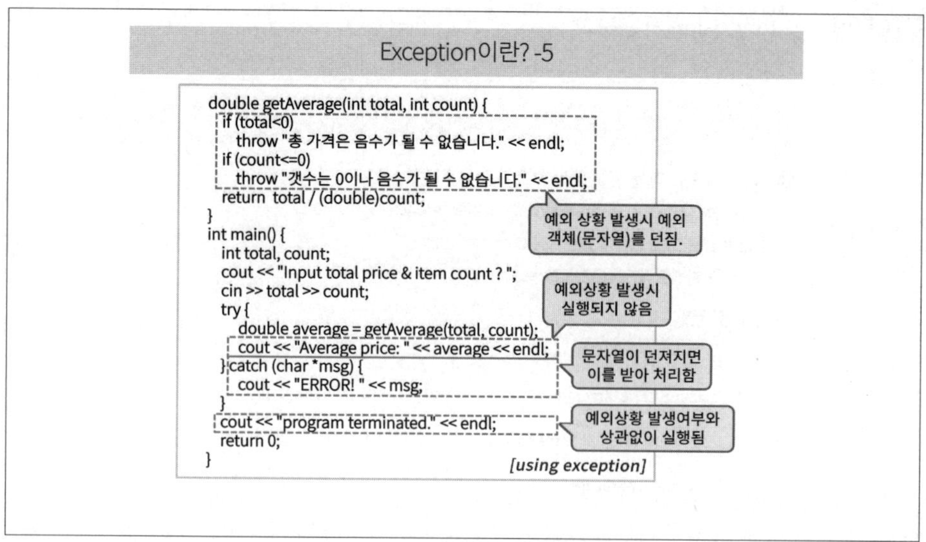

슬라이드 예는 exception 객체를 사용하는 코드의 예이다. **getAverage()**에서 **total**과 **count** 변수 값으로 예외상황 여부를 확인한 후, 예외상황일 때 해당 예외상황에 대한 문자열(exception 객체)을 던진다.

main() 함수에서는 exception 객체를 던질 가능성이 있는 **getAverage()** 함수를 **try**블록으로 둘러싸고, **getAverage()**에서 던져질 exception 객체가 문자열이기 때문에 이를 받을 수 있는 **catch**블록이 작성되어 있다. 만일 **getAverage()**에서 문자열이 던져지면, 이는 **catch**블록에 선언된 **msg** 변수로 값이 전달되며, "**cout << "ERROR! " << msg;**" 문장에 의하여 화면에 출력된다. **catch**블록 내의 명령문들은 예외상황이 발생하지 않는다면, 실행되지 않는다.

이 예에서 "문제발견"과 "문제처리" 코드가 서로 다른 위치에서 작성됨을 볼 수 있다. 함수 호출이 2단계 이상 되더라도 "문제발견"과 "문제처리"를 분리하는 것이 어렵지 않다.

EXERCISE 13-1 try-catch 사용하기

Exercise 13-1. try-catch 사용하기

- 다음 요구사항을 만족하는 프로그램을 작성하시오.
  - -정수형 배열 크기 n을 입력 받아, 이 크기의 배열을 생성하시오.
  - -입력 받은 n은 1 이상 100 이하 (1<= n <=100)
  - -n이 위 범위를 벗어날 경우 exception 발생하여 메시지 출력

[실행화면]

출력	설명
Input the size of values(1-100) : 0	
size must be larger than 0.	n이 1보다 작을 때
size must be smaller than 101.	n이 100보다 클 때
memory is allocated.	n이 1<=n<=100 일 때

[15분]

앞 슬라이드 예를 수정하여 try-catch 사용 프로그램을 작성해보자. 사용자로부터 n을 입력받아 이 수가 0 이하거나 101 이상이면 예외를 발생시켜보자.

즉, 입력받은 n값이 0이하이면 "size must be larger than 0." 문자열을 예외로 던지고, n값이 101이상이면 "size must be smaller than 101." 문자열을 예외로 던져보자.

예외가 발생하지 않을 경우(0<n<101), 화면에 "memory is allocated" 문자열을 출력한다.

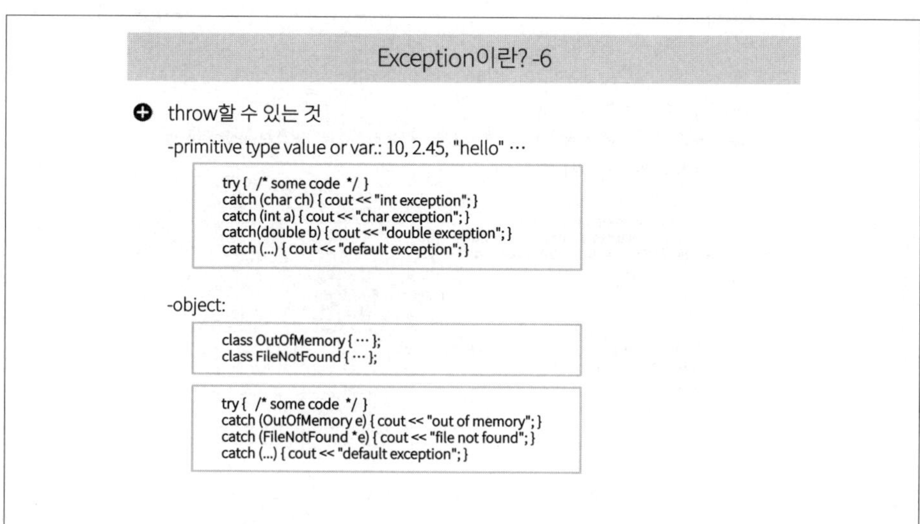

예외상황 발생 시 던질 수 있는 exception 객체로 여러 가지가 있다.

먼저, 이전 슬라이드에서 본 것 같이 문자열, 정수, 실수 같은 기본 자료형의 상수나 변수를 던질 수 있다. "`throw 10;`" 문장 같이 정수 값을 던지거나 또는 "`int a=0; throw a;`"처럼 변수를 던질 수 있다.

두 번째는 임의의 클래스 객체나 포인터를 던질 수 있다. 슬라이드에 보이듯 메모리가 부족한 예외상황을 표현하기 위하여 `OutOfMemory` 클래스를 정의하고, "`OutOfMemory e; throw e;`"처럼 객체를 던질 수 있다. 또는 이름 없는 임시변수를 던지는 것으로 "`throw OutOfMemory();`" 형태로 `OutOfMemory` 객체를 던질 수 있다. (단, "throw OutOfMemory;" 는 되지 않는다.)

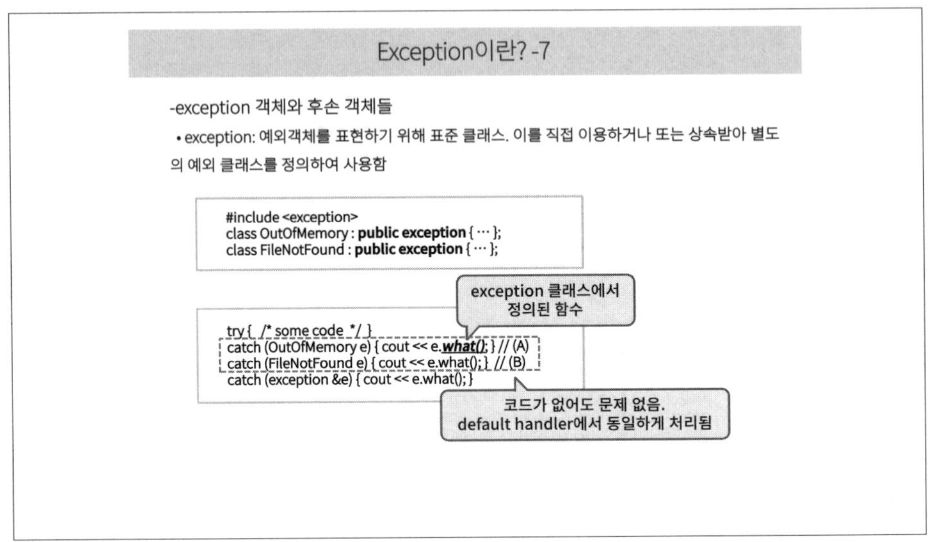

세 번째는 표준으로 미리 정의된 exception 클래스를 사용하는 것이다. 즉, exception 객체를 직접 던지거나("throw exception("out of memory");"), 또는 슬라이드에 보이듯 exception 클래스를 상속받아 별도의 예외 클래스(OutOfMemory, FileNotFound)를 정의하고, 이 클래스들의 객체를 던지는 것이다("throw FileNotFound();").

객체지향 프로그래밍에서는, exception 클래스나 그 후손 클래스를 사용하는 것을 권장한다. 즉, 예외상황을 명확하게 정하고 해당 예외상황에 대한 처리 방침이 미리 설계되어야 한다.

13.2 exception 클래스

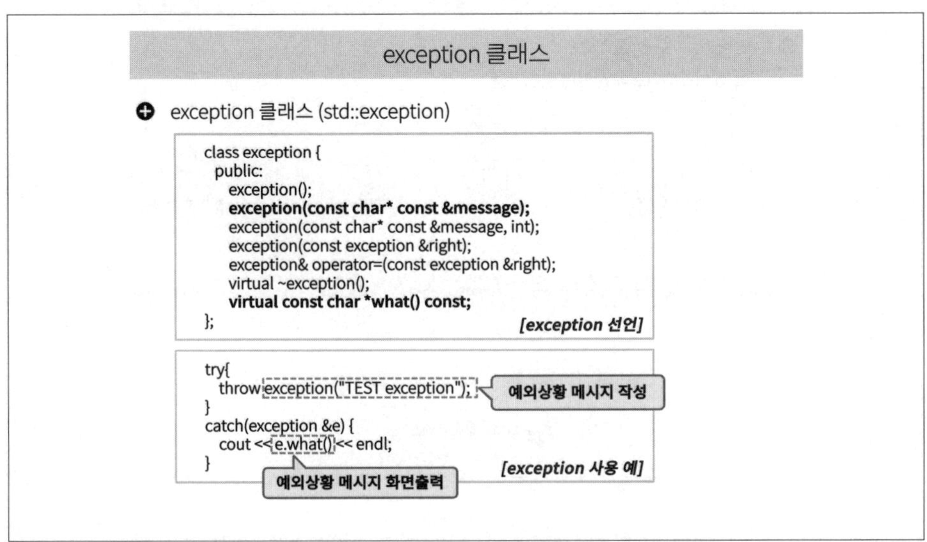

표준 exception 클래스에 대하여 살펴보자. exception 클래스 선언은 C++ 표준안 버전에 따라 일부 다를 수 있지만, 일반적으로 슬라이드에 보이는 것과 같다.

멤버 함수들 중에 많이 사용되는 것이 문자열을 인자로 받는 생성자("exception (const * const&);")와 예외상황을 설명하는 문자열을 반환하는 what() 함수이다. 슬라이드 하단의 예를 보면 그 사용법이 잘 나와 있다. 문제가 발견되었을 때 "throw exception("문제설명문자열");" 형태로 exception객체를 던지며, catch블록에서는 exception객체를 레퍼런스 변수로 받은 후("catch(exception &e)"), what() 함수를 이용하여 발생된 문제에 대하여 사용자에게 보여준다. 이 두 가지는 반드시 기억하도록 하자.

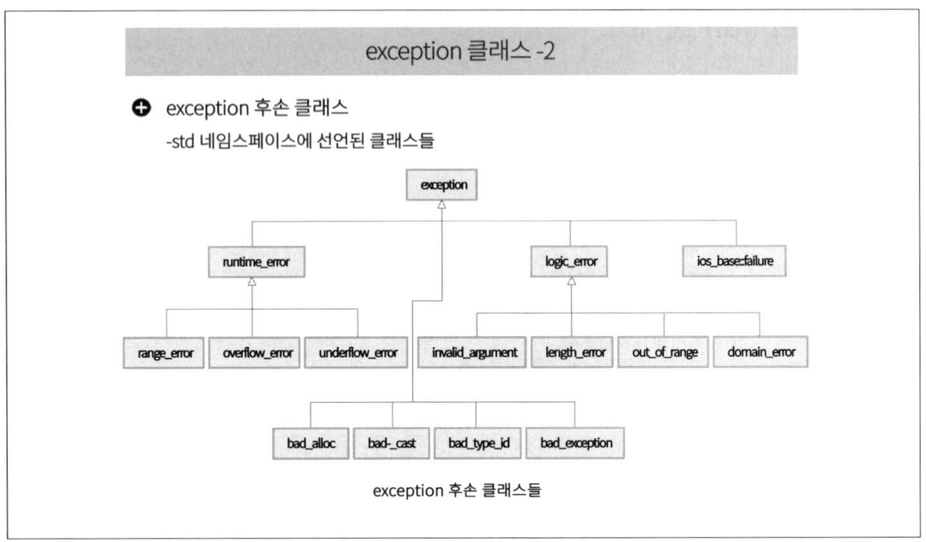

exception 후손 클래스들

C++에서는 표준 exception 클래스뿐만 아니라, 이를 상속받아 여러 가지 exception 후손클래스들을 정의하고 있다. exception 후손클래스와 상속관계는 슬라이드에 보이는 바와 같다.

exception 클래스 -3

1차 자손	2차 자손	설명
runtime_error	range_error	범위 오류를 보고할 때 사용
	overflow_error	산술 연산시 오버플로우가 발생했을 때 던져짐
	underflow_error	산술 연산시 언더플로우가 발생했을 때 던져짐
logic_error	invalid_argument	잘못된 인자(argument)가 전달되었을 때 발생
	length_error	너무 길어서 객체 생성이 실패했을 때 발생
	out_of_range	인자의 유효범위가 벗어났을 때 발생
	domain_error	도메인 오류를 보고할 때 사용
bad_alloc		new()에서 메모리할당에 실패했을 때 발생
bad_cast		동적 캐스팅(dynamic_cast)에 실패했을 때 발생
bad_type_id		typeid 에 의하여 발생
bad_exception		동적 예외 지정자에 지정되지 않은 예외가 발생했을 때
ios_base::failure		표준 입출력함수 실행시 문제가 발생했을 때

runtime_error는 실행 중 발견된 에러를 보고하기 위하여 정의되었으며, logic_error는 프로그램의 내부 논리에 관련된 문제를 보고하기 위하여 정의되었다. 그 밖에 메모리 할당 실패에 관련해서 bad_alloc이 정의되어 있으며, 동적 캐스팅 실패에 관련해서는 bad_cast가 정의되어 있다.

이들 exception 후손클래스를 그대로 사용해도 좋으나, 개발하는 프로그램의 영역(예: 의료, 교통, 회계 등) 별로 예외상황을 대표하는 클래스를 작성하고 활용하는 것이 바람직하다.

exception 클래스 -4

➕ 동적 예외 지정자(dynamic exception specifications)

-함수에서 던질 수 있는 예외 종류를 지정함

```
function_header(args) throw(ex1, ex2, ex3) {
    ...
}
```

이 함수는 ex1, ex2, ex3 종류의 예외객체를 던질 수 있음

-예전 방식(deprecated)

-throw()에 기술된 예외종류가 아닌 객체가 던져질 경우 → std::unexpected() 호출되어 프로그램 종료됨

이전 C++ 표준안에서는 exception 객체를 던질 가능성이 있는 함수를 선언할 때, "동적 예외 지정자"를 작성할 것을 권장하였다. 이는 해당 함수가 던질 수 있는 exception 객체를 미리 나열하는 것으로 다음의 예를 살펴보자.

```
void reliable() throw();            // not to throw an exception.
void dangerous() throw(int);        // may throw an "int" exception.
void veryDangerous() throw(...);    // may throw an unspecified exception.
```

2011년도에 승인된 C++11부터는, "동적 예외 지정자"는 현실적으로 유용함이 입증되지 않았기 때문에, 사용하지 않는 것(deprecated)으로 발표되었다. 따라서 "동적 예외 지정자"를 사용할 필요가 없으며, 이를 지키지 않아도 무방하다. 그러나, 기존에 작성된 코드를 이해하기 위하여 "동적 예외 지정자"가 어떤 것인지는 알고 있어야한다.

EXERCISE 13-2 exception 클래스 작성

Exercise 13-2. exception 클래스 작성

- 다음 요구사항을 만족하도록 프로그램을 작성하시오.
  - -Ex. 13-1에서 exception 클래스를 사용하여 동작하도록 수정할 것
  - -입력된 배열크기 n값이 1보다 작을 경우, 다음 예외 클래스의 객체 던짐
    - class TooSmallException : public exception { … }
  - -입력된 배열크기 n값이 100보다 클 경우, 다음 예외 클래스의 객체 던짐
    - class TooLargeException : public exception { … }

[15분]

연습문제 **13-1**와 동일하게 동작하지만, 내부적으로 **exception** 후손클래스(TooSmallException, TooLargeException)을 작성하고 이 객체를 **exception** 객체로 던지도록 프로그램을 수정하자.

Chapter

14

Stream

14.1 스트림(Stream)이란?

14.2 표준 입출력 객체

14.3 파일 입출력

14.4 메모리 입출력

14. Stream

Chapter 14

Stream

비야네 스트로우스트룹(Bjarne Stroustrup)이 C++ 언어를 개발할 때, 화면이나 파일에 입출력하는 방법을 언어의 일부로서 정의하지 않았다. 입출력을 언어와 분리함으로써 호환성과 확장성을 높일 수 있다. 입출력 기능은 표준 C++ 라이브러리인 <iostream>에서 제공된다.

객체 지향 프로그래밍에서는 스트림(stream) 개념을 사용하여 입출력을 수행한다. 여기에서는 스트림 기본 개념과 함께 C++에서 제공하는 표준 스트림 클래스들을 학습한다.

14.1 스트림(Stream)이란?

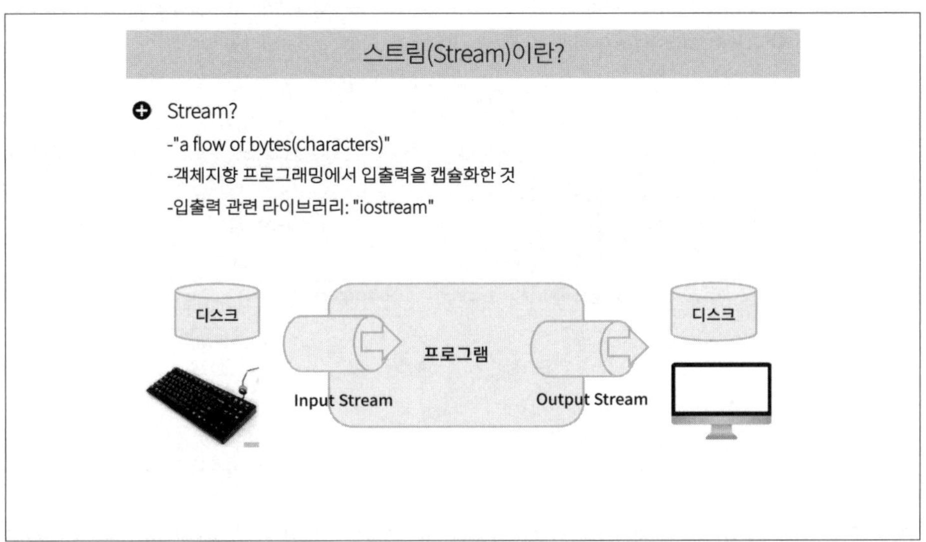

스트림(stream)은 사전에서 찾아보면 "시내", "흐름", "연속"의 의미를 가진다. 객체지향 프로그래밍에서 스트림은 "정보(byte)의 흐름"을 의미하며, 구체적으로는 "정보의 흐름"을 대표하고 지원하는 객체이다. 파이프를 통하여 물이 이동하듯이, 스트림을 통하여 정보가 물처럼 전송된다. 스트림의 주요한 특징은 다음과 같다.

- **방향성을 가짐:** 스트림은 일반적으로 단방향(single direction)으로 정보를 전송한다. 예로 표준 스트림 객체인 cin은 키보드에서 프로그램으로 정보를 전송한다.
- **정보의 순서가 지켜짐:** 파이프에 먼저 넣은 구슬이 다른 쪽 입구로 먼저 나오듯이, 스트림을 통해 전송되는 데이터의 순서는 그대로 유지된다.
- **정보 흐름 수에 따라 별도 생성:** 정보가 전달되는 통로마다 별도의 스트림을 만들어 사용하여야 한다. 예로 한 프로그램이 3개의 파일에 정보를 기록하려면, 각 파일별로 별도의 스트림을 만들어 정보를 전송하여야 한다.

프로그램을 기준으로, 외부장치로부터 정보를 입력받는데 사용되는 스트림을 입력 스트림이라고 말하며, 외부장치로 정보를 출력하는데 사용되는 스트림을 출력 스트림이라고 말한다. cin은 대표적인 표준 입력스트림 객체이며, cout은 표준 출력스트림 객체이다.

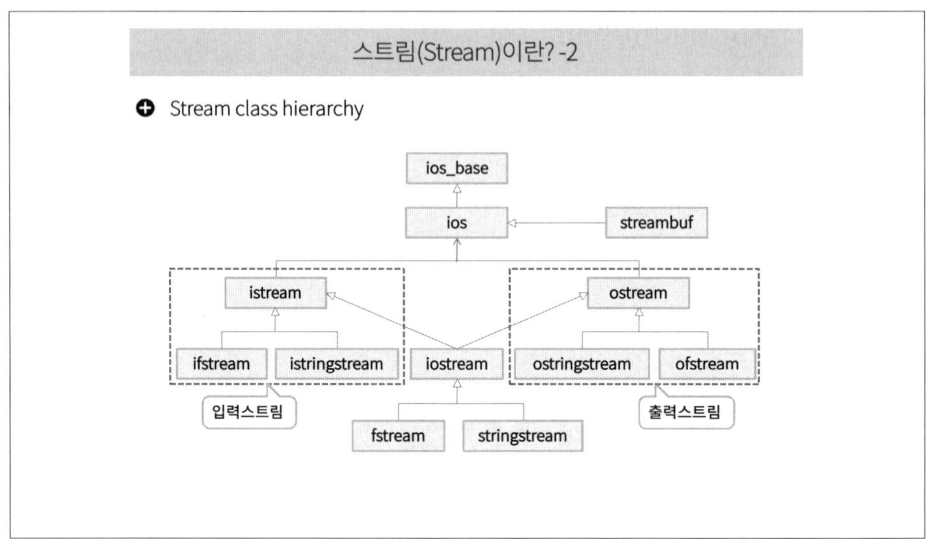

C++ 표준라이브러리에서 제공되는 스트림 클래스의 상속 다이어그램이다. **ios_base** 는 전체 스트림 클래스의 기반(base) 클래스이다. 이를 상속받아 **ios** 클래스가 있으며, **ios** 를 여러 스트림 클래스들이 상속받고 있다.

istream, **ifstream**, **istringstream**과 같이 클래스 이름 앞에 "**i**"가 붙는 클래스는 입력스트림이며, 이름 앞에 "**o**"가 붙는 클래스(ostream, ostringstream, ofstream)는 출력스트림 클래스이다. **ios** 클래스는 내부 정보 관리를 위하여 **streambuf** 클래스의 객체를 가지고 있다. **streambuf**에 대한 설명은 뒤에서 자세히 보도록 하자.

클래스 이름 앞에 "**f**"가 붙이면 파일 관련 클래스들(fstream, ifstream, ofstream)이며, 이에 비해 "**string**"이 붙으면 메모리 입출력을 위한 스트림 클래스들(stringstream, istringstream, ostringstream)이다.

스트림(Stream)이란? -3

- 스트림 종류
  -ios_base, ios : 스트림 클래스들의 기반 클래스
  -입출력 클래스
  - istream : 입력 스트림을 대표하는 클래스
  - ostream : 출력 스트림을 대표하는 클래스
  - iostream : istream과 ostream으로부터 파생됨
  -파일 입출력 클래스
  - ifstream : 파일 입력을 위한 클래스
  - ofstream : 파일 출력을 위한 클래스
  -파일 입출력 클래스
  - stringstream : 메모리로 입출력하는 클래스
  - istringstream : 메모리에서 입력하기 위한 클래스
  - ostringstream : 메모리로 출력하기 위한 클래스

C++ 표준 스트림 라이브러리에서는 다음 3가지 종류의 입출력 스트림을 제공한다.

- **표준 입출력 스트림:** 키보드로 입력받기 위한 istream 클래스, 화면(console)으로 출력하기 위한 ostream 클래스가 있다. 이들 클래스의 객체로 cin, cout 이 미리 정의되어 있어서 프로그래머는 별도로 객체를 생성할 필요 없이 cin, cout을 사용하여 화면입출력을 할 수 있다.
- **파일 입출력 스트림:** 디스크에 저장된 파일을 읽기위한 ifstream 클래스, 파일에 정보를 저장하기 위한 ofstream 클래스가 있다. 파일 입출력을 위해서는 각 파일별로 스트림 객체를 생성하여야 한다.
- **메모리 입출력 스트림:** 정보의 입출력이 특정 장치나 파일이 아니라 메모리를 대상으로 이루어지는 스트림 클래스이다. 특정 메모리로부터 정보를 입력받는 istringstream 클래스, 특정 메모리로 정보를 출력하는 ostringstream 클래스가 있다.

스트림(Stream)이란? -4

- 버퍼링(Buffering)
  -효율을 높이기 위해서, 입출력을 1 문자 단위가 아니라 특정 양을 메모리에 쌓은 후에 한꺼번에 처리하는 것
  -버퍼링을 위한 데이터 저장 공간 → 버퍼(Buffer)
- 버퍼연산
  -버퍼에 데이터가 가득 찬 경우 : 입출력 실행되어 버퍼가 비워짐
  -버퍼 플러싱(flushing) : 현재 버퍼에 있는 데이터를 입출력 실행한 후 버퍼 비움
  -버퍼 클리어(clear) : 버퍼에 들어있는 데이터를 지우고 비움(입출력 되지 않음)
  -버퍼크기 변경: 일반적으로 용량이 클수록 효율이 높아짐
- 스트림과 버퍼
  -ios 클래스는 멤버변수로 streambuf 객체를 가짐
  -ios::rdbuf() : streambuf 객체 반환

스트림에 관련된 개념으로 버퍼링(buffering)에 대하여 알아보자. 입출력 장치로 정보를 전송하는데 있어서 1 byte 단위로 전송된다면 성능이 많이 떨어질 것이다. 예로 하드디스크 파일에 1메가 정보를 기록할 때, 1 byte로 백만 번 쓰기 연산을 수행하는 것보다, 1 kbyte로 천번 쓰기 연산을 수행하는 것이 훨씬 빠르다. 이렇게 입출력 장치로 정보를 전송할 때 특정 메모리공간에 데이터를 모아두었다가 나중에 한꺼번에 전송하는 것을 버퍼링(buffering)이라고 말하며, 해당 메모리공간을 버퍼(buffer)라고 말한다.

버퍼에 데이터가 가득 차게 되면 자동적으로 입출력 장치로 데이터가 전송되며 버퍼는 비워진다. 버퍼에 있는 데이터를 입출력장치로 전송하고 버퍼를 비우는 것을 버퍼 플러싱(flushing)이라하며, 버퍼에 있는 데이터를 모두 삭제하고 비우는 것을 버퍼 클리어(clear)라고 말한다.

C++ 표준 스트림 클래스들은 기본적으로 버퍼링 기법을 사용한다. ios 클래스가 멤버 변수로 streambuf 클래스 객체를 가지는데, 이 streambuf 객체가 바로 버퍼링 기능을 담당한다.

14.2 표준 입출력 객체

표준 입출력 객체

- <iostream>에 선언된 표준 입출력 객체
  -#include <iostream>

이름	클래스	설명
cin	istream	표준입력장치(키보드)로부터 입력처리 객체
cout	ostream	표준출력장치(콘솔)로 출력처리 객체
cerr	ostream	표준에러장치(콘솔)로 비-버퍼 출력처리 객체
clog	ostream	표준에러장치(콘솔)로 로그메시지를 출력하기 위한 객체 (일반적으로 log파일에 기록)

C++ 표준 라이브러리에서는 표준 입출력을 위하여 **istream**, **ostream** 클래스를 제공하며, 이들 클래스의 객체로 **cin**, **cout**, **cerr**, **clog**를 미리 정의하고 있다. 이들 클래스와 객체는 헤더파일 **<iostream>**에 선언되어 있다.

cin은 키보드로부터 입력을 받는데 사용되는 스트림 객체로서 **istream** 클래스의 객체이다. **cout**은 화면(console)으로 출력하기 위해 사용되는 스트림 객체로서 **ostream** 클래스의 객체이다. 이 두 객체는 이미 여러분이 프로그램 작성에 많이 사용해보았다. 이들외에 별도로 **cerr**, **clog** 객체가 있다. **cerr**, **clog**는 둘 다 **cout** 과 동일하게 **ostream** 클래스 객체들로 출력을 위한 객체이다. **cerr**는 에러처리를 위한 것이며, **clog**는 정보를 기록(log)하기 위한 출력에 사용되는 것이다.

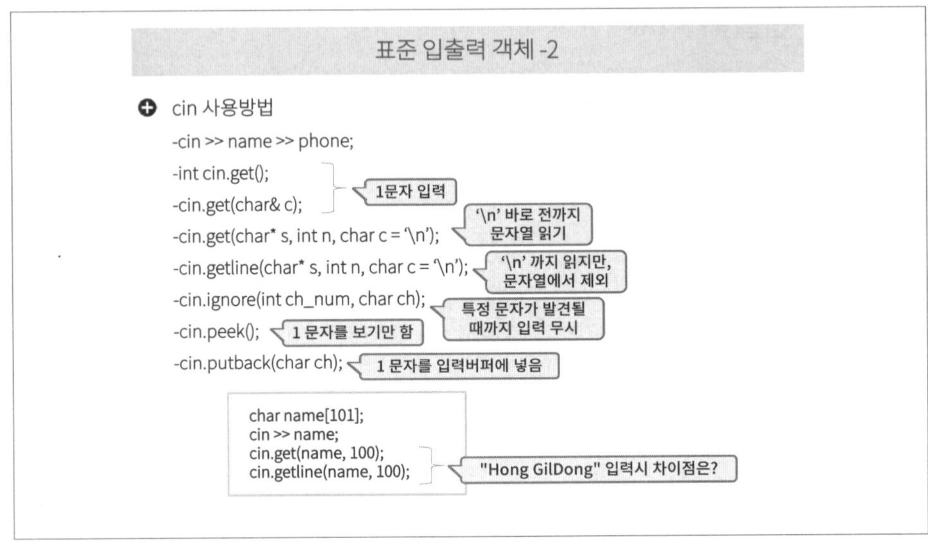

키보드로 데이터를 입력받는 cin 객체에 대하여 살펴보자. 슬라이드에 보이듯, 다양한 방법으로 cin을 이용하여 데이터를 입력받을 수 있다.

- ">>" 연산자를 이용하여 다수의 변수에 값을 입력받을 수 있다.
- 1문자를 입력받을 때는 "int cin.get()", "cin.get(char &c)"를 사용한다.
- 문자열을 입력받을 때는 cin.get(char *, int, char c='\n')이나 cin.getline(char *, int, char c='\n')을 사용한다. 세 번째 인자는 디폴트값이 지정되어 있으므로 입력하지 않아도 되며, 첫 인자는 입력받을 주소, 두 번째 인자는 최대 문자 수를 넣는다. 앞 함수(get)는 '\n' 문자 바로 전까지 문자열을 읽는데 비하여(버퍼에 '\n'이 남아있음), 두 번째 함수(getline)는 '\n' 문자까지 읽는다(버퍼에 '\n'이 없음). 두 함수 모두 공백문자(space)도 포함하여 문자열을 읽는다.
- cin.ignore(int, char ch)는 특정 문자(ch)가 발견될 때까지 입력을 무시한다. 즉, 특정입력을 기다릴 때 사용하는 함수이다.
- cin.peek()는 버퍼에 있는 1문자를 미리 보는 것이며(버퍼에서 삭제하지 않음), cin.putback(char)는 1문자를 버퍼의 가장 앞 위치에 넣는데 사용된다.

문자열을 입력받을 때 사용할 수 있는 3개의 명령문 "cin>>name;", "cin.get(name, 100);", "cin.getline(name,100);"의 차이점을 꼭 확인하자.

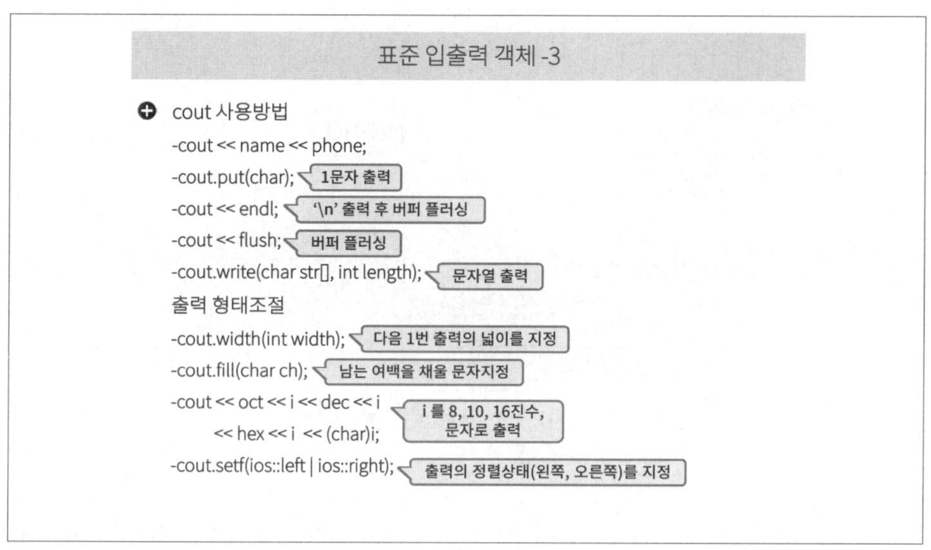

화면(console)으로 데이터를 출력하기 위한 cout 객체에 대하여 살펴보자.

- “<<” 연산자를 이용하여 다수의 변수를 화면에 출력할 수 있다. endl은 줄바꿈 문자(‘\n’)을 의미하며, flush는 cout 객체에 버퍼 플러싱(flushing)을 명령한다.
- 1문자를 출력할 때는 “cout.put(char)”을 사용한다.
- 문자열을 출력할 때는 “cout.write(char[], int)”를 사용한다.
- “cout.width(int)” 함수로 다음 출력의 넓이를 지정한다. 이는 다음 한 번만 효과가 있으며, 그 다음부터는 효과가 없다.
- “cout.fill(char ch)” 함수로 여백(특히 width()함수로 넓이가 지정된 경우)을 채울 문자를 지정한다. 이는 지속적으로 그 효과가 남아있다.
- “<<” 연산자로 숫자를 출력할 때 진법을 지정할 수 있다. 슬라이드에 보이듯, 변수 값 출력 전에 oct, dec, hex를 지정하면 각각 8, 10, 16진법으로 값이 출력된다.
- “cout.setf()” 함수를 이용하여 여러 가지 출력 형태를 조절할 수 있다. ios::left, ios::right를 이용하여 우측정렬, 좌측정렬을 지정할 수 있으며, 이외에도 다수의 출력 형태 조절이 있다.

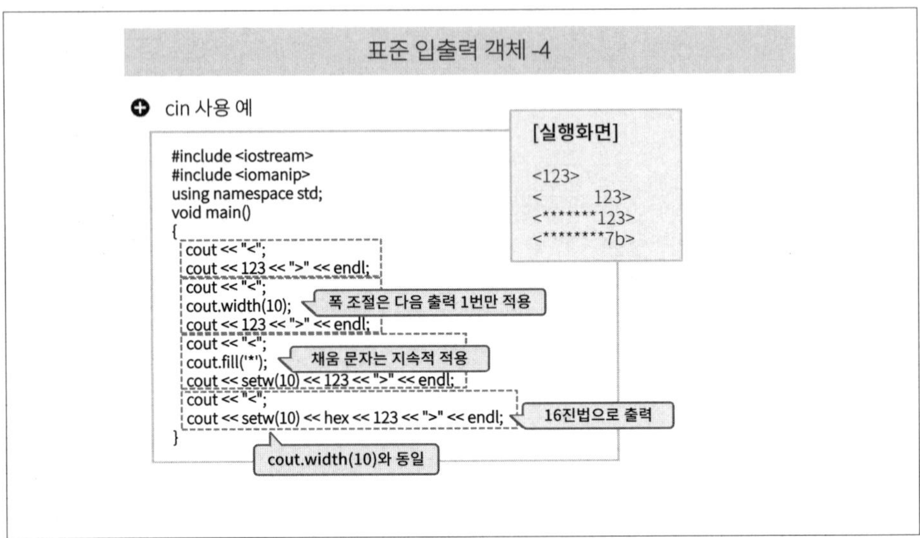

cout의 사용 예를 살펴보자. 슬라이드에 점선 사각형 영역마다 한 줄을 출력한다.

- 첫 사각형 영역에서 "<123>"이 출력된다.
- 두 번째 사각형 영역에서 "< 123>"이 출력된다. 이는 "cout.width(10);" 명령문으로 출력 폭을 10으로 지정하였기 때문이다. (기본적으로 우측정렬됨)
- 세 번째 사각형 영역에서 "<*******123>"이 출력된다. "cout << setw(10 << ..." 명령문에서 setw(10) 로 출력 폭을 지정하였다. 이 지정자는 cout.width(10) 과 동일한 효과가 있다. 또한 "cout.fill('*');" 명령문으로 채움 문자를 '*'로 지정하였다.
- 네 번째 사각형 영역에서 "<********7b>"가 출력된다. 이는 setw(10)으로 폭이 10으로 지정되며, 채움 문자가 그대로('*') 유지되고, hex로 인하여 16진법으로 출력되기 때문이다.

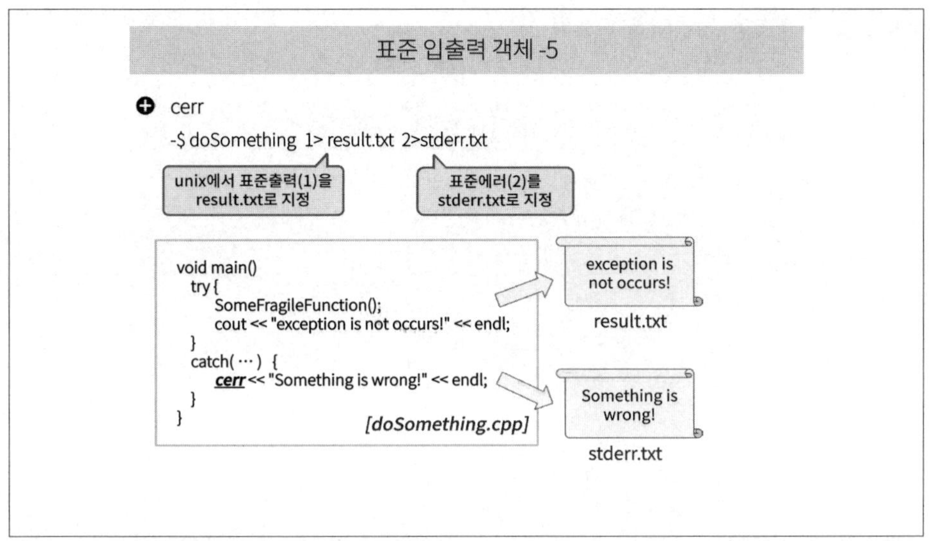

에러출력을 위한 cerr 객체는 기본적으로 화면으로 데이터를 출력하지만, 슬라이드에 보이듯 유닉스의 리다이렉션('>') 연산자에 이용하여 에러메시지를 특정 파일에 저장할 수 있다. 예로 슬라이드에 보이는 doSomething 프로그램을 표준에러 리다이렉션("2>")을 지정하여 실행할 경우, 예외상황 발생시 "Something is wrong!" 메시지가 stderr.txt에 저장된다.

EXERCISE 14-1 표준 입출력 사용하기

Exercise 14-1. 표준 입출력 사용하기

- 출력형태 조절자를 이용하여 다음과 같이 출력되도록 프로그램을 작성하시오.
  -dec, oct, hex 를 사용할 것

[실행 화면]

```
dec   oct   hex   chr
0     0     0
1     1     1
   ...
32    40    20
33    41    21    !
   ...
65    101   41    A
66    102   42    B
   ...
255   377   ff
```

[10분]

cout 의 출력형태 조절자인 dec, oct, hex를 이용하여 슬라이드에 보이는 "실행화면"처럼 출력되도록 프로그램을 작성해보자.

14.3 파일 입출력

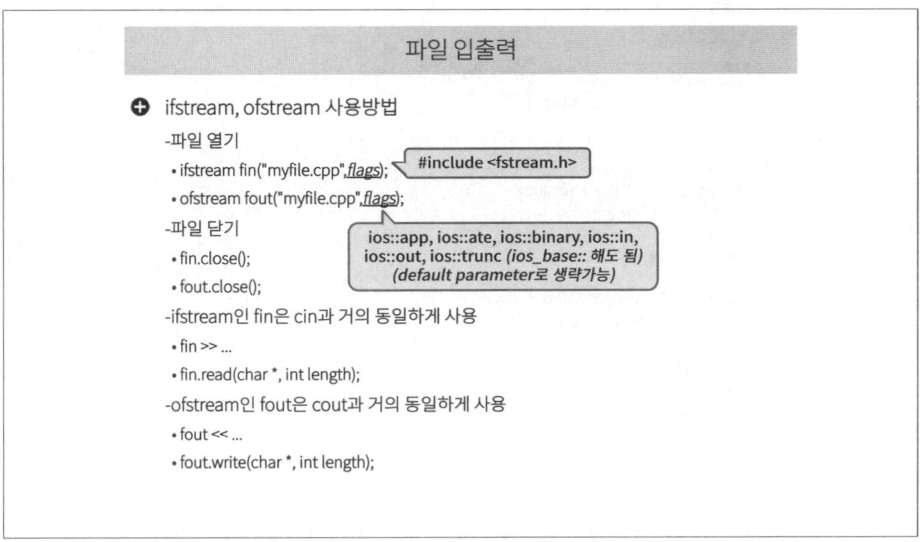

파일 스트림 객체를 이용하여 파일 입출력을 프로그래밍 해보자. 파일 조작은 "파일 열기", "읽기/쓰기", "파일 닫기"의 3가지 단계를 거친다.

- 파일 열기(open): ifstream 객체나 ofstream 객체를 선언할 때, 파일이름과 open flag를 지정하면 자동으로 파일 열기가 된다. 만일 "ifstream fin;" 문장처럼 생성자 인자가 없는 경우에는 "fin.open("myfile.cpp");" 문장처럼 따로 파일 열기를 하여야 한다.

플래그명	설명	플래그명	설명
ios::app	append, 데이터를 파일 끝에 추가	ios::in	input, 스트림에 입력연산을 허용
ios::ate	at end, 스트림위치를 파일 끝으로	ios::out	output, 스트림에 출력연산을 허용
ios::binary	binary, 바이너리 파일로 열기	ios::trunc	truncate, 현재 파일내용을 버림

- 읽기/쓰기(read/write): 열려진 파일 객체에 대해서 읽기와 쓰기를 할 수 있다. 슬라이드에 보이는 fin, fout은 cin, cout과 같이 ">>", "<<" 연산을 사용하여 데이터를 입력받거나 출력할 수 있다. 또는 fin.read(), fout.write() 함수를 이용하여 대량의 데이터를 입력받거나 출력할 수 있다.
- 파일 닫기(close): 사용이 완료된 파일 객체는 모두 닫혀져야한다. 만일 예외상황이 발생하더라도 열려진 파일 객체가 제대로 닫힐 수 있도록 작성하여야한다.

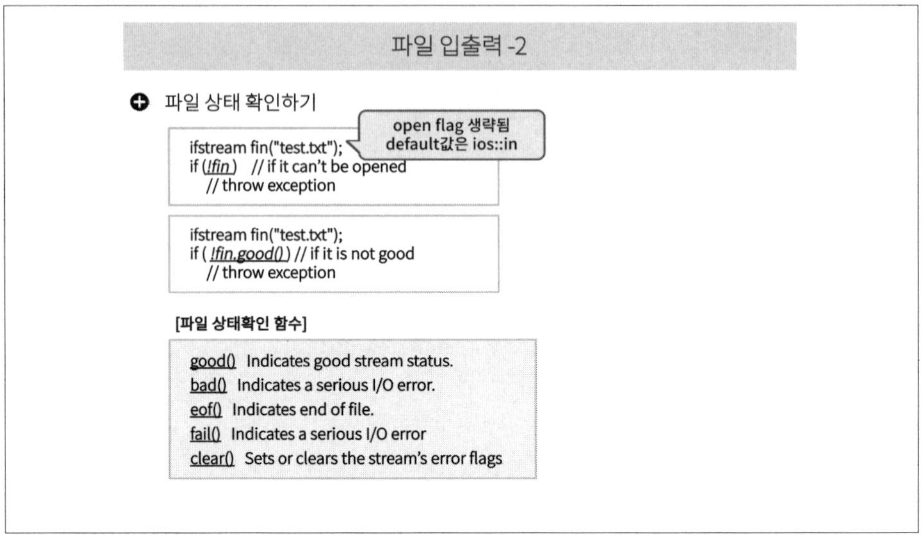

파일 스트림을 생성한 후, 입출력을 수행하기 전에 제대로 스트림이 열렸는지 확인하여야한다. 프로그래머는 항상 문제가 발생할 수 있는 상황을 염두에 두고 프로그램을 작성하여야 한다. 이를 방어적 프로그래밍이라고 말한다.

파일 스트림이 제대로 생성되었는지 여부 확인은 다음 두 가지 방법을 사용한다.

- **(!fin) 수식 사용:** 슬라이드에 보이듯 파일 스트림을 열어 객체를 생성할 때 문제가 발생하면, (!fin)은 true가 된다. C에서 함수호출 반환값이 NULL인지 확인하여 에러를 점검하는 방식을 그대로 흉내 낸 것이다.
- **상태 확인 함수 사용:** 파일 스트림을 열 때 문제가 발생하면 fin.good() 함수는 false를 반환한다. 이 외에 fin.is_open(), fin.fail() 등도 에러 확인에 이용할 수 있다.

한 가지 주의할 점은 상태확인 관련 함수인 clear() 함수이다. fin.clear()를 실행하면 스트림 객체 fin의 버퍼에 있는 내용을 전부 지우는 것이 아니라, 스트림 fin의 상태코드(에러난 것 등)를 초기화한다.

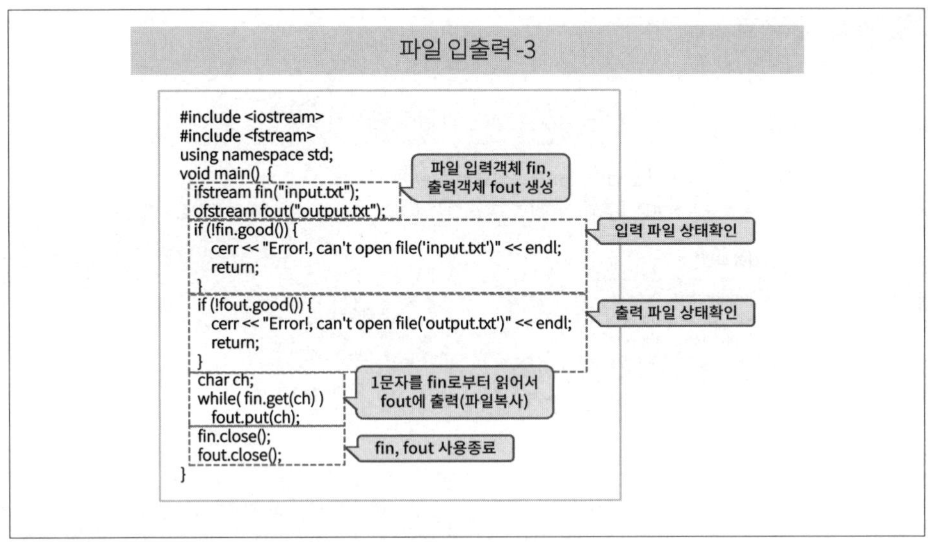

파일 스트림 사용 예를 살펴보자.

슬라이드에 보이듯, "input.txt" 파일을 스트림객체 fin으로 열고, "output.txt" 파일을 fout으로 열었다. 이후, if문장으로 두 스트림객체 fin, fout의 상태를 확인한다.

파일 열기에 아무 문제가 없다면 while 문장으로 fin에서 한 문자를 읽어 이를 fout에 출력한다. 이 작업은 입력스트림인 fin에서 더 이상 문자를 읽을 수 없을 때까지 지속한다. 즉, fin에서 읽어 fout으로 그대로 출력하는 것은 결국 "input.txt"를 복사하여 "output.txt"를 생성하는 것이다.

모든 작업이 종료되면 두 스트림객체 fin, fout를 닫는다.

EXERCISE 14-2 파일 출력하기

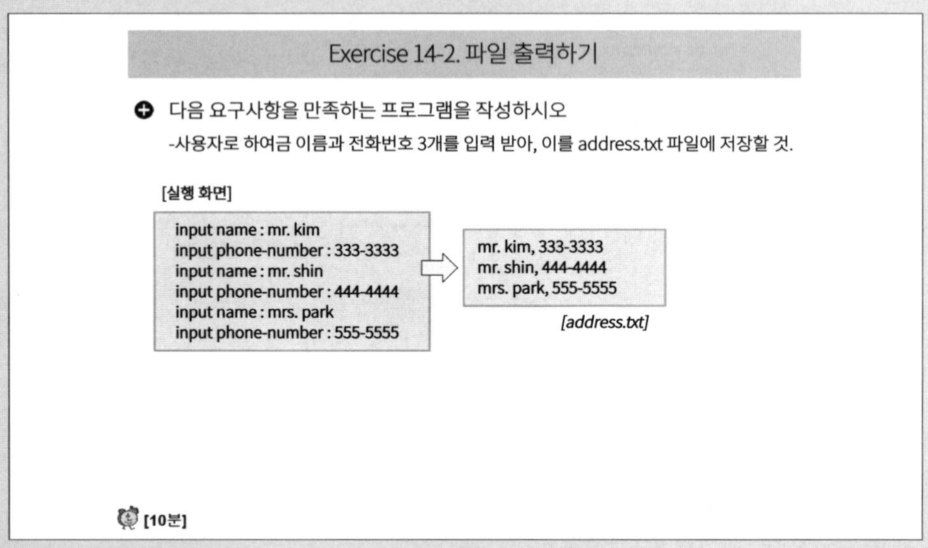

사용자로부터 주소록 정보(이름, 전화번호)를 입력받아, 이를 "address.txt" 파일로 저장해 보자. 물론 "address.txt" 파일은 ofstream 객체를 선언하여 출력한다.

14.4 메모리 입출력

메모리 입출력

- 메모리 기반 입출력 스트림 #include <sstream>
  - -istringstream: 메모리에 있는 데이터로부터 입력 받음
  - -ostringstream: 출력되는 데이터가 메모리에 쌓임
- 메모리 기반 입출력 스트림
  - -네트워크 전송
    - 수신한 데이터를 분석할 때(istringstream)
    - 송신할 데이터를 메모리에 쌓을 때(ostringstream)
  - -데이터 중간 처리
    - 장치로 데이터를 입출력 하기 전에, 메모리에서 미리 가공할 때 사용

화면 입출력과 파일 입출력에 관한 스트림 클래스들을 살펴보았다. 마지막으로 메모리의 내용을 스트림으로 다루는 메모리 입출력 스트림을 살펴보도록 하자.

프로그램을 작성하다보면 메모리를 다루는 작업이 상당히 많다는 것을 알게 된다. 네트워크를 통해 데이터를 받아 이를 메모리에 보관하거나, 또는 네트워크로 전송할 데이터를 메모리에서 쌓아둘 때 주로 메모리 입출력 스트림을 사용하게 된다.

메모리에서 입력받는 스트림 클래스는 **istringstream**이며, 출력하는 스트림 클래스는 **ostringstream**이다. (옛 C++ 버전에는 istrstream, ostrstream이었다.)

istringstream은 메모리에 저장된 문자열이 입력 스트림이 되며, **ostringstream**은 출력하는 데이터를 메모리에 문자열로 저장한다.

다음 페이지에서 이 클래스들에 대한 사용 예를 살펴보자.

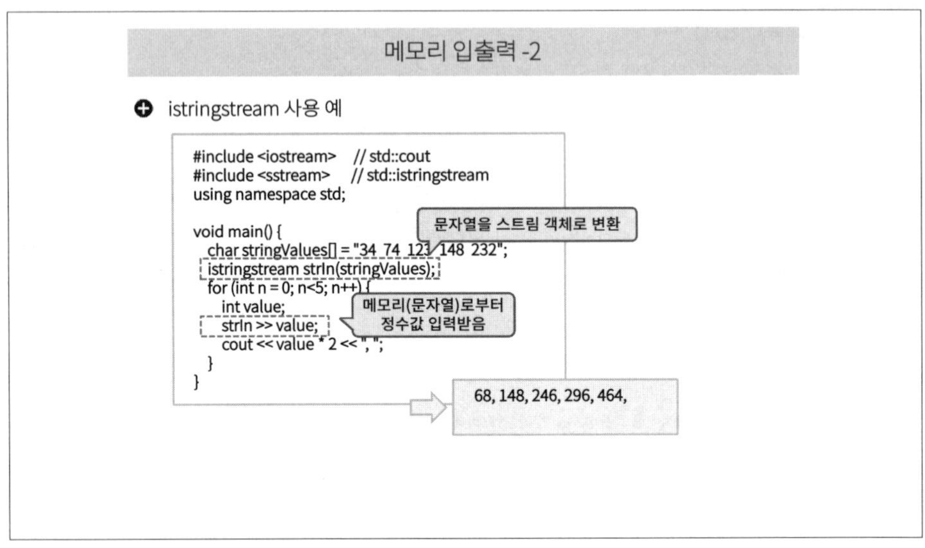

슬라이드에 보이듯, 문자열("34 74 ...")을 인자로 하여 입력 스트림객체 strIn을 선언하였다("istringstream strIn(stringValue);"). 이 경우 해당 문자열("34 74 ...")이 바로 입력 데이터가 되어 strIn의 내부 버퍼에 저장된다. 이후, "strIn >> value;" 명령문이 수행될 때마다 이 문자열로부터 하나씩 입력을 받게 된다. 즉 처음에는 34가, 두 번째에는 74가 value에 입력된다.

"cin >> value;"는 키보드를 통하여 입력을 받는 반면, "strIn >> value;"은 strIn 내부에 저장된 문자열로부터 입력을 받는다. 두 스트림의 차이점을 기억하자.

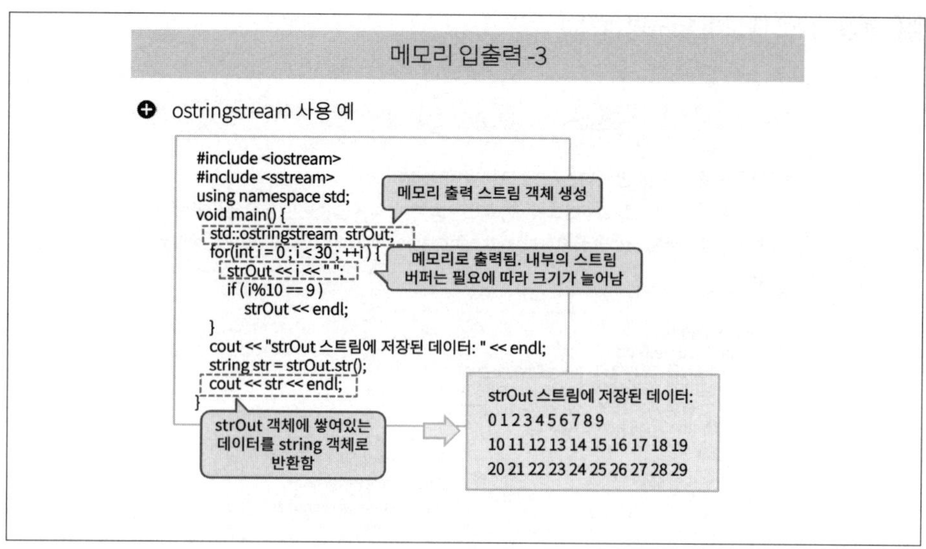

슬라이드에 보이듯, 메모리기반 출력스트림 객체인 **strOut**을 선언한 후, 이 객체에 출력하면("**strOut << i;**"), 출력되는 데이터는 **strOut** 객체의 내부버퍼에 쌓이게 된다. (화면에도 파일에도 출력되지 않는다.)

이후 출력스트림 객체 **strOut**에 저장된 데이터를 접근하기 위해서는 "**string str=strOut.str();**"와 같이 **ostringstream::str()** 함수를 사용하여 **string** 객체를 반환받는다. **string**은 **C++**에서 정의한 표준 문자열 클래스이며, **string::c_str()** 함수를 통하여 **C** 문자열 데이터로 변환가능하다.

표준입출력과 비교하면 "**cout << 3;**"하면 화면(콘솔)에 **3**이 출력되는데 비하여 "**strOut << 3;**" 하면 **strOut**의 내부버퍼에 **3**이 저장된다.

EXERCISE 14-3 메모리 입출력하기

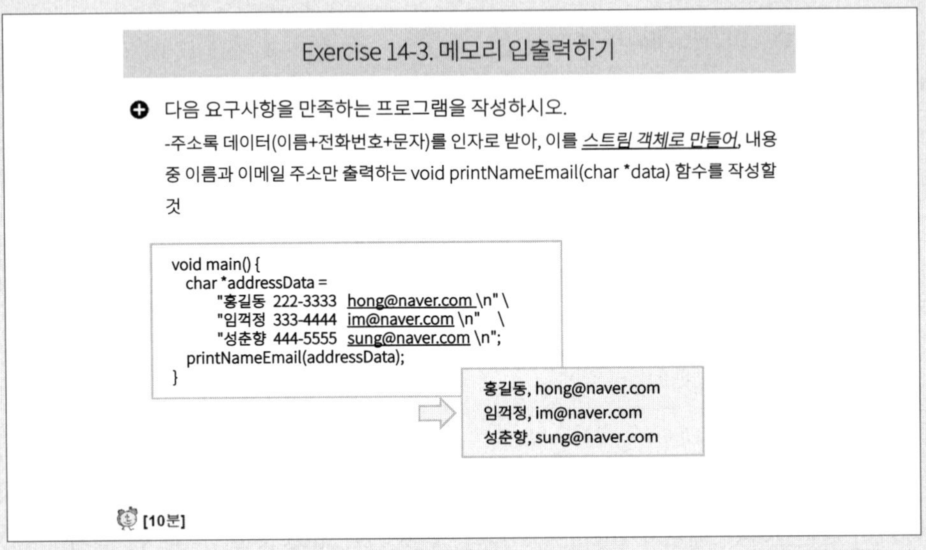

문자열(addressData)을 이용하여 **istringstream** 스트림객체를 생성하고, 이 객체로부터 고객정보(이름, 전화번호, 이메일)를 입력받은 후, 이름과 이메일만 화면에 출력하도록 **void printNameEmail(char *str)** 함수를 작성해보자.

슬라이드에 보이는 **main()** 함수를 실행했을 때 하단 화면과 같이 이름과 이메일이 출력되는지 확인하자.

Chapter

15

Templates

15.1 템플릿(template)이란?

15.2 함수 템플릿

15.3 클래스 템플릿

15. Templates

Chapter 15

Templates

템플릿(Template)은 말 그대로 "틀"을 의미한다. C++에서는 자료형(data type)과 상관없이 동일한 연산이 필요한 함수나 클래스를 **template**으로 만들어 사용할 수 있다. 예로, 숫자형(char, int, long, float, double, long double 등) 배열의 총 합을 구하는 함수가 필요할 경우, 각 자료형마다 별도의 함수를 작성하여야 한다. 즉 **int** 배열 총 합을 구하기 위해서는 "**Sum(int values[])**" 함수가, **double** 배열 총 합을 구하기 위해서는 "**Sum(double values[])**" 함수가 따로 작성되어야한다. 이렇듯 유사한 기능을 하지만 자료형만 다른 경우, "**template<typename TYPE> Sum(TYPE values[])**" 형태로 템플릿을 만들고 **TYPE**에 특정 자료형(int or double)을 지정함으로써 각 자료형별로 동작하는 함수를 생성할 수 있다. 말 그대로 "틀"로 각 자료형별로 동작하는 함수를 "찍어낼" 수 있는 것이다.

15.1 템플릿(template)이란?

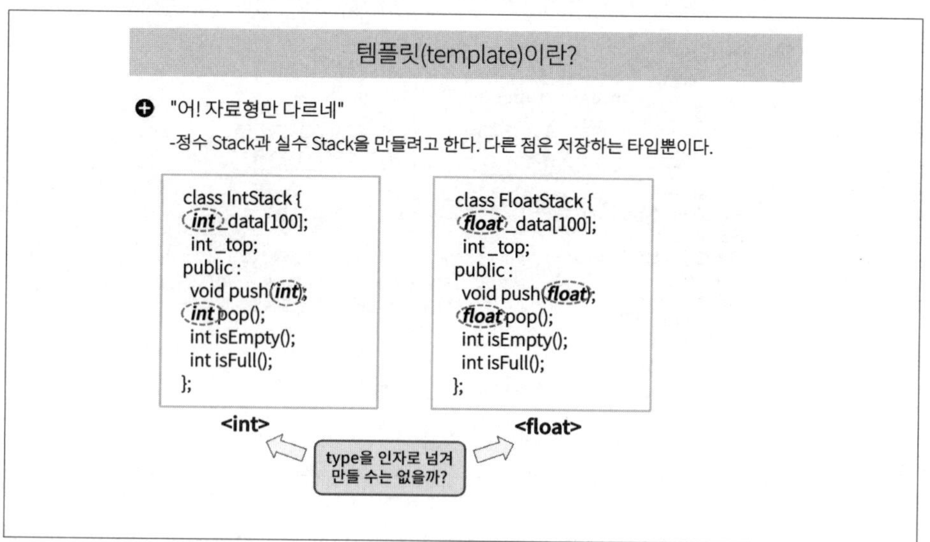

슬라이드의 예를 살펴보자. 왼쪽에 보이는 IntStack과 오른쪽에 있는 FloatStack은 각각 int와 float 자료형에 대하여 스택(stack) 자료구조를 구현한 클래스들이다. (혹시 스택이 뭐지? 라고 한다면 인터넷에서 잠깐 검색해서 읽어보기 바란다.) IntStack과 FloatStack의 클래스 선언을 살펴보면, "int", "float" 자료형만 다르고 나머지는 모두 동일함을 볼 수 있다. 여기에 문자형을 위한 CharStack을 만들어야한다면? 물론 우리에겐 언제나 사용할 수 있는 "copy & paste" 신공이 있긴 하지만, 유사한 코드가 중복되는 것은 바람직하지 않다. 아니 강력히 금지되어야한다. (코딩 실력을 키우려면 항상 효율적이고, 중복되지 않고, 이해하기 쉬운 코드가 되도록 노력하여야 한다.)

이와 같이 자료형만 다르고 나머지는 동일한 경우, 다른 부분(자료형)만 매개변수로 만든 함수나 클래스가 바로 "템플릿(template)"이다.

함수 형태의 템플릿을 함수 템플릿(function template)이라고 말하며 클래스 형태의 템플릿을 클래스 템플릿(class template)이라고 말한다.

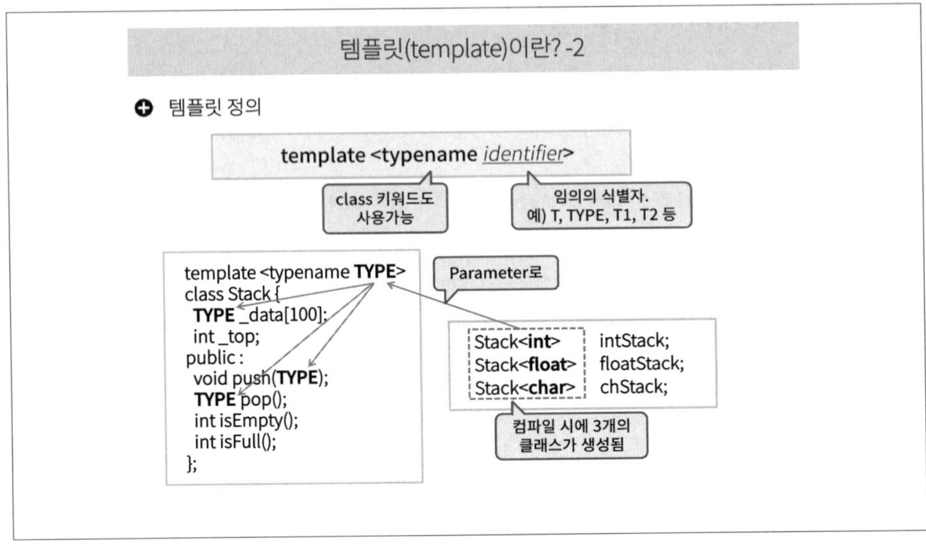

템플릿은 "template <typename T>" 또는 "template <class T>" 선언을 함수나 클래스 앞에 붙임으로써 만들 수 있다. 여기에서 T는 자료형을 넘겨받는 매개변수이다. 물론 이 이름은 변수이름처럼 프로그래머가 임의로 붙일 수 있다. 일반적으로 T, TYPE 등을 사용하며, 매개변수가 여러 개인 경우, T1, T2 형태로 이름을 작성하는 것이 일반적이다. 매개변수가 여러 개일 때는 ','로 나눈다. 예로 "template <typename T1, typename T2, typename T3>" 형태가 된다. 슬라이드에 보이듯, 앞 슬라이드의 IntStack, FloatStack에서 공통된 부분을 뽑아내어 Stack 클래스 템플릿을 만들어 보았다. Stack 템플릿 선언 맨 앞에는 템플릿을 의미하는 "tempate <typename TYPE>"이 선언되어 있다. 그 다음은 일반적인 클래스 선언인데, IntStack과 FloatStack 선언에서 자료형이 다른 부분(int vs. float)이 템플릿 매개변수인 TYPE으로 대체되었다.

Stack 템플릿을 사용한 "Stack<int> intStack;" 문장에 의하여 생성되는 것은 두 가지이다. 하나는 Stack 템플릿에 int를 적용한 "Stack<int>" 클래스가 만들어지며, 또 하나는 "Stack<int>" 클래스의 객체로 선언된 intStack 객체가 생성된다. 슬라이드 오른쪽 하단의 3가지 선언문으로 3개의 클래스(Stack〈int〉, Stack〈float〉, Stack〈char〉)와 3개의 객체(intStack, floatStack, chStack)가 생성된다.

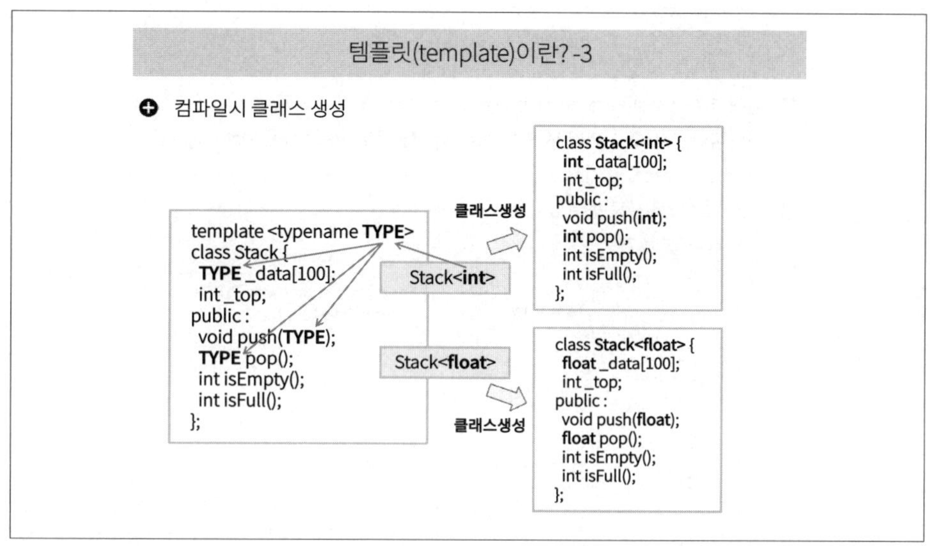

템플릿에서 클래스가 생성되는 과정을 구체적으로 살펴보자. "Stack<int> intStack;" 문장을 컴파일러가 만나면 "Stack<int>" 클래스를 생성한다. 이때 int는 Stack템플릿의 매개변수인 TYPE으로 전달되며, Stack 클래스 템플릿 내에 정의된 모든 TYPE부분은 int로 대체된다. 슬라이드 오른쪽 상단에 보이는 "class Stack<int> { ... };" 모습처럼 된다. (이 코드는 이해를 돕기 위한 것이며, 실제 이 이름으로 여러분이 직접 클래스를 선언할 수는 없다.)

마찬가지로 "Stack<float> floatStack;" 문장을 컴파일러가 만나면 float가 Stack 템플릿의 매개변수 TYPE으로 전달되어, 슬라이드 오른쪽 하단에 보이듯 "Stack<float>" 클래스를 생성한다.

첫 "Stack<int> intStack;" 선언문에 따라 컴파일러가 Stack<int> 클래스를 생성한 이후에, 만일 "Stack<int> otherIntStack;" 같은 선언문을 컴파일러가 발견한다면, 새로운 Stack<int> 클래스를 또 생성하는 대신 첫 선언문 때 생성된 Stack<int> 클래스를 사용한다.

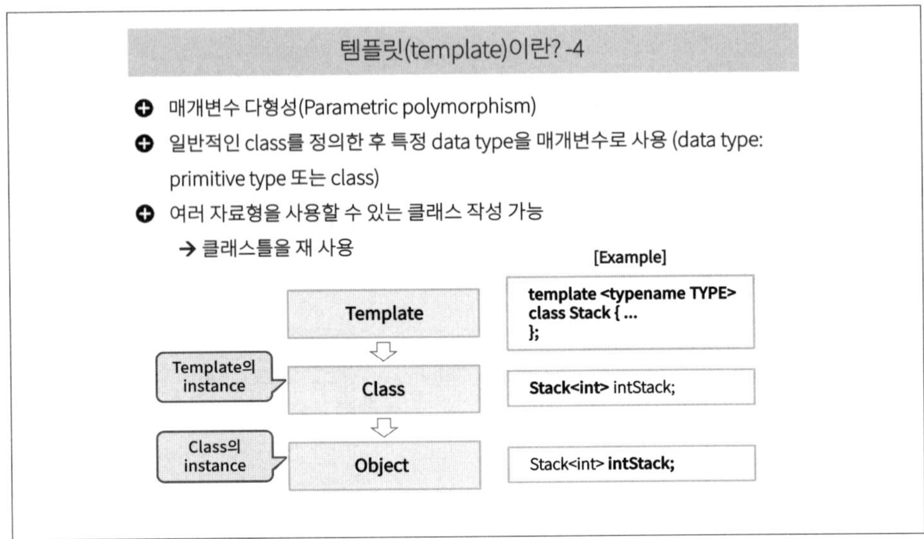

템플릿의 특징은 "매개변수 다형성"으로 정의할 수 있다. 즉, 매개변수에 전달되는 자료형에 따라서 여러 클래스가 생성된다. 템플릿 매개변수로 전달되는 자료형으로 기본 자료형(char, int, long, ...)이나 클래스가 될 수 있다. 예로 "Stack<int>"로 정수형 스택 클래스를 표현한다면 "Stack<Cat>"으로 고양이 객체를 다루는 스택 클래스를 정의할 수 있다. 또는 "Stack<Cat *>"으로 고양이 객체의 포인터를 다루는 것도 정의 가능하다.

다시 얘기하지만, 템플릿을 이용하여 생성하는 것은 객체가 아니라 클래스이다. 슬라이드에 보이듯, 템플릿에 매개변수를 적용하여 인스턴스화(Instantiate) 된 것이 클래스이며, 클래스를 인스턴스화한 것이 객체이다.

9장의 "붕어빵" 비유를 확장해 보면, 객체(object)는 실제 팔리고 먹을 수 있는 "붕어빵"이고, 클래스(class)는 이 붕어빵을 찍어낼 수 있는 "붕어빵틀"이며, 템플릿(template)는 붕어빵틀을 만들기 위해 공장에서 사용하는 "붕어빵틀 주조판"으로 볼 수 있다.

템플릿(template)이란? -5

- 클래스 정의 밖에서 정의되는 멤버 함수는 full angle bracket declaration을 사용해야 함
  -"template_name <identifier>"
  -예) Stack<T>

```
template <typename T>
T Stack<T>::pop()
{
 return ((_top>0)?_data[--_top]:-1);
}
```

"template <typename T> class Stack { ... };" 선언 내에 교체 가능한 자료형은 템플릿 매개변수 T로 선언하면 된다. 그런데, 함수 본체(body)가 클래스 외부에 정의된 경우에는 어떻게 선언하여야 할까? Stack의 멤버함수 pop()을 외부에 정의할 경우에 Stack이 일반 클래스라면 "int Stack::pop() { ... }" 형태로 작성한다. 그런데, Stack이 템플릿이면 "T Stack<T>::pop() { ... }" 형태가 된다. 즉 "Stack::"이 아니라 "Stack<T>::"의 pop() 함수인 것이다. 이때 T가 템플릿 매개변수임을 나타내기 위하여 "template <typename T>"를 함수선언 앞에 덧붙인다. 결론적으로 슬라이드에 보이듯 "template <typename T> T Stack<T>::pop() { ... }"이 된다.

```
class Stack {
   ...
   int pop();
};

int Stack::pop() {
   ...
}
```

클래스 Stack 외부함수 선언

⇔

```
template <typename T>
class Stack {
   ...
   T pop();
};

template <typename T>
T Stack<T>::pop() {
   ...
}
```

템플릿 Stack 외부함수 선언

템플릿(template)이란? -6

- 템플릿 사용 예

```
Stack<char> charStack;
Stack<char*> charPtrStack(200);
Stack<Complex> cmplxStack(100);
```

```
void reverse(char* str[], int n)
{
  Stack<char *> stk(n);

  for (int i = 0; i < n; ++i)
    stk.push(str[i]);
  for (i = 0; i <  n; ++i)
    stk[i] = stk.pop();
}
```

클래스템플릿 Stack이 선언된 후, 이를 사용하는 예를 살펴보자. 슬라이드에 보이듯 "Stack<char> charStack;" 선언문과 같이 템플릿 매개변수로 char와 같은 기본 자료형을 지정할 수 있다. 또는 "Stack<char *> charPtrStack(200);" 선언문과 같이 포인터 자료형을 지정할 수도 있다. 기본 자료형 외에 Complex 클래스와 같이 사용자가 정의한 클래스를 지정하여 "Stack<Complex> cmplxStack(100);"처럼 선언을 할 수 있다.

슬라이드 하단에 보이는 reverse() 함수 안에서 "Stack<char *> stk(n);" 선언을 통하여 문자의 포인터를 템플릿 매개변수로 지정하였다. 문자의 포인터는 문자열로 사용된다. 따라서 선언된 stk 객체는 문자열(string)을 저장하기 위한 Stack 자료구조 기능을 제공한다.

EXERCISE 15-1 Template Stack

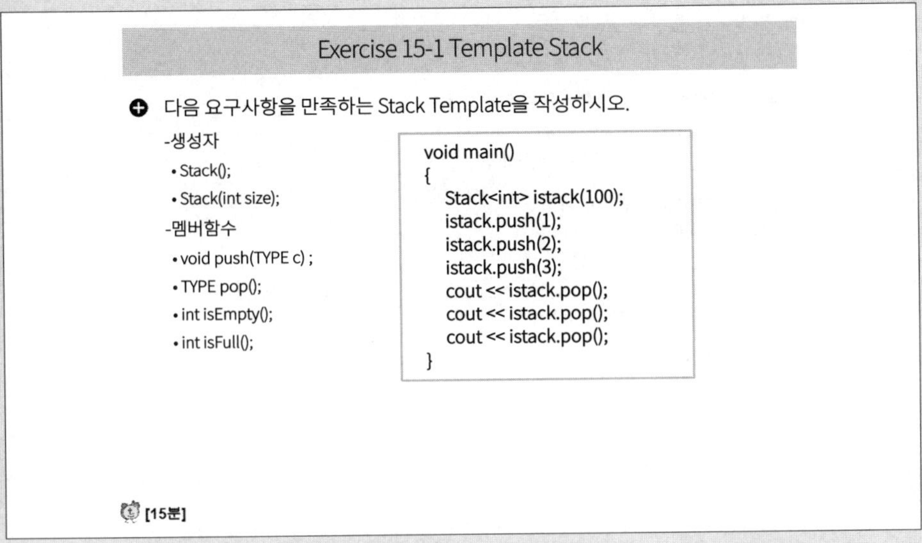

본 연습문제는 새로운 템플릿을 작성하는 것이 아니라, 앞 슬라이드에서 설명했던 Stack 템플릿을 실제로 작성해서 실행시켜보는 것이다. 가능하면 앞 슬라이드의 내용을 완전히 학습한 후, 그 내용을 다시 보지 않으면서 Stack 템플릿을 작성해 보자.

멤버함수 push(), pop(), isEmpty(), isFull()는 스택자료구조의 기본적 기능을 수행하는 함수들이다. 이에 대한 구현이 어려울 경우에는 스택 자료구조에 대하여 별도로 학습하는 것이 필요하다.

15.2 함수 템플릿

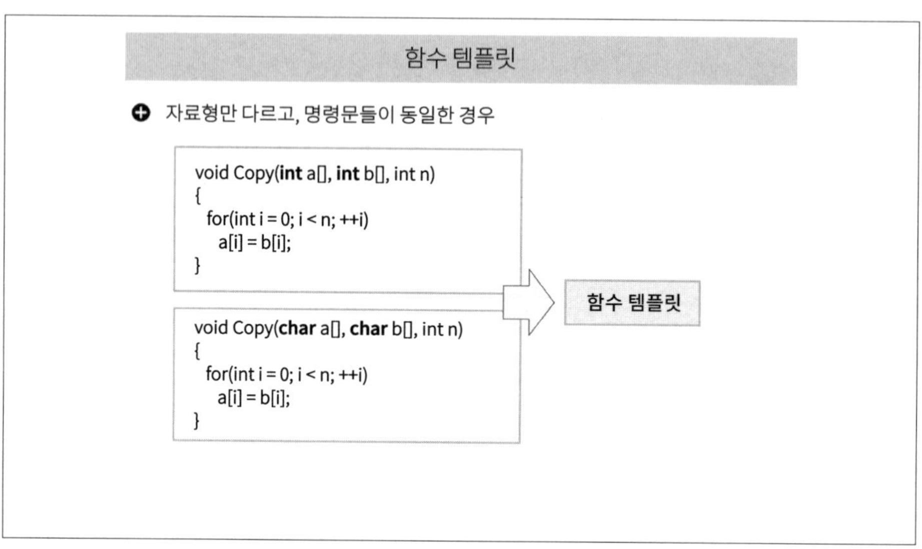

템플릿을 크게 "클래스 템플릿"과 "함수 템플릿"으로 구분된다. 앞 슬라이드에서 살펴본 Stack 템플릿은 클래스 템플릿의 예이다.

이 슬라이드에서는 함수 템플릿에 대하여 살펴보자. 슬라이드에 보이는 두 Copy()함수는 내부 동작 기능(copy)은 동일하지만, 다루는 데이터가 하나는 int 배열(int a[])이며, 또 하나는 char 배열(char a[])이다. 이렇듯 "자료형이 다른 데이터에 대하여 동일한 기능을 수행하는 함수"를 템플릿으로 작성해서 사용하면 코드 중복을 피할 수 있다.

Stack 템플릿의 경우와 같이, 두 Copy() 함수에서 서로 다른 자료형(int와 char) 부분을 템플릿 매개변수 TYPE 으로 대체하여 Copy 함수 템플릿을 작성할 수 있다.

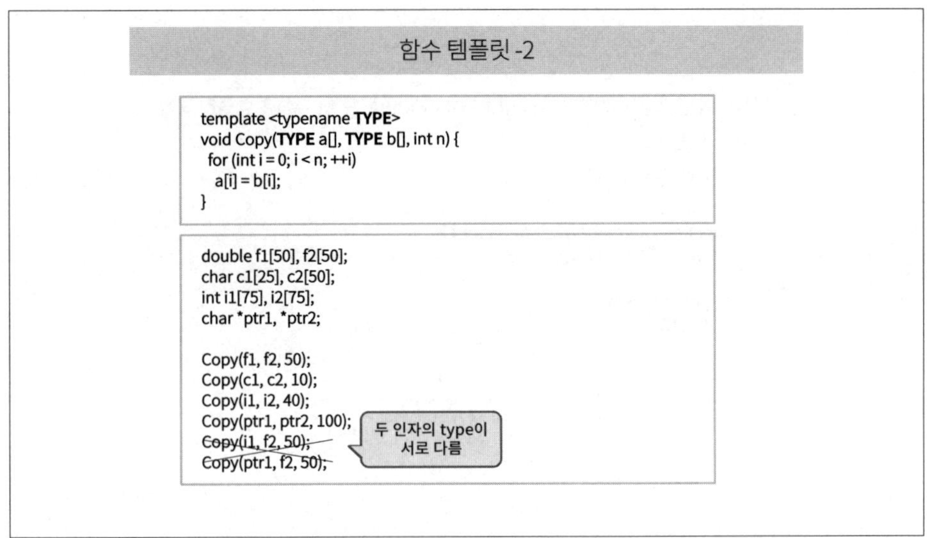

Copy 함수 템플릿과 그 사용 예를 슬라이드에서 볼 수 있다. 함수 선언 앞에 템플릿 매개변수 TYPE을 선언하고("template <typename TYPE>"), 이 매개변수를 함수 선언에 사용하였다.

슬라이드 하단의 사용 예에서 보듯이, 함수 호출시 전달되는 인자의 자료형에 따라 정수형 "Copy(int a[], int b[], int n)" 함수가 호출되거나, 실수형 "Copy(double a[], double b[], int n) 함수가 호출된다. 즉, 컴파일러가 함수 템플릿을 사용하는 문장을 해석할 때, 인자의 자료형에 맞추어 이를 지원하는 함수를 새로 생성하고 호출한다.

함수 템플릿 -3

- 템플릿의 헤더부분에 여러 개의 식별자를 사용하여, 좀 더 유연한 템플릿을 작성할 수 있음
  -클래스 템플릿에서도 적용가능

```
template <typename T1, typename T2>
void Copy(T1 a[], T2 b[], int n)
{
  for (int i = 0; i < n; ++i)
    a[i] = (T1) b[i];
}
```

```
int iValues[3] = {1,2,3};
double dValues[3];
Copy(dValues, iValues, 3);
```

컴파일시 Copy(double [ ], int [ ], int) 함수 생성됨

템플릿 매개변수는 필요에 따라 여러 개를 선언할 수 있다. (함수 템플릿뿐만 아니라 클래스 템플릿에서도 그렇다.) 예로 슬라이드에 보이듯 템플릿 매개변수로 T1과 T2를 선언하고, 이를 이용하여 Copy(T1 a[], T2 b[], int n) 함수 선언에서 두 인자 a[], b[]의 자료형을 서로 다르게 선언하였다.

컴파일러가 슬라이드에 있는 "Copy(dValues, iValues, 3);" 문장을 만나게 되면, dValues, iValues 자료형에 따라 "Copy(double[], int [], int) { }" 함수를 생성하고 이를 호출하는 코드로 번역한다.

함수 템플릿 -4

- 템플릿으로 작성한 함수에 의해 제대로 동작할 수 없는 특별한 경우가 있을 수 있다.

```
template <typename T>
void Swap(T& x, T& y)
{
  T temp;

  temp = x;
  x = y;
  y = temp;
}
```

```
int i, j;
char str1[100], str2[100];
Complex c1, c2;

Swap(i, j);
Swap(c1, c2);
Swap(str1[50], str2[33]);
Swap(str1, str2);
```

정적 배열 이름을
서로 바꿀 수 없음

함수 템플릿의 예를 좀 더 살펴보자.

슬라이드에 두 변수 값을 서로 바꿔주는 Swap() 함수가 템플릿으로 작성되어 있다. 이 템플릿을 사용하는 슬라이드 오른쪽 코드를 살펴보면, 위 3개의 Swap() 문장은 별 문제 없이 동작할 것이다. 마지막 Swap() 문장의 경우 배열의 이름인 str1과 str2의 값을 서로 교환하려한다. 정적 배열(static array)의 이름은 포인터처럼 주소 값을 가지긴 하지만, 그 값을 변경할 수는 없다. 따라서 마지막 Swap() 문장은 컴파일 할 때 에러가 발생한다.

함수 템플릿 -5

- 템플릿으로 생성된 함수와 다른 동작을 하는 함수가 필요할 때는 오버로드하여 작성한다.

```
template <typename T> void Swap(T& x, T& y){
  …
}

void Swap(char* s1, char* s2) {
  int max_len;
  max_len = (strlen(s1) >= strlen(s2))
                ? strlen(s1) : strlen(s2);
  char *temp = new char[max_len + 1];
  strcpy(temp, s1);
  strcpy(s1, s2);
  strcpy(s2, temp);
  delete []temp;
}
```

함수 템플릿의 이름과 동일한 이름으로 함수 오버로드(overload)하여 사용할 수 있다. 슬라이드에 보이듯, Swap() 템플릿과 별도로 "Swap(char *s1, char *s2) { }" 함수가 정의되어 있다. 개발자가 "char *str1, *str2; Swap(str1, str2);"의 명령문을 작성하면, 이때 사용되는 Swap()은 슬라이드 하단에 선언된 Swap(char *s1, char *s2) 함수가 호출된다.

그 외의 자료형이 인자로 사용되는 경우에는 Swap() 템플릿이 적용된다. 예로 "int a, b; Swap(a, b);" 문장에서는 함수 템플릿 Swap()이 적용되어 Swap(int& a, int& b) 함수가 생성되고 호출된다.

함수 템플릿 -6

- 템플릿을 고려하여 오버로딩된 함수의 선택
  (1) 템플릿이 아니면서 정확히 매치되는 함수를 찾음
  (2) 템플릿이면서 정확히 매치되는 함수를 찾음
  (3) 템플릿이 아닌 함수에 대해 인자의 자료형을 조정한 결과 매치되는 함수를 찾음

템플릿과 별도로 같은 이름의 함수를 오버로드하여 정의할 수 있다면, 함수 호출시에 인자 자료형에 따라서 템플릿을 적용할지 또는 오버로드된 함수를 호출할지 여부를 결정하여야 한다. 어떤 경우에는 이 결정이 모호할 수 있으므로 명확한 기준이 필요하다.

슬라이드에 보이듯, 템플릿을 고려하여 오버로딩된 함수를 선택하는 기준은 “정확성” 이다. 일반함수가 템플릿보다 좀 더 정확하며, 있는 그대로의 자료형이 변형된 것보다 더욱 정확한 것으로 판단한다. 결국 “일반함수이며 인자 자료형이 정확히 맞는 것” 이 함수 호출에 있어서 가장 우선 순위이며, “함수템플릿이며 인자 자료형이 정확히 맞는 것” 이 그 다음 우선 선위이다. “일반함수이며 인자의 자료형을 변형하여 맞는 것”이 가장 마지막으로 선택된다.

함수 템플릿 -7

- 함수의 인자(arguments) 선언에 템플릿 매개변수가 한번 이상 나타나야 한다.

```
template <typename TYPE>
void maxElement(TYPE a[], TYPE& max, int size);

template <typename TYPE>
int find(TYPE *data);

template <typename TYPE>
TYPE convert(int i)
{
  TYPE temp(i);
  return(temp);
}
```


함수템플릿의 매개변수 TYPE에 대한 정보는 함수호출문장에서 인자의 자료형으로 판단한다. 예로 "Swap(a,b);" 명령문에서 인자 a, b의 자료형이 int라면, Swap 템플릿의 매개변수 TYPE에는 int가 지정되는 것이다. 그런데, 슬라이드에 보이는 convert 템플릿의 경우에 "double d = convert(100);" 문장에서 convert() 함수의 인자가 int인 것은 알 수 있지만, 템플릿 매개변수 TYPE이 어떤 자료형으로 지정되는 지 알 수 없다. 즉 convert 템플릿을 적용할 수가 없다.

결론적으로 함수 템플릿을 정의할 때에는 인자 선언에 템플릿 매개변수 TYPE을 사용하여야(슬라이드의 maxElement(), find()와 같이), 컴파일러가 함수 호출문장에서 인자의 자료형으로 TYPE 값을 알아낼 수 있다.

부득이하게 함수 템플릿에서 인자 선언에 매개변수 TYPE을 사용하지 않는다면, 해당 템플릿을 이용하기 위해서는 매개변수 TYPE 값을 다음 문장과 같이 직접 지정하여야 한다.

```
double d = convert<double>(100);  // 매개변수 TYPE에 double 자료형 지정
```

EXERCISE 15-2 함수 템플릿

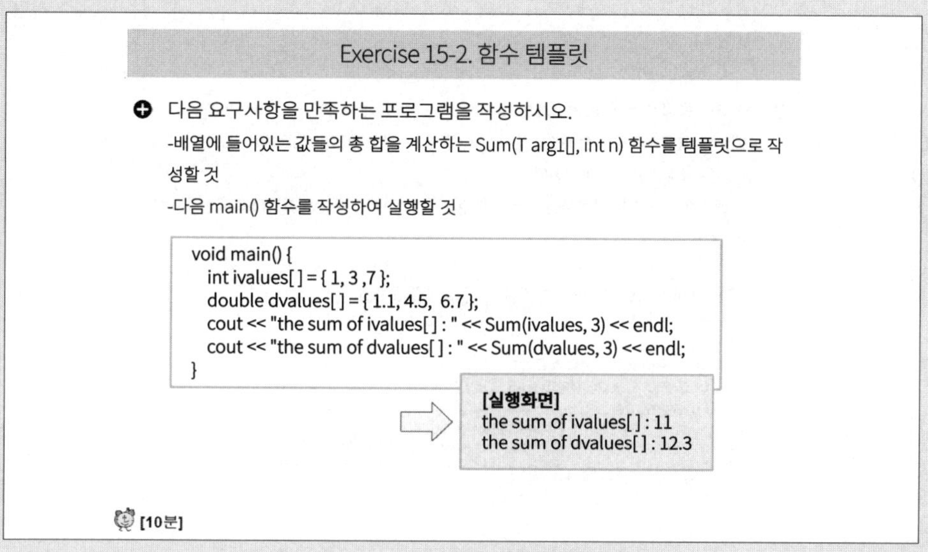

배열의 총합을 구하는 Sum() 함수 템플릿을 작성하는 연습문제이다. 정수이든, 실수이든 상관없이 배열을 받아서, 해당 배열 요소들의 총합을 구하는 함수 템플릿을 작성해 보자. Sum() 템플릿을 작성해 보면서, 어떤 경우에 함수 템플릿을 작성하면 유용할지에 대하여 생각해 보자.

객체지향적 프로그래밍 관점에서는, 클래스와 분리된 함수 템플릿을 사용하는 것은 바람직하지 못하다. 모든 함수는 클래스 안에 포함되는 것을 권장한다. 결론적으로 말해서, 프로그래머가 확고한 이유가 있지 않다면, 함수 템플릿보다는 클래스 템플릿을 사용하는 것이 좋다.

15.3 클래스 템플릿

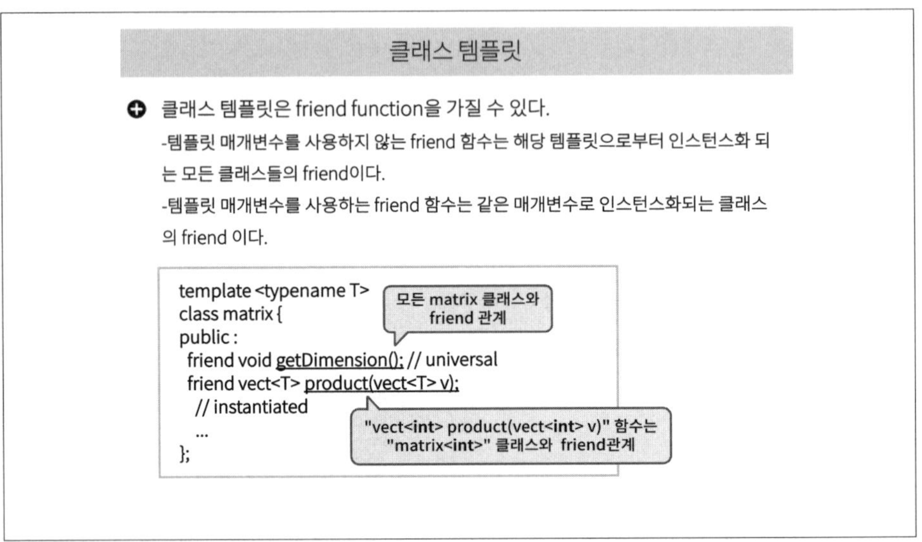

Stack 템플릿 예를 통하여 클래스 템플릿 작성과 사용에 대하여 살펴보았다. 여기에서는 클래스 템플릿과 관련된 몇 가지 주의사항을 살펴본다.

클래스 템플릿도 friend 함수를 가질 수 있으며, friend 함수에 템플릿 매개변수를 사용할 수 있다. 슬라이드에 보이듯 getDimension()과 product() 함수가 matrix 템플릿의 friend로 선언되어있다. getDimension()은 템플릿매개변수 T를 사용하지 않으며, product()는 매개변수 T를 사용하고 있다. 이 경우, getDimension()은 matrix 템플릿으로 생성된 모든 클래스들(matrix⟨int⟩, matrix⟨double⟩, matrix⟨long⟩, ...)과 friend 관계가 된다. 이에 비해 매개변수 T가 적용되는 product()는 함수 템플릿이 되며, T에 적용된 자료형에 따라 여러 product 함수들(product(vect⟨int⟩), product(vect⟨long⟩), product⟨double⟩, ...)이 생성된다. 또한 matrix 템플릿으로 생성된 클래스와 friend 관계가 되는 것은 동일한 자료형을 매개변수로 사용하는 prodct 함수이다. 예로 matrix<int> 클래스는 product(vect<int> v) 함수와 friend 관계가 되며, matrix<double> 클래스는 product(vect<double> v) 함수와 friend 관계가 된다. matrix<int> 클래스와 product(vect<double v) 함수는 friend 관계가 되지 않는다.

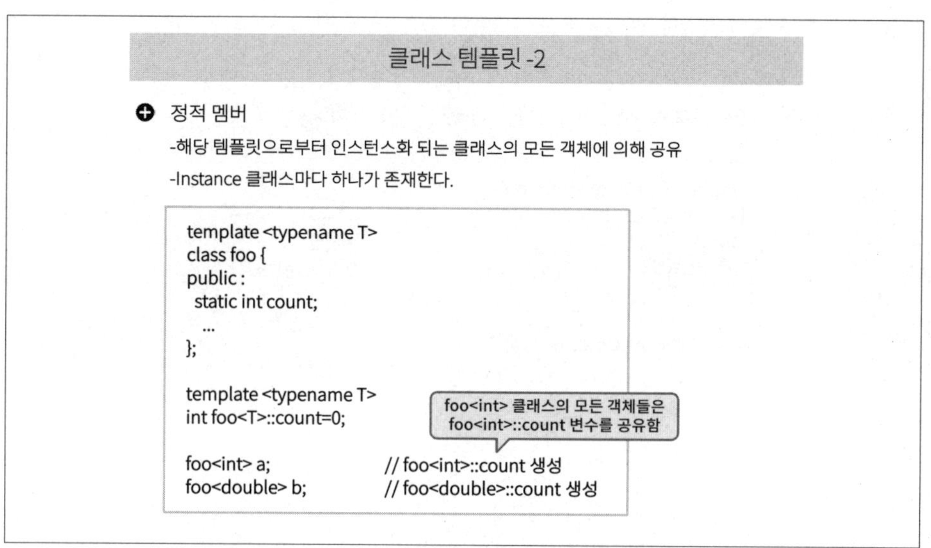

클래스의 정적(static) 멤버변수는 .cpp 파일에 별도로 정의해야 된다. 예로 Cat 클래스의 정적 멤버변수로 _howMany가 있다고 가정하자. 이 경우 Cat.cpp 파일에 "int Cat::_howMany;" 문장으로 정적 멤버변수를 정의한다. 그런데, 클래스 템플릿에 사용된 정적 멤버변수는 .cpp 파일에 어떤 식으로 정의해야 될까? 결론적으로 정적 멤버변수 정의 문장에 템플릿 매개변수를 같이 선언하여야 한다. 슬라이드에 보이듯 foo 템플릿의 정적 멤버변수로 count가 선언되어 있다. 이에 대하여 foo.cpp 파일에 count를 정의할 때는 "template <typename T> int foo<T>::count=0;" 형태로 템플릿 매개변수 T를 같이 선언하여야 한다.

이렇게 템플릿 정적 멤버변수를 선언하고 나면, 각 매개변수 자료형에 따라 별도의 정적 멤버변수가 생성된다. "foo<int> a;" 문장에 의하여 foo<int> 클래스가 생성될 때 foo<int>::count 정적 멤버변수도 동시에 생성되며, "foo<double> b;" 문장에 의하여 foo<double> 클래스가 생성될 때 foo<double>::count 정적 멤버가 동시에 생성된다.

클래스 템플릿 -3

- 템플릿 매개 변수에는 상수식, 함수 이름, 문자열등이 나타날 수도 있다

```
template <int N, typename T>
class ArrayClass {
  public :
    T data[N];
};

ArrayClass<50, double> x, y;
```

템플릿 선언에서 여러 개의 매개변수를 선언할 수 있다고 얘기하였다. 일반적으로 매개변수는 자료형을 의미하며, 따라서 매개변수 선언에 "typename"이나 "class" 키워드를 덧붙인다. 이와 달리 상수식이나 함수이름, 문자열 등과 같은 데이터도 템플릿의 매개변수로 지정할 수 있다. 슬라이드에 보이듯 ArrayClass 템플릿에 매개변수 T는 자료형을 의미하지만, 매개변수 N은 정수 값을 의미한다. 따라서 "ArrayClass<50, double> x, y;" 문장과 같이 ArrayClass 템플릿의 첫 번째 매개변수로 정수 값 50이 지정되었으며, 두 번째 매개변수로 double 자료형이 지정되었다. 정수 매개변수 N은 ArrayClass 내부 선언에서 정수 값으로 사용되었으며, 자료형 매개변수 T는 ArrayClass 내부 선언에서 자료형으로 사용되었다. 이렇듯 템플릿을 선언할 때 매개변수로 자료형뿐만 아니라 상수 값도 지정할 수 있다는 점을 기억하도록 하자.

클래스 템플릿 -4

- 템플릿과 인스턴스화된 클래스도 상속 가능하다
  - -템플릿 자체를 상속받아 하위 템플릿을 정의할 수 있음
  - -인스턴스화된 클래스를 상속받아 하위 클래스를 정의할 수 있음

[템플릿 상속]

```
template <typename TYPE>
class ChildStack : public Stack<TYPE> {
public :
  void push(TYPE c) { Stack<TYPE>::push(c); }
  TYPE pop() { return (Stack<TYPE>::pop()); }
};
```

[인스턴스화된 클래스 상속]

```
class IntStack : public Stack<int> {
public :
  void push(char c){ Stack<int>::push(c); }
  char pop() { return (Stack<int>::pop()); }
};
```

템플릿 역시 상속을 할 수 있다. 슬라이드에 보이듯 Stack 템플릿을 상속하여 Child-Stack 템플릿을 정의할 수 있다. "ChildStack<int> intStack;" 문장과 같이 정의된 ChildStack 템플릿을 사용하면 "ChildStack<int>" 클래스와 함께 "Stack<int>" 클래스도 생성된다.

템플릿 자체의 상속과 더불어 템플릿을 인스턴스화한 클래스를 상속할 수도 있다. 슬라이드에 보인 IntStack 클래스(템플릿이 아닌)를 선언하는데 있어서 부모 클래스로 "Stack<int>"를 사용할 수 있다. 이 경우 컴파일러는 "Stack<int>" 클래스를 생성하고, 이로부터 상속받는 IntStack 클래스를 생성한다.

EXERCISE 15-3 Template Array

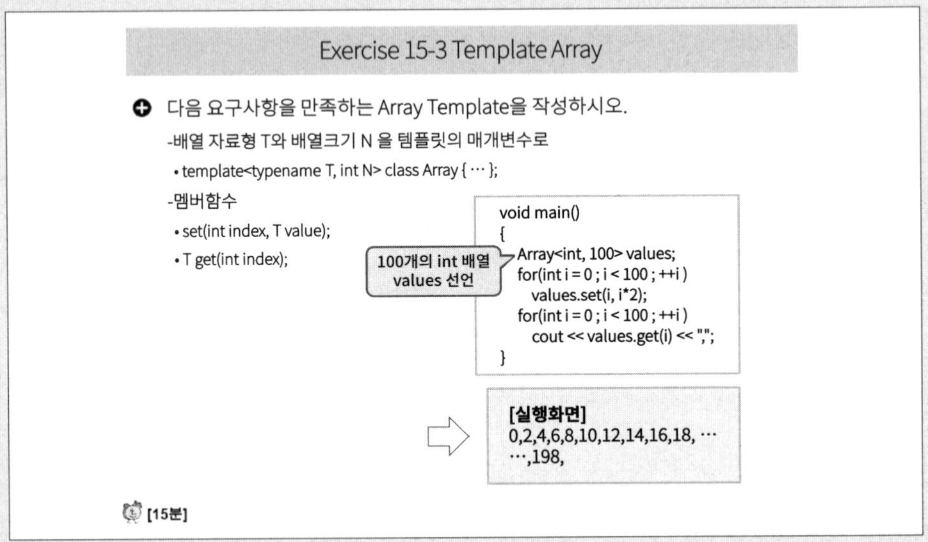

배열의 자료형과 배열 크기 N을 매개변수로 하는 Array 템플릿을 작성해 보자. 멤버 함수로 i번째 요소에 값을 저장하는 set() 함수와 값을 읽어내는 get() 함수를 작성하자.

표준 템플릿 라이브러리(STL)

- 표준 템플릿 라이브러리
  - -Standard Template Library
  - -알고리즘, 컨테이너, 함수자, 반복자로 구성됨
- 알고리즘
  - -검색(search)이나 정렬 같은 알고리즘을 제공
  - -반복자를 이용하여 STL의 모든 컨테이너에 적용가능
- 컨테이너
  - -데이터를 저장하는 자료구조 기능 제공
  - -pair, vector, list, queue, stack, set, map, hash_set, bitset 등
- 반복자(iterator)
  - -자료구조에 있는 정보를 반복할 수 있는 기능 제공
- 함수자(functor)
  - -operator() 연산자를 오버로딩한 클래스의 객체
  - -함수를 객체화하여 사용할 수 있음

C++에서 템플릿은 그 자체만으로 큰 기능을 제공하지만, 표준 템플릿 라이브러리(STL: Standard Template Library)를 제공한다는 측면에서 중요하다. STL은 알고리즘, 컨테이너, 함수자, 반복자라고 불리는 네 가지 구성요소를 제공한다. 알고리즘은 검색이나 정렬과 같은 알고리즘 기능을 템플릿으로 제공하며, 컨테이너는 데이터를 저장하는 자료구조 기능을 제공한다. 반복자(iterator)는 컨테이너에 저장된 데이터를 반복하여 접근하는 기능을 제공한다. 함수자(functor)는 opeartor() 연산자를 오버로딩한 클래스의 객체를 의미하는데, 이는 함수를 객체화하여 사용하는데 이용된다.

STL에 대한 학습 내용이 상당히 많으며, JAVA와 같은 다른 객체지향 언어에서는 STL을 지원하지 않기 때문에, 초급자를 위한 본 교재의 학습 내용으로 포함시키지 않았다. C++ 언어를 자신의 주 프로그래밍 언어(main programming language)로 생각한다면 STL에 관하여 별도로 학습할 것을 권장한다.

Chapter

16

Object Oriented Design

16. Object Oriented Design

Chapter 16

Object Oriented Design

지금까지 C++ 언어에 대한 기본 문법에 대하여 학습하였다. C++ 언어를 학습하는 목적은 기본적으로 프로그래밍을 하기 위해서다. 프로그래밍 실력을 쌓기 위해서는 직접 프로그래밍을 해 보는 것이 가장 좋은 방법이다. 여러분이 본 교재에 있는 연습문제들을 열심히 풀어 보았다면 문법에 대한 기초 프로그래밍 실력은 어느 정도 쌓았을 것이다. 그러나 이것만으로는 부족하다. 요구사항에 맞추어 최소 500~1000줄 정도 규모의 프로그램을 작성해 보는 것이 필요하다. 이 규모의 프로그램을 작성해봐야 비로소 프로그래머라고 말할 수 있다.

16~18장은 여러분에게 이런 프로그래밍 경험을 안겨주기 위한 내용이다. 16장에서는 객체지향 프로그래밍을 할 때 가장 먼저 부딪치는 부분으로 "어떻게(How to) 구현할까?"에 대한 해결책을 제공한다. 17장은 재미있는 프로젝트를 진행하기 위한 Consola 라이브러리 사용법에 대하여 학습하고, 18장에서 개발 프로젝트에 대한 기본 구조와 구현 방법에 대하여 설명한다.

16.1 객체지향적 설계

객체지향적 설계
➕ 구조적 설계(Structured Design) -기존 C와 같은 구조적 프로그래밍의 기본 원칙은 다룰 수 있을 때까지 나누어라.("Divide & Conquer") -나누어지는 대상은 "Procedure" or "Function" ➕ 객체지향적 설계(Object Oriented Design) -시스템 레벨의 경우 "Divide & Conquer" 원칙은 여전히 유효함 -한 시스템 내에서는 구성 요소를 "역할(Role)" 단위로 구분하고 이를 객체(클래스)로 구현함.

프로그램을 개발하기 위해서는 먼저 "요구사항 분석"("어떤 기능이 필요하지?")이 필요하고, 그 다음이 "설계"("어떻게 구현하지?")이다. 대규모의 시스템일수록 체계적인 요구사항 분석 과정이 반드시 필요한 반면, 시스템의 규모가 작을수록 "요구사항"보다 "설계"에 좀 더 초점이 맞춰진다.

C프로그래밍과 같은 구조적 프로그래밍에서는 설계의 원칙이 "분할 정복(Divide & Conquer)"이다. 기능들을 크게 나눈 다음, 각각을 좀 더 작은 기능들로 세분하여 나눈다. 이렇게 나누다 보면 최종적으로 작은 단위의 함수로 구현 가능하게 되는 것이다.

이에 비해 C++, JAVA와 같은 객체지향적 프로그래밍에서는 시스템 레벨의 큰 규모에서는 "분할 정복" 원칙을 그대로 적용하지만, 일정 규모의 시스템 내에서는 구성요소를 "역할(role)" 단위로 구분하고 이를 찾아내어 클래스로 구현한다.

객체지향적 설계의 핵심은 이 역할(Role)을 잘 찾아내는 것이다.

객체지향적 설계 -2

- 객체지향적 설계의 어려움
  -객체지향적 설계 능력을 키우기 위해서는 많은 프로그래밍 경험이 필요함
  -C++로 구조적 형태(C형태)로 프로그래밍을 할 경우 객체지향적 설계 능력을 키우기 어려움
  -"객체지향적 설계" 는 또 다른 학습 주제로 많은 시간을 들여 학습하여야 함.
- 객체지향 초보자를 위한 설계 가이드라인
  -MVC 설계패턴을 이용하여 객체지향적 설계의 기본적인 형태를 학습함
  -MVC 설계패턴을 적용하여 개발 프로젝트를 진행함.

어떻게 하면 역할을 잘 찾아낼 수 있을까? 역할들은 개발할 프로그램의 요구사항에 따라 달라지기 때문에 프로그래머의 경험에 많이 의존한다. 즉, 역할을 잘 찾기 위한 "역량"을 키우기 위해서는 많은 프로그래밍 경험이 필요하다. 그러나 반대로 효과적인 프로그래밍 경험을 쌓기 위해서는 역할을 잘 찾는 "역량"이 필요하다. 마치 "닭이 먼저냐 달걀이 먼저냐" 와 같은 모순에 빠지게 된다.

속된 말로 "맨땅에 헤딩"하는 식으로 실력을 쌓을 순 있지만, 너무 많은 시간과 노력이 낭비된다. 이를 극복하기 위한 것이 소프트웨어 공학에서 제시하는 "객체지향 개발 방법론"이다. 이 개발 방법론에는 체계적으로 프로그램의 요구사항을 분석하고 객체지향적으로 설계하는 방법에 대해 소개하고 있다.

"객체지향 개발 방법론" 내용을 본 교재에서 다루기에는 적절하지 못하다. 다만 여기에서는 초보자인 여러분이 역할(Role)을 찾는데 있어서 맞춤복처럼 요구사항에 **100%** 맞는 것은 아니지만, 기성복처럼 대부분의 요구사항에 **80%** 정도는 만족시키는 방법에 대하여 소개한다. 이를 통하여 시간과 노력을 낭비하지 않고도 어느 정도 객체지향적 프로그래밍을 효과적으로 할 수 있을 것이다.

16.2 MVC 란?

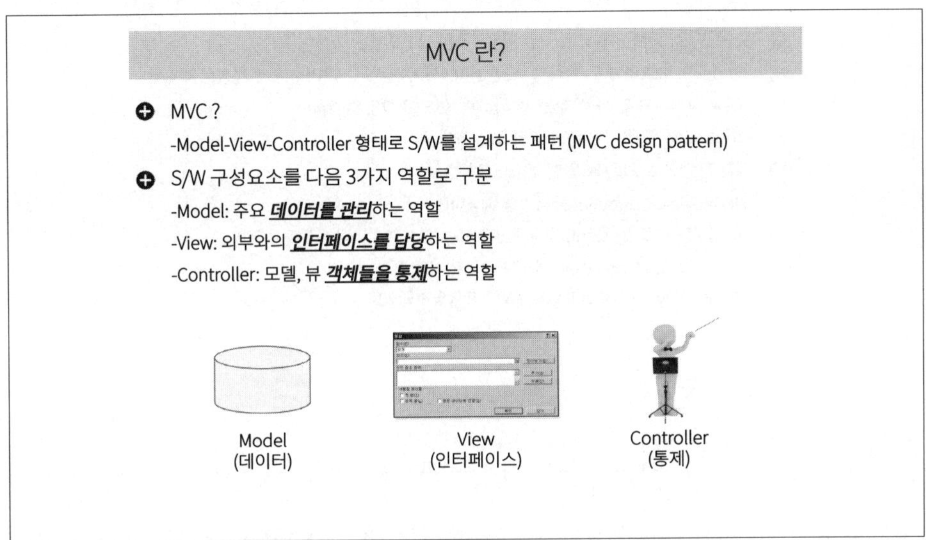

MVC는 소프트웨어를 구성하는 역할을 Model, View, 그리고 Controller로 나누는 설계 패턴(design pattern)이다. 설계패턴은 자주 반복되는 설계 문제에 대하여 적절한 해법(solution)을 제시하는 것이다.

Model은 프로그램에서 다루는 주요 데이터를 저장하고, 관리하며, 처리하는 역할을 맡고, View는 프로그램이 외부(사용자)와 인터페이스 하는 역할을 담당한다. Controller는 Model과 View 객체들을 상호 조정하는 역할을 수행한다.

MVC 란? -2

- 모든 프로그램은 MVC로 구성할 수 있음
  - -Model: 프로그램에서 사용되는 모든 데이터를 저장하고, 처리하고, 관리하는 객체들
  - -View: 사용자와 입·출력 하는 객체들 (예: 윈도우 화면 객체들)
  - -Controller: 위 두 가지 역할 외의 모든 객체들
- 객체지향 초보자들을 위한 가이드라인
  - -Model-View-Controller 클래스를 작성하라
  - -main() 함수에서는 Controller객체를 생성하고, 프로그램 실행을 맡겨라.
  - -Controller는 Model, View 객체를 알고 있어야 한다.
    - Model과 View는 서로 알고 있을 수도 있고 모를 수도 있음

모든 프로그램은 MVC 역할의 객체들로 구성할 수 있다. 즉 데이터에 관련된 객체(model), 화면 및 파일 입출력에 관련된 객체(view), 그리고 이외의 객체(controller)로 나눌 수 있다. 이에 기반하여 여러분이 MVC 패턴을 활용하는 방법은 다음과 같다.

1) 데이터를 관리하는 Model 클래스, 입출력을 담당하는 View 클래스, 프로그램 실행을 관리하는 Controller 클래스들을 생성한다.
2) Model 클래스에는 프로그램의 주요 데이터를 선언한다. 또한 이 값에 접근하기 위한 (set, get) 함수와 함께 데이터를 처리하는 함수를 작성한다.
3) View 클래스에는 프로그램의 입출력을 담당하는 함수를 작성한다. 입출력에 관련된 데이터는 Model보다는 View 클래스에 선언한다.
4) main() 함수에서는 Controller 객체를 생성하고 이 객체에게 프로그램 실행을 맡긴다.
5) Controller 클래스는 Model과 View 객체를 모두 알고 있어야 한다. 이를 위해 Controller 클래스에 Model과 View 객체에 대한 멤버변수를 선언한다.

16.3 MVC로 작성하기

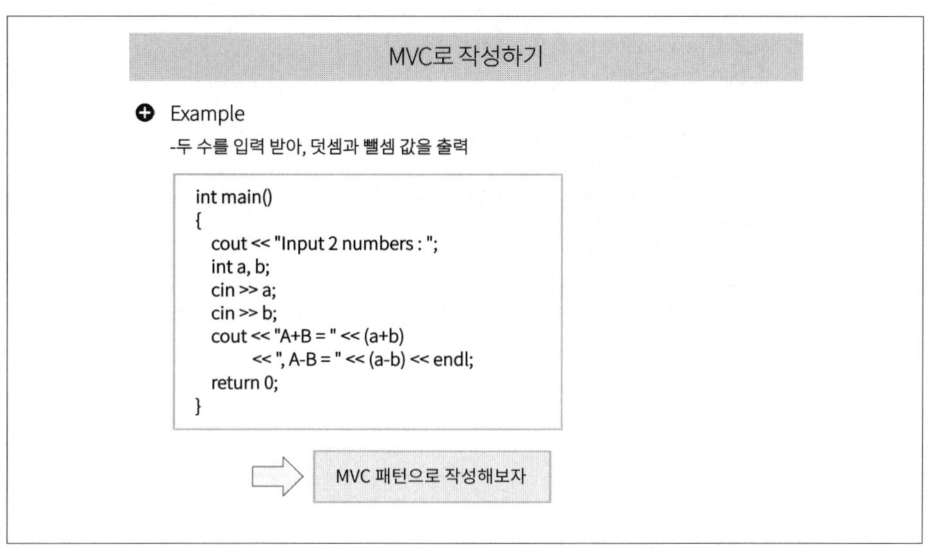

MVC를 이해하기 위하여 간단한 예제를 살펴보자. 슬라이드에 보이는 코드는 그 기능이 단순하다. 두 개의 정수 a, b를 입력받은 후, 두 수의 덧셈과 뺄셈 값을 화면에 출력한다. 이렇게 단순한 프로그램도 MVC 패턴을 적용하여 객체지향적으로 작성할 수 있다. (이 예와 같이 굉장히 단순한 프로그램은 객체지향적으로 설계하는 것이 어떻게 보면 "배보다 배꼽이 더 큰 경우"가 발생할 수 있다. 이는 MVC 패턴 학습을 위한 것임을 상기하자)

MVC로 작성하기 -2

- Model-View-Controller 클래스를 작성하라
  - -Model : S/W 데이터는?
    - 두 수(a, b)
    - 두 수를 저장하고, 두수의 덧셈과 뺄셈 기능 담당
  - -View : 사용자와의 인터페이스는?
    - 입력에 대한 문장을 출력하고, 두 수(a, b)를 입력받음
    - 두 수의 덧셈 값과 뺄셈 값을 화면에 출력
  - -Controller : 관리자 기능은?
    - Model, View 객체 생성 및 기능 호출
    - main() 함수로부터 제어권을 넘겨받은 후, 모든 프로그램의 실행을 관리함

자 이제 MVC 패턴의 각 역할들에 대해 살펴보자.

먼저 Model 역할에 대해 생각해 보자. 프로그램의 주요 데이터로 어떤 것들이 있는가? 또한 데이터에 관련하여 어떤 기능들이 필요한가? 이전 슬라이드의 예를 보면 입력되는 두 정수 a, b가 Model이 관리할 주요 데이터가 될 것이다. 그리고 이 데이터에 대한 기능으로 두 정수의 덧셈과 뺄셈을 구하는 기능이 필요하다.

그다음 View 역할에 대해 생각해 보자. 사용자와의 인터페이스는 콘솔(console)을 통한 입력과 출력이다. 즉, 화면에서 문자열 출력과 두 수 입력받는 부분은 View 역할에서 담당한다.

마지막으로 Controller 역할로는 Model과 View 객체를 생성하고 필요한 시점에서 기능들을 호출하는 것이다.

이 세 가지 역할 -Model, View, Controller-을 수행하는 클래스를 생성하여야 한다. 역할을 수행하는 클래스를 작성할 때 클래스 명은 개발되는 프로그램에 따라 적당히 붙인다. 여기에서는 역할을 명확히 나타내기 위하여 역할 이름을 그대로 클래스 이름으로 붙인다.

일단 여러분은 Model, View, Controller 클래스를 생성하고, 각 클래스의 구현을 차근차근 진행하도록 하자.

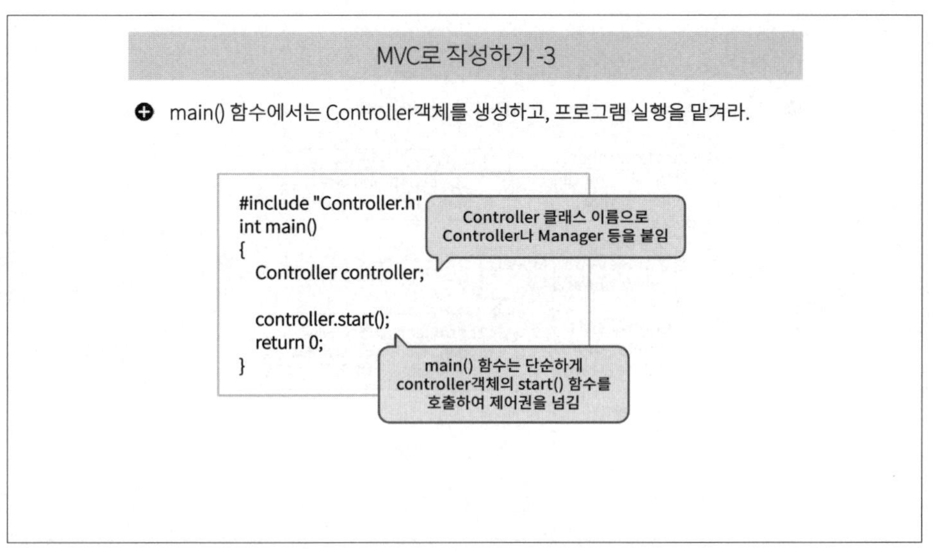

일반적으로 main() 함수는 간소화하는 것이 좋다. main() 함수는 프로그램의 시작점으로서의 역할을 수행할 뿐이며, 실제 프로그램 실행은 Controller 객체에게 넘기는 것이 좋다. 슬라이드에 보이듯 Controller 객체를 선언하고, 이 객체의 start() 함수를 호출함으로써 프로그램 실행을 넘긴다.

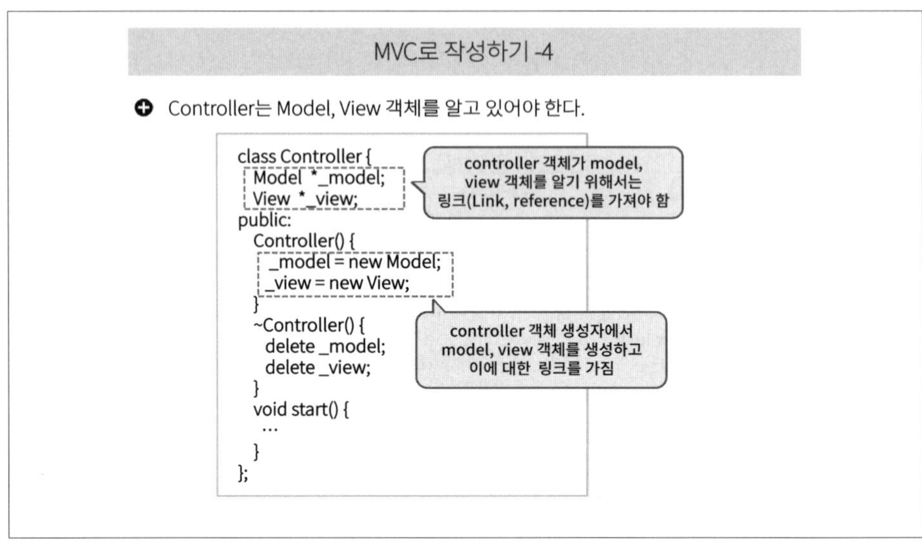

Controller객체가 Model이나 View 객체를 다루기 위해서는 이 두 객체에 대한 링크(link)가 있어야한다. 슬라이드에 보이듯 "Model *_model; View *_view;" 처럼 링크에 대한 멤버변수는 일반적으로 해당 클래스의 포인터 형태로 선언된다. 또한 생성자에서 이들 객체를 생성한다.

start() 멤버함수는 model과 view 클래스를 선언한 이후에 자세히 살펴보도록 하자.

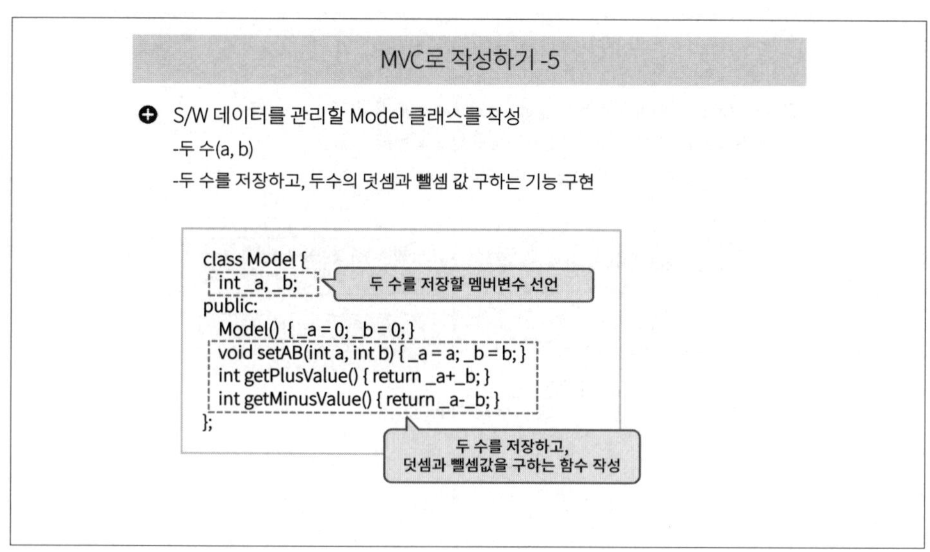

Model 클래스를 작성해 보자.

Model이 관리할 주요 데이터는 두 정수 a, b이며, 두 수를 저장하고, 두 수의 덧셈과 뺄셈을 구하는 기능이 필요하다.

두 정수를 Model 클래스의 멤버변수로 선언한다.("int _a; int _b;")

두 수를 Model 객체에 저장하기 위해 "void setAB(int a, int b)" 함수를 선언하였다.

또한 덧셈을 구하는 "int getPlusValue()"와 뺄셈을 구하는 "int getMinusValue()"를 선언하였다.

3가지 함수를 구현하는 것은 어렵지 않다. 단지, 멤버변수로 저장하고, 덧셈과 뺄셈 값을 반환하기만 하면 된다.

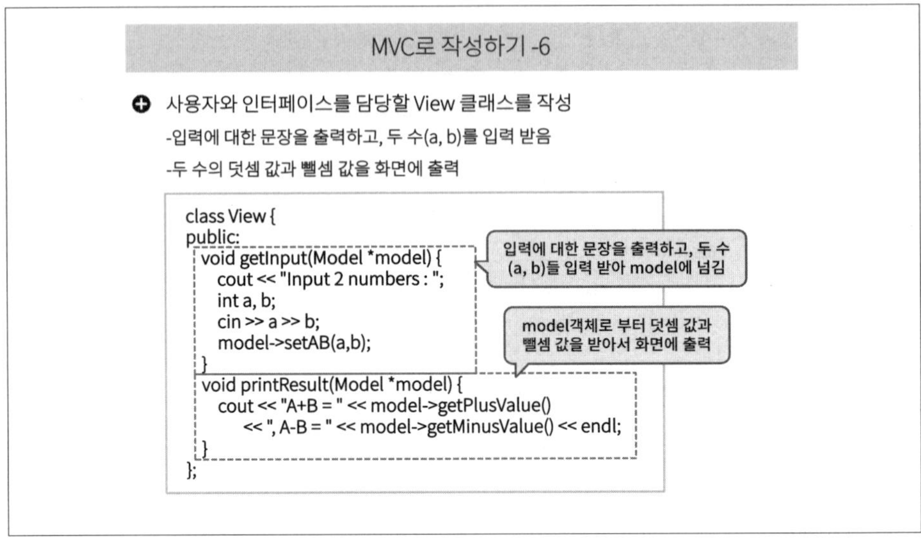

View 클래스를 작성해 보자.

예제 프로그램에서 사용자와 인터페이스 하는 것은 두 수를 입력받는 것과 결과값을 출력하는 것이다.

입력을 위하여 "void getInput(Model *model)" 함수를 작성하였다. 이 함수를 살펴보면, 입력 메시지("Input 2 numbers : ")를 출력하고, 사용자로 하여금 두 정수 a, b 를 입력받는다. 이후, 입력받은 두 수를 model객체에게 넘겨준다.

출력을 위하여 "void printResult(Model *model)" 함수를 작성하였다. 이 함수에서는 model객체의 getPlusValue(), getMinusValue() 함수를 호출하여 얻은 덧셈값과 뺄셈값을 화면에 출력한다.

슬라이드 예에서 View 클래스의 getInput(), printResult() 함수는 Model 포인터를 인자로 넘겨받았다. 일반적으로 입출력하는 데이터의 양이 많거나 또는 프로그램 구조를 단순화하기 위하여 이와 같이 View 객체가 Model 객체를 인자로 넘겨받거나, 별도로 멤버변수로 저장한 후 Model 객체의 멤버함수를 직접 호출한다. 반대로 View와 Model을 분리할 필요가 있을 때에는 View에서 입력된 데이터를, Controller가 중재자가 되어 받아서 Model에 넘겨주기도 한다.

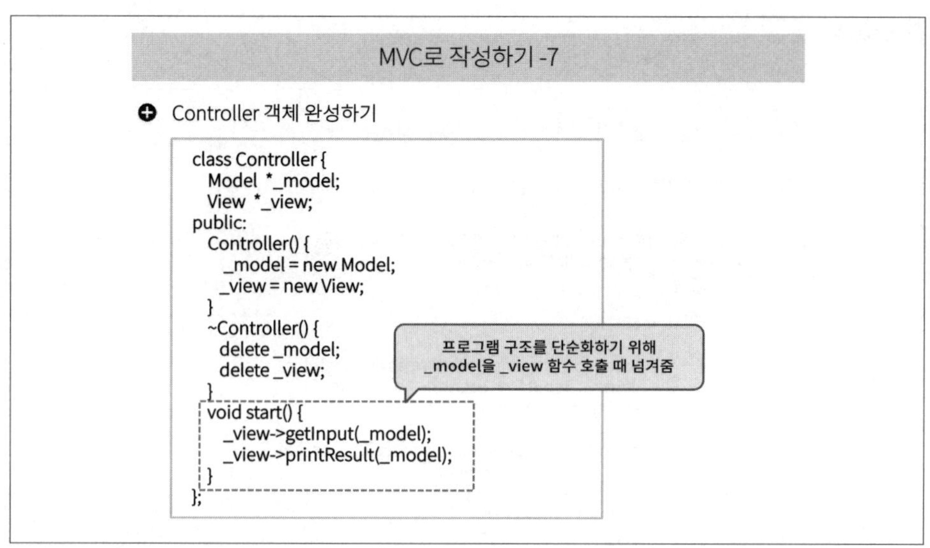
MVC로 작성하기 -7

Controller 객체 완성하기

```
class Controller {
  Model *_model;
  View *_view;
public:
  Controller() {
    _model = new Model;
    _view = new View;
  }
  ~Controller() {
    delete _model;
    delete _view;
  }
  void start() {
    _view->getInput(_model);
    _view->printResult(_model);
  }
};
```


앞에서 못 다한 Controller::start() 함수를 작성해 보자.

먼저 _view->getInput(_model) 수를 호출하여 사용자로부터 두 수 a, b를 입력받고 이를 _model객체에 저장한다.

두 번째로 _view->printResult(_model) 함수를 호출하여 _model 객체에 저장된 두 정수의 덧셈값과 뺄셈값을 화면에 출력한다.

두 정수를 입력받아, 덧셈값과 뺄셈 값을 출력하는 간단한 프로그램을 MVC 패턴으로 작성해 보았다. 소규모의 프로그램일수록 객체지향의 장점보다는 불편한 점("작은 클래스를 여러 개 선언하는 것")이 더 느껴지겠지만, 단언컨대 1000라인 이상의 프로그램을 작성한다면 객체지향의 장점이 월등하다.

짧은 프로그램을 더욱 복잡하게 만든다고 생각하지 말고, 꼭 객체지향적으로 프로그램을 설계하도록 노력하자. 객체지향적으로 프로그래밍할 때 다음 사항은 꼭 기억하자.

- 전역변수와 전역함수 사용하지 말 것
- 클래스 하나당 .h(필요하면 .cpp) 파일 작성할 것
- 멤버함수의 static 선언 남용을 피할 것

EXERCISE 16-1 MVC 사용하기

Exercise 16-1. MVC 사용하기

- 다음 프로그램을 MVC 설계패턴을 적용하여 재 작성하라.

```
int compare(const void * a, const void * b) {
   return (*(int*)a - *(int*)b);
}

int main() {
   int values[5];
   int count = sizeof(values) / sizeof(values[0]);
   cout << "Input " << count << " numbers : " ;
   for(int i = 0 ; i < count ; ++i )
      cin >> values[i];
   qsort(values, count, sizeof(values[0]), compare);
   cout << "Sorted numbers : ";
   for (int i = 0; i < count ; ++i)
      cout << values[i] << " ";
   return 0;
}
```

[25분]

슬라이드에 보이는 프로그램은 5개의 정수를 입력받아 이의 정렬(sorting)하고, 정렬된 값을 화면에 출력한다.

이 프로그램에 MVC 설계패턴을 적용하여 객체지향적으로 작성해 보자. Model, View, Controller 역할을 하는 클래스 이름은 여러분들 임의로 붙이도록 하자.

MVC 패턴만 확실히 익혀두면 더 이상 C++ 언어를 C처럼 사용하는 불상사(?)는 사라질 것이다.

Chapter

17

Console Input · Output

17. Console Input · Output

Chapter 17

Console Input · Output

여러분이 프로그래밍을 하는데 재미를 붙일 수 있는 주제는 무엇일까? 아마도 "게임"이 아닐까 생각된다. 자신이 작성한 프로그램 로직에 따라 화면에 게임 모습이 보이고, 사용자 입력에 따라 게임이 진행되는 모습을 본다면, 프로그래머는 "조금 더", "조금 더"를 외치며 게임 프로그램을 개발하느라 밤을 새우는 자신의 모습을 보게 될 것이다. 게임이 아니라 "게임 프로그래밍"을 하느라 밤을 새는 경험을 한다면 여러분은 진정 프로그래머가 될 준비가 된 것이고, 그것이 바로 저자가 가장 바라는 점이다.

사실 지금까지 학습한 내용만으로 게임 프로그래밍을 할 수는 없다. 게임 프로그래밍을 하기 위해서는 기본적으로 그래픽 입출력과 키보드, 마우스 이벤트 처리에 대한 학습이 필요하다. 이에 대한 학습 부담을 줄이기 위해 본 교재에서는 "텍스트 기반 게임" 개발을 추천한다. 즉, 그래픽화면이 아니라 텍스트화면에서 확장형 심볼 코드를 이용하여 테트리스나, 푸시푸시와 같은 게임을 개발할 수 있다. 이 장에서는 "텍스트 기반 게임" 개발을 위한 콘솔(console)에서의 입출력 기능에 대하여 학습한다.

17.1 콘솔(Console) 화면 제어

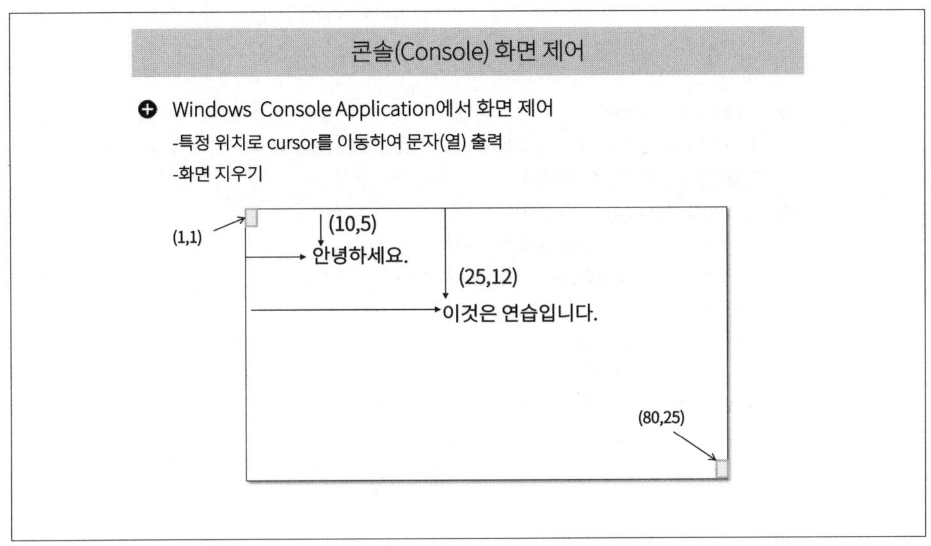

윈도우즈 운영체제에서 cmd.exe 프로그램으로 실행되는 콘솔(console) 화면은 커맨드 창 또는 명령 프롬프트라고 불리며, 예전 도스(dos) 운영체제 프로그램과의 호환성을 위하여 제공된다. 기본적으로 텍스트 모드로 동작하며 화면의 기본 크기는 가로(x축) 80칼럼(column), 세로(y축) 25열(row)이다. 콘솔화면 가장 왼쪽 상단 좌표가 (1,1)이며, 우측 하단 좌표가 (80,25)이다.

콘솔 화면에서 동작하는 게임을 개발하기 위해서는, 출력하는 문자의 위치와 색상을 프로그래머가 조정할 수 있어야한다. 기존에 출력에 사용되는 cout, cin 객체를 그냥 사용해서는 원하는 위치에 문자를 출력할 수 없다. 예로, 슬라이드에 보이듯 (10,5) 좌표에 "안녕하세요." 문자열이, (25,12) 좌표에 "이것은 연습입니다." 문자열을 출력할 수 있어야한다. 콘솔 화면에서의 출력 위치조정은 윈도우즈 운영체제에서 라이브러리 형태로 지원하며, 그 함수들에 대한 선언은 <conio.h>에 있다. 그러나, <conio.h>에 선언된 함수는 그 사용법이 복잡하다. 본 교재에서는 <conio.h>에 선언된 함수의 기능을 단순화하여 제공하는 consola 라이브러리를 소개하고, 이를 사용하여 게임 개발 프로젝트를 진행할 것이다.

17.2 CONSOLA Library

CONSOLA Library

- "Consola" library?
  -Visual C++ 콘솔(Console) 프로그램에서 도스창(cmd.exe) 화면제어를 위한 여러 가지 함수들을 제공하는 라이브러리
- "Consola" library 등록 및 이용
  1. Windows Console App. 프로젝트 생성
  2. consola.lib, consola.h을 소스파일 위치에 복사
  3. 프로젝트에 consola.lib 등록
  4. 소스코드에 "consola.h" 삽입
     #include "consola.h"
  5. Consola library에서 제공하는 화면제어 함수 사용

Consola 라이브러리는 윈도우즈 운영체제에서 콘솔 화면을 제어하기 위한 여러 가지 함수를 제공하는 무료 C/C++ 라이브러리이다. (생능출판사 자료게시판에서 다운로드 가능하다).

Consola 라이브러리를 사용하기 위해서는 슬라이드에 보이는 단계를 따른다.

1. Windows Console Application 프로젝트를 생성한다. Consola 라이브러리는 콘솔 화면에서만 동작하며, 일반 윈도우 프로그램에서는 동작하지 않는다.
2. consola.lib, consola.h 파일(본 교재 관련 자료실에서 다운로드)을 소스 파일 디렉토리에 복사한다. 예로 현재 작성하는 프로그램의 main함수가 Main.cpp에 있다면 이 Main.cpp가 저장된 디렉토리에 consola 파일들을 복사한다.
3. 프로젝트에 consola.lib를 등록한다. 외부 라이브러리를 사용하기 위해서는 Visual C++에게 미리 등록하여야하며, 그 사용방법은 다음 슬라이드에서 자세히 설명한다.
4. Consola 라이브러리의 기능을 사용하기 위해서는, 해당 소스 파일에서 #include "consola.h" 문장을 통하여 헤더파일을 삽입한다.
5. Consola 라이브러리의 기능을 사용하여 콘솔 화면을 제어한다.

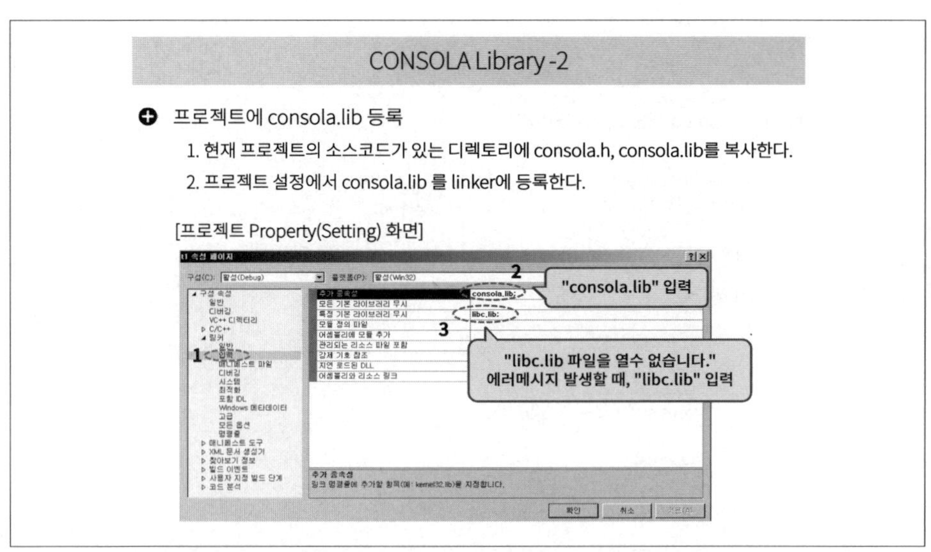

프로젝트에서 사용하는 외부 라이브러리로 consola.lib을 등록해 보자. 프로젝트의 "속성 화면"을 열고, 화면 왼쪽에서 "구성속성/ 링커/ 입력"을 선택한다. 이후 화면 오른쪽에서 "추가종속성" 항목에 "consola.lib;"을 입력하고, "특정 기본 라이브러리 무시" 항목에서 "libc.lib;"을 입력하고 확인버튼을 누른다.

이후 Visual C++ 컴파일러는 소스코드에서 호출하는 함수들을 찾을 때 기본 라이브러리뿐만 아니라, 여러분이 등록한 consola.lib에서도 찾아서 함수코드를 사용한다.

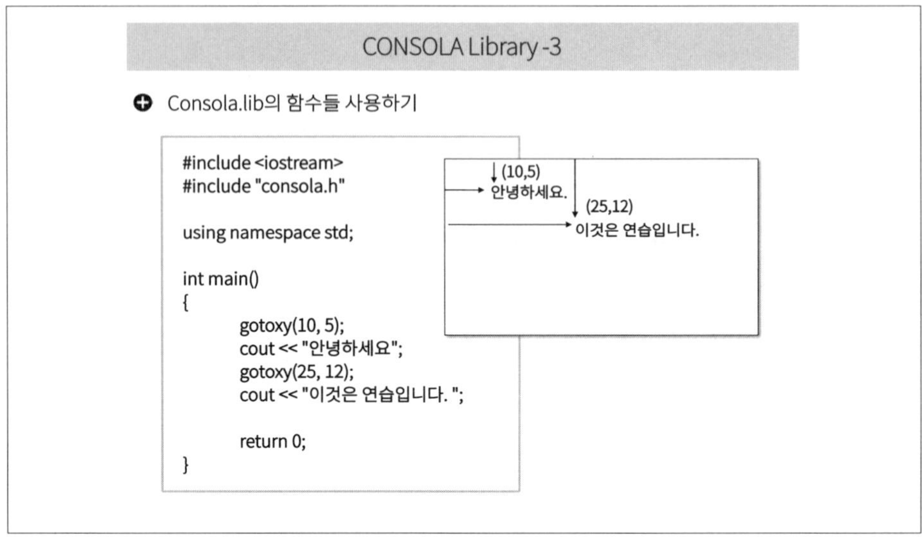

프로젝트에 consola.lib 파일을 등록하였다면, consola 라이브러리에서 제공하는 함수를 사용해 보자. 이를 위하여 파일 앞 부분에 #include "consola.h"를 선언한다.

콘솔 화면에서 문자가 출력되는 위치를 가리키는 것을 문자 출력 커서(cursor)라고 한다. 이 커서를 특정 위치로 옮기는 함수가 gotoxy(int x, int y)이다. 슬라이드에 보이듯 "gotoxy(10,5);" 의 문장을 수행하면 문자출력 커서는 가로 10칼럼, 세로 5열 위치로 이동하며, 그 다음으로 "cout << "안녕하세요";" 명령문을 실행하면 해당 커서의 위치에서 문자열이 출력된다.

EXERCISE 17-1 CONSOLA 사용하기

Exercise 17-1. CONSOLA 사용하기

- 도스창에서 아래 그림과 같이 출력되도록 프로그램을 작성하라
  -Consola.lib 등록할 것

```
(10,5)
안녕하세요.
                (25,12)
                제 이름은 ??? 입니다.
```

[15분]

consola.lib, consola.h 파일을 복사하고, 프로젝트 속성화면을 통하여 consola.lib 파일을 등록하자. 이후 슬라이드에 보이듯 지정된 위치에 인사말과 여러분의 소개글이 출력되도록 프로그램을 작성하자.

문자를 출력할 때 알파벳과 같은 영문자와 한글뿐만 아니라, "★♥※■"와 같은 한글 완성형(KSC-5601) 문자들은 모두 콘솔화면에 출력이 가능하다. 소스 파일에 특수문자를 넣기 위해서는 HWP와 같은 워드프로세스에서 문자를 입력하고, 이를 복사하여 visual studio 편집기에 삽입한다. 전각문자는 한글문자와 같이 2칼럼을 차지함에 유의하자.

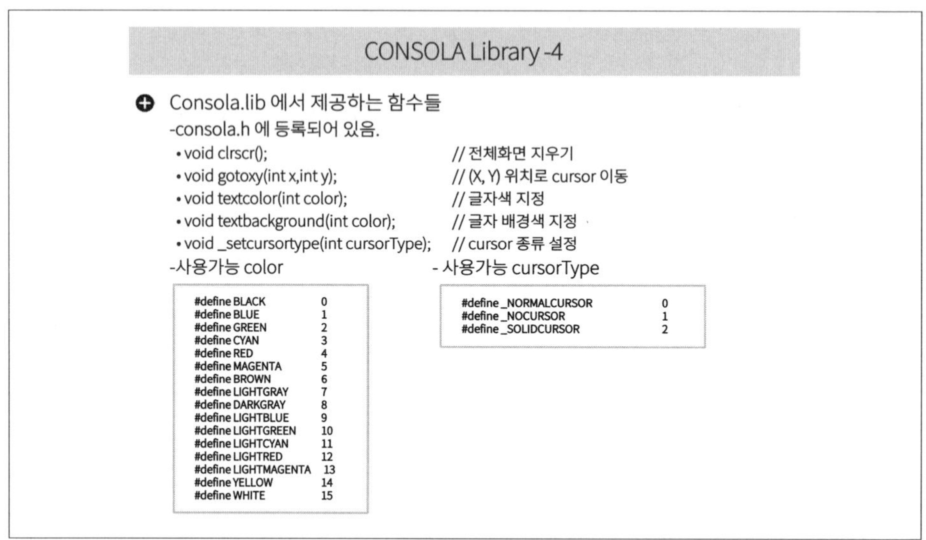

consola 라이브러리에는 gotoxy() 함수뿐만 아니라 다양한 함수들이 있다. 그 중 자주 사용하는 것은 슬라이드에 보이는 바와 같다. 글자색을 바꾸는 textcolor(int color) 함수와 글자배경색을 지정하는 textbackground(int color) 함수에서 사용되는 색상정보는 consola.h에 선언되어 있으며, 슬라이드 하단에 보이는 바와 같다. 콘솔 화면에서는 전경(foreground)색과 배경(background)색으로 16색을 사용할 수 있다.

문자출력 커서의 형태도 _setcursortype(int cursorType)으로 지정할 수 있다. cursorType 값으로 _NORMALCURSOR을 지정하면 하단의 밑줄형태로 커서가 보이며, _SOLIDCURSOR는 박스 모양으로 커서가 보인다. _NOCURSOR는 커서를 화면에서 감춘다. 게임을 작성할 때는 프로그램 실행과 동시에 커서 형태를 _NOCURSOR로 지정하여 화면에서 문자출력 커서를 감추는 것이 좋다.

EXERCISE 17-2 콘솔 색상 제어

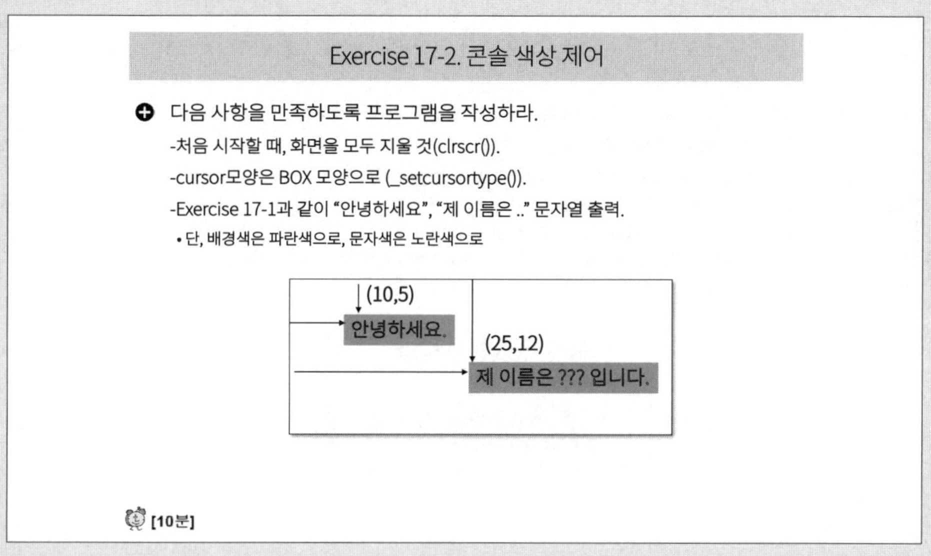

Consola 라이브러리의 다양한 기능들을 사용해 보자. 전경색과 배경색을 지정하고, 커서모양을 변경하고, 지정된 위치에 문자열을 출력하자.

이 정도의 함수를 사용할 수 있다면, 여러분은 콘솔화면에서 동작하는 게임에 필요한 화면 출력 기능을 다 배운 것이다. 간단하지 않는가? 이들 함수들로 얼마나 화려한 게임화면을 만들 수 있는 지는 여러분의 아이디어와 노력에 달렸다.

EXERCISE 17-3 콘솔 함수 확장

Exercise 17-3. 콘솔 함수 확장

- 아래 그림과 같이 화면에 출력되도록 프로그램을 작성하라.
  - -다음 함수를 작성하여 사용할 것
  - void xyputc(int x, int y, char ch); // (x,y)좌표에 문자출력
  - void xyputstr(int x, int y, char str[]); // 문자열 출력
  - void fillbox(int x1, int y1, int x2, int y2, char color);
    // 좌측상단(x1,y1)에서 우측하단(x2,y2) 으로 표현되는 사각형의 내부를 지정된 color 로 색칠할 것

안녕하세요.

제 이름은 ??? 입니다.

연습문제 **17-2**로 부족하다면, **consola** 라이브러리의 기초 함수를 이용하여 **xyputc()**, **xyputs()**, **fillbox()** 함수를 작성해 보자. 작성된 이들 함수들을 이용하여 슬라이드 하단에 보이는 바와 같이 출력화면을 구성해 보자. 화면 위쪽에 파란색 창에 노란색 문자열이 보이고, 화면 아래쪽에는 빨간색 창에 검은 색 문자열이 보인다. 또한 이들 창이 그림자가 지는 것과 같은 효과를 주어 입체감을 표현한다. 그림자 효과는 사각영역 **(x1,y1)~(x2,y2)**을 파란색으로 칠할 경우, 이 좌표를 한 칸 오른쪽과 아래쪽으로 밀어서 **DARKGRAY**를 사각영역으로 미리 칠하면 된다.

```
fillbox(x1+1,y1+1,x2+1,y2+1,DARKGRAY);  // 그림자 효과
fillbox(x1,y1,x2,y2,BLUE);
```

또한 **delay(int milisec)**를 이용하여 중간 중간 출력시간을 조정함으로써 애니메이션 효과도 줄 수 있다. 다음 코드는 박스가 옆으로 커지는 효과를 보여준다.

```
for(int i=0; i < 20; ++i ) {
  fillbox(x1-i,y1,x1+i,y2,CYAN);
  delay(100);
}
```

17.3 키(key) 입력

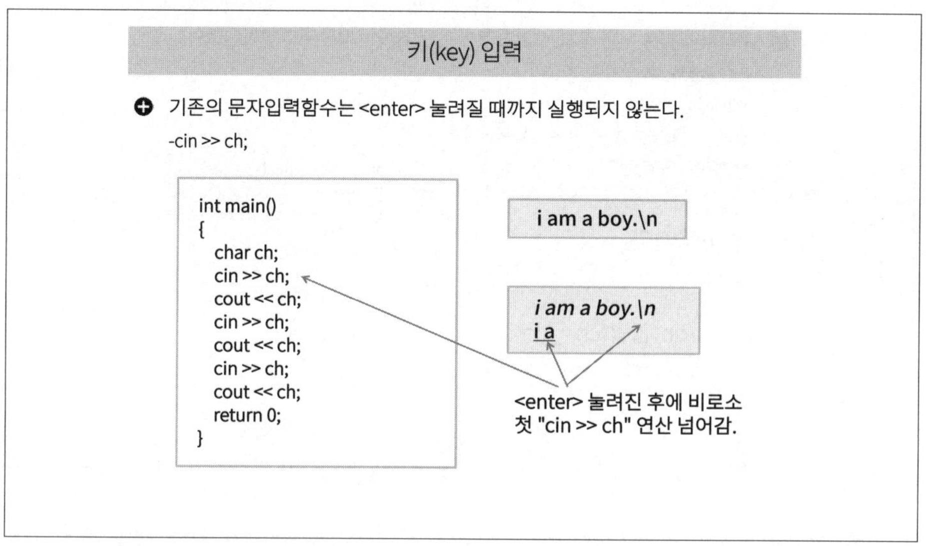

"콘솔 화면 게임"을 개발하기 위해서는 화면 출력 기능뿐만 아니라 게임에 적합한 입력 방법도 학습하여야한다. 지금까지 여러분은 콘솔 화면에서 사용자로부터 입력을 받기 위하여 cin을 사용하였다. cin은 게임 프로그램에서 사용하기에는 적합하지 못하다. 왜냐하면 cin은 버퍼를 이용하기 때문에, 사용자가 키(key)를 누른 즉시 프로그램에 입력되지 않고, 최종적으로 <enter> 키를 눌러야만 프로그램에 입력된다.

슬라이드에 보이는 왼쪽 코드를 실행하고, 콘솔화면에서 "i am a boy.\n" ('\n'은 〈enter〉키를 의미함) 문자열을 입력해 보라. 여러분이 "i am a boy."를 입력하더라도 프로그램은 입력을 받지 못하고, 첫 번째 "cin>>ch;" 명령문에 머물러 있다. 여러분이 <enter> 키를 누를 때 비로소 "i am a boy.\n" 문자열이 프로그램에 전달되고, 첫 번째 "cin>>ch;" 명령문으로 'i' 문자가, 두 번째 "cin>>ch;"에서 ' '(공백문자), 세 번째 "cin>>ch;"에서 'a' 문자가 각각 ch에 입력된다.

이러한 버퍼 입력방식을 게임 프로그램에 적용한다면 여러분은 게임캐릭터를 움직이기 위해서 방향 키(←↑↓→)를 누를 때마다 <enter> 키를 입력하여야 할 것이다. 더구나 cin은 방향 키와 같은 특수키는 읽지도 못한다.

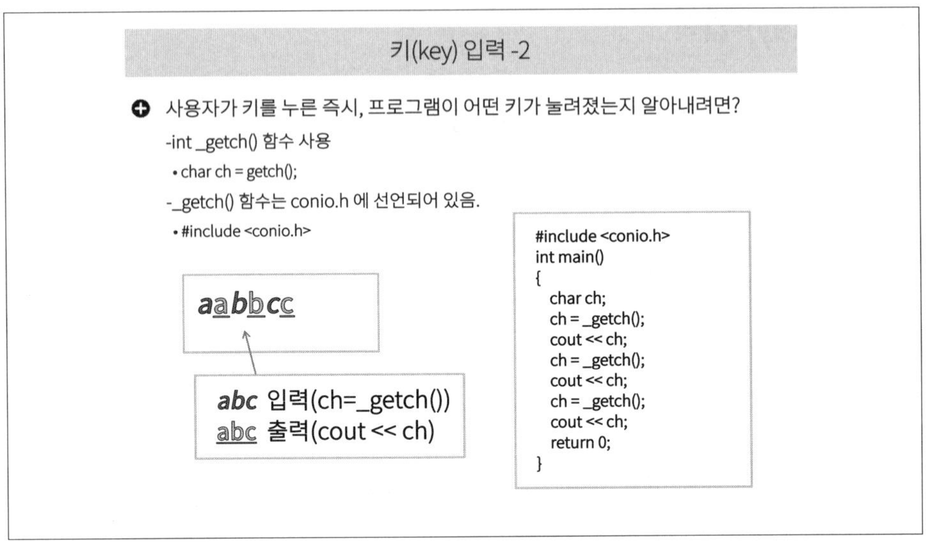

버퍼를 사용하지 않고, 사용자가 키를 누르는 즉시 프로그램에서 이에 대한 입력을 받으려면 _getch() 함수를 사용하면 된다. _getch() 함수를 사용하려면 <conio.h>을 include하여야한다.

슬라이드 오른쪽 하단의 코드에서는 사용자의 키(key) 입력을 변수 ch로 받고 이를 출력하는 것을 3번 반복한다. 이를 실행한 후, 입력화면에서 "abc"를 입력해 보자. 'a' 키를 누른 즉시, 문자 'a'가 변수 ch에 저장되며, 곧바로 화면에 출력된다. 그 다음으로 'b' 키를 누르면 즉시 문자 'b'가 변수 ch에 저장되고 화면에 출력된다. 이렇게 사용자가 'a', 'b', 'c'를 입력하면 각 문자별로 즉시 해당 문자가 화면에 출력되기 때문에 최종적으로 "aabbcc" 문자열이 화면에 보일 것이다.

EXERCISE 17-4 cin vs. _getch()

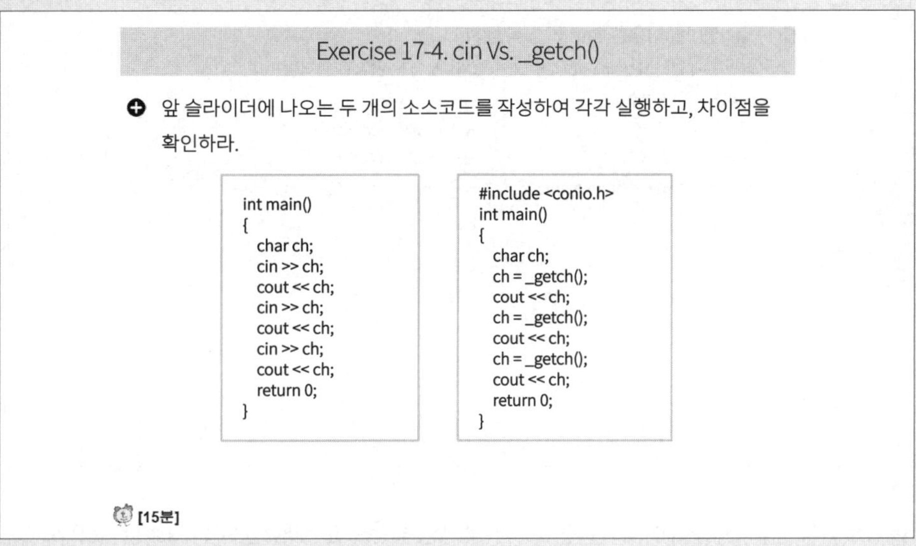

앞에서 **cin**으로 문자(키)를 입력받는 것과 **_getch()**로 입력받는 방법에 대하여 설명하였다. "백문이 불여일견(不如一見)"이요, "백견이 불여일타(不如一打)" 라는 우스개 소리처럼 직접 코딩해서 실행해 보고 그 차이점을 직접 체험하는 것이 좋다. 슬라이드에 보이는 두 코드의 차이점을 직접 느껴보기 바란다.

키(key) 입력 -3

- _getch() 를 이용한 특수 키 입력 받기

-키보드에 있는 일반 키(abc…012…~!@#$%...) 는 문자로 인식함

-특수키는 어떻게?

- <enter> → '\n' (숫자 0x0d) 으로
- <tab> → '\t' (숫자 0x08) 으로
- <up>, <down>, <left>, <right> → ???

_getch() 함수를 이용하여 일반 문자의 키를 입력받으면 해당 문자의 ascii 값으로 입력된다. 예로 'a' 키가 눌려지면 _getch() 함수는 0x61값을 반환하며, '1' 키가 눌려지면 0x31 값을 반환한다. 만일 문자 키가 아니라 특수키를 누르면 어떻게 될까? <enter>나 <tab> 키는 ascii코드에 있는 값 0x0d나 0x08 값이 반환된다. 주의해야할 점은 F1, F2, ...와 같은 펑션키나 게임에 많이 사용되는 방향(up, down, left, right)키와 같은 특수키를 누를 경우 _getch() 함수는 한번 키를 누를 때, 키 값을 1번 반환하는 것이 아니라 2번 반환한다. 그 차이점을 다음 연습문제에서 확인해 보자.

EXERCISE 17-5 키 코드(keycode) 찾기

Exercise 17-5. 키 코드(key code) 찾기

- 다음 소스코드를 작성하여 실행하라.

```
int main()
{
   char ch;
   while (1) {
      ch = _getch();
      cout << ch << ", 0x" << hex << (int) ch << endl;
   }
   return 0;
}
```

-각 키를 누를 때 어떤 값들이 출력되는가?

- a,b,c,d,…,z,A,…,Z,0,1,…,9,~,!,@,#,$,..
- <enter>, <tab>, <space>, <backspace>
- <up>, <down>, <left>, <right>
- <pageup>,<pagedown>, <home>, <end>

[10분]

_getch() 함수를 이용하여 키를 입력받을 때, 각 키에 대하여 어떤 키 값이 반환되는지 확인하는 연습문제이다. 일반 문자 키가 입력될 때와 방향 키(up, down, left, right)가 입력될 때의 차이점을 확인하기 바란다.

키(key) 입력 -4

- _getch() 반환 값
  - -일반 키는 ascii 코드 값을 return.
    - a : 0x61 값 반환
    - <enter> : 0x0d 값 반환
  - -특수 키는 두 번 코드 값을 return
    - <up>: 1. 0xe0 값 반환
      2. 0x48 값 반환
    - <down> : 1. 0xe0 값 반환
      2. 0x50 값 반환
  - → 일반 키는 값을 1번 반환, 특수 키는 값을 2번 반환

_getch() 함수는 일반 문자 키가 눌려지면 해당 문자의 ascii 코드가 1번 반환되는데 비하여 특수키 <up> 키가 눌려지면 먼저 0xe0 값이 반환되고, 그 다음으로 0x48값이 반환된다. 즉, 특수키 한번 눌렀을 때 운영체제 입력 큐(queue)에는 두 개의 키값(0xe0, 0x48)이 입력되고, 두 번 _getch() 함수가 반환된다.

따라서 _getch() 함수를 게임 개발 프로젝트에 그대로 사용할 경우에는 아래 코드와 같이 키 입력을 받을 때 일반 키와 특수 키를 구분해야하기 때문에 프로그램 구조가 복잡해진다.

```
int ch;
if ((ch=_getch()) != 0xe0 )    // 일반 문자 키
   cout << "you input a character " << (char)ch << endl;
else {                   // 특수 키
   ch = _getch();
   switch( ch ) {
      case 0x48: cout << "you press the up key" << endl; break;
      case 0x4b: cout << "you press the left key" << endl; break;
      case 0x4d: cout << "you press the right key" << endl; break;
      case 0x50: cout << "you press the down key" << endl; break;
   }
}
```

EXERCISE 17-6 getkey() 작성하기

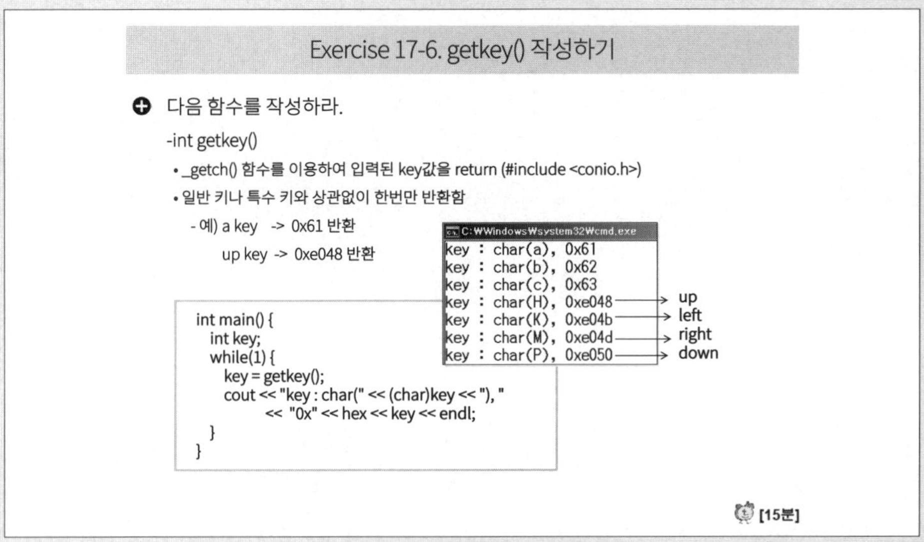

일반키와 특수키를 별도로 구분하지 않고, 키가 한번 눌려질 때 1번만 키값을 반환하는 getkey() 함수를 작성해 보자. 슬라이드의 실행화면에서 보이듯 일반 문자의 키가 눌려지면, 해당 문자의 ascii 값이 반환되고, 특수 키가 눌려지면, _getch() 함수가 두 번 반환하는 값을 하나로 합쳐서 한번만 반환한다. 예로 getkey() 함수로 입력을 받을 때, 특수키 <up> 키가 눌려지면, 운영체제 입력 큐(queue)에 입력된 두 개의 키값(0xe0, 0x48)을 조합하여 0xe048 값을 반환하도록 작성한다.

이 연습문제에서 작성된 getkey() 함수는 여러분이 게임 개발 프로젝트를 수행할 때 훌륭한 도구가 될 것이다.

Chapter

18

Game Development Project

18. Game Development Project

Chapter 18

Game Development Project

프로그래밍은 "이론"보다 "실기"가 중요하다. 여러분이 본 교재를 아무리 열심히 공부해도 책을 덮고 몇 달만 지나면 학습한 내용을 다 잊어버리고, 프로그래밍을 제대로 할 수 없을 것이다.

최소한 1000라인 정도 규모의 프로그램을 수십 일의 낮 시간과 몇 일간의 밤 시간을 보내며 프로그래밍 하는 경험을 해 보아야 프로그래밍의 맛을 제대로 느낄 수 있다. 프로그래머가 프로그래밍에 몰입하게 되면 길을 걷거나, 식사를 하거나 심지어 잠을 자면서도 기능 구현이나 디버깅을 위한 생각에 빠지게 된다. (심지어 꿈에서 해결 방안을 찾기도 한다.) 몇 날 밤을 지세우고 작성한 프로그램이 제대로 돌아가는 모습을 보게 된다면, 등산가가 에베레스트 산을 정복하고 느끼는 것과 유사한 희열을 맛보게 될 것이다.

이 장에서는 초보자가 게임을 개발하는데 필요한 "게임 인터페이스" 구축 방법과 "게임 자료구조"에 관한 내용을 설명한다. 이 후 여러분이 얼마나 시간과 노력을 들이느냐에 따라 최종 산출물인 "게임"에 대한 자부심이 달라질 것이다.

18.1 Game Development Project

Game Development Project

- 게임 주제 선정

-콘솔화면에서도 재미있게 play 할 수 있는 퍼즐형 게임 제작 (푸시푸시, 테트리스, 지뢰찾기, 애니팡 등)

-푸시푸시

• 벽으로 둘러 쌓여 있는 공간에서 주인공캐릭터는 짐(공)을 밀어서 원하는 위치(집)로 옮기는 게임. 짐을 당기지는 못하며 밀기만 한다. 또한 짐 하나만 밀 수 있다.

* 출처: "PushPush" Google image 검색

게임을 개발할 때 "어떤(what)" 게임을 만들지 결정하는 것은 중요하다. 재미있으면서 현재 수준에서 구현 가능한 것이어야 한다. 저자는 "푸시푸시", "테트리스", "지뢰찾기", "애니팡"과 같은 퍼즐게임을 권장한다. 특히 "푸시푸시" 게임은 재미도 있으면서 구현하는 것도 어렵지 않기 때문에 C++ 언어 학습을 위한 게임 프로젝트 주제도 적극 추천한다. 이후부터는 "푸시푸시" 게임 구현을 전제로 설명하지만, 다른 퍼즐 게임의 경우에도 대부분 적용 가능하다.

프로그램을 개발하기 위해서는 해당 프로그램의 기능을 완전히 이해하는 것이 필요하다. 인터넷이나 모바일 앱 스토어에서 "푸시푸시" 게임이나 유사 게임을 다운받아 설치하고 직접 실행해 보도록 하자. 어디까지나 게임을 하는 것이 목적이 아니라 게임 프로그램 "요구사항"을 분석하기 위한 작업이다.

18.2 Game Interface

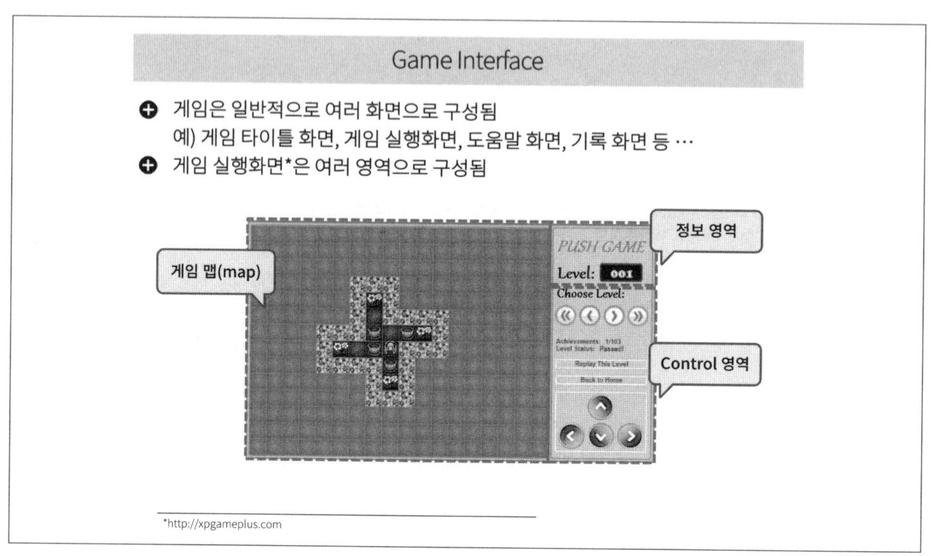

게임 인터페이스를 생각해 보자. 게임을 실행하면 일반적으로 "게임 타이틀 화면"이 먼저 보이며, 이후 (첫 실행 시) 여러 "게임 설정 화면"을 지나, "게임 실행 화면"이 보인다. 게임 실행 중 필요할 경우, "도움말 화면"이나, "게임 점수 기록화면" 등이 보일 수도 있다. 이렇듯 게임을 구성하는 여러 화면들이 있으나, 여기에서는 가장 중요한 "게임 실행 화면"에 대하여만 살펴본다.

슬라이드에 보이는 "푸시푸시" 게임 실행화면을 살펴보자. 왼쪽에 게임이 실행되는 "게임 맵(map)"이 있고, 오른쪽 상단에 점수 등을 표현하는 "정보영역"이 있으며, 하단에는 캐릭터를 조정하는 "control 영역"이 있다. 이러한 영역들에 대한 내용을 출력하기 위해서는 Consola 라이브러리 함수를 이용하여 각 영역별로 백그라운드 색상을 달리하거나 테두리를 그리고, 이후 점수나, 맵 번호 등을 화면에 출력한다. "control 영역"에 대해서는 전각문자로 버턴형태를 구현한다.

슬라이드에 보이는 것은 게임의 한 예일 뿐이며, 여러분은 여러분의 아이디어로 새로운 인터페이스를 구성해도 된다.

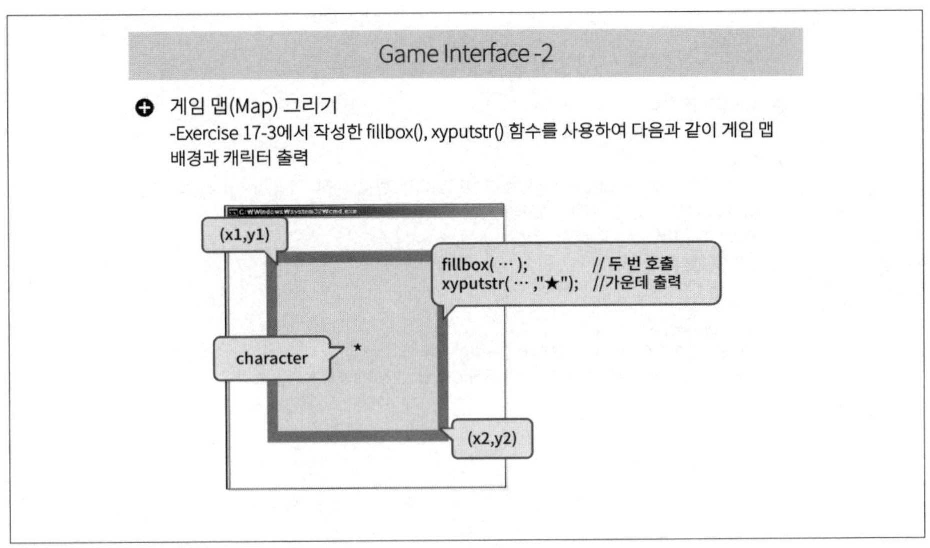

"게임 실행 화면"에서의 게임 맵(map)을 그려보자. 연습문제 [17-3]에서 작성한 **fillbox(), xyputstr()** 함수를 사용하면 슬라이드에 보이는 게임 맵을 손쉽게 화면에 그릴 수 있다. 맵 가운데에 캐릭터 심볼("★")을 그리고, 이 캐릭터가 다닐 수 있는 빈 공간(맵 테두리 안쪽)의 영역을 **(x1,y1)~(x2,y2)**가 되도록 하자.

지금은 게임 맵의 모습을 직접적으로 화면에 그리지만, 이후 게임 자료구조(data structure)를 이용하여 맵의 모습을 화면을 그리도록 할 것이다.

Game Interface -3

- 캐릭터 조정하기
  -사용자의 방향키(← ↑ → ↓) 에 따라 캐릭터 이용하기
- 방법
  -캐릭터의 위치를 (posx, posy) 변수가 나타낸다면, 방향키에 따라 (posx, posy)를 update하고, 변경된 위치에 캐릭터를 다시 그림
  -방향키에 따른 변수 값 조정
  - ← : posx--;
  - ↑ : posy--;
  - → : posx++;
  - ↓ : posy++;
  -캐릭터가 (x1,y1)~(x2,y2) 내에서만 움직이도록 하기
  - 변수 (posx, posy) 값을 변경하기 전에 움직일 수 있는 지 여부를 먼저 확인 할 것.

맵을 화면에 그렸으니, 게임 캐릭터를 사용자의 입력에 따라 이동하도록 작성해 보자. 사용자의 키 입력은 연습문제 [17-6]에서 작성한 getkey()를 사용하여 입력받도록 하자. 각 키에 대한 키코드 값을 찾아서, 다음과 같이 keycode.h를 정의한 후 이를 활용하는 것이 편리하다 .

```
#define M_LEFTKEY  0xe04b
#define M_RIGHTKEY 0xe04d
#define M_UPKEY    0xe048
#define M_DOWNKEY  0xe050
```

캐릭터의 위치를 표시하는 posx, posy 변수를 선언하고, 맵의 임의의 위치 값을 부여하자. 이후, 게임프로그램은 사용자가 입력한 방향키의 종류에 따라서 posx, posy값을 변경하고, 변경된 위치값에 따라 화면에 캐릭터 심볼("★")을 출력한다.

슬라이드에 보이듯 사용자 입력에 따라 posx, posy 값을 1 증가하거나, 1 감소시킨다. 왼쪽 화살키가 눌려졌으면 posx를 1 감소시키고, 오른쪽 화살키가 눌려졌다면 posx를 1증가시키면 된다. 단, 게임 캐릭터가 맵내에서만 이동해야하기 때문에 posx, posy 값을 변경시키기 전에 캐릭터의 변경된 위치가 맵 안에 있는지 여부를 확인해야한다. 예로 맵의 내부 공간 좌표 범위가 (minx,miny)~(maxx,maxy)이라면 왼쪽 화살키가 눌려졌을 때 "if (posx > minx) posx--;" 처럼 범위를 확인한 후, posx 값을 감소시킨다.

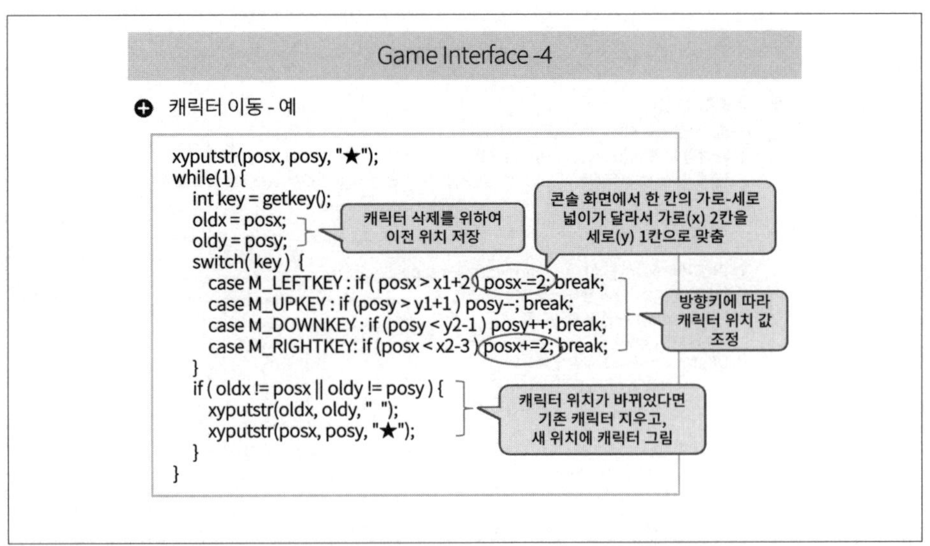

슬라이드에 보이는 코드는 게임 캐릭터를 맵 안에서 이동시키는 예를 보인다. getkey()를 통해 key 값을 읽은 후, 이 key 값에 따라 posx, posy 값을 증가시키거나, 감소시킨다. 이후 캐릭터가 이동하였다면, 즉 이전 위치인 (oldx, oldy)와 이동된 위치인 (posx, posy)의 값이 서로 다를 경우, 기존의 위치에 " "를 출력하여 이전 캐릭터 심볼을 지우고, 새로운 위치에 캐릭터 심볼("★")을 출력한다. "키를 읽고"/ "위치변경하고" / "기존 심볼 지우고"/ "새 위치에 심볼을 그린다". 프로그램 로직이 아주 단순하지 않은가?

이 로직을 기본 뼈대로하여 다양한 효과나 기능을 추가한다. 단, 이 코드는 MVC 패턴에 따라 객체간의 역할 분담이 되어있지 않다. 여러분들은 MVC 패턴에 따라 각 객체별로 역할 분담을 하여 위의 로직을 구현하여야한다.

위의 코드에서 왼쪽 방향키를 눌렀을 때 posx를 1 감소하지 않고, 2 감소시켰다. 그 이유는 콘솔화면에서 글자 하나의 칸이 차지하는 공간의 넓이와 높이가 2배 정도 차이가 나기 때문이다. 이를 감안하지 않고, 일반 콘솔화면 좌표계 (1,1)~(80,25)를 그대로 사용하여 게임을 작성할 경우, (10,10)~(20,20) 영역의 사각형을 화면에 그린다면 화면에는 세로로 길쭉한 직사각형 모양으로 보일 것이다. 이를 보완하기 위해서 x축으로 2칸을 하나로 묶어서 1칸으로 간주하면 된다.

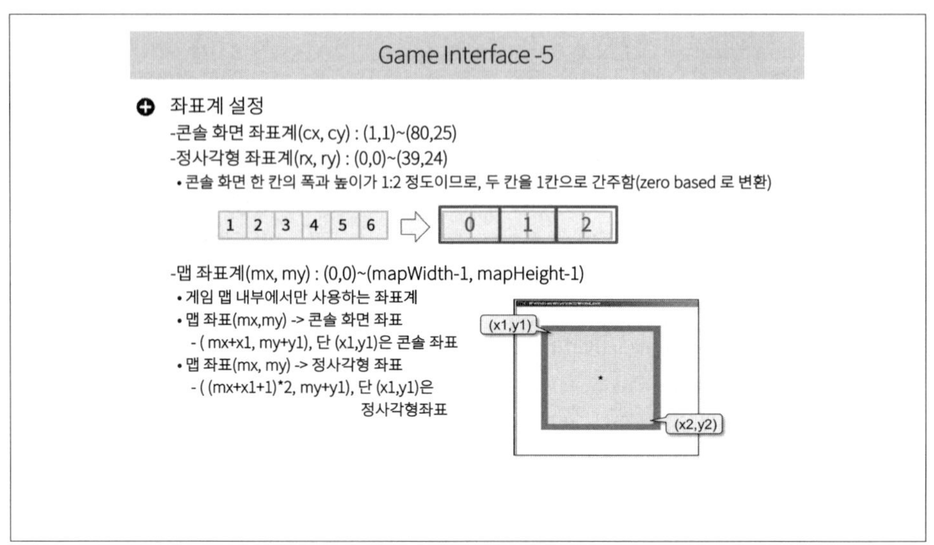

앞 슬라이드에서 콘솔화면의 2칸(x축)을 1칸으로 간주하는 것에 대하여 얘기하였다. 이를 정식으로 해결하기 위한 것이 좌표계이다. Consola library에서 사용하는 "콘솔 화면 좌표계"는 앞에서 설명한 바와 같이 (1,1)~(80,25)이다. 1칸의 넓이와 높이가 서로 다른 점을 보완하기 위한 좌표계를 "정사각형 좌표계"라고 이름 붙이자. "정사각형 좌표계"는 x축으로 2칸을 묶어서 1칸으로 간주하기 때문에 좌표 범위는 (0,0)~(39,24)가 된다. (C++에서는 zero-base가 편하기 때문에 (0,0)을 최소 좌표로 설정하였다.)

프로그래밍을 하면서 상황에 따라 편리한 좌표계를 사용하면 된다. 즉, 일반 코드에서는 "정사각형 좌표계"인 (rx, ry)를 사용하다가 low-level에서 consola library 함수를 호출 할 때는 이 좌표를 "콘솔 화면 좌표계"의 좌표 (cx, cy)로 변환하여 사용한다.

이들 좌표계 외에 맵 상에서 캐릭터나 아이템(짐, 벽, 통로 등)의 위치를 표현하기 위해서는 맵 상의 위치를 표현하는 "맵 좌표계"를 사용하는 것이 편리하다. "맵 좌표계"는 맵 상에서의 위치를 표현하기 때문에 좌표 범위는 (0,0)~(mapWidth-1, mapHeight-1)이 된다. 맵 좌표 (mx, my)를 "콘솔 화면 좌표"나 "정사각형 좌표"로 변환하는 공식은 슬라이드에 보이는 바와 같다.

EXERCISE 18-1 Game Interface 만들기

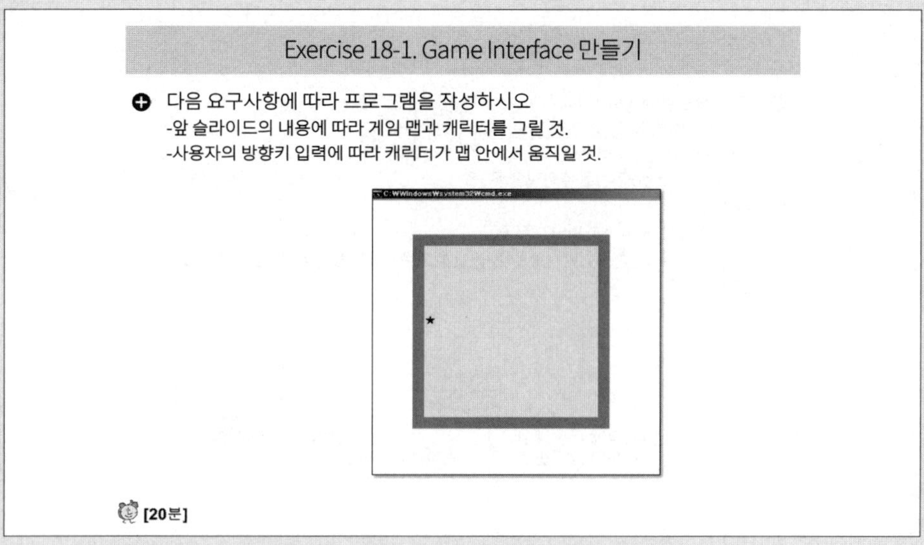

"정사각형 좌표계"를 사용하여 슬라이드 하단에 보이는 게임맵을 그려보자. 또한 캐릭터 심볼("★")을 맵 중앙에 그리고, 사용가의 방향 화살키 입력에 따라 게임 캐릭터가 이동하도록 프로그램을 작성해 보자.

18.3 Game Data Structure

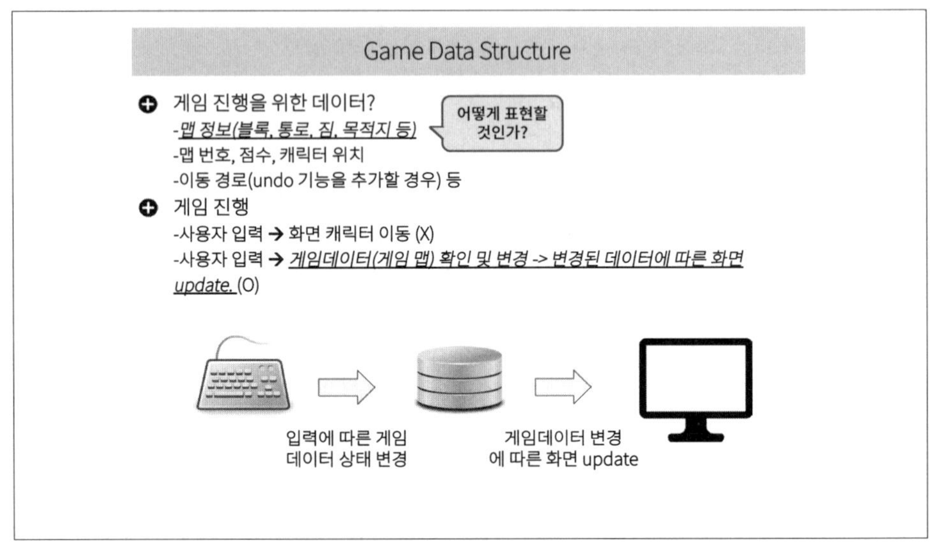

앞 절에서 게임 맵을 그리는 연습을 해 보았다. 앞 절에서 그린 게임 맵은 사실상 맵의 테두리 벽만 있으며, 맵 내부를 구성하는 통로나, 내부 벽, 짐과 같은 맵 구성요소는 표현하지 못한다. 게임 맵 내부를 구성하는 통로, 내부 벽, 짐 등의 정보를 어떻게 프로그램 내에서 표현할까? 맵 외에도 게임을 진행하는데 여러 가지 데이터가 필요하다. 예로 현재 게임의 맵 번호, 게임 점수, 게임 캐릭터 위치 등의 대한 데이터를 게임 프로그램은 저장하고 있어야한다. 맵 번호, 게임 점수, 게임 캐릭터 위치 등은 int와 같은 기본 자료형의 변수로 표현 가능하다. 2차원 퍼즐게임의 경우, 게임 맵의 표현은 일반적으로 2차원 정수형 배열이면 충분하다.

이렇듯 프로그램을 개발할 때는 프로그램 수행에 필요한 데이터가 어떤 것이 있는지 먼저 생각해 보고, 이를 프로그램 내에서 효과적으로 저장할 수 있는 방법을 고민하여야한다. 게임을 위한 자료구조가 정해지면 게임 진행은 바로 이 자료구조를 대상으로 이루어진다. 즉, 사용자의 입력에 게임 프로그램이 직접적으로 화면에 반응하는 것이 아니라, 사용자의 입력에 따라 게임 자료구조의 내용이 변경되고, 변경된 자료구조에 따라 게임 화면이 업데이트 되는 구조이다.

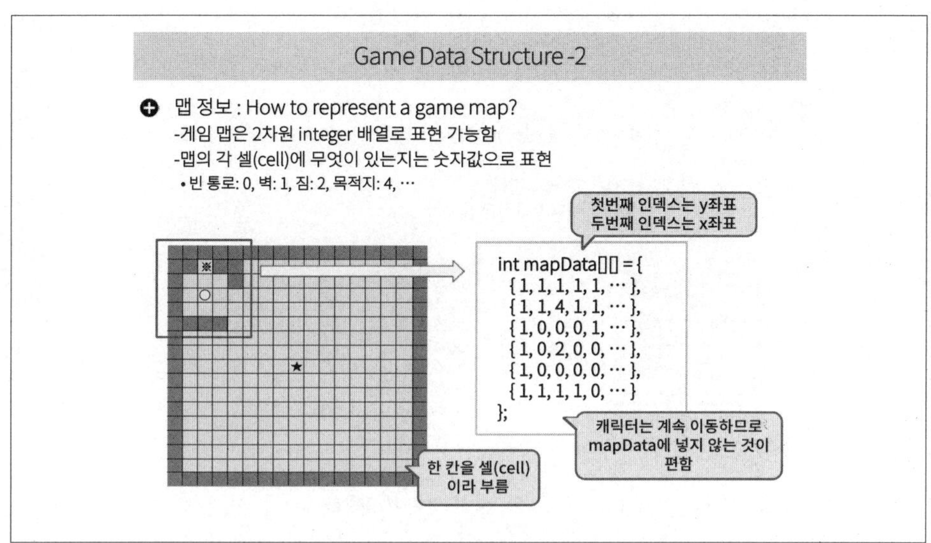

게임 맵을 2차원 정수형 배열로 표현해 보자. 방법은 간단하다. 게임 맵을 구성하는 작은 한 칸을 셀(cell)이라고 이름 붙이자. 만일 게임 맵이 가로×세로가 각각 20 셀로 구성되어 있다면 20×20의 정수형 2차원 배열을 선언한다. 배열의 각 요소는 게임 맵의 각 셀에 대응되며, 배열의 정수 값은 셀의 종류를 표현한다. 예로 게임 맵의 빈 통로를 0으로, 벽을 1로, 짐을 2로, 짐을 옮겨놓을 목적지를 4라고 설정한다면, 슬라이드 왼쪽에 보이는 게임 맵의 일부는 오른쪽의 mapData[][] 배열처럼 표현할 수 있다.

여기에서 한 가지 주의해야할 점은 C/C++에서 2차원 배열은 열(colum)우선이다. 열(colum)은 화면에서 가로축(x축)이다. 즉, 맵 좌표계에서 (x, y) 위치에 있는 셀 정보를 접근하려면 mapData[y][x]가 된다. (mapData[x][y] 가 아닌 점에 주목하자) 예로 작은 원으로 표시된 짐의 위치는 맵 좌표계로 (2, 3)이며, 이 위치에 있는 셀은 mapData[3][2]이다.

게임 캐릭터는 mapData[][]에 다른 맵 구성요소와 같이 저장할 수도 있지만, 푸시푸시 게임에서는 게임 캐릭터의 위치가 지속적으로 이동하므로 mapData[][]에 저장하지 않고, (posx, posy) 위치 정보로 따로 관리하는 것이 편리하다.

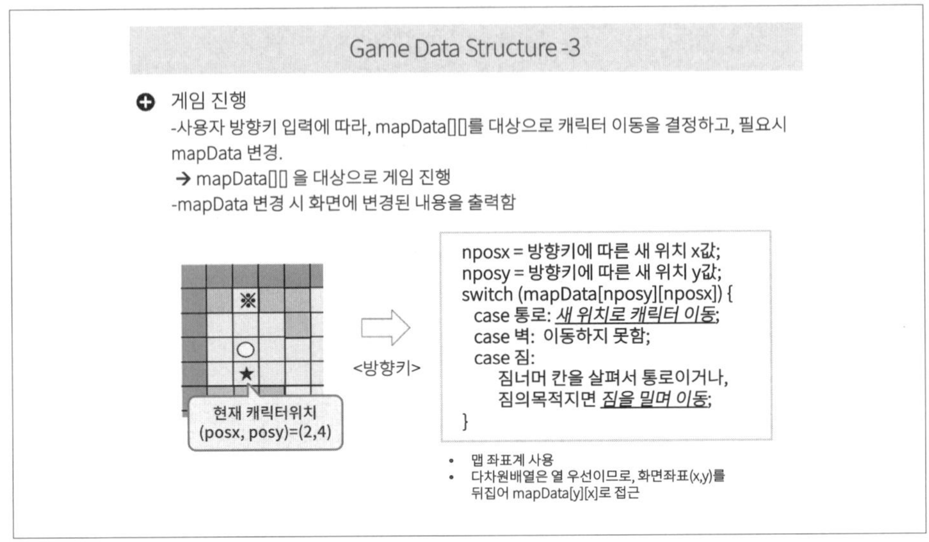

게임 맵에 대한 자료구조(mapData[][])를 작성하였다면, 사용자 입력에 따라 이 자료구조가 어떻게 변화되는지 살펴보자.

게임 맵이 슬라이드 왼쪽 하단에 보이는 모습과 같을 때, 게임 캐릭터("★") 의 위치는 맵 좌표계로 (2,4)이며 그 정보는 mapData[4][2]에 있다. 이때 사용자가 왼쪽 키를 누를 경우, 게임 캐릭터가 새로 이동할 좌표는 (1,4)이다. 이 위치의 셀에 대한 정보는 mapData[4][1]에 있으며, 그 값은 맵 화면에 보이는 데로 통로(값:0)이다. 통로는 빈 공간이므로 게임 캐릭터가 이동할 수 있으며, (1,4) 위치가 게임 캐릭터의 새 위치 (posx, posy)가 된다.

만일 사용자가 왼쪽 키 대신 위쪽 화살 키를 누를 경우, 캐릭터의 현재 위치 (2,4)의 바로 위 셀(2,3)의 정보(mapData[4-1][2])를 찾아본다. 게임 맵에 보이듯 이 값은 짐(값:2)이다. 짐의 경우 미는 방향(위쪽)으로 비어있는지 여부를 한번 더 살펴본다. 짐 너머 미는 방향의 셀(2,2)은 mapData[4-2][2]이며, 그 값은 0(통로)이다. 게임 캐릭터가 이동하는 방향에 짐이 있고, 그 너머 셀이 비어있다면 게임 캐릭터는 짐을 밀 수 있다. 즉, mapData[4-1][2]는 짐(값:2)에서 통로(값:0)으로, mapData[4-2][2]는 통로(값:0)에서 짐(값:2)으로 그 값을 변경한다. 이렇게 사용자의 입력에 따라 자료구조를 변경하며, 변경된 자료구조에 따라 화면 출력이 update된다.

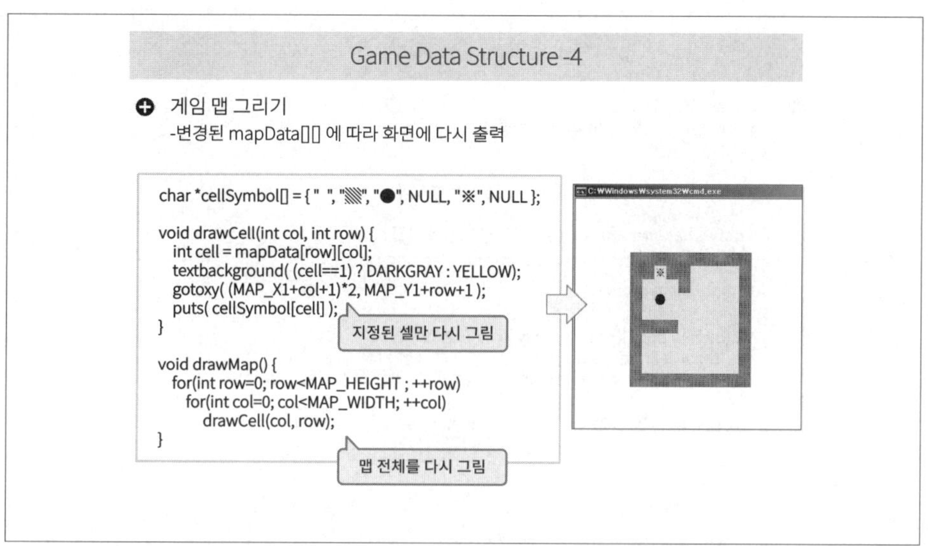

게임 자료구조(mapData[][])에 따라 화면을 그리는 작업에 대하여 살펴보자. 슬라이드에 보이는 drawMap()함수는 mapData[][]의 내용에 따라 게임 맵을 화면에 그려주는 기능을 담당한다. drawCell() 함수는 맵 좌표 (col, row) 값을 입력받아, 해당 mapData[row][col]의 내용에 따라 셀의 심볼을 화면에 그려준다. 위 코드에서는 (col, row)는 맵 좌표계를 따르고, consola library함수인 gotoxy()를 호출할 때는 콘솔 화면 좌표로 바꾸어 출력하였다.

drawCell(), drawMap() 함수를 이용하면 게임 맵을 화면에 출력하는데 아무런 문제가 없다. 그러나, 이 함수들은 가장 기본적인 로직을 보여주기 위한 것으로 더 좋은 게임 효과를 내기 위해서는 이를 여러분의 아이디어에 따라 개선하여 사용하여야 한다.

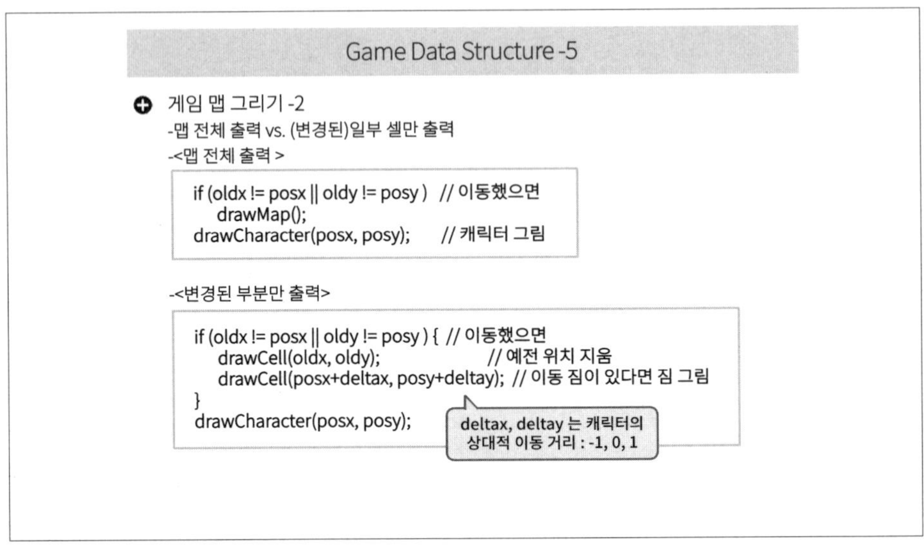

게임 자료구조(mapData[][])가 변경되었을 경우, 이를 화면에 반영하는 방식으로 크게 2가지가 있다. "맵 전체 출력" 방식과 "변경된 부분만 출력" 방식이다. "맵 전체 출력" 방식은 간단하다. 셀 하나의 값이 변경되더라도, 맵 전체를 화면에 다시 그리는 것이다. 이 방식은 구현이 쉬운 반면, 화면이 깜빡거리는(플릭커; flicker) 현상이 발생하기 때문에 초보자스러운(?) 방식이다. 여러분은 가능하다면 플릭커 현상이 발생하지 않는 "변경된 부분만 출력" 방식을 사용하기 바란다.

"변경된 부분만 출력" 방식은 말 그대로 자료구조에서 변경된 셀의 내용만 화면에 다시 그리는 것이다. 예로 사용자 입력에 따라 짐이 이동되었다면, 짐이 이동되기 전의 셀과 이동된 후의 셀만 다시 그린다. 그 다음, 게임 캐릭터도 이동되기 전의 셀과 이동된 후의 셀을 다시 그린다. 이렇듯 변경된 부분만 다시 출력하는 방식은 구현이 좀 더 번거롭고 복잡해지지만, 플릭커 현상이 발생하지 않으므로 좀 더 전문가스러운(?) 게임을 만들 수 있다.

EXERCISE 18-2 Game 자료구조 작성하기

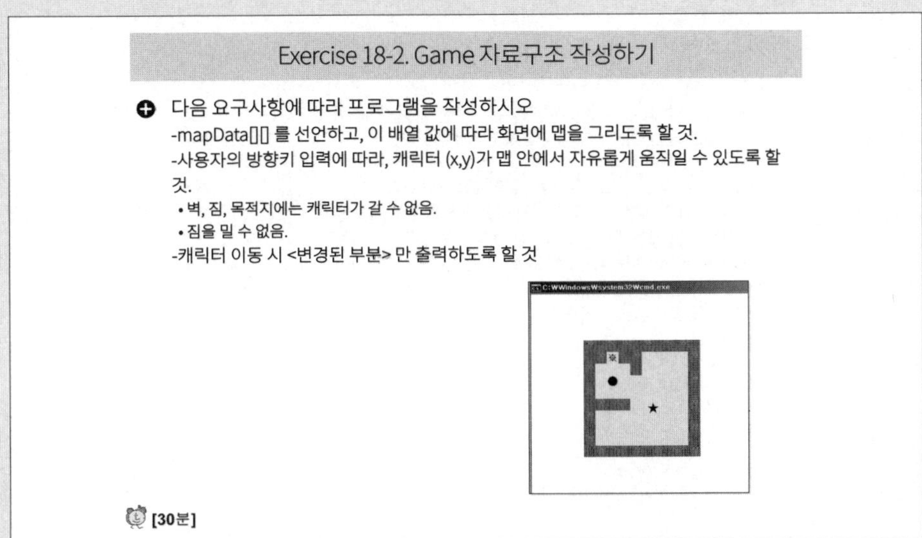

게임 자료구조(**mapData[][]**)를 정의하고, 이를 사용하여 맵을 그리고, 게임이 진행되도록 프로그램을 작성해 보자.

연습문제 **18-1**과 달리 맵 내부에 벽이나 짐이 있으며, 게임 캐릭터가 이동할 때마다 **mapData[][]**의 내용을 확인하여, 통로일 때만 움직이도록 프로그램을 작성하자. 짐을 미는 것에 대한 로직은 "프로젝트 과제"에서 구현해 보자.

PROJECT "푸시푸시" 게임 개발

프로젝트 과제 : "푸시푸시" 게임 개발

- 다음 요구사항을 만족하도록 "푸시푸시" 게임을 개발 하시오.
  - -윈도우 Console App. 프로젝트로 게임을 개발 할 것
    - consola.lib사용
  - -MVC 패턴에 따라 최소 3개 이상의 클래스를 작성할 것.
  - -게임 첫 화면(타이틀)과 실행화면을 다르게 작성할 것.
  - -"푸시푸시" 의 게임 맵이 최소 5개 이상 되도록 할 것.
  - -기존의 "푸시푸시" 규칙을 기본으로 하지만, 본인의 아이디어에 따라 마음대로 규정을 변경하여도 됨(게임 아이템 추가 등)
  - -캐릭터 이동횟수나 시간을 측정하여 점수로 표현할 것
  - -[권장사항]
    - 2인 1팀(권장)이나 1인 1팀으로 개발할 것. (3인 이상 비 권장)
    - 간단한 효과음을 출력할 것.
    - 이동취소(undo)하는 기능 구현을 고려해 볼 것.
    - main() 함수 외에 전역함수와 전역변수는 사용하지 말 것.

[6주]

첫 장부터 여기까지, 여러분은 C++ 프로그래밍을 익히기 위하여 열심히 달려왔다. 본 교재의 한 페이지를 남둔 지금, 여러분의 남은 학습 진도는 **1/400page**라 생각할지 모르겠다. 그러나, 이 한 페이지의 "게임 개발 프로젝트"가 C++ 프로그래밍 학습 비중에서 **50%** 이상을 차지한다. 다시 얘기하지만, 본 교재를 처음부터 끝까지 다 외운다고 해도 여러분이 C++ 프로그래밍을 배웠다고 말 할 수 없다. 이제 겨우 "프.로.그." 정도까지 배웠다고 말할 수 있다. 마지막 "래.밍."까지 배우기위해서는 여러분이 많은 시간을 투자하고, 고민하면서 프로그래밍 경험을 해 보아야 한다.

슬라이드에 나오는 요구사항에 따라 "푸시푸시" 게임을 개발해 보자. 게임개발에 필요한 기본적인 내용은 **18**장에서 다 설명하였다. 지금부터는 여러분의 몫이다. 좋은 성과가 있기를 바란다.

찾아보기